한국교육철학회 학술서적 시리즈 2

교육과 성리학

한국교육철학회 편

김낙진 · 김정래 · 박종천 · 신창호
이상익 · 이인철 · 장윤수 · 황금중

학지사

발간사

2015년 한국교육철학회는 정기적으로 간행하는 학술지『교육철학』 이외에 학술서적을 발간하기로 하였습니다. 그 결과로 교육철학이 접근하기 쉽지 않거나 난해하다고 생각하시는 분들이 적지 않은 세태를 반영하여 학술서적 시리즈 제2권『교육과 성리학』이 세상에 나오게 되었습니다.

性理學은 고리타분하거나 시대감각에 맞지 않는 학문으로 여겨지기도 합니다. 그러나 이처럼 그릇된 오해가 팽배해진 현실은 성리학을 우리 현실에 비추어 재조명하고 해석함으로써 개선될 수 있다고 봅니다. 무엇보다도 교육현장과 교육학계에서 성리학이 어떻게 접목될 수 있는지를 점검해 보아야 할 것입니다. 그간 교육학에서 성리학이 전혀 다루어지지 않은 것은 아닙니다. 그러나 사정을 들여다보면, 교육학 강의 교재용으로 만들어진 교육철학 관련 서적에서 성리학 관련 부분이 백화점식으로 나열된 조악한 수준입니다. 예컨대, 퇴계(退溪)나 율곡(栗谷)을 소개하는 데 1~2쪽을 할애하는 실정입니다. 아니면 정반대로 성리학을 전공한 사람의 철학적 고뇌를 담은 한문 위주의 매우 고답적이고 심층적인 내용을 담고 있는 경우입니다. 이래저래 성리학을 교육현장의 문제와 접목하는 데 장애가 놓인 것이 우리가 처한 현실입니다.

이번에 발간하는『교육과 성리학』은 이러한 현실적 난점을 극복하고, 독자들에게 이해와 접근을 용이하게 하면서도 그들을 성리학 논의의 틀로 안내하여 지적 흥미를 자아내도록 하고자 하였습니다. 그렇게 함으로써 독자들이 성리학에 친근감을 갖게 됨은 물론 성리학을 교육적 아이디어의 보고(寶庫)로 삼을 수 있는 전기를 마련하고자 하였습니다.

이번에 성리학 관련 권위자 일곱 분을 필자로 모시게 된 것을 매우 기쁘게 생각합니다. 한국교육철학회 임원진은 이 책 발간의 동기를 제공하였고, 부산교육대학교 李相益 교수님은 책을 구성하는 데 적지 않은 공헌을 하였습니다. 이 자리를 빌려 감사드립니다. 아울러 타산성 없는 철학과 인문학 분야에 해당됨에도 불구하고 이 시리즈 출간을 흔쾌히 수락해 주신 학지사 김진환 사장님의 혜안에 감사드립니다.

앞으로 유익한 다른 주제를 가지고 학술서적 발간이 계속 이어질 것임을 약속드리면서, 우리 학회 회원님들과 일반 독자 여러분의 뜨거운 성원과 비판을 기대합니다.

감사합니다.

2017년 5월

한국교육철학회장 김정래

차례

차례

제1장 교육과 성리학 논의

김정래 (부산교육대학교)

Ⅰ. 교육과 성리학

많은 사람들이 性理學을 고리타분하거나 진부한 학문이라고 생각한다. 또 많은 사람들은 조선 왕조 500년 국가통치 이념이었던 성리학을 조선의 쇠퇴와 멸망의 원인으로 규정하며, 공리공론(空理空論)·공리공담(空理空談)의 전형으로 여긴다. 게다가 성리학은 봉건질서를 옹호하는 고답적이고 보수적인 담론으로 간주되기도 한다. 그러나 과연 성리학을 보수적인 학문이라고 할 수 있는가?

性理學은 글자 그대로 '인간의 본성이 곧 이치'라는 '性卽理'의 學으로서, 인간이 타고난 본성을 진리의 표준으로 삼는 학문체계다. 즉, 성리학은 이치를 존중하고, 그 이치를 밝히도록 하며, 이치에 부합하는 행동을 하도록 체계화한 이론이다. 이 중에서 '이치를 따르는 일'은 '자연의 이치를 따르는 일'을 포함한다. 현대교육론에서 '자연으로 돌아가라'는 경구(警句)나 '자연의 이치에 부합하여…'라는 교육목적 진술은 어렵지 않게 찾아볼 수 있다. 그리고 '자연의 이치'에 관한 진술들은 주로 진보사상에 근거한 것이다. 조금 무리하게 단순화한 점이 있지만, 성리학이 추구하는 자연의 이치는 현대의 진보사상가들의 그것과 동일하다. 그러므로 성리학이 '보수적 학문'이라는 생각은 재고해야 마땅하다.

무엇보다도 교육 논의에서 性理學이 결코 빠질 수 없는 이유는 성리학의 상위 범주인 유학(儒學)이 당초 교육실천을 담당했던 이들이 구축한 학문이었다는 데 있다. 특히 선진유학(先秦儒學)이 그러하다. 선진유학을 고도로 이론화한 것이 성리학이라면, 성리학은 교육실천을 이론화한 교육이론인 셈이다. 이것이 교육학에서 성리학 논의가 배제되어서는 안 되는 이유다. 실제로 성리학이 교육실천을 전제로 탐구한 영역은 理[太極] · 氣[陰陽]와 같은 형이상학적 문제를 비롯하여 인간본성과 마음의 문제, 공부의 방법, 앎과 실천의 문제, 올바른 예절 등을 망라한다. 오늘날 교육학이 다루고 있는, 그리고 다루어야 할 문제와 전혀 다를 바가 없다. 그러나 오늘날 우리의 교육학은 서양이론 체계를 근간으로 한 것이어서, 성리학 논의 체계가 이른바 '주류(主流)' 교육학으로 정립되기에는 사실 어려움이 있다. 물론 서양이론 체계가 교육에 무용하다고 할 수는 없지만, 오늘날의 주류 교육학이 성리학의 방대하고 풍부한 논의에서 다소 벗어났다는 사실을 인정한다면, 우리는 교육과 성리학 논의를 재정립해야 할 당위성을 지닌다. 이러한 취지에서 『교육과 성리학』은 교육학 논의에서 다루어야 할 사안과 쟁점을 성리학의 관점을 통하여 이해하고 해석하고자 한다.

II. 선진유학과 성리학

1. 실천교육학으로서 선진유학

춘추전국시대의 유가(儒家)를 구성한 유인(儒人)들은 오늘날의 교사에 해당한다. 유가의 유인들이 수행했던 공부와 학문이 유학(儒學)이며, 비록 종교라고 단언하기는 어렵지만 그들이 지향했던 믿음과 가치를 유교(儒敎)라 한다. 이들의 활동과 정체성을 의미하는 '儒'의 의미를 살펴보도록 한다.

고대 중국에서 선비[士] 계층에 속하는 유인은 제전(祭典)과 각종 의례(儀禮) 및 교육을 관장하는 사람들이었다. 제전과 의례는 행동의 모범을 보이는 것이고, 이들의 활동이 가르치는 일이므로, '儒'는 오늘날의 교사의 모습을 뜻하고, 儒學은 이들이 하는 활동에 대한 이론이다. 따라서 '儒學'이라는 말은 곧 '교육학'이라는 말로 해석할 수 있다. 그러면 '儒'라는 글자를 해자(解字)해 보기로 한다.

'儒'는 사람을 가리키는 '人'과 필요를 가리키는 '需'가 합쳐진 글자로서, '사람에게 필요한 것', 즉 '사람이 되기 위하여 필수(必須)로 요구되는 것'이라는 의미를 지닌다. 사람이 여타의 짐승과 다른 점은 곧 말과 글을 사용한다는 점인데, 말과 글을 통하여 사고하는 능력을 구비하려면 교육이 요구된다. 한편 갑골문자(甲骨文字)의 해석에 비추어 보면, '儒'는 장례(葬禮)와 기우제(祈雨祭)에서 유래한 글자라고 한다. 앞서 말한 바와 같이, '儒'는 '人'과 '需'가 합쳐진 글자다. 다시 '需'는 비 '雨'와 이을 '而'의 합성어로서, 이때 '而'는 머리카락을 묶지 않고 풀어헤친 모습을 상징한 것이니, 결국 '需'는 가뭄이 들어 비가 오도록 제사를 지낼 때 풀어헤친 머리카락을 상징한다. 따라서 '儒'의 본래 의미는 '비를 기원하는 사람'의 뜻을 갖는다. 여기서 우리는 '儒'라는 글자가 갖는 상징이 교육 이외에도 앞서 언급한 제전과 각종 의례를 관장하는 것임을 확인할 수 있다. 더불어, '儒'가 교육은 물론 제전과 각종 의례를 담당하였다는 사실에서 유가의 경전이 왜 예(禮)를 많이 언급하고 있는지 이해할 수 있다.

한편『사기(史記)』에 의하면, 공자(孔子)는 시 · 서 · 예 · 악(詩 · 書 · 禮 · 樂)을 가르쳤다고 한다. 공자 이전의 유가에서 가르쳤던 교과를 '육예(六藝)'[1)]라고 하는데, 육예는 기본교육 차원에서 강조되는 교육

---

1) 여기서 六藝는 禮(지켜야 할 道理), 樂(音樂), 射(활쏘기), 御(말 부리기), 書(글공부), 數(셈하기)를 말한다. '분별과 조화'를 강조하는 예악(禮樂), '활쏘기'와 '말 부리기'의 사어(射御), '글공부와 셈하기'인 서수(書數)는 '문' 교육으로, 일종의 '정서-체육-지성'으로 지

내용이다. 공자는 육예를 바탕으로, 덕행(德行)을 기르는 교과를 강조한 것이다. 공자는 노년에 이르러 '사교(四敎)'라고 부르는 '문·행·충·신(文·行·忠·信)'을 가르쳤다고도 한다.[2] 사교를 단순하게 오늘날의 학교에서 가르치는 교과목처럼 볼 수도 있지만, 그렇게 교육과정 운영상 짠 교과목으로 볼 수는 없다. '문·행·충·신'의 사교는 오히려 교육이 지향하는 과제를 담고 있다. 즉, 사교는 공부하는 사람이 마땅히 닦아야 할 '과제'로 볼 수도 있고, 지켜야 할 '준칙'으로 볼 수도 있다.

오늘날의 관점에서 보면, 유학 자체가 실천적 학문이며 실천적 교육학이다. 두 말할 나위 없이 그 실천의 핵심에는 '배움'을 가리키는 '學'이 있다. 학 또는 배움의 뜻은 유학의 성전(聖典)인 『논어』의 첫머리에 나온다.

> 배우고 때때로 익히면 또한 기쁘지 아니한가? 먼 데서 벗이 찾아오면 또한 즐겁지 아니한가? 남이 알아주지 않더라도 성내지 않으면 또한 군자가 아니겠는가?[3]

이 말은 세 단계로 구성되어 있다. 첫째, "학이시습지불역열호(學而時習之不亦說乎)"는 배움과 익힘의 관계를 드러낸다.[4] 이 말은 배우고 익히는 단순한 행위를 가리키는 것이 아니라 선생님의 행동이나 배운 내용을 본뜨는 것과 본받은 내용을 내면적으로 익히는 활동을 가리킨

속되는, '지·정·의(知·情·意)' 혹은 '지·덕·체(智·德·體)' 교육과도 닮아 있다.

2) 『論語』「述而」24: 子以四教 文行忠信

3) 『論語』「學而」1: 學而時習之不亦說乎 有朋自遠方來不亦樂乎 人不知而不慍不亦君子乎

4) '學(배움) + 習(실천, 익힘)'의 도식을 지닌 '學而時習'은 곧 '학습' 또는 'learning'의 어원이 된다. 이 점에서 현대 심리학이 다루는 '학습'과 다소 의미상 차이가 있다.

다.[5] 즉, 배움은 '본뜸[學]과 익힘[習]'을 말한다. 여기서 '배움'은 선현의 글을 읽거나 스승의 강의를 들음으로써 얻어지는 반면, '익힘'은 스스로 생각하여 자신의 것으로 내면화하는 것이다.

둘째, "유붕자원방래불역낙호(有朋自遠方來不亦樂乎)"는 배우고 익힌 내용을 공유할 수 있는 사람이 있다는 것을 전제한다. 요컨대, 배운 내용을 같이 학습하고 수련하는 교육공동체의 모습이라고 할 수 있다. 또는 수행하는 데 있어서 자신이 공부한 내용을 검증할 수 있는 준거집단(reference group)의 의미로 해석할 수도 있다. 사실 아무리 좋은 내용을 공부하고 스스로 그것을 내면화하였다고 한들, 홀로 지니고 즐기고 있다면 그것은 공부의 올바른 방향은 아니라고 볼 수 있다.

셋째, "인부지이불온불역군자호(人不知而不慍不亦君子乎)"는 남이 알아주기를 기대하여 공부하는 것이 아니라, 자신들의 인격적 성숙을 위해 공부하는 것이 기쁜 일이라는 점을 부각시킨다. 앎의 문제를 앎의 수준이나 깊이라는 차원에서 다루고 그치는 것이 아니라, 인격적 성숙과 사회적 실천 차원에서 다루고 있는 것이다. 즉, 공자는『논어』에서 앎[知]보다는 삶 또는 실천[行]을 강조하였다. 그래서 배우고[學] 익힘[習]을 강조한 것이다.

앞서 언급한 바와 같이, 실천적 앎의 근본원리는 사교(四敎), 즉 학문[文], 덕행[行], 충성[忠], 신의[信]를 통하여 이루어진다. 보다 구체적으로『논어』「술이(述而)」편에서 실천을 강조한 면모를 확인할 수 있

5) 이러한 해석은 주자의 주석에 의하여 확인된다. "學之爲言은 效라 人性皆善이나 而覺有先後하니 後覺者必效先覺之所爲라야 乃可以明善而復其初也라 習은 鳥數(삭)飛也니 學之不已를 如鳥數飛也라 說은 喜意也니 旣學而又時時習之면 則所學者熟而中心喜說하여 其進이 自不能已矣리라 程子曰 習은 重習也니 時復思繹하여 浹洽於中이면 則說也니라 又曰 學者는 將以行之也니 時習之면 則所學者在我라 故로 悅이니라 謝氏曰 時習者는 無時而不習이니 坐如尸는 坐時習也요 立如齊는 立時習也니라." (『論語』「學而」1, 朱子 集註)

다.[6] 그러나 그 실천은 단순한 앎이 아니라 배움에 대한 열정을 통하여 실현되는 것으로 보았다. 그리고 배움에 대한 열정을 공자 스스로 입증해 보였다. 『논어』의 다른 곳에서는 공자는 "10가구가 사는 작은 마을에도 반드시 나만큼 충신(忠信)한 사람이 있겠지만, 나만큼 배움을 좋아하는 사람은 없을 것"[7]이라 함으로써, 배움에 대한 열정으로서 호학(好學)을 강조한 바 있다.

유교에서는 앎과 배움은 실천으로 연결되고, 그 실천은 배움을 통하여 심화된다고 보았다. 이는 앎과 실천을 통일시켜야 한다는 자세를 강조한 것이다. 그래서 "생활에서 안이함을 추구하지 않고 오로지 바른 것을 추구하고자 하는 마음이 앞서야 한다."[8]고 하였다. 한 마디로 말하자면, 선진유학(先秦儒學), 특히 공자의 가르침에 있어서 배움을 통하여 지향하는 것은 알음알이나 지식이 아니라 실천에 있었다.

'學'이라고 표현되는 배움의 의미는 아무런 토대 없이 이루어지는 것이 아니다. 배움은 인간이 본래 지니고 있는 아름다운 본성에 기초한다. 이는 『대학장구(大學章句)』의 첫 구절에서 확인할 수 있다.

> 큰 배움의 길은 밝은 덕을 더욱 밝게 하는 데 있으며, 백성을 새롭게 하는 데 있으며, 최고 경지의 善에 머무르는 데 있다.[9]

'밝은 덕을 더욱 밝게 함[明明德]'이라는 구절에서 우리는 배움이란 '본성(本性)의 체현(體現)'이라는 것을 알 수 있다. 이는 배움의 기본 성

---

6) 『論語』「述而」3: 子曰 德之不修 學之不講 聞義不能徙 不善不能改 是吾憂也

7) 『論語』「公冶長」27: 子曰 十室之邑 必有忠信 如丘者焉 不如丘之好學也

8) 『論語』「學而」14: 子曰 君子 食無求飽 居無求安 敏於事而信於言 就有道而正言 可謂好學也已

9) 『大學章句』經1章: 大學之道 在明明德 在親(新)民 在止於至善

격이 맹목적 실천이 아니라 아름답고 선한 인간본성의 체현에 있음을 강조하는 것이다.[10)]

이제『대학』에서 교육의 목적과 방법·과정을 체계적으로 밝힌 삼강령(三綱領)과 팔조목(八條目)에 대해 살펴보자. 삼강령[大學之道 在明明德 在親(新)民 在止於至善]은 먼저 자신의 밝은 덕을 밝히고, 이를 바탕으로 백성도 각자 자신의 밝은 덕을 밝힐 수 있도록 하여, 마침내 온 세상이 지극한 善에 이르도록 하자는 것이다. 이는 다시 말하면 모든 사람이 자신의 선한 본성을 올바로 체현하도록 하자는 것이다. 유교에서는 이를 최고의 가치로 삼기 때문에, 이러한 공부를 '가장 위대한 공부' 또는 '가장 큰 공부'라 하여 '대학(大學)'이라 칭한 것이다.[11)] 이와 같은『대학장구』에서 전달하고자 하는 의미는 '지혜의 사랑(philosophia)'이라는 서양의 '철학(哲學)'의 어의와 상통한다. 왜냐하면 '지혜의 사랑'이란 '배움의 즐거움'을 지칭하기 때문이다.

『대학』의 팔조목은 '격물·치지·성의·정심·수신·제가·치국·평천하(格物·致知·誠意·正心·修身·齊家·治國·平天下)'를 말한다. '격물'은 사물의 이치를 궁구(窮究)하는 것이며, '치지'는 '격물'을 통하여 참된 앎에 이르는 것이다. 이렇게 보면 격물치지는 교육이 추구하는 가장 기본적인 목표가 된다. 다른 한편으로 보면, 격물치지는 지적 탐구의 단계를 의미하지만, 이는 배움의 실천을 위한 것이다. 이어 '성의·정심·수신'은 마음의 자세를 확립함을 뜻한다. 이는 각기 의지와 정서와 몸을 다스릴 줄 알게 되는 것이다. '다스릴 줄 안다'는

10) '가장 큰 덕을 밝게 함'을 의미하는 '明明德'의 의미는 선진유학의 범주를 넘어서도 유사한 표현을 찾아볼 수 있다. 이를테면 불교에서 '空寂靈知' 또는 '性自神解'를 들 수 있다.

11) 이 외에도 '大學'의 의미는 ① 大人之學, 즉 큰 사람(또는 크게 될 사람)의 공부, ② 큰 학문을 이루는 학교(즉, university), ③ 큰 배움을 담고 있는 경전을 뜻하기도 한다.

표현에서 알 수 있듯이,[12] 이는 실천적 지식임을 확인할 수 있다. 그리고 그 실천은 인격형성에 맞추어져 있다.

'성의 · 정심 · 수신'은 아리스토텔레스가 『니코마코스 윤리학』[13]에서 강조한 '실천적 지혜'에 상응한다. 아리스토텔레스는 자신의 윤리학이 정치학 영역에서 적용되어야 한다고 강조한 바 있다. 윤리적 실천이 정치적 · 사회적 실천으로 연결되어야 한다고 본 것이다. 이러한 논리는 『대학』에서도 그대로 찾을 수 있다. '성의 · 정심 · 수신'에 이어 강조하는 '제가 · 치국 · 평천하'는 사회적 질서를 위한 실천적 단계를 뜻하며, 덕목과 관련시켜 볼 때, 그것은 사회적 리더십을 가리키기 때문이다.

실천적 학문으로서 선진유학(先秦儒學)이 지향하는 바는 배움을 통하여 아름답고 선한 인간본성을 체현하는 것이다. 그러나 그 실천이 지향하는 아름답고 선한 인간의 본성이 무엇이며, 어떤 이치를 담고 있는 것인지에 대한 탐구는 송대(宋代)의 性理學에서 본격적으로 시작되었다.

2. 이학(理學)으로서 性理學

선진유학이 실천에 초점을 맞추었다면 교육의 이론화를 가리키는 성리학은 실천교육의 이론화를 뜻한다. 性理學은 그 이름에서 이미 알 수 있듯이 '이치(理致)'를 중시하는 학문이다. 성리학에서는 '우주

---

12) 현대 교육에서 말하는 이른바 '방법적 지식(knowing-how)'을 가리킨다. 여기서 방법적 지식은 특히 실천적 지식을 지칭한다. 이에 관한 보다 자세한 논의는 Ryle(1949), Polanyi(1966), Nyiri(1988), Smith(1988), 김정래(2016a; 2017) 참조.

13) Aristotle, *Nicomachean Ethics.* Book X. chapter 9. 여기서 아리스토텔레스는 선하게 사는 삶이 정의로운 사회와 어떻게 관련되어야 하는가 하는 문제를 제기하면서, 자신의 『정치학』에서 다룰 논의로 이어간다.

자연의 이법(理法)'이 '지나침과 모자람이 없는 좋음의 도리'로서 인간의 본성(本性) 속에 내재한다고 본다.[14] 그런데 '지나침과 모자람이 없다'는 말에서 알 수 있듯이, 성리학에서 말하는 이치는 실천의 이치요, 따라서 성리학은 오늘날의 교육학과 마찬가지로 실천이론이다. 이제 우리는 실천이론으로서 성리학이 무엇을 담고 있으며, 그것이 오늘날 논의되는 교육학 논점과 어떻게 관련되는지를 살펴보아야 한다. 이에 앞서 성리학이 어떤 범주의 학문을 뜻하는지를 정리해 보기로 한다. 그러고 나서 성리학적 논점이 교육 논의에 어떻게 관련되는지를 살펴보기로 한다.

性理學은 인간본성의 이치를 탐구하는 학문인바, 이러한 맥락에서 성리학은 곧 이학(理學)이다. 그러므로 이학의 관심 대상이 어떤가에 따라 성리학의 범주와 성격이 결정되는 것이다. 따라서 이학의 범주[15]부터 살펴보기로 한다.

우리가 상기하는 성리학은 송대(宋代)의 정자(程子) 형제와 주자(朱子)가 확립한 학문체계다. 이들이 정립한 성리학이 '인간의 본성에 관한 탐구 체계'를 가리키기 때문에, 성리학은 인간본성론이라고 볼 수 있다. 그러나 정·주(程·朱)의 이론은 그보다 앞선 시대의 소옹(邵雍, 邵康節)·장재(張載, 張橫渠)의 氣의 철학을 바탕으로 한 것이다. 그래서 전자를 이학(理學)이라고 하는 데 비하여, 후자를 기학(氣學)이라고 한다. 하지만 송나라의 이 두 가지를 합하여 도학(道學)이라 칭하기도 하고, 넓은 의미에서 이학(理學)이라고 칭한다. 따라서 우리가 관심을

---

14) 『朱子語類』 卷18(中華書局本: 409-410): 書所謂降衷 … 衷字 看來只是箇無過不及恰好底道理 天之生人物 箇箇有一副當恰好無過不及底道理降與你 與程子所謂天然自有之中劉子所謂民受天地之中相似. 이 장의 각주 14), 23), 24), 27), 28), 30)에 소개한 원전은 필자가 李相益 교수의 자문으로 완성하였음을 밝힌다.

15) 陳來(1992). 『宋明理學』. 안재호 (역)(1997). 『송명성리학』. 서울: 예문서원. pp. 32-41.

가지고 논의하는 성리학은 좁은 의미에서 정・주의 학문 체계를 말하며, 넓은 의미에서 보면 정・주와 소강절과 장횡거의 학문 체계를 아우르는 학문 체계를 말한다.

주지하는 바와 같이, 性理學에 반대하여 육구연(陸九淵, 象山), 왕수인(王守仁, 陽明)을 중심으로 하여 성립한 '마음의 이론'인 심학(心學)을 이학에 포함시키기도 한다. 그러므로 이학에는 성리학과 양명학(陽明學)이 모두 포함된다. 이때 이학을 송나라와 명나라 시대에 성립한 것이라 하여 '송명이학(宋明理學)'이라고 한다. 선진유학(先秦儒學)에 대비하여 송명이학은 유학의 범주 안에 놓이게 된다. 하지만 광의로 보면 중국 철학에서 유학과 또 다른 주류를 이루는 노・장(老・莊), 묵가(墨家) 사상을 이학의 범주에 넣기도 한다. 그렇게 보면 이학은 중국 사상의 거의 전반을 지칭하는 것이기도 하다. 우리가 성리학을 이학으로 규정하는 것은 좁은 의미에서 '정주학(程朱學)'을 가리키며, 넓은 의미에서는 '송대(宋代)의 학문'을 통칭한다.

성리학의 위치를 판단할 수 있는 '이학'의 범주를 정리하면 다음과 같다.

이학(理學)의 범주(範疇)

① 性理學: 정・주의 학문; 인간본성론

② 이학(理學)과 기학(氣學)을 통칭하는 도학(道學): 성명의리지학(性命義理之學); 심학(心學)과 대비; 송조 육현(宋朝 六賢)의 사상

③ 송명철학(宋明哲學), 송명이학(宋明理學): 송명 시대의 철학을 통칭

④ 가장 넓은 의미의 이학: 이치를 탐구하는 모든 중국 사상을 통칭

이를 표로 정리하면 다음과 같이 나타낼 수 있다.

〈표〉 이학(理學)의 범주와 性理學

<table>
<tr><td>邵雍(康節),
張載(橫渠)*</td><td>氣學
(氣의 哲學)</td><td rowspan="2">道學
또는
理學②</td><td rowspan="3">理學③
=宋明理學</td><td rowspan="4">理學④</td></tr>
<tr><td>程子, 朱子</td><td>理學①
(理의 哲學)
=性理學</td></tr>
<tr><td>陸九淵(象山),
王守仁(陽明)★</td><td colspan="2">心學♣</td></tr>
<tr><td colspan="4">老莊, 墨家를 포함한 모든 天道 · 人道를 논한 中國의 思想</td></tr>
</table>

〈표〉에서 특이 사항 몇 가지를 지적하고자 한다. 첫째, 〈표〉의 * 표에 따라, 소옹(邵雍, 康節), 장재(張載, 橫渠)의 氣의 철학에 '태극도(太極圖)'를 그린 주돈이(周敦頤, 周廉溪)를 포함하여 '우주론(宇宙論)'이라고 한다. 이 우주론은 정 · 주(程 · 朱)의 인간본성론에 대비하여 붙여진 명칭이다. 둘째, 〈표〉의 ★ 표에 따라, 주돈이(周廉溪), 소옹(康節), 장재(橫渠)의 우주론, 정주학(程朱學)의 인간본성론이 '心'보다는 '性'에 초점이 맞추어진 데 대하여, 육구연[象山], 왕수인[陽明]의 이론이 '性'보다는 '心'에 맞추어져 있기 때문에 심학(心學)이라고 한다. 셋째, 그 결과 〈표〉의 ♣ 표에 따라, '심학'이라는 말은 심학 논쟁에서 도학 대 심학, 이학 대 심학을 대비하여 논쟁할 경우에 사용된다.

이상을 정리해 볼 때, 우리가 논의하고자 하는 성리학은 인간본성이 지니는 이치(理致), 성명의리지학(性命義理之學)을 합하여, 심학과 대비되는 학문이다. 그러면 성리학이 다루는 이치와 인간본성은 무엇인지를 교육과 관련하여 개괄해 보기로 하자. 특히 송대 이후 성립된 성리학이 조선에서 어떻게 꽃피게 되었는가를 교육과 관련하여 살펴보는 것은 매우 흥미 있고 가치 있는 공부가 될 것이다.

Ⅲ. 성리학적 논점과 교육

1. 이치의 탐구와 교육원리

性理學은 이름 그대로 '이치의 학문'임을 지적한 바 있다. 우선 성리학의 맥락에서 교육이 따라야 할 준칙으로서 '理'의 의미는 다음과 같다.[16] 첫째, '우주의 보편원리' 또는 '자연의 이법(理法)'을 말한다. 성리학에서는 이 세계의 이법을 '理'라 하고, 이 세계를 구성하는 질료를 '氣'라 한다. 성리학에서는 선진유학의 태극(太極)을 '理'로 규정하고, 음양(陰陽)을 '氣'로 규정한 다음, 우주의 생성과 변화를 이기론(理氣論)으로 설명했다. 둘째, 인간본성으로서 '性'을 가리킨다. 흔히 이를 '성리(性理)'라고 한다. 이 의미는 '성즉리(性卽理)'를 강조하는 성리학의 핵심에 해당한다. 셋째, 윤리와 도덕규범으로서 '윤리(倫理)'를 가리킨다. 넷째, 사물의 본질과 규율이 되는 '理'로서 '물리(物理)'다. 다섯째, 이성이 작용하는 '理'로서 합리(合理), 판리(判理), 단리(彖理), 공리(公理), 추리(追理) 등이 이에 포함된다. 이는 곧 이성의 작용인 '용리(用理)'를 뜻한다. 이 각각은 모두 교육 논의에서 풍부한 논의를 제공한다.

그렇다면 성리학이 다루는 이치는 교육 상황에서 어떻게 해석해야 하는가? 적어도 두 가지를 생각해 볼 수 있다. 하나는 성리학이 다루는 이치가 '교육원리로서 이치'라는 것이고, 다른 하나는 성리학이 다루는 이치가 '교육목적으로서 이치'라는 것이다. 전자는 교육이 마땅

16) 陳來(1992). 『宋明理學』. 안재호 (역)(1997). 『송명성리학』. 서울: 예문서원. pp. 42-43.

히 따라야 할 준거를 가리키는 반면, 후자는 교육이 도달해야 할 표준 또는 지향점을 가리킨다. 보다 구체적으로 말하자면, 전자는 교육활동을 이끌어 가는 절차적 준거로서 역할을 하는 반면, 후자는 성취해야 할 교육목적으로서 가치 체계를 표방한다.

교육의 절차적 원리건 교육목적으로서 가치 체계건, 교육이 따라야 할 이치 중에서 교육 논의에서 가장 흔히 언급되는 개념이 '자연(自然)'이다.[17] 이를 성리학과 관련시킨다면, 다음을 지적하지 않을 수 없다. 즉, 성리학이 이치를 탐구하는 학문이라면, 성리학은 가장 뜨거운 교육학적 쟁점의 하나인 '자연'의 의미와 관련된다.[18]

편의상, '자연'에 해당하는 영어 'nature'의 뜻을 논의의 단초로 삼아 진전시켜 보겠다. 영어사전에 나타난 'nature'는 계수명사(countable noun)와 불계수명사(uncountable noun)로 나누어 그 특징을 파악할 수 있다. 불계수명사의 '자연'은 추상성을 지닌다. 표현에 있어서 관사(冠詞)의 수식이 필요하지 않다. 따라서 그 의미는 '[보편적] 본성' '자연계' '천지만물'이라는 뜻을 갖는다. 이와 함께 '미개상태(未開狀態)'를 가리키기도 한다. 그래서 '자연으로 돌아가라'는 경구는 관사 없이 'Return to Nature!'라고 표현해야 한다. 반면에, 계수명사로서 '자연'은 관사의 수식을 받아 사용되며, 그 의미는 '[특정 사물, 개체의] 본성' '성질' '기질'

---

17) 성리학과 관련하여 논의하기 이전에 교육학 논의에서 사용되는 '자연'의 의미는 크게 네 가지로 나누어 볼 수 있다. 첫째, 사실(fact)로서 자연이다. 둘째, 반제도(anti-institution)로서 자연이다. 셋째, 소극성(negativeness)으로서 자연이다. 넷째, 이치(理致)로서 자연이다. 첫째 범주에는 실증주의적 자연과학 탐구에서 대상으로 삼는 자연이 해당된다. 루소의 자연주의 사상은 두 번째 의미를 대표한다. 노장사상(老莊思想)은 세 번째 의미를 대표한다. 넷째 범주에도 여러 가지 사상이나 학설이 포함되지만, 가장 두드러진 것이 性理學이 추구하는 자연이다. 이 구분에 관하여 김정래(2016b)를 참조.

18) 주자도 '性'과 '자연'을 같은 맥락으로 이해하였다(『孟子集註』 盡心上 12, 朱子註: 輔其性之自然 使自得之).

을 뜻한다. 또한 수식어를 함께 받아 사용한다. 즉, 사물의 본질(the nature of things)을 나타낼 경우에 사용된다. 그리고 나아가서 인간에게도 적용되어 '인간의 도덕 본성(the moral nature of human beings)'이라는 표현이 가능하게 된다. 이렇게 보면, '불계수명사로서 자연'은 '추상성의 자연'에 속하고, '계수명사로서 자연'은 '구체성의 자연'에 속한다. 그리고 'nature'에 해당하는 희랍어도 이에 상응하여 두 가지가 있다. 희랍어의 'physis(φυσις)'는 불계수명사로서 '추상성의 자연'에 상응하고, 'physiko(φυσικο)'는 계수명사로서 '구체성의 자연'에 상응한다.

그럼에도 불구하고, 오늘날 교육학에서 사용되는 '자연'의 의미는 성리학의 틀에서 논의되는 자연의 의미를 왜곡시킨다. 교육학에서 다루어지는 자연은 주로 이치로서의 자연이 아니라 반제도적 의미에서 파악되는 자연 또는 규범이 배제된 소극성을 의미하기 때문이다. 루소의 '소극적 교육'이 이것의 전형(典型)이다. 이른바 자연주의 사상이 성리학의 틀을 벗어나 교육활동을 규율하는 이치로 수용한다고 해도, 그것이 교육의 절차적 원리로서 이치인지, 아니면 교육목적을 구성하는 가치 체계로서 이치인지 확실하지 않다. 적어도 현재 교육학에서 논의되는 '자연'의 관점은 성리학에서 전제하고 있는 '자연'의 의미와는 상이하다. 다른 각도에서 교육학 논의의 '자연'과 성리학 논의에서 '자연'이 관련을 가지고 있다면, 그것은 '구체성의 자연'의 범주 안에서다. 이러한 사실을 인정하지 않게 되면, 인간의 본성을 인심과 욕망이 무절제하게 드러난 측면으로 파악하는 오류를 범하게 된다.[19)]

'이치에 맞는 교육' 또는 '자연의 순리에 따르는 교육'이 어떤 의미를

---

19) 이상익(2016), 『본성과 본능』, pp. 23-35 참조.

갖는가 하는 문제는 교육 논의에서 다루어진 '이치' '자연' 그리고 지향하는 가치 체계가 무엇인가에 따라 결정된다. 이에 관한 논의는 이치를 탐구하는 성리학 본연의 작업에 비추어 찾아질 수밖에 없다. 그리고 그것은 성리학이 오늘날 우리 교육에 공헌하는 중요한 부분이 될 것이다.

2. 마음의 탐구

서양 철학에서 마음에 관한 탐구는 플라톤 이래로 중요한 관심사가 되어 왔다. 그 관심의 깊이만큼 마음에 관한 탐구는 형이상학적 논의로 이어진다. 그러나 마음을 형이상학적 실체로 보아야 할 것인가, 아니면 형이상학적 실재를 담는 그릇으로 보아야 하는가 하는 문제는 성리학과 관련하여 풍부한 논의거리를 제공한다. 한편 교육에서 마음이 형이상학적 실재인가 아닌가 여부는 교육현장에서 상이한 양상을 드러낸다. 그런 만큼 이른바 마음의 형이상학이라는 주장은 세심한 주의를 기울일 필요가 있다. 마음을 형이상학적 실체로 볼 것인가의 여부를 떠나 교육에서 다루어지는 마음이 무엇을 가리키는가를 먼저 검토할 필요가 있다.

우리가 '마음'을 두고 논의할 경우, 마음이란 무엇을 지칭하는가? 교육에서 어떤 의미로 사용되는가? 교육이 길러야 할 마음과 관련한 능력이라고 한정할 경우 다음의 네 가지를 생각해 볼 수 있다.

① 가지고 태어나는 본능
② 올바름을 헤아리는 능력
③ 이치를 파악하는 능력

④ 언어나 알음알이로 파악하기 어려운 체(體)

①은 인간의 생리적 욕구에서부터 프로이트 심리학에서 강조하는 무의식 등 여러 가지 본능을 뜻하는 것으로서 선진유학(先秦儒學)의 식색지성(食色之性)에 상응한다. 이는 본성이라기보다는 본능이라고 해야 옳다. ②는 도덕적 판단 능력을 의미하는 것이다. 도덕 판단은 역지사지(易地思之)나 가역적(可逆的) 사고를 전제하기 때문에 앞의 본능과 구분되는 인간의 특성이다. ③은 세상의 이치, 삼라만상의 운행원리를 파악하는 능력에 해당한다. ④는 형이상학적 논의나 선불교(禪佛敎)에서 볼 수 있는 언어도단(言語道斷)의 경지 또는 아이러니를 파악하는 능력과 관련된다.

이 외에 여러 가지로 설명할 수 있지만, 여기서는 이 네 가지를 성리학적 논의 맥락에서 살펴보면 다음과 같이 표현할 수 있다.

①′ 칠정(七情) 또는 칠정의 체(體)
②′ 거경(居敬) 또는 거경의 체(體)
③′ 궁리(窮理) 또는 궁리의 체(體)
④′ 性(天命으로부터 나온 性) 또는 허령지각(虛靈知覺)[20]

이 네 가지 마음의 범주 중에서 교육은 어떤 형태의 마음에 집중해야 하는가? 이에 관한 논의는 이어지는 각 장(章)에서 다루어지겠지만, 교육적 관심 여부에 따른 연구자의 몫이 될 것이다. 왜냐하면 '마음'을 어떻게 규정하는가에 따라 논의의 성격과 지향점 그리고 논의의

20) '虛靈知覺'은 물론 맥락상의 차이점은 있지만 불교에서 性自神解 또는 空寂靈知에 상응하는 개념이다.

수준이 달라질 수 있기 때문이다. 현대 교육에서 '마음'은 주로 '학습'을 중심으로 한 실증 심리학 탐구와 인식론적 논의에서 다루어졌다. 그리고 그것은 주로 서양 인식론에 근거한 것이다.

서양 인식론에서 보는 마음의 본질은 경험론적 · 합리론적 · 관념론적 접근이 모두 가능하다. 전통적으로 서양의 마음 이론은 확실성의 탐구 또는 객관적이고 불변하는 진리의 파악을 전제로 한다. 문제는 이렇게 파악할 경우 인식 주체와 인식 대상인 객체의 분리 또는 이분화를 가져온다는 점이다. 그럴 경우, 인식하는 주체로서 인간의 마음을 온전하게 파악하지 못하는 한계를 드러낸다. 이에 대하여 서양의 현대 사상가들이 여러 가지 차원에서 문제를 제기하고 있지만, 이 역시 교육실천에서도 그대로 문제점으로 부각된다.

특히 마음의 지위와 구성, 작용 문제는 서양 인식론보다는 동양학에서 그 논점을 보다 선명하게 그리고 논의를 풍부하게 파악할 수 있다. 이를테면, 마음의 지위에 관하여 마음은 체(體)인가 하는 문제가 제기된다. 또 마음을 '체'라고 규정하여도 마음은 수행하는 데 요구되는 그릇인가, 아니면 수행해야 할 체인가 하는 문제가 제기된다. 무슨 말인가 하면, 마음을 수행하는 데 요구되는 일종의 그릇으로 본다는 것은 성리학에서 하늘로부터 부여받은 이치 또는 性을 드러내기 위하여 수행해야 할 대상이라는 뜻이다. 반면에 마음을 수행해야 할 '체'라고 보는 것은 마음 자체가 밝혀져야 할 대상이 된다. 이는 선불교의 입장에 상응하는 것으로서, 본래 청정(淸淨)한 마음을 밝히기 위하여 수행해야 할 그 자체가 된다. 그 마음을 위하여 수행해야 할 그릇은 계(戒)다. 그러니까 성리학에서 '心 대 性'의 관련이 불교에서는 '戒 대 心'의 관련이 된다. 그래서 마음에 관한 동양의 유 · 불 · 선(儒 · 佛 · 仙)은 그 특징을 다음과 같이 표현한다.

유식근 존심양성(儒植根 存心養性)

도배근 수심연성(道培根 修心練性)

석발근 명심견성(釋拔根 明心見性)

이와 같이 마음을 어떻게 파악하는가에 따라 교육실천 현장에서 강조되어야 할 내용이 다르게 파악된다. 그 탐구는 일차적으로 교육학을 연구하는 사람과 교육실천 현장 교사의 몫이지만, 분명한 것은 성리학이 인간의 마음에 관한 교육 논의를 풍부하게 제공하고 있다는 점이다.

3. 인간본성

선진유학(先秦儒學)의 인성론은 맹자의 성선설과 순자의 성악설, 『서경(書經)』의 인심도심론(人心道心論)과 『예기(禮記)』의 천리인욕론(天理人欲論) 등으로 대표된다. 이로써 알 수 있듯이, 선진유학의 인성론에서는 '도덕적 본성과 육체적 본능'의 구별이 주요한 논제였다. '본성과 본능'의 구별은 '사람다움과 짐승같음' 또는 '군자와 소인'을 구별하는 준거가 되고, 나아가 각종 도덕이론이나 교육이론의 기본 논리를 제공한다. 이러한 맥락에서 '본성과 본능'의 구별은 인문학이나 사회과학에서 매우 중요한 문제다. 반면에 송대(宋代) 性理學의 인성론은 '본성과 본능'의 구별에도 관심을 쏟았지만, '마음과 본성'의 구별에 더욱 심혈을 기울였다.[21] '마음과 본성'의 구별은 인간의 심리과정(心理過程)에 대한 정확한 해명을 위해서도 긴요하고, 올바른 수양

21) 성리학에서 '마음과 본성'의 구별에 심혈을 기울인 또 하나의 이유는 바로 선불교(禪佛教)의 즉심즉불론(卽心卽佛論)을 극복하기 위함이었다.

(修養)이나 교육의 방법을 정립하기 위해서도 긴요하다.

맹자는 인간의 본성을 善으로 규정했으나,[22] 순자는 인간본성이 악(惡)하다고 주장하였다.[23] 일견 이 두 사람의 주장은 상반된 것으로 보인다. 그러나 성선설과 성악설은 서로 본성의 개념을 달리 전제한 데서 비롯된 대립으로서, 이를 간파한다면 사실 맹자와 순자의 주장이 서로 본질적으로 크게 다른 것은 아니었다. 지금도 그렇지만 선진(先秦) 시대에도 본성(本性)이란 개념은 이중적인 의미로 쓰였다. 혹자는 '타고난 것 자체'를 본성이라 하고, 혹자는 타고난 것 가운데 '그 사물을 그 사물답게 만들어 주는 요소'를 본성이라 했던 것이다. 인간으로 말하자면, 모든 인간은 '육체적 본능'과 '도덕적 본성'을 함께 지니고 태어났는데, 맹자나 순자는 모두 이를 인간에 관한 기본적 사실로 받아들였다. '육체적 본능'과 '도덕적 본성' 가운데 더욱 강력한 것은 '육체적 본능'이요, 사람을 사람답게 만들어 주는 요소는 '도덕적 본성'이다. 그런데 맹자는 도덕적 본성, 즉 '인의지성(仁義之性)'에 초점을 맞추어 성선설(性善說)을 주장한 것이며, 순자는 육체적 본능, 즉 '식색지성(食色之性)'에 초점을 맞추어 성악설(性惡說)을 주장한 것이다. 그렇다면 교육을 하는 교사나 부모의 입장에서 어느 입장을 따라야 옳은가? 누구나 따라야 할 정해진 답은 없지만, 인간본성에 관한 논의는 교육의 지표를 제공한다.

송대 性理學으로 내려오면, 성리학자들은 본연지성(本然之性)과 기질지성(氣質之性)이라는 개념을 통해 인간의 본성을 더욱 체계적으로

22) 『孟子』 滕文公上 제1장: 孟子道性善 言必稱堯舜

23) 『荀子』 〈性惡〉: 今人之性 生而有好利焉 順是故爭奪生而辭讓亡焉 生而有疾惡焉 順是故殘賊生而忠信亡焉 生而有耳目之欲 有好聲色焉 順是故淫亂生而禮義文理亡焉… 用此觀之 然則人之性惡 明矣 其善者僞也

논의했다. 주자(朱子)는 인간이면 누구나 지니는 보편적 본성을 본연지성이라 하고, '仁義禮智의 본성'이 바로 인간의 본연지성이라 했다. 기질지성이란 본연지성이 사람에 따라 각자 조금씩 다르게 드러나는 것을 말한다. 주자는 사람마다 기질(氣質, 즉 마음의 재질)이 조금씩 다르기 때문에 본성이 조금씩 다르게 드러난다고 설명하고, 이를 기질지성이라 했던 것이다.[24] 따라서 본연지성과 기질지성은 별개의 性이 아니라, 하나의 본성을 관점에 따라 둘로 구분해 본 것일 뿐이다.[25]

'본연지성과 기질지성'이라는 개념만 가지고는 인간이 타고난 본성을 온전하게 설명하지 못하는 난점에 직면한다. 요컨대, 인간이면 누구나 지니는 식·색·재물·수면(食·色·財物·睡眠)과 같은 본능적 욕구를 설명하지 못한다. 그리하여 성리학에서는 본능적 욕망을 설명하기 위하여 선진유학의 '인심(人心)과 도심(道心)'이라는 개념에 주목했다.[26] 도심은 仁義禮智의 본성에서 생긴 마음이며, 인심은 육체적 본능으로부터 생긴 마음이다. 요컨대, 仁義禮智가 발한 사단(四端, 惻隱之心·羞惡之心·辭讓之心·是非之心)이 바로 도심이며, 식색의 본능이 발한 '맛있는 음식을 원하는 마음'과 '아름다운 이성(異性)을 그리워하는 마음'이 바로 인심이다. 인심도심론은 교육의 장면에서 도덕적

---

24) 『朱子語類』 卷4(中華書局本: 64-65): 天命之性 本未嘗偏 但氣質所稟 却有偏處 氣有昏明厚薄之不同 然仁義禮智 亦無闕一之理 但若惻隱多 便流爲姑息柔懦 若羞惡多 便有羞惡其所不當羞惡者

25) 이처럼 주자는 氣質之性을 대부분 '사람마다 기질에 따라 제각각인 본성[各一其性]'이라는 뜻으로 설명했으나, 간혹 '인간의 육체적 본능[食色之性]'을 氣質之性으로 설명하기도 했다. 이에 대한 자세한 논의는 이 책의 제2장 및 이상익(2011)의 「朱子 氣質之性論의 양면성과 退·栗 性理學」 참조.

26) 人心道心論은 본래 『書經』「大禹謨」의 "人心惟危 道心惟微 惟精惟一 允執厥中"에서 유래된 논제다. 이 구절은 주자의 〈中庸章句序〉에 인용되어, 성리학의 중요한 논제가 되었다.

본성과 육체적 본능의 문제를 어떻게 다루어야 하는가라는 과제를 던져 준다.

'본연지성과 기질지성' 및 '인심과 도심'에 관한 이론은 한국 性理學의 양대 석학 퇴계(退溪)와 율곡(栗谷)에 의하여 계승 발전된다. 퇴계의 경우, 본연지성은 천리(天理)에서 비롯된 理와 사단(四端)으로 연결되어 도심이 되고, 기질지성은 인욕(人欲)에서 비롯된 氣와 칠정(七情)으로 연결되어 인심이 된다. 주자(朱子)의 일반론과 달리, 퇴계는 기질지성을 '개체마다 다른 성[性, 各一其性]'이 아니라 '본능적 욕구[食色之性]'로 파악한 것이다. 그 결과 퇴계의 도식으로 보면 도심(道心)은 본연지성이 발한 사단(四端)에, 인심(人心)은 기질지성이 발한 칠정(七情)에 상응한다. 퇴계설(退溪說)의 종지(宗旨) '이기호발(理氣互發)'은 이를 설명하는 말이다.[27] 그런데 이기호발설(理氣互發說)은 인간 본성이 이원화되는 이론적 난점과 함께 교육에서 이를 어떻게 반영해야 하는가 하는 문제에 당면하게 된다.

반면에 율곡의 경우, 주자의 일반론에 입각하여 기질지성을 각일지성(各一其性)으로 설명하였다. 기질지성은 식색지성을 뜻하는 것이 아니라, 다만 본연지성이 청·탁·수·박(淸·濁·粹·駁)이 제각각인 '각자의 마음[氣質]속에 들어 있는 상태'를 말한다는 것이다. 또한 율곡의 틀에서 '도심과 인심'은 '사단(四端)과 칠정(七情)'에 상응하는 것이 아니다. 율곡에 의하면, 사단(四端)은 물론 도심을 지칭하지만, 칠정(七情)은 인심뿐만 아니라 도심도 함께 지칭하는 것이다. 퇴계가 '사

27) 『退溪集』 卷16 頁20-21, 〈答奇明彦論四端七情第二書〉: 情之有四端七情之分 猶性之有本性氣稟之異也 然則其於性也 旣可以理氣分言之 至於情 獨不可以理氣分言之乎 惻隱羞惡辭讓是非 何從而發乎 發於仁義禮智之性焉爾 喜怒哀懼愛惡欲 何從而發乎 外物觸其形而動於中 緣境而出焉爾

단과 칠정' 및 '도심과 인심'을 '이발(理發)과 기발(氣發)'로 구분한 것과 달리, 율곡은 '사단과 칠정' 및 '도심과 인심'이 모두 '氣가 발함에 理가 탄 것[氣發理乘]'이라고 설명했다.[28] 이처럼 퇴계와 율곡이 이론 체계를 달리하게 된 까닭은 氣에 대해 서로 다르게 인식하고 있었기 때문이다. 단적으로 말해, 퇴계는 氣를 '육체' 또는 '육체적 욕망'으로 이해한 반면, 율곡은 氣를 지각작용의 주체인 '마음'으로 이해했다. 요컨대, 퇴계는 '理와 氣'를 '도덕적 본성과 육체적 본능'으로 이해하여 '사단(四端)은 이발(理發), 칠정(七情)은 기발(氣發)'이라는 이기호발설(理氣互發論)을 주장한 반면, 율곡은 '理와 氣'를 '도덕적 본성과 능동적 마음'으로 이해하여 '사단과 칠정이 모두 마음의 지각작용을 통해 도덕적 본성이 발한 것'이라는 기발이승일도설(氣發理乘一途論)을 주장한 것이다.[29] 퇴계와 달리, 율곡의 인간본성론에서 이원론적 난제는 없지만, 교육에서 세심하게 구분해서 다루어야 할 본성(本性)과 본능(本能)의 문제가 혼동되거나 혼용될 개연성을 배제하기 어려운 교육적 문제가 부각된다.

인간본성과 관련하여 인간의 변화를 전제하는 현대 교육이론은 어디에 초점을 맞추어야 하는가, 보다 구체적으로 인간의 본능과 욕구를 본성으로 인정한다고 하더라도 어느 측면에 맞추어야 하는가의 문제는 성리학의 인간본성론에 비추어 논의되어야 할 과제다.

---

28) 『栗谷全書』 卷10 頁5, 〈答成浩原〉: 所謂氣發而理乘之者 可也 非特七情爲然 四端亦是氣發而理乘之也 何則 見孺子入井 然後乃發惻隱之心 見之而惻隱者 氣也 此所謂氣發也 惻隱之本則仁也 此所謂理乘之也 非特人心爲然 天地之化 無非氣化而理乘之也

29) 율곡은 '理는 형체도 없고 作爲도 없으나, 氣는 형체도 있고 作爲도 있다'는 맥락에서, 理는 발현되는 대상[所發者]이며, 氣는 발현하는 주체[能發者]라고 설명했다(『栗谷全書』 卷10 頁5, 〈答成浩原〉).

4. 교육원리로서 심통성정론

현대 교육에서 '인간은 스스로를 규율한다'는 자율성 함양 문제는 주요 쟁점이다. 여기서 스스로를 규율하는 주체는 개인의 '마음'이다. 이는 성리학의 본성론 중에서 특히 '심통성정(心統性情)'이라는 명제와 관련을 맺는다. 성리학의 '심통성정'은 '마음이 본성과 감정을 운용하는 주체'라는 뜻을 담고 있기 때문이다. 다시 말해, 성리학에서는 '마음'을 '본성을 담고 있으면서 지각작용을 통해 감정(感情)으로 발현시키는 주체'라고 보는데,[30] 이를 한 마디로 '심통성정'이라 하는 것이다.

다른 한편으로, 교육이 인간의 마음을 다루는 활동이라면, 우리는 거기서 교육원리를 확보해야 하는 당위성에 직면한다. 이는 단순히 마음의 작용을 실증적 방법으로 탐구하여 경험적 사실을 도출해서 해결할 문제가 아니다. 주자(朱子)의 이기상호주재론(理氣相互主宰論)[31]에서 알 수 있듯이, 이는 형이상학적 논의를 요구한다. 주자에 따르면, '理의 주재(主宰)'란 '理가 氣의 운동의 표준이 된다'는 뜻이며, '氣의 주재'란 '氣가 理를 맡아서 관리한다'는 뜻이다. 논점은 理와 氣를 어떻게 파악하는가 하는 문제와 더불어 '주재'라는 말의 의미를 어떻게 해석하는가에 달려 있다.

성리학에서 '주재'라는 개념은 많은 논란을 일으킨 개념이다. 이 논란은 특히 '심통성정'에 대한 해석을 둘러싸고 벌어졌다. 주자는 '심통성정'의 '통(統)'을 '포함'과 '주재'라는 두 뜻으로 풀이했다. 心은 性·

---

30)『朱子大全』卷55 頁1, 〈答潘謙之〉: 性只是理 情是流出運用處 心之知覺 卽所以具此理而行此情者也 以智言之 所以知是非之理則智也性也 所以知是非而是非之者 情也 具此理而覺其爲是非者 心也

31) 이상익(2007),『朱子學의 길』, pp. 101-109 참조.

情을 포함하는 동시에, 心은 性·情을 주재한다는 것이다. 그런데 주리론(主理論)을 견지한 영남의 성리학자들은 대개 '주재'를 '명령'의 뜻으로 해석하여, '心이 性·情을 명령한다'고 주장했다. 문제는 성리학에서 일반적으로 心은 氣요, 性은 理로 설명되어 왔다는 점이다. 心은 氣요, 性은 理라 한다면, 영남학파의 관점에서 '심통성(心統性)'은 '氣가 理를 명령한다'는 뜻으로 해석될 수 있는 바, 영남학파는 이러한 논법을 수긍할 수 없었다. 그리하여 그들은 心을 '理와 氣의 결합'으로 설명하고, 심통성에서의 心은 理라고 설명했다. 그런데 이러한 논법을 따른다면 '심통성(心統性)'은 '理가 理를 主宰한다'는 말이 되어, 역시 수긍하기 어렵게 된다.[32] 다만 여기서 우리는 영남학파가 '氣에 대한 理의 주재'를 옹호하려 했다는 점을 간파할 수 있다.

반면에 '氣의 능동적 주체성'을 강조하는 율곡학파(栗谷學派)에서는 '심통성(心統性)'을 '氣가 理를 主宰한다'는 뜻으로 해석한다. 율곡학파는 다만 '주재의 뜻'을 달리 해석했다. 율곡학파에 의하면, '주재'는 '군림한다'거나 '명령한다'는 뜻이 아니라 '맡아서 관리한다'는 뜻이다. 이렇게 본다면, '심통성정(心統性情)'은 마음이 性을 구현하고 그 구현된 情을 관리한다는 뜻이 된다.[33] 요컨대, 율곡학파는 理 또는 본성(本性)을 실현하는 주체로서 氣 또는 마음의 능동성을 강조했던 것이다.

이렇게 보면, 마음에 관한 논쟁은 현실과 동떨어져 보이는 형이상학적 논쟁에 머무는 것이 아니라, 우리의 교육현실에 와 닿아 있다. 예컨대, 우리가 교육을 통하여 변화를 도모한다고 할 때, 또는 태교를 한다고 할 때, 변화시키고자 하는 것은 무엇인가? 우리는 일상적으로 인간본성을 변화시킨다는 말을 하곤 한다. 그러나 교육을 통하여 인

32) 이상익(2011), 『嶺南性理學硏究』, pp. 585-589 참조.
33) 이상익(2005), 『畿湖性理學論考』, pp. 178-182 참조.

간본성을 변화시킨다는 말은 성리학의 맥락에서 보면 가능한 일이 아니다. 왜냐하면 본성(本性)이란 하늘로부터 부여받은 것으로서 인간의 작위로써 어떻게 변화시키거나 할 수 있는 것이 아니기 때문이다. 오히려 인간이 마음에 담긴 본성을 잘 드러나게 한다거나, 아니면 마음에 담긴 욕망을 통제하여 본성에 부합하도록 노력하는 일이 교육의 과제라고 해야 한다. 단순하게 보자면, 전자는 율곡을 비롯한 기호학파의 '심통성정'의 뜻에 가깝고, 후자는 퇴계를 위시한 영남학파의 '심통성정'의 뜻에 가깝다고 볼 수 있다.

이와 관련하여, 흔히 '수도(修道)'를 자의(字意)에 따라 '道를 닦는다'라고 해석하는 것은 성리학의 맥락에 비추어 적절하지 못하다. 따라서 『중용장구(中庸章句)』의 '수도지위교(修道之謂敎)'를 '道를 닦는 것을 일컬어 가르침이라 한다'고 해석하는 것도 부적절한 해석이다. 여기서 '道'는 '性을 따르는 일[率性]'에서 비롯된 것이고, 그것은 다시 천명(天命)을 이르는 말[天命之謂性]에서 비롯된 것이기 때문이다. 그러면, 일상적으로 흔히 사용하는 말인 '수도(修道)'를 어떻게 해석해야 하는가? 성리학의 맥락에서 보자면, '수도'는 '道를 닦는다'고 할 것이 아니라 '道에 비추어 마음을 닦는다'고 해야 타당하다. 적어도 방금 살펴본 '심통성정'의 연장에서 보면 그렇게 해석해야 할 것이다.

현대 교육에서 교육목적으로서 설정된 '자율적 인간의 육성'과 교육행위의 절차적 원리로서 자율성 문제는 자신의 아름다운 본성을 실현하고 감정을 다스리려면 부단히 공부해야 한다는 성리학의 이론으로 접목된다. 그러나 현대 교육학의 쟁점이 '심통성정'과 구체적으로 어떻게 관련되는가는 보다 심층적으로 논의되어야 할 교육학의 과제다. 그리고 그것은 유학의 실천적 성격에 비추어 볼 때 단지 교육이론의 문제에 그치는 것이 아니라 교육실천 현장으로 확대해야 할 현안이기도 하다.

Ⅳ. 인간본성과 공부, 그리고 교육

『교육과 성리학』은 성리학의 주요 주제가 곧 교육학의 주요 주제가 된다는 점을 밝히고자 기획되었다. 이러한 의도에 비추어 여기서는 이 책의 구성과 논점을 소개하기로 한다.

인간본성론을 다룬 제2장에서 李相益 교수는 인간의 규범 체계는 '자연의 이법[道, 理]'에 근본해야 하며, 우리의 마음은 반드시 理를 준칙으로 삼아야 한다는 입장에서 성리학적 심성론의 의의를 네 가지로 정리하였다. 첫째, '성즉리(性卽理)와 심즉기(心是氣)'는 '진리의 표준은 본성이요, 행위의 주체는 마음이다'라는 뜻을 담고 있다. 마음은 '능동적 주체'이나 결코 '진리의 표준'일 수는 없다는 것이다. 인간은 자연의 이법을 자신의 본성으로 지니고 있는바[天命之謂性], 이를 규범적 표준으로 삼아야 한다는 것이다. 둘째, '심통성정(心統性情)'은 '마음이 본성과 감정을 운용하는 주체'임을 밝힌 것이다. 심통성정론은 '탁박한 기질을 청수(淸粹)한 기질로 변화시켜야 한다'는 기질변화론(氣質變化論)으로 연결된다. '기질(氣質)'이란 '마음의 재질(材質)'을 뜻하는바 기질이 청수하면 순선한 본성을 온전히 발현시키고, 기질이 탁박하면 순선한 본성을 왜곡하여 발현시키게 되므로, 자신의 기질을 항상 청수하게 만들어야 한다는 것이다. 셋째, '본연지성(本然之性)과 기질지성(氣質之性)'은 인간본성의 '보편성과 특수성' 또는 인간본성의 '근원적 완전성과 현실적 불완전성'을 해명하는 논리다. 본연지성이 바로 '인간의 존엄성' 및 '인간은 누구나 스스로의 노력으로 聖人이 될 수 있다'는 신념을 뒷받침하는 것이다. 넷째, '인심(人心)과 도심(道心)'은 육체적 본능과 도덕적 본성의 문제를 해명하는 개념체계다. 또한 인심과 도심 사이에서 중용을 실천하려면 유정유일(惟精惟一)의 공부가 필요하다. 성리학에서는 유정유일의 방법으로 지경(持敬)을 강조하였다. 이는 공부론으로 이어진다.

공부론으로 박사학위를 취득한 黃金重 교수의 제3장은 성리학이 공부에 관한 특수한 인식 체계를 보여 준다는 관점에서 출발한다. 이 논의에는 공부의 의미와 목적, 내용, 방법, 자세 전반에 관한 체계화된 시각이 포괄되어 있다. 성리학에서 '공부'는 仁義禮智로 귀결되는 인간본성의 실현을 목적으로 하면서, 한편으로는 소학(小學)으로부터 대학(大學)으로 나아가고, 다른 한편으로는 경(敬)을 근간으로 지(知)와 행(行)이 병행되는 방법적 체계를 갖춘 것으로 이해된다. 본성 실현의 공부를 둘러싼 선명한 이상과 실천의지를 지니고 있었던 성리학에서는 다양한 공부 표어를 창출해 활용했는데, 대표적으로 '위기지학(爲己之學)' '하학이상달(下學而上達)' '존덕성이도문학(尊德性而道問學)'이 주목된다. 제3장은 성리학의 맥락에서 이 세 가지 공부 표어들이 내포하는 의미 및 그 유기적 관계 양상을 들여다보면서 성리학의 공부론의 성격을 설명해 보고자 했다. 방법적으로는 성리학 공부론의 원형적 기틀을 구축했고, 이후 성리학의 역사에서 공부론적 사유와 실천에 중요한 영향을 미쳤던 주자의 인식을 중심으로 검토하였다.

이어지는 제4장과 제5장은 공부의 단계를 설명한 논의다. 申昌鎬 교수의 제4장은 성리학 전통에서 학문의 입문 역할을 하는 교육과정인 소학교육(小學敎育)을 다루고 있다. 소학교육의 근본은 어린아이나 어리석은 수준에 처해 있는 사람이 인간답게 살아갈 수 있도록 기본 도덕이나 예절, 삶의 기술 등을 제공하는 데 있으며, 그것은 '쇄소응대진퇴(灑掃應對進退)'의 범절(凡節)과 '예악사어서수(禮樂射御書數)'의 육예(六藝)로 응축된 절문(節文) 교육을 통해서 이루어진다. 절문 교육의 입장에서 정립된 『소학(小學)』은 태교(胎敎)를 비롯한 가정교육과 학교교육, 일상 삶에 필요한 내용 등을 통해 교육의 중요성을 강조하고 교육의 원칙과 지침을 제시하였다. 나아가 유교의 오륜과 몸가짐 등에 대해 실제 역사적 사례를 통해 모범을 보여 주며 여러 가지 교훈을 제시하였다. 『소학』은 윤리와 도덕이 무너져 더 이상 사회를 지속시키기 어렵다는 각성의 산물이었다. 『소학』은 그 내용이 매우 충실하고 체계적이며, 인간 삶의 구체적 사안에 대한 실천 행위를 고려하였다. 그 근본 이유는 소학교육이 삶의 기초를 정립하는 교육으로서, '사람의 틀'을 만들고 '사람다움'을 지향하는 교육적 장치였기 때문이다. 특히 소학은 아이가 어릴 때부터 조금이라도 잘못된 길을 가지 않도록 하는 예방적 차원의 교육이었다.

金洛眞 교수의 제5장은 소학(小學)으로 틀을 잡은 사람이 큰 인물, 즉 '대인(大人)'이 되기 위해 필요한 학문으로서 '대학(大學)'을 다루고 있다. 앞서 언급한 바와 같이, '대학'은 '대인의 학문'이라는 규정을 중심으로 '학교로서의 대학'과 옛날 대학의 교육 순서를 기록한 '책으로서의 『대학』의 의미를 포섭한다. 온 세상을 포용할 수 있는 천하인(天下人)으로서 대인은 통치자의 권한이 있는지의 여부를 떠나 세상을 두루 포용하는 아량과 운영하는 지혜를 갖고 그에 합당한 도리에 따라 살려는 사람이다. 그러나 사람은 현실적으로 불완전한 기질, 사욕, 잡념 등으로 인해 마음의 기능이 저해되고 편벽한 성향을 지니고 산다. 인격을 개선하기 위해 제시된 명명덕(明明德)의 구체적인 방법이 격물치지(格物致知)와 성의정심(誠意正心) 공부였다. 성리학은 천하의 이치를 모두 궁구하고자 함은 물론 모든 원리의 근원을 이해함으로써 전체를 체계적으로 인식할 수 있는 세계관적 지식을 추구한다. 가족이나 당파, 지역적 삶에서 비롯되는 편벽함도 버리고, 자기 닦음의 철

저함을 추구한다. 이 문제의식에서 채택하고 심화시킨 공부법이 거경(居敬)이다. 제5장에서는 敬과 『대학』 본래의 성의(誠意)를 구분하였고, 또 성의(誠意)와 정심(正心)에 어떤 차이가 있는지도 다루었다. 그 결과, 지식과 기술교육에 치중하는 현대의 대학 교육과는 달리 인격 함양과 철학 학습에 큰 가치를 두었던 이상으로서의 대학 교육에 관한 의식을 엿볼 수 있다. 그럼에도 불구하고 이러한 대학의 이념을 배경으로 등장한 조선시대의 성균관(成均館)이 크게 번성하지 못한 것은 관료 양성이라는 현실적인 목적에 굴복하였기 때문이다. 성균관에 입학하지 않아도 과거로 출신할 수 있는 길이 있었음은 성균관에 매력을 느끼지 못하게 하였고, 더욱이 성리학이 점차 문화로서 자리를 잡아 가면서 지성과 덕성을 추구하는 사람들로부터 현실의 대학이 외면당했던 사정을 다루고 있다.

李仁哲 박사의 제6장은 현대 교육에서도 중요한 문제로 남아 있는 앎과 실천의 일치 또는 지행(知行) 문제를 다루고 있다. 주로 송명이학(宋明理學)의 범주에서 주자(朱子)와 양명(陽明)의 지행관(知行觀)을 비교 논의하였다. 단적으로, 주자의 지행관은 '선지후행(先知後行)'이며, 양명의 지행관은 '지행합일(知行合一)'이다. 양자 간에 공통점과 상이점이 모두 존재한다. 공통점으로, '지와 행이 함께 함[知行同居]', 지보다는 행이 최종 목적으로서 강조됨[知輕行重], 인륜지향 등의 세 가지를 들고 있다. 반면에 차이점으로 두 가지를 지적하고 있다. 첫째, 인식 주체와 객체의 문제다. 주자는 인식 주체와 객체의 분리성을, 양명은 인식 주체와 객체의 일체성을 주장한다. 이에 따라 지행의 문제의 강조점이 다르다. 둘째, 지행분합(知行分合)의 문제[性燈明-心燈明]다. 주자의 경우는 지행의 측면에서 분리의 측면이 강하고, 양명의 경우는 합함의 측면이 강하다. 따라서 주자는 性을 진리의 표준으로

삼았으며, 양명은 心을 진리의 표준으로 삼았다. 이 논의를 통하여, 李 박사는 두 가지 교육적 함의를 추출하였다. 첫째, '깨어 있음'의 교육이다. 이는 양자 간의 격물치지(格物致知)에 대한 관점의 차이가 존재함에도 불구하고, 사욕에 막혀 천리를 제대로 인식하지 못함에 대한 해결책은 공통점을 보이기 때문이다. 둘째, '앎의 경계 확장'의 교육이다. 앎에는 협의의 측면과 광의의 측면이 존재하며, 또한 소극적 앎과 적극적 앎이 존재한다. 주자와 양명은 모두 협의와 소극적 측면이 아니라 광의와 적극적 앎을 지향한다. 즉, 앎이란 인지적 영역의 앎이 아니라 행위적 영역인 실천으로 확대되어야 함을 강조하였다.

'예(禮)' 또는 '예절(禮節)'은 전통 유교사회의 특징 문화로서 유교의 역사만큼 오래되었다. 현대사회에서 강조하는 '질서'의 본체는 '예절'라는 점을 인정한다면, 현대사회에서도 예절은 살아 숨 쉬는 주제이며, 생산성을 담보한 문화적 코드다. 그렇지만 예가 무엇인지, 예절교육은 어떻게 해야 하는지에 대해 구체적 도움을 받고자 하는 이들은 우선 텍스트 선정에서부터 어려움을 겪는다. 張閏洙 교수의 제7장은 관혼상제(冠婚喪祭)의 전통 사례(四禮)를 중심으로 한 지루한 절차와 형식에만 치중한 예절교육이나 단순히 에티켓 교육으로 환원하여 시민교양강좌 성격의 내용만 수록하고 있는 예절교육을 넘어서서, 예의 의미와 정신이 무엇인지, 왜 지켜야 하는지, 지금 우리에게 예는 왜 필요한지를 제시해 준다. 또한 단순히 예절의 관습적 태도를 지칭하는 의례적인 절차에 그치지 않고 현실적으로 '문화적' 차원에서 다루고 있다. 여기서 張 교수는 예의 문화에서 예절의 문제를 문화 상대적인 관점에서도 이해할 수 있어야 한다고 보고, 문화와 역사를 전제로 하지 않은 예절의 논의는 그 자체가 맹목적일 수 있다고 하였다. 이러한 맥락에서 예절은 사회를 하나로 묶어 주는 끈이기도 하지만, 자기 문화 중심주의에 빠지는 것을 경계하고 있다. 즉, 예절교육의 궁극 목적은 그 사회에서 필요한 예절을 가르치는 이상으로 다른 문화의 예절을 이해하고 포용하며 관용할 줄 아는 사람을 기르는 것이다. 자신의 삶의 방식이 존중받고 싶을수록 타인의 삶의 방식과 문화를 이해하고 배려해야 함은 '예(禮)' 이전에 모든 윤리와 도덕의 기본이기 때문이다.

李相益 교수의 제8장은 성리학을 교육이론의 관점에서 해명한 논의다. 앞서 소개한 이치, 인간본성, 마음, 공부, 예절 등에 비추어 교육적으로 성리학은 어떤 의미가 있는 것인가를 다음과 같이 제시하고 있다. 첫째, 성리학의 교육이론은 '객관적인 이치의 탐구'와 '주관적인 마음의 순화'를 병행해야 한다는 것을 깨우쳐 준다. 교육은『대학(大學)』의 격물치지(格物致知)와 성의정심(誠意正心)을 병행해야 한다는 것이다. 이것이 성리학에서 그토록 '거경궁리(居敬窮理)'를 강조하는 까닭이다. 둘째, 성리학의 교육이론은 '본성[理]이 표준'이라는 이상성(理想性)과 '현실의 선악은 마음[氣]의 주체적 역량에 달려 있다'는 현실성(現實性)을 동시에 담보한다는 점이다. 영원한 이상이나 표준은 '본성'에 있는 것이지만, 그것을 현실에서 구체화하는 역량과 책임은 우리 스스로의 의지와 노력에 달려 있다. 주자는 공자의 '사람이 도(道)를 넓히는 것이요, 道가 사람을 넓히는 것이 아니다[人能弘道 非道弘人]'라는 말을 이러한 맥락에서 이해하였다. 셋째, 성리학의 '본성'과 '마음'을 동시에 통찰하라는 주장은 우리의 '이상적 목표'와 '현실적 조건'을 동시에 통찰하라는 가르침이기도 하다. 성리학의 입장은 '이상적인 목표도 현실적인 조건의 제약을 받는다'는 것이며, '현실적 조건은 이상적 목표를 지향하는 방향으로 개선되어야 한다'는 것이다. 넷째, 성리학은 현실을 주도하는 것은 마음[氣]임을 인정하면서도, 인간은 '자신의 마음'에 입각해 살 것이 아니라, '본성[理]'에 입각

해 살아야 한다는 점을 강조한다.[34)]

제9장에서 朴鍾天 교수는 성리학에 비추어 현대 교육의 현안 문제를 논제로 삼았다. 구체적으로 현대 교육이 지니고 있는 이분법적 사유와 도구주의적 관점 및 그와 연계된 교육 외재적 목적의 문제점을 다루고 있다. 그 결과 이를 극복하기 위해서 교육이 대상적 지식(know-what, knowledge)을 축적하는 모델에서 주체적 지혜(know-how, wisdom)를 체화(體化, embodiment)하는 과정으로 전환해야 한다[35)]는 가정 아래, 성리학의 교육 목적, 과정, 방법을 분석적으로 검토하였다. 특히 성리학이 지닌 교육에 대한 영성적 접근을 시도함으로써, 세계의 중층구조 및 마음의 중층구조와 연계된 교육의 중층구조를 기반으로 내재적 교육목적을 실현시키는 주체적 체화의 대안적 교육이론을 다음과 같이 제시하였다. 첫째, 본성이 곧 이치라는 '성즉리(性卽理)'의 이론적 측면에서 세계의 중층구조는 마음의 중층구조를 거쳐 교육의 중층구조로 연결되며, 실천적 측면에서는 예(禮)의 체득(體得)과 체현(體現)을 통해 개별자의 일상적 경험세계를 보편자의 궁극적 실재로 승화시킴으로써 개별자적 한계에 유폐되지 않고 보편적 차원에서 공부하고 실천하는 신비의 참여가 가능하다. 둘째, 세계의 본체

34) 주자가 '육상산(陸象山)의 심즉리설(心卽理說)'을 극력 비판한 중요한 이유 가운데 하나는, '심즉리'는 '마음의 자용(自用)'을 조장하여 '창광자자(猖狂自恣)'로 흐를 가능성이 크다는 것이다. 심즉리가 자칫하면 창광자자로 흐르게 된다는 것은 양명학(陽明學) 좌파의 경우를 통해 역사적으로 확인된 바 있다. '개인의 자유의지'만 강조할 뿐 '자연의 이법'을 외면하는 현대 정치 · 윤리 사상가는 이 점을 경계해야 한다는 점을 유념해야 할 것이다.

35) 흔히 지식은 라일(Ryle, 1949)의 주장에 입각하여 명제적 지식(knowing-that)과 방법적 지식(knowing-how)으로 구분한다. 반면에 박 교수의 구분은 다른 측면에서 시도된 것으로 그의 '대상적 지식'은 그 성격으로 보아 '정보(information)'에 상응한다. 정보에 대응하는 '지혜'는 그의 표현처럼 실천적 측면에서 체현과 체득을 통하여 내리는 우리의 합리적이고 타당한 판단 능력을 가리킨다. 이는 오우크쇼트(Oakeshott, 1976)의 '정보'와 '판단'에 해당한다.

와 현상에 대응하는 이기론(理氣論)과 본성과 현상에 대응하는 마음의 심통성정론(心統性情論) 및 지속적인 함양공부(涵養工夫)와 격물치지(格物致知)를 통한 확충과 체화의 교육과정은 지식의 축적 모델이 지닌 한계를 극복하는 주체적 지혜의 체화 모델로서 주목할 만하다.

Ⅴ. 성리학과 현대 교육

'성리학'은 '인간의 착한 본성을 깨닫고 그것을 실현하면서 살아야 한다'는 학문, 또는 '자연의 이법(理法)에 따라 살아야 한다'는 학문이다. 사람은 누구나 착한 본성을 지니고 있음에도 불구하고, 대부분의 사람들은 자신의 본성대로 살지 않고 있다. 성리학은 그 까닭을 '마음'에서 찾는다. 우리의 마음에는 이런저런 제약이 따르기 때문에 본성을 실현하는 데 장애가 생긴다. 이러한 맥락에서, 성리학에서는 '마음[心]'과 '본성[性]'을 엄밀히 구분하고, 교육의 초점을 '마음을 다스림'에 둔다. 요컨대, 성리학은 우리의 삶에서 추구해야 할 목표나 가치의 표준은 '본성'에 있지만, 그것을 실현하는 주체는 '마음'이라는 관점에 비추어 교육이론을 정립했다.

교육목적과 관련하여, 앞에서 언급한 바와 같이, 오늘날의 교육은 '인간의 본성'을 존중하거나 추구한다고 하면서, 실제로는 종종 교육을 통하여 '실현해야 할 본성'과 교육을 통하여 '다스려야 할 본능(욕구)'을 혼동하고 있다. 이러한 상황에서, 성리학은 이러한 혼동을 바로 잡을 수 있는 준거와 방법을 제공하는 것이다.

성리학의 교육이론은 우리의 마음을 다스려서 우리의 본성 또는 자연의 이법과 합치하게 만들자는 것이다. 성리학은 이러한 관점에서 소학(小學) 교육과 대학(大學) 교육을 논의하기도 하고, 인문교육(人文敎育)과 기능교육(技能敎育)을 논의하기도 한다. 이에 따라 우리는 성리학에서 현대 교육의 교육 내용과 교육과정에 어떤 함의를 도출해 낼 수 있는지를 고민해 보아야 한다. 이를테면 선진유학에서부터 강조한 육예(六藝)는 오늘날 기본교육에 어떤 의미를 지니는지, 성리학의 텍스트는 오늘날 교육과정에 비추어 어떻게 해석하고 수용해야 하는지를 고려해야 한다. 아울러 유학의 이상이었던 '성인 · 군자(聖人 · 君子)'는 오늘날 전문직이라고 하지만, 현실적으로 직업인으로 고착된 교사상(敎師像)을 정립하는 데 어떤 기여를 할 수 있는지도 검토해 보아야 한다.

소학과 대학을 다루면서 검토한 쇄소응대(灑掃應對), 거경궁리(居敬窮理) 등과 같은 내용은 현대 교육의 방법론적 원리로서 손색이 없다. 그러나 성리학이 정립되었던 사회적 배경과 오늘 우리가 처한 지식사회의 상황이 현저히 다른 만큼 구체적으로 어떤 방법이 어떻게 현실에 정착될 수 있는가를 고민해야 할 것이다. 그리고 성리학 논의 체계에서 탐구 방법은 현대 교육의 이론 체계와 어떤 관련을 맺을 수 있는지도 우리가 탐구해야 할 과제다. 이와 아울러 서양의 이론 체계와 성리학적 규명이 어떻게 관련될 수 있는지, 구체적으로 양자의 두드러진 차이에도 불구하고 상호 관련 가능성은 없는지, 그 공통 양상은 없는지 등을 고찰해야 할 것이다. 이를테면 플라톤과 아리스토텔레스 논의 체계에 견주어 송대의 理 · 氣 문제를 논의하는 것이 전혀 무용하거나 타당치 못하다고 할 수는 없다. 그리고 북송(北宋)의 기학(氣學)에서 남송(南宋)의 이기론(理氣論)으로 전개되는 과정은 오히려 보편자가 존재하는가를 쟁점으로 한 서양의 실재론과 명목론에 견주어 보는 것이 더욱 더 타당해 보인다.

서두에 성리학이 고리타분하고 진부한 학문으로 인식된다는 점에 대하여 오늘날 진보 성향의 학문이 지향하는 바와 크게 다르지 않음을 지적한 바 있다. 그럼에도 불구하고, 여전히 성리학이 일반인에게, 특히 젊은 층에게 거의 수용되지 않는 가장 큰 까닭은 그들 대부분이 한자문맹(漢字文盲)이기 때문이다. 성리학 문헌이 모두 한문으로 쓰여 있으며, 한문 습득과 해독은 영어 습득보다 더 많은 노력이 요구되기 때문에 접근하기 쉽지 않다는 것이 애석하게도 그들이 처한 현실이다. 성리학의 보편화를 위하여 한자교육(漢字教育)도 중요하지만, 성리학 문헌의 국역(國譯) 작업에도 박차를 가해야 할 것이다.

무엇보다도 이를 통하여 성리학의 논점이 오늘날 우리 교육현실과 밀접하게 닿아 있다는 점을 상기시켜야 할 것이다. 이와 함께, 성리학 습득과 이해 이전에 우리는 '한자교육' 문제를 보다 신중하게 다루어야 한다. 한자교육은 교육을 담당하는 우리의 막중한 과제이기도 하다. 교육이 '문맹(文盲)'을 타파하는 것이라면, 한자문맹도 교육을 통하여 타파해야 할 고질적인 문맹이기 때문이다.

참고문헌

『書經』
『禮記』
『大學(大學章句)』
『論語(論語集註)』
『孟子(孟子集註)』
『中庸(中庸章句)』
『史記』
『朱子大全』
『朱子語類』
『退溪全書』
『栗谷全書』

김정래(2016a). 미래사회가 요구하는 21세기 핵심역량과 한국교육. 2016 세계 교육정책 인포메이션 6호. 한국교육개발원.

김정래(2016b). 교육학 논의에서 '자연'의 위치. 한국교육사학 제38권 제3호. 한국교육사학회. 89-113.

김정래(2017). 새로운 패러다임의 교육과 지식. 한국교육철학회(편). 교육과 지식. 서울: 학지사. 13-46.

이상익(2007). 朱子學의 길. 서울: 심산.

이상익(2005). 畿湖性理學論考. 서울: 심산.

이상익(2011). 嶺南性理學硏究. 서울: 심산.

이상익(2017). 본성과 본능. 서울: 서강대학교출판부.

이상익(2011). 朱子 氣質之性論의 양면성과 退·栗 性理學. 東洋哲學硏究 제67집. 동양철학연구회.

한국교육철학회(편). (2017). 교육과 지식. 서울: 학지사.

陳來(1992). 宋明理學. 안재호(역)(1997). 송명성리학. 서울: 예문서원.

Aristotle. The Nicomachean Ethics. Ross, D. (trans.)(1925). *Ethics*. Oxford: Oxford University Press; Thompson, J. A. K. (trans.)(1955). *Nicomachean Ethics*. Harmondsworth: Penguin; Irwin, T. (trans.)(1985). Indianapolis: Hackett; *Nicomachean Ethics*. In: Ross, W. D. (trans.)(1952). Aritotle II. Great Books 9. Chicago: Britannica.

Nyiri, J. C. (1988). Tradition and Practical Knowledge. In: J. C. Nyiri. and B. Smith. (Eds.), *Practical Knowledge: Outline of a Theory of Traditions and Skills*. London: Croom Helm. 17-52.

Oakeshott, M. (1967). Learning and Teaching. In: R. S. Peters. (Ed.) (1967). *The Concept of Education*. London: Routledge and Kegan Paul. 105-134.

Polanyi, M. (1966). *The Tacit Dimension*. Chicago: University of Chicago Press. 김정래 역(2015). 암묵적 영역. 서울: 박영사.

Ryle, G. (1949). *The Concept of Mind*. London: Hutchinson.

Smith, B. (1988). Knowing How vs. Knowing That. In: Nyiri, J. C. and Smith, B.(eds.). *Practical Knowledge: Outline of a Theory of Traditions and Skills*. London: Croom Helm. 1-16.

제2장 성리학적 심성론의 네 가지 주제

이상익 (부산교육대학교)

Ⅰ. 들어가는 말: '본성 · 본능 · 마음'의 개념[1)]

인성론(人性論)의 기본 전제는 사람은 누구나 일정한 성향을 지니고 태어난다는 것이다. 그런데 그 일정한 성향 중에는 옳고 그름을 분간해서 옳음을 실천하려는 성향도 있고, 다른 사람들을 배려하고 그들과 공존하려는 성향도 있으며, 자신의 육체적 욕구를 우선적으로 충족시키려는 성향도 있다. 식색(食色)이나 의식주(衣食住)와 같은 자신의 육체적 욕구를 우선적으로 충족시키려 하는 '이기적 성향'을 우리는 보통 '이기적 본능' 또는 '동물적 본능'이라 한다. 이는 인간이 생명체(동물)이기 때문에 지니는 본능이다. 반면에 옳고 그름을 분간해서 옳음을 실천하려는 성향이나 다른 사람들을 배려하고 그들과 공존하려는 성향을 우리는 보통 '도덕적 성향'이라 한다. 이는 인간이 사회적 존재로서 남들과 함께 살아가는 데 필요한 기본적 자질이므로 '사회적 성향'이라 부를 수도 있다.

이러한 내용은 대부분의 철학자들이 공통으로 인정하는 사항들이다. 그런데 철학자들은 이와 같은 생각을 공유하면서도, 개념적으로는 성선설 · 성악설 · 성선악혼설 등 서로 다른 주장을 펼쳤다. 이는 바로 철학자들 사이에 '본성'이라는 개념에 대한 통일된 합의가 없었기 때문이다. 기존의 인성론은 다음의 세 가지 유형으로 정리할 수 있다.

첫째, '인간이 본래 타고난 성향' 자체를 '인간의 본성'으로 규정하고, '인간의 본성'에는 '도덕적 본성'과 '이기적 본능'이 함께 존재한다고 설명하는 유형이다. 이는 동양의 전통 용어로 말하자면 '성선악혼설

---

1) 이 절은 이상익(2016), 『본성과 본능: 서양 人性論史의 재조명』의 結論部 제1절을 이 책의 성격에 맞게 약간 수정한 것이다.

(性善惡混說)'로서, 서양에서는 루소나 스미스의 인성론이 이에 해당한다.

둘째, '인간이 본래 타고난 성향' 가운데 '보다 우세한 성향'을 '인간의 본성'으로 규정하는 유형이다. 인간은 '도덕적 본성'과 '이기적 본능'을 함께 타고났는바, 이 가운데 보다 우세한 성향은 '이기적 본능'이다. 그리하여 '보다 우세한 성향'을 중시하는 입장에서는 '이기적 본능'을 '인간의 본성'으로 규정하는 것이다. 동양에서는 순자의 '성악설(性惡說)', 서양에서는 홉스나 흄의 인성론이 이에 해당한다.

셋째, '인간이 본래 타고난 성향' 가운데 '인간을 인간답게 해 주는 성향'을 '인간의 본성'으로 규정하는 유형이다. 인간은 '도덕적 본성'과 '이기적 본능'을 함께 타고났는바, 이 가운데 인간을 인간답게 해 주는 성향은 바로 '도덕적 본성'이다. 그리하여 '인간을 인간답게 해 주는 성향'을 중시하는 입장에서는 '도덕적 본성'을 '인간의 본성'으로 규정하는 것이다. 동양에서는 맹자의 '성선설(性善說)', 서양에서는 플라톤과 아리스토텔레스의 인성론이 이에 해당한다.

그러면 이러한 세 유형 가운데 우리는 어느 것을 가장 타당한 이론으로 수용해야 하는가? 먼저 이 문제를 따져 보기로 하자. 이를 위해서 우리는 먼저 '본성'의 개념을 정확히 정의해야 한다. 필자는 본성에 대한 정의에서 핵심적인 것은 다음의 세 요소라고 본다.

첫째, 본성은 '천부적이며 보편적인 것'이다. 다시 말해, 본성은 어떤 사물[種]이 '보편적으로 타고난 성향 또는 성질'을 말한다. 예컨대, 개개의 사람은 사람[種]으로서 보편적인 성향을 타고나며, 개개의 호랑이는 호랑이[種]로서 보편적인 성질을 타고나는데, 이를 각각 '사람의 본성' '호랑이의 본성'이라 하는 것이다. 이는 모든 철학자들이 동의하는 바이기 때문에, 더 이상의 설명이 불필요할 것이다.

둘째, 본성은 어떤 사물[種]의 '고유한 성향'이다. 다시 말해, 본성은 어떤 사물을 (種에 따라) 다른 사물과 구별해 주는 성질[種差]을 말한다. 이는 모든 사물은 각자 자신의 본성을 발휘할 때 그 사물다운 것이라는 뜻이기도 하다. 예컨대, '사람의 본성'은 개나 소 등 다른 동물과 구별되는 '사람만의 고유한 성질'로서, 개개의 사람은 이 고유한 본성을 발휘할 때 비로소 '사람다운 사람'으로 인정되는 것이다.

셋째, 본성은 어떤 사물[種]이 '자연스럽게 발휘하는 성향'이요, 또한 '마땅히 발휘해야 하는 성향' 또는 그 사물의 생애 동안 '실현되어야 마땅한 성향'이다. 다시 말해, 본성의 실현은 모든 사물의 존재 이유요, 사물의 삶은 본성의 실현과정인 것이다. 이러한 맥락에서, 본성은 '사실적인 것'인 동시에 '당위적인 것'이다.

이러한 세 요소 가운데, 첫째 요소는 모든 철학자들이 동의하는 바이기 때문에 논란의 여지가 없겠다. 문제는 둘째 요소와 셋째 요소다. 둘째 요소는 전통 유학이나 플라톤과 아리스토텔레스가 강조하는 내용이다. 맹자는 仁義禮智는 사람의 본성으로서, 이를 발휘하지 않는 사람은 사람이라 할 수 없다고 했다.[2] 플라톤과 아리스토텔레스의 형상론도 이와 취지를 같이 하는 것임은 물론이다. 셋째 요소 또한 전통 유학이나 플라톤과 아리스토텔레스가 강조하는 내용이다. 『중용』에서는 천부적으로 타고난 것을 본성이라 한 다음, "본성을 따르는 것을 도(道)라 한다."[3]고 했다. 플라톤과 아리스토텔레스의 형상론도 이와 맥락을 같이한다는 점 또한 물론이다.

이 세 요소 가운데, 첫째 요소만 긍정하고, 둘째 요소와 셋째 요소는 부정한다고 해 보자. 둘째 요소를 부정한다면 우리는 '사람'과 '사람

2) 『孟子』「公孫丑上」6.

3) 『中庸章句』 제1장: 天命之謂性 率性之謂道 修道之謂教

아닌 것[禽獸]'의 차이를 논할 수 없다. 이는 결국 금수와 구별되는 '사람의 사람다움'을 논할 수 없다는 뜻인바, 이처럼 '사람다움'을 논할 수 없는 이론체계에 대해 과연 '인성론(人性論)'이라는 이름표를 붙여 줄 수 있겠는가? 이러한 맥락에서 둘째 요소는 인성론에서 반드시 고려되어야 하는 사항일 것이다. 셋째 요소를 부정한다면 우리는 인성론으로부터 '바람직한 삶의 지표(指標)'나 '가치판단의 기준'을 도출할 수 없다. 인성을 논하면서 그로부터 '바람직한 삶의 지표'나 '가치판단의 기준'을 도출할 수 없다면, 우리는 무엇 때문에 골치 아프게 인성을 논하는 것인가? 이러한 맥락에서 셋째 요소 역시 인성론에서 반드시 고려되어야 하는 사항일 것이다.

이상의 논의를 통해서 '본성'이란 '어떤 사물[種]이 보편적으로 타고난 성향'이요, 어떤 사물을 다른 사물과 구별해 주는 '그 사물만의 고유한 성향'이며, 어떤 사물이 자신의 생애 동안 '실현시켜야 마땅한 성향'이라는 점을 충분히 확인할 수 있었을 것이다. 그렇다면 이제 이를 바탕으로 앞에서 소개한 기존 인성론의 '세 유형'에 대해서 검토해 보기로 하자.

첫째, '인간이 본래 타고난 성향' 자체를 '인간의 본성'으로 규정하고, '인간의 본성'에는 '도덕적 본성'과 '이기적 본능'이 함께 존재한다고 설명하는 '성선악혼설' 유형은 본성 개념의 세 가지 핵심 요소 가운데 본성은 '천부적인 것'이라는 점만 충족시키고, 본성은 어떤 사물의 '고유한 성향'이라는 점과 본성은 어떤 사물이 '따라야만 하는 성향'이라는 점을 설명해 주지 못한다.[4] 따라서 이 유형은 제대로 된 인성론

4) '도덕적 본성'은 인간만이 지닌 것이고 '육체적(이기적) 본능'은 인간과 동물이 공유하는 것이다. 따라서 양자를 동시에 인간의 본성으로 규정하는 성설악혼설(性善惡混說) 유형은 '인간의 본성'은 '인간만의 고유한 성질'을 말한다는 정의에 어긋나는 것이다. 만약에

의 자격을 갖추지 못한 것이다.

둘째, '인간이 본래 타고난 성향' 가운데 '보다 우세한 성향'인 '육체적 본능'을 '인간의 본성'으로 규정하는 '성악설' 유형 역시 본성 개념의 세 가지 핵심 요소 가운데 본성은 '천부적인 것'이라는 점만 충족시키고, 본성은 어떤 사물의 '고유한 성향'이라는 점과 본성은 어떤 사물이 '따라야만 하는 성향'이라는 점을 설명해 주지 못한다.[5] 따라서 이 유형 역시 제대로 된 인성론의 자격을 갖추지 못한 것이다.

셋째, '인간이 본래 타고난 성향' 가운데 '인간을 인간답게 해 주는 성향'인 '도덕적 본성'을 '인간의 본성'으로 규정하는 '성선설' 유형은 본성 개념의 세 가지 핵심 요소를 두루 충족시킨다. 도덕적 본성은 모든 인간이 본래 타고난 성향이요, 인간에게만 고유한 성향이며, 모든 인간이 따라야 마땅한 성향이기 때문이다. 따라서 이 유형만이 제대로 된 인성론의 자격을 갖춘 것이다.

이상의 논의를 통해 '성선설(性善說)' 유형만이 인성론의 기본 전제를 두루 충족시키고 있다는 점이 충분히 확인되었을 것이다. 그렇다면 우리는 이제 본성의 개념을 둘러싼 기존의 혼선이나 무원칙한 개

동물은 육체적 본능만을 지니나 인간은 도덕적 본성과 육체적 본능을 동시에 지닌다고 설명하고, 따라서 도덕적 본성과 육체적 본능을 동시에 지닌 것이 인간의 본성이라고 주장한다면, 이는 본성은 어떤 사물이 '따라야만 하는 성질'이라는 정의에 어긋나게 된다. '도덕적 본성'은 '따라야만 마땅한 성질'이라 할 수 있으나, '육체적 본능'은 '따라야만 마땅한 성질'이 아니라 '알맞게 통제되어야 마땅한 성질'이라는 것이 모든 윤리학의 일반적 입장이기 때문이다. 물론 근대 자유주의 윤리학은 '욕망의 해방'을 제창했지만, 그들도 '무제한적인 욕망의 해방'을 제창한 것은 아니다.

5) '육체적 본능'은 인간과 동물이 공유하는 것이기 때문에, 성악설(性惡說) 유형은 '인간만의 고유한 성질'을 설명해 줄 수 없는 것이다. 또한 '육체적 본능'은 '따라야만 마땅한 성질'이 아니라 '알맞게 통제되어야 마땅한 성질'인 것이다. 만약에 육체적 본능을 인간의 본성으로 규정한다면, 식색(食色)의 본능에 따라 도둑질을 하고 성폭력을 저지른 사람을 어떻게 비판할 것인가? 그는 食色의 본능에 충실한 것이니, 인간의 본성을 충실히 따랐다는 점에서 '칭찬을 받아야 마땅한 것' 아니겠는가?

념 사용을 종식시켜야 할 것이다. 그것은 크게 세 가지 일로 요약된다. 첫째는 '인간이 본래 타고난 성향'과 '인간만의 고유한 성향'을 개념적으로 구분하는 것이며, 둘째는 '인간이 본래 타고난 성향'과 '인간의 육체적 본능'을 개념적으로 구분하는 것이며, 셋째는 '인간만의 고유한 본성'과 '인간의 육체적 본능'을 개념적으로 구분하는 일이다.

필자는 우선 어떤 사물[種]이 '본래 타고난 성향(성질)'은 그 사물의 '天性(innate disposition)'이라고 부르고, 어떤 사물의 '고유한 성향(성질)'은 그 사물의 '本性(nature)'이라고 부를 것을 제안한다. 이 구도에 따르면, 인간이 본래 타고난 성질은 '인간의 천성'인바, '인간의 천성'에는 '인간만의 고유한 성질'도 있고, '인간과 동물이 공유하는 성질'도 있다. '인간만의 고유한 성질'은 '도덕적 성향'으로서, 이것이 '인간의 본성(human nature)'에 해당하는 것이요, 이러한 맥락에서 '인간의 본성'과 '도덕적 본성(moral nature)'은 동의어로 쓰일 수 있다. '인간과 동물이 공유하는 성질'은 육체에서 유래하는 '본능(instinct)'으로서, 이는 동물과 공유하는 것이므로 '동물적 본능(animal instinct)'이라 부를 수도 있고, 이기적 특징을 지니므로 '이기적 본능(selfish instinct)'이라고 부를 수도 있다.

이렇게 구분하고 나면, '인간의 천성' '인간의 본성' '인간의 본능'은 각각 범주가 다른 개념이 된다. '인간의 천성'은 인간의 '도덕적 본성'과 '육체적 본능'을 아우르는 개념이요, '인간의 본성'은 인간의 '도덕적 본성'을 지칭하는 개념이며, '인간의 본능'은 인간의 '육체적 본능'을 지칭하는 개념이다. 이러한 개념 구분 체계가 정착되면 인성론에 있어서 수많은 불필요한 혼란을 종식시킬 수 있다.

이제 인성론과 밀접한 관계가 있는 여타의 개념들을 정리해 보자.

'마음'[6]은 천성(도덕적 본성과 육체적 본능)을 담고 있으면서, 천성을 발현시키는 주체다.[7] 마음의 작용은 지각 · 감정 · 의지로 요약된다. 마음은 대상의 사물을 지각하고, 호오(好惡)나 시비(是非)의 감정을 일으키며, 그에 따라 의지를 발동시켜 특정한 행위를 산출하는 것이다. 그런데 마음의 이러한 작동 과정에 본성이나 본능이 개입하는 것이다.

예컨대 맛있는 음식물을 보면[지각], 그것을 먹고 싶다는 감정을 일으키며, 마침내 먹기로 결심한 다음[의지], 먹는 행위에 이르는 것이다. 또한 멋진 이성(異性)을 보면[지각], 그 사람과 함께하고 싶다는 감정이 생겨서, 데이트를 신청하기로 결심한 다음[의지], 마침내 데이트를 하게 되는 것이다. 이것은 '식색(食色)의 본능'이 마음을 통해 발현되는 양상으로서, 이처럼 육체적 본능을 지향하는 마음을 '욕심'이라 하는 것이다.

또 다른 예로, 곤경에 처한 사람을 보면[지각], 그를 돕고 싶다는 감정이 일어, 마침내 돕기로 결심한 다음[의지], 돕는 행위를 하게 된다. 또한 못된 짓을 하는 사람을 보면[지각], 그것을 저지하고 싶다는 감정이 생겨서, 저지하기로 결심한 다음[의지], 마침내 저지하는 행위를 하게 되는 것이다. 이것은 '인의(仁義)의 본성'이 마음을 통해 발현되는 양상으로서, 이처럼 도덕적 본성을 지향하는 마음을 '양심'이라 하는

6) 플라톤이나 아리스토텔레스의 철학에서는 영혼과 본성 · 마음 · 정신 · 의지 등이 명확하게 구분되지 않았고, 그로 인해 많은 논리적 혼선을 야기했다. 아우구스티누스는 '의지'를 '영혼(도덕적 본성)'이나 '육체(육체적 본능)'와 구별되는 제3의 존재로 규정함으로써 플라톤과 아리스토텔레스가 범했던 논리적 혼선을 일부 제거했다. 필자는 '의지'보다 포괄적인 '마음'이라는 개념을 동원하여, '본성 · 본능'과 '마음'을 뚜렷이 구별함으로써 그동안의 논리적 혼선을 보다 명료하게 정리하려는 것이다.

7) 성리학에서는 마음은 '본성을 담고 있는 그릇'이요, '본성을 실현시키는 주체'라고 규정하고 이를 '心統性情'이라는 명제로 표현했다. 필자는 여기에 '본능'을 추가하여, 마음은 '본성과 본능을 담고 있는 그릇'이요, '본성과 본능을 실현시키는 주체'라고 규정한 것이다.

것이다.[8)]

이제 이러한 내용들을 염두에 두고 본론에 들어가기로 하자.

II. 성리학적 심성론의 네 가지 주제

1. 성즉리(性卽理)와 심시기(心是氣)

주자가 "본성은 태극과 같고, 마음은 음양과 같다."[9)]고 하였듯이, 주자학에 있어서 기본적으로 본성은 理에 속하고 마음은 氣(氣의 精爽)에 속한다. 따라서 주자의 심성론(心性論)은 이기론(理氣論)의 연장선 위에서 성립한다.

『중용』에서는 "하늘이 명한 것을 본성이라 한다[天命之謂性]."고 하였고, 맹자는 성선설을 주장하고 본성의 구체적 내용을 仁義禮智로 설명했다. 정이천은 이 두 내용을 종합하여 '본성은 곧 천리[性卽理]'라고 규정하였다. 성리학에서 理는 순수지선(純粹至善)하고 보편적인 존재로, 또 형이상자(形而上者)로서 어떠한 경우에도 훼멸되지 않는 존재로 인식되었다. 따라서 '성즉리'라는 명제는 '누구나 지니고 있는 선한 본성은 어떠한 경우에도 결코 훼멸되지 않는다'는 것을 이론적으로 재확인함으로써, '사람은 누구나 성인(聖人)이 될 수 있다'는 유교의 지론을 뒷받침하는 것이다. 주자는 정이천의 '성즉리'를 본성론

8) 전통 유학에서는 본능적 욕구를 추구하는 마음을 '人心'이라 하고, 도덕적 본성을 추구하는 마음을 '道心'이라 했다. 전통 유학에서도 '욕심과 양심'이라는 말을 쓰기도 했지만, 그보다는 '인심과 도심'이라는 말을 주로 썼다.

9)『朱子語類』卷5(중화서국본 87쪽): 性猶太極也 心猶陰陽也 太極只在陰陽之中 非能離陰陽也 然至論 太極自是太極 陰陽自是陰陽 惟性與心亦然 所謂一而二 二而一也

의 대전제로 삼고, 仁義禮智로 본성의 구체적 내용을 설명함과 동시에, 본성에 대한 논의는 마음 또는 기질(氣質)에 대한 논의와 함께 이루어져야 한다고 주장하였다.

'성즉리'란 인간은 모두 理를 자신의 본성으로 지니고 태어났다는 말이다. 이것을 『중용』에서는 '천명지위성(天命之謂性)'이라 한 것인데, 주자는 이에 대해 다음과 같이 설명하였다.

> 하늘이 음양오행으로 만물을 화생(化生)함에, 氣로써 형체를 이루고 理 또한 부여하였으니, 명령한 것과 같다. 이에 인간과 만물이 태어남에 각각 부여받은 理에 따라 건순(健順)과 오상(五常)의 덕을 삼으니, 이른바 '性'이다.[10)]

우선 분명히 해야 할 점은, 주자는 고경(古經)의 '천(天)'이나 '상제(上帝)'를 '자연' 또는 '자연의 이법(理法)'으로 해석하며, 『중용』의 '천명(天命)' 역시 '하느님의 명령'이 아니라 '자연의 이법'으로 해석하고 있다는 점이다. 자연의 세계에서 만물은 음양오행(陰陽五行)으로 형체를 이룸과 함께 저절로 건순오상(健順五常)이라는 본성을 지니게 되는바, 건순오상과 음양오행은 각각 理와 氣를 분석적으로 말한 것이다. 주자에 의하면, 理는 형이상의 '道' 또는 '本'으로서 만물의 본성이 되며, 氣는 형이하의 '器' 또는 '具'로서 만물의 형체가 된다.[11)] 인간과 만물은 理를 각자 자신의 본성으로 지니고 있다는 것이요, 건순(健順)이나 오상(五常)은 그 본성을 분석적으로 설명한 것이다.[12)] 요컨대, 본성은

10) 『中庸章句』 제1장, 朱子註: 天以陰陽五行 化生萬物 氣以成形 而理亦賦焉 猶命令也 於是 人物之生 因各得其所賦之理 以爲健順五常之德 所謂性也

11) 『朱子大全』 卷58 頁5, 〈答黃道夫〉: 天地之間 有理有氣 理也者 形而上之道也 生物之本也 氣也者 形而下之器也 生物之具也 是以 人物之生 必稟此理 然後有性 必稟此氣 然後有形

12) 氣를 兩分해서 말할 때에는 陰·陽이라 하는데, 健·順은 陰·陽의 理를 말한다. 氣를 더 자세히 논할 때에는 五行(金木水火土)으로 분석하는데, 五常(仁·義·禮·智·信)은

理요, 오상은 그 구체적 내용이라는 것이 주자의 지론이다.

주자는 마음을 氣로 규정했다. 그런데 마음은 氣 가운데서 가장 깨끗하고 밝은 氣라는 것이다. 이러한 맥락에서 주자는 마음을 '氣의 정상(精爽)'이라고 설명했다.[13] 주자는 "心은 性에 견주면 약간 자취가 있고, 氣에 견주면 또 저절로 허령(虛靈)하다."[14]고 말하기도 한다. 마음은 '氣의 밝고 깨끗한 것'이기 때문에 일반적인 氣와 견주면 매우 허령하나, 아무리 허령하더라도 결국엔 형이하자이기 때문에 형이상자인 본성과 견주면 약간 자취가 있다는 것이다. 또한 형이상자인 본성이 아무런 작위(作爲)도 할 수 없는 것과는 달리, 형이하자인 마음은 '지각, 감정, 의지' 등의 작위를 하는 것이다. 따라서 본성은 스스로 발현될 수 없고, 마음의 작용을 통해서 발현될 수밖에 없다. 본성이 마음의 작용을 통해서 발현된 것을 '감정'이라 한다. 마음 · 본성 · 감정의 이러한 관계를 해명한 것이 이른바 '심통성정론(心統性情論)'이다.

주자는 마음은 '理(性)가 모여 있는 곳'이고, 본성은 '마음이 지니고 있는 理'라 하였다.[15] 이런 맥락에서, 주자는 본성을 '물'에 비유하고 마음을 '그릇'에 비유하였다.

> 본성을 물에 비유하자면, 본래 모두 맑은 것이다. 깨끗한 그릇에 담으면 맑고, 깨끗하지 않은 그릇에 담으면 악취가 나며, 더러운 그릇에 담으면 흐린 것이다. 그러나 본래의 맑음은 사라지지 않는다.[16]

五行의 理를 말한다.

13)『朱子語類』卷5(85쪽): 心者 氣之精爽

14)『朱子語類』卷5(87쪽): 心比性 則微有迹 比氣 則自然又靈

15)『朱子語類』卷5(88쪽): 性便是心之所有之理 心便是理之所會之地

16)『朱子語類』卷4(72쪽): 性譬之水 本皆清 以淨器盛之則清 以不淨之器盛之則臭 以汙泥之器盛之則濁 本然之清 未嘗不在

'물은 본래 맑다'는 것은 '본성이 본래 선함'을 비유한 것이다. 그런데 맑은 물은 자신이 담긴 그릇의 깨끗하고 더러움에 따라 역시 맑고 흐리게 된다. 이는 본성은 본래 선하나 자신이 담겨 있는 마음[氣]의 청·탁(淸·濁)에 따라 선·악(善·惡)의 양상을 띠게 됨을 비유한 것이다. 깨끗한 그릇이 물의 본래 맑음을 그대로 유지시키듯이 깨끗한 마음은 본성의 본래 선함을 그대로 유지시키고, 더러운 그릇은 맑은 물을 흐리게 하듯이 더러운 마음은 착한 본성을 악하게 오염시킨다. 그런데 주자는 "그러나 본래의 맑음은 사라지지 않는다."고 설명하였다. 이는 더러운 마음이 착한 본성을 오염시킨다고 하여 본성이 실제로 악하게 되는 것은 아니라는 말이다. 탁박한 기질의 영향으로 인해 현상적으로 오염되었을 뿐, 실제의 본성은 변함이 없다는 말이다. 본성은 형이상자이고 마음은 형이하자로서, 형이하자가 형이상자를 '변화'시킬 수는 없는 것이다.[17]

본성은 마음에 담겨 있으므로, 본성은 현실적으로는 마음의 영향을 크게 받는다. 그런데 마음과 본성은 또한 서로 본질이 달라 궁극적으로는 서로 영향을 끼칠 수 없다. 그리하여 주자는 '본성과 마음'의 관계를 '하나이면서 둘, 둘이면서 하나[一而二, 二而一]'라고 규정했다. 주자는 다음과 같이 말한다.

> 본성은 태극과 같고, 마음은 음양과 같다. 태극은 다만 음양 가운데 있으니, 음양을 떠날 수 없는 것이다. 그러나 궁극적으로 논하자면, 태극은 스스로 태극이요, 음양은 스스로 음양이다. 본성과 마음의 관계도 또한 그러하니,

---

17) 이를 설명하는 것이 바로 '理氣不相雜'이라는 명제다. 또한 마음이 흐리다고 하여 본성이 실제로 흐려지는 것은 아니기 때문에, 주자는 흐린 마음이 착한 본성을 '掩蔽'시킨다고 표현하는 것이다.

이른바 '하나이면서 둘이요, 둘이면서 하나'인 것이다.[18]

이 인용문은 '理와 氣'의 '불상리(不相離), 불상잡(不相雜)' 관계를 그대로 '본성과 마음'에 적용시킨 것이다. 태극이 음양을 떠날 수 없는 것처럼 본성도 마음을 떠날 수 없다. 본성은 마음 가운데 있으면서, 현실적으로는 마음의 영향을 받는다. 이러한 맥락에서는 본성과 마음은 '하나'인 것이다. 그러나 태극은 어디까지나 태극인 것처럼 본성은 어디까지나 본성으로서, 마음과 본성이 협잡할 수는 없다. 이러한 맥락에서는 마음과 본성은 '둘'인 것이다. 이처럼 마음과 본성은 '하나이면서 둘, 둘이면서 하나'이므로, 심·성(心·性)을 논할 때에는 서로 분리시켜 봄과 동시에 서로 연결시켜 보아야 하는 것이다.[19]

주자는 본성은 理로서 형이하자인 마음과는 차원이 다른 것임을 강조하여, 다음과 같이 말한다.

> 하늘이 만물을 낳음에 각각 하나의 본성을 부여했다. 본성은 사물(事物)이 아니요, 다만 내 안에 있는 하나의 도리(道理)일 따름이다. 그러므로 본성의 본체는 다만 인의예지신(仁義禮智信) 다섯 글자일 뿐이니, 천하의 도리는 여기에서 벗어나지 않는다. … 후세에 본성을 말하는 자들은 대부분 노·불(老·佛)과 섞어서 말하니, 그리하여 본성을 '지각(知覺)'이나 '마음' 또는 '의지(意志)'로 보는 것이다. 이러한 것들은 성현(聖賢)이 말씀하신 '性' 字의 본지가 아니다.[20]

---

18)『朱子語類』卷5(87쪽): 性猶太極也 心猶陰陽也 太極只在陰陽之中 非能離陰陽也 然至論太極自是太極 陰陽自是陰陽 惟性與心亦然 所謂一而二 二而一也

19) 이러한 맥락에서, 주자학에서는 性을 독자적으로 논할 때에는 本然之性이라 하고, 心(氣)과 함께 논할 때에는 氣質之性이라 한다. 心을 논할 때에도 그 知覺의 대상이 '理(道理)냐, 氣(形氣)냐'에 따라 人心과 道心으로 구분한다. 이에 대해서는 뒤에서 다시 논의한다.

20)『朱子大全』卷74 頁23-24, 〈玉山講義〉: 天之生物 各付一性 性非有物 只是一箇道理之在

주자는 본성은 경험적인 사물이 아니라 다만 하나의 도리일 뿐이라고 규정했고, 또 본성을 '지각, 마음, 의지' 등과 혼동하는 것도 경계하였다. '본성은 다만 하나의 도리일 뿐'이라는 것은 본성은 무형(無形)한 존재라는 뜻이요, '본성은 지각(知覺)이나 의지(意志)가 없다'는 것은 본성은 무위(無爲)한 존재라는 뜻이다. 마음은 형이하자로서 수시로 변화하나, 본성은 무형한 존재이기 때문에 변함없이 순선하다. 또 마음은 형이하자로서 '지각, 감정, 의지' 등의 작용을 일으키나, 본성은 무위한 존재이기 때문에 어떠한 물리적인 작용도 할 수 없으며 스스로는 결코 발현할 수도 없다. 주자는 마음과 본성을 개념적으로 분명히 구분함으로써, 이러한 점들을 분명히 한 것이다.

2. 심통성정(心統性情)과 기질변화론(氣質變化論)

맹자는 "모든 사람이 성인(聖人)이 될 수 있다."고 주장하고, 그 가능 근거로서 성선설을 제시하였다. 정이천의 '성즉리(性卽理)'라는 명제가 지닌 함의 가운데 하나는 본성이 형이상자로 규정된다는 점이다. 형이상자는 생멸(生滅)이 없고, 또한 스스로 발현할 수 없다. 이러한 맥락에서 '본성은 형이상자'라는 규정은 다음의 두 의미를 동시에 지닌다. 첫째, 인간의 선한 본성은 어떠한 경우에도 '결코 훼멸될 수 없다'는 것이다. 아무리 극악무도한 죄인이라도 그의 본성은 여전히 순선한 것이다. 따라서 누구에게나 '성인(聖人)이 될 수 있는 가능성'은 항상 존재한다. 둘째, 인간의 선한 본성은 어떤 경우에도 '결코 스스로 발현할 수 없다'는 것이다. 본성은 선하나 스스로 발할 수 없으므로,

---

我者耳 故性之所以爲體 只是仁義禮智信五字 天下道理 不出於此 … 後世之言性者 多雜佛老而言 所以將性字作知覺心意看了 非聖賢所說性字本指也

현실의 세계에서는 본성만으로는 무력한 것이다. 앞에서 언급했듯이, 주자학에서 현실적 작위의 주체는 氣[心]로 인식되었다. 장횡거의 '심통성정'이라는 명제는 선한 본성을 실제로 운용하는 것은 마음임을 밝힘으로써, 마음이 세상만사를 좌우하는 현실적 주체임을 밝힌 것이다. 주자는 "정이천의 '성즉리'와 장횡거의 '심통성정' 두 명제는 넘어뜨리고 두들겨도 깨지지 않을 것"[21]이라고 확언한 바 있다. 이 말이 시사하듯, '심통성정'은 '성즉리'와 함께 주자 심성론의 핵심을 이룬다. 이제 주자의 심통성정론을 살펴보기로 하자.[22] 주자는 다음과 같이 말한다.

> 마음은 '신명(神明)한 집'으로서 한 몸의 주재(主宰)가 된다. 본성은 허다한 도리로서, 태어날 때부터 얻어 마음에 갖추어진 것이다. 지식(智識)과 염려(念慮)에 발현된 것은 모두 감정이다. 그러므로 '心統性情'이라 한다.[23]

주자는 마음을 '신명한 집'이라 설명했다. 마음을 '집'이라 한 것은 '그릇'이라 한 것과 같은 맥락으로서, 무엇인가를 '담는' 기능을 한다는 것이다. 마음에 담겨진 것은 바로 본성과 감정이다. 본성은 태어날 때부터 마음에 담겨 있는 도리요, 이 도리가 지식과 염려에 발현된 것이 감정이다. 요컨대, '심통성정'이란 '마음은 본성을 담고 있으면서 감정으로 표출한다'는 뜻이다. 이러한 맥락에서 주자는 '심통성정'에서의 '統'을 '포함(包含)'과 '주재(主宰)'의 두 뜻으로 설명하였다.

---

21) 『朱子語類』 卷5(93쪽): 伊川性卽理也 橫渠心統性情 二句 顚撲不破

22) 주자학에서 '心統性情'이 이렇듯 중요한 명제임에도 불구하고, 많은 사람들이 '心統性情'의 의미를 오해하고 있었다. 특히 조선시대 말기 華西學派 · 寒洲學派 등은 '心統性情'에서의 '統'의 의미를 오해함으로써 마침내 '心卽理'를 주장하게 되었던 것이다. 이에 대한 자세한 논의는 이상익(2005), 『畿湖性理學論考』 제8장 참조.

23) 『朱子語類』 卷98(2514쪽): 心是神明之舍 爲一身之主宰 性便是許多道理 得之於天而具於心者 發於智識念慮處 皆是情 故曰心統性情也

먼저 '포함'의 측면을 살펴보자. 이는 말 그대로 '마음은 그릇(집)으로서, 본성과 감정을 담고 있다'는 뜻이요, 달리 말하면 '본성과 감정이 모두 마음에 속한다'는 뜻이다. 주자는 다음과 같이 말한다.

> 맹자는 '측은지심(惻隱之心)은 인(仁)의 단서'라고 했는데, 인(仁)은 性이고, 측은은 情이니, 이는 情에서 心을 본 것이다. 맹자는 또 '仁義禮智가 心에 뿌리박고 있다'고 했는데, 이는 性에서 心을 본 것이다. 대개 心은 性과 情을 포함하고 있는바, 性은 체요, 情은 용이다. '心' 字는 다만 하나의 자모(字母)일 뿐이니, 그러므로 '性' 字와 '情' 字가 모두 '心' 字를 따르는 것이다.[24)]

이 인용문에서는 心과 性·情의 밀접한 관계를 예시한 다음, 두 맥락에서 마음이 性·情을 포함한다는 것을 설명했다. 첫째는 '마음의 체용론'으로서, 본성은 마음의 體요, 감정은 마음의 用이라 하고, 마음은 본성과 감정을 통합해서 말한다는 것이다. 둘째는 '心字 자모론(字母論)'으로서, '性' 字와 '情' 字가 모두 '心' 字에서 나온 것으로 보아도, 본성과 감정은 마음에 포함된다는 것이다. 따라서 마음은 본성과 감정을 포함하는 것이요, 본성과 감정을 떠나서 마음이 별도로 존재하는 것은 아니다. 그런데 마음은 氣이고, 본성은 理이며, 감정은 본성이 마음의 작용을 통해 발한 것이므로, 心과 性·情이 동일한 것은 아니다.[25)] 그리하여 주자는 心과 性은 '一而二, 二而一'의 관계라고 설명하였다.

---

24) 『朱子語類』 卷5(91쪽): 孟子言 惻隱之心 仁之端也 仁 性也 惻隱 情也 此是情上見得心 又曰 仁義禮智根於心 此是性上見得心 蓋心便是包得那性情 性是體 情是用 心字只一箇字母 故性情字皆從心

25) 『朱子語類』 卷5(93쪽): 性是未動 情是已動 心包得已動未動 蓋心之未動則爲性 已動則爲情 所謂心統性情也

『朱子語類』 卷5(94쪽): 心 主宰之謂也 動靜皆主宰 非是靜時無所用 及至動時方有主宰也 言主宰則混然體統自在其中 心統攝性情 非儱侗與性情爲一物而不分別也

> 본성은 감정과 대립하여 말한 것이고, 마음은 본성 · 감정과 대립하여 말한 것이다. 본래 이와 같은 것이 본성이요, 본성이 발동한 것이 감정이며, 그것들을 주재하는 것이 마음이다. 무릇 마음과 본성은 하나인 것 같으면서도 둘이고, 둘인 것 같으면서도 하나다. 이곳은 가장 마땅히 체인(體認)해야 한다.[26)]

주자의 지론은, 마음과 본성은 함께 존재한다는 측면에서는 '하나'라 할 수 있고, 마음은 형이하자인 氣이고 본성은 형이상자인 理라는 측면에서는 '둘'이라 할 수 있다는 것이다.

이제 '주재'의 측면을 살펴보자. 마음이 본성과 감정을 '포함'한다는 것과 마음이 본성과 감정을 '주재'한다는 것은 사실 별개가 아니다. 본성과 감정은 마음에 담겨 있으므로 마음의 주재를 받는 것이기 때문이다. 그러면 '마음이 본성과 감정을 주재한다'고 할 때의 '주재'는 무슨 뜻인가? 주자의 다음과 같은 말들을 살펴보자.

> 천명(天命)이 유행(流行)하는데, 이 理를 주재(主宰)하고 관섭(管攝)하는 것은 마음이며, 이 理가 있음은 본성이다. 예컨대, 봄 · 여름이 되기도 하고 가을 · 겨울이 되기도 하는 까닭으로서의 理가 그것이다. 만물을 발육하는 데 이른 것은 감정이다.[27)]

> 본성은 理이고, 마음은 (본성을) 포함하고 있으면서[包含該載] 베풀어 발용하는[敷施發用] 것이다.[28)]

첫 번째 인용문에서는 '주재'를 '관섭'과 같은 맥락으로 설명하였다.

---

26)『朱子語類』卷5(89쪽): 性對情言 心對性情言 合如此是性 動處是情 主宰是心 大抵心與性似一而二 似二而一 此處最當體認

27)『朱子語類』卷95(2423쪽): 天命流行 所以主宰管攝是理者 卽其心也 而有是理者 卽其性也 如所以爲春夏 所以爲秋冬之理 是也 至發育萬物者 卽其情也

28)『朱子語類』卷5(88쪽): 性是理 心是包含該載 敷施發用底

'관섭'이란 '맡아서 다스림'이니, '마음이 본성을 주재한다'는 것은 '마음이 본성을 맡아서 다스린다'는 뜻이다. 마음이 본성을 맡아서 다스린 결과가 감정이다. 주자는 이것을 사계절에 비유한 바 있다. 봄·여름·가을·겨울이 순환하는 까닭은 본성[理]이고, 이 사계절을 제대로 운행시키는 것은 마음의 역할이며, 그 결과 만물이 발육되는 것은 감정이라는 것이다. 두 번째 인용문에서는 마음의 역할을 '포함해재(包含該載)'와 '부시발용(敷施發用)'으로 설명했는데, 여기서 '포함해재'가 '포함'에 해당함은 자명하니, 따라서 '부시발용'이 곧 '주재'에 해당할 것이다. 이렇게 볼 때, '마음이 본성을 맡아서 다스림'은 곧 '마음이 본성을 베풀어 발용함'과 같은 뜻이요, 그 '발용의 결과'가 '감정'인 것이다. 이상의 내용을 종합하자면, '마음이 본성과 감정을 주재한다'고 할 때의 '주재'란 '맡아서 다스림, 베풀어 운용함, 실행함' 등을 뜻하는 것이다. 이러한 논리를 인간의 마음·본성·감정에 적용시키면 다음과 같다.

> 元·亨·利·貞은 性이요, 生·長·收·藏은 情이며, 元으로써 生하고 亨으로써 長하며 利로써 收하고 貞으로써 藏하는 것은 心이다. 仁·義·禮·智는 性이요, 惻隱·羞惡·辭讓·是非는 情이며, 仁으로써 사랑하고 義로써 미워하며 禮로써 사양하고 智로써 아는 것은 心이다. 性은 心의 理요, 情은 心의 用이요, 心은 性·情의 主이다.[29)]

> 性은 다만 理이고, 情은 (理가) 流出하여 運用된 곳이며, 心의 지각(知覺)은 곧 '이 理를 갖추고 이 情을 행하는 것'이다. 智로써 말하자면, 是非를 아는 이치는 智이고 性이며, 是非를 알아서 옳다거나 그르다고 함은 情이며, 이 理를

29)『朱子大全』卷67 頁1, 〈元亨利貞說〉: 元亨利貞 性也 生長收藏 情也 以元生 以亨長 以利收 以貞藏者 心也 仁義禮智 性也 惻隱羞惡辭讓是非 情也 以仁愛 以義惡 以禮讓 以智知者 心也 性者 心之理也 情者 心之用也 心者 性情之主也

갖추어 그것의 是非를 깨닫는 것은 心이다.[30)]

이 두 인용문을 통해서 '심통성정(心統性情)'의 종합적인 의미를 구체적으로 알 수 있다. 첫 번째 인용문에 보이듯이, 주자학에 있어서 심통성정론은 자연과 인간을 관통하는 체계다.[31)] 마음은 仁이라는 본성을 측은(惻隱)이라는 감정으로 발현시키는 주체요, 義라는 본성을 수오(羞惡)라는 감정으로 발현시키는 주체다. 이것을 달리 표현하면, 마음이 사랑할 수 있는 것은 仁의 본성이 있기 때문이며, 미워할 수 있는 것은 義의 본성이 있기 때문이다. 두 번째 인용문에서는 마음의 주재를 '마음의 지각(知覺)작용'으로 설명했다. 두 번째 인용문에서 말한 '이 理를 갖추고 이 情을 행함'은 앞에서 소개한 '(본성을) 포함하고 있으면서[包含該載] 베풀어 발용함[敷施發用]'과 같은 말이다. 그런데 주자는 이를 '마음의 지각작용'으로 설명하고 있는바, 이러한 맥락에서 '심통성정'이란 바로 '心의 지각작용'을 통해서 이루어지는 것이다.

사람은 누구나 仁義禮智의 본성을 지니고 있으면서도, 어떤 사람은 그것을 제대로 발휘하고 어떤 사람은 그것을 제대로 발휘하지 못하는데, 이것은 마음, 즉 氣의 청탁수박(淸濁粹駁) 때문이다. 측은 · 수오 · 사양 · 시비의 감정이 중절(中節)하게 발현된 것은 마음이 청수(淸粹)하여 본성을 제대로 관섭한 결과이며, 부중절(不中節)하게 발현된 것은 마음이 탁박(濁駁)하여 본성을 제대로 관섭하지 못한 결과다. 청수한 마음은 본성을 온전히 발현시키며, 탁박한 마음은 본성을 온전히

30)『朱子大全』卷55 頁1, 〈答潘謙之〉: 性只是理 情是流出運用處 心之知覺 卽所以具此理而行此情者也 以智言之 所以知是非之理則智也性也 所以知是非而是非之者 情也 具此理而覺其爲是非者 心也

31) 율곡은 이러한 맥락에서 "天地之化와 吾心之發이 모두 氣發理乘일 뿐"이라고 보았다. 『栗谷全書』卷10 頁5, 〈答成浩原〉 참조.

발현시키지 못한다. 즉, 본성의 온전한 발현 여부는 마음의 청탁수박에 달려 있는데, 주자는 이것을 "마음이 본성과 감정을 주재한다."고 말한 것이다. 주자는 '마음이 본성과 감정을 주재한다'는 것을 다음과 같이 비유하기도 하였다.

> 心은 관인(官人)과 같고, 天命은 君의 명령과 같으며, 性은 (명령을 통해 받은) 직사(職事)와 같다.[32] ○ 天命은 君의 命令과 같고, 性은 君에게 받은 직분(職分)과 같다. 氣는 능히 그 직분을 지키는 것도 있고, 지키지 못하는 것도 있는 것과 같다.[33]

주자는 천명(天命, 理)을 '군왕의 명령'에, 마음[氣]을 '관리(官吏)'에, 본성을 '관리가 부여받은 직분'에 비유하였다. 군왕은 아래의 관리에게 명령을 내릴 뿐 그 명령을 직접 집행하지는 않는다. 군왕의 명령을 집행하는 것은 아래의 관리들이다. 관리는 군왕의 명령을 통해 직분을 부여받고 집행하는 존재다. 그런데 어떤 관리는 그 직분을 잘 수행하고, 어떤 관리는 그 직분을 잘 수행하지 못하거나 방기(放棄)한다. 즉, 직분의 성공적 수행 여부는 아래의 관리에게 달린 것이다. 이러한 비유를 통해 마음이 본성을 '주재한다'는 것은 마음이 본성을 '맡아서 운용함(실행함)'을 뜻함을 알 수 있다. 아울러, 이 인용문을 통해 심통성정론에서의 마음은 氣라는 것도 다시 확인할 수 있다.

이상의 논의를 요약하면 다음과 같다. 본성이 발현된 것이 감정이다. 그런데 본성은 스스로 발현할 수 없고, 마음의 지각작용을 통해서만 발현된다. 마음은 본성을 담고 있으면서 발현시키는 주체요, 그렇게 하여 발현된 것이 감정이다. 이러한 맥락에서, '심성통정'은 '마음

32) 『朱子語類』 卷5(88쪽): 心大概似箇官人 天命便是君之命 性便如職事一般
33) 『朱子語類』 卷4(63쪽): 天命 如君之命令 性 如受職於君 氣 如有能守職者 有不能守職者

은 본성과 감정을 포함한다'는 뜻과 '마음은 본성과 감정을 주재한다'는 뜻을 동시에 지니는 것으로 설명되었다. '마음이 본성을 주재한다'고 할 때의 '주재'란 '맡아서 운용함(관리함)'을 뜻한다. 마음이 본성을 맡아서 '잘 운용하면' 감정이 선하게 되고, '잘못 운용하면' 감정이 악하게 된다. '잘 운용함'과 '잘못 운용함'은 마음의 청탁수박에 달려 있다.[34]

본성의 올바른 실현 여부, 즉 감정의 선・악은 마음의 청탁수박에 달린 것이므로, 탁박한 마음을 청수한 마음으로 바꾸어야 한다는 '변화기질론(變化氣質論)'이 대두되는 것이다. 이제 주자의 기질변화론을 살펴보기로 하자. 『중용』에서는 학문의 방법으로 '박학(博學), 심문(審問), 신사(愼思), 명변(明辨), 독행(篤行)'을 제시하고, 다음과 같이 말한 바 있다.

> 배우지 않을지언정 배운다면 능하지 못한 것을 남겨 두지 않고, 묻지 않을지언정 묻는다면 모르는 것을 남겨 두지 않으며, 생각하지 않을지언정 생각한다면 얻지 못함을 남겨 두지 않고, 분변하지 않을지언정 분변한다면 밝지 못한 것을 남겨 두지 않으며, 행하지 않을지언정 행한다면 독실하지 않음을 남겨 두지 않는다. 다른 사람이 한 번에 능하게 된다면 나는 백 번을 노력하고, 다른 사람이 열 번에 능하게 된다면 나는 천 번을 노력한다. 과연 이러한 방법에 능하게 된다면, 비록 어리석더라도 반드시 밝게 되며, 비록 유약하더라도 반드시 강하게 된다.[35]

34)『朱子大全』卷56 頁48,〈答鄭子上〉: 生而知者 氣極淸而理無蔽也 學知以下 則氣之淸濁有多寡 而理之全闕 繫焉耳

35)『中庸章句』제20장: 有弗學 學之 弗能 不措也 有弗問 問之 弗知 弗措也 有弗思 思之 弗得 弗措也 有弗辨 辨之 弗明 弗措也 有弗行 行之 弗篤 弗措也 人一能之 己百之 人十能之 己千之 果能此道矣 雖愚必明 雖柔必强

이 내용에 대하여 여대림(呂大臨, 1040~1092)[36]은 다음과 같이 주해한 바 있다.

> 군자가 학문을 하는 이유는 능히 기질을 변화시키려는 것뿐이다. … 아름답지 못한 기질을 지니고서 변화시켜 아름답게 하려면 백배의 노력을 기울이지 않고서는 이룰 수 없다. 이제 노무멸렬(鹵莽滅裂)한 학문으로, 혹은 노력하기도 하고 혹은 그만두기도 하면서, 아름답지 못한 기질을 변화시키려고 하다가, 변화시킬 수 없음에 이르러서는 "타고난 기질이 아름답지 못하니, 학문을 통해 변화시킬 수 있는 것이 아니다."라고 말한다. 이는 자포자기에 과감한 것으로서, 매우 어질지 못한 것이다.[37]

주자는 『중용장구』의 주석에 여대림의 이 말을 채택하고, 다음과 같이 술회하였다.

> 나는 열 대여섯 살 때에 여여숙(呂與叔)의 이 문단을 보고 매우 통쾌하였다. 이 문단을 읽음에 일찍이 두려워 경계하고 분발하지 않음이 없었다. 사람이 만약 학문에 대한 의지가 있다면 모름지기 이와 같이 공부해야만 될 것이다.[38]

주자는 『중용』의 지론에 따라 혼약(昏弱)한 기질을 명강(明强)한 기질로, 탁박(濁駁)한 기질을 청수(淸粹)한 기질로 변화시킬 수 있다고 보았다. 물론 그것은 쉬운 것이 아니어서, '백배의 노력'이 필요하다고

---

36) 여대림(1040~1092)은 北宋代의 학자로, 字는 與叔, 號는 藍田이며, '呂氏鄕約'을 만든 呂大鈞의 아우였다.

37) 『中庸章句』 제20장, 朱子註: 呂氏曰 君子所以學者 爲能變化氣質而已 … 夫以不美之質 求變而美 非百倍其功 不足以致之 今以鹵莽滅裂之學 或作或輟 以變其不美之質 及不能變 則曰天質不美 非學所能變 是果於自棄 其爲不仁 甚矣

38) 『中庸章句大全』 제20장, 朱子小註: 朱子曰 某年十五六時 見呂與叔解 得此段 痛快 讀之 未嘗不竦然 警厲奮發 人若有向學之志 須是如此做工夫 方得

했던 것이다.

3. 본연지성(本然之性)과 기질지성(氣質之性)

주지하듯이, 주자는 인간의 본성을 '본연지성(本然之性, 天地之性)'과 '기질지성(氣質之性)'이라는 두 측면으로 나누어서 논했다. 주자는 본연지성과 기질지성이라는 두 개념을 활용해야만 본성에 대한 완전한 해명이 가능하다고 보았던 것이다. 본연지성과 기질지성을 구분하는 학설은 장횡거(張橫渠)와 정자(程子)로부터 시작되었거니와, 주자는 이에 대해 다음과 같이 극찬한 바 있다.

> 나는 이 학설이 성문(聖門)에 지극한 공이 있고, 후학에게도 보탬이 된다고 생각한다. 이 학설을 읽어보면, 사람들은 장 · 정(張程)의 주장에 깊이 느끼는 바가 있게 된다. 그 이전에는 일찍이 이러한 경지에 도달한 학자가 없었다. 예컨대, 한퇴지(韓退之)의 〈원성(原性)〉에서 말한 성삼품설(性三品說)은 말은 옳지만, 일찍이 이 기질지성을 분명하게 말한 것이 아니요, 다만 본성 속에는 삼품(三品)이 있다는 것이었다. 맹자의 성선설은 다만 본원처(本原處)만 말하고, 그 아래의 기질지성에 대해서는 말하지 않았으니, 그리하여 수많은 해명이 필요했던 것이다. 제자(諸子)들은 성악설을 주장하기도 하고 성선악혼설을 주장하기도 했는데, 만약 장 · 정의 학설이 일찍 나왔더라면, 저절로 저 허다한 주장들이 어지럽게 다툴 필요가 없었을 것이다. 그러므로 장 · 정의 학설이 확립됨에 제자(諸子)의 학설이 소멸된 것이다.[39]

---

39)『朱子語類』卷4(70쪽): 道夫問 氣質之說 始於何人 曰 此起於張程 某以為極有功於聖門 有補於後學 讀之使人深有感於張程 前此未曾有人說到此 如韓退之原性中說三品 說得也是 但不曾分明說是氣質之性耳 性那裏有三品來 孟子說性善 但說得本原處 下面卻不曾說得氣質之性 所以亦費分疏 諸子說性惡與善惡混 使張程之說早出 則這許多說話自不用紛爭 故張程之說立 則諸子之說泯矣

주자는 맹자의 성선설은 본성[本然之性]만 주목한 것이요, 순자의 성악설은 기질[氣質之性]만 주목한 것이라고 보고,[40] 본연지성과 기질지성을 겸해서 논해야만 본성을 완전하게 해명할 수 있다고 본 것이다.[41]

성리학의 대전제는 '인간의 본성은 곧 천리'라는 것이다. 본성은 본래 理이거니와, 理는 항상 氣에 담긴 채로 존재한다. 그런데 理는 氣(心)라는 그릇에 담기면 氣의 영향을 받게 된다. 그리하여 氣의 영향을 받은 상태를 기질지성이라 하며, 氣의 영향을 배제하고 理 자체만을 말할 때엔 본연지성이라 하는 것이다.[42] 요컨대, 본성 자체만을 말할 때엔 본연지성이라 하고, 氣의 영향을 고려하여 말할 때엔 기질지성이라 하는 것이니,[43] 따라서 본연지성과 기질지성은 별개의 실체가 아닌 것이다. 주자는 다음과 같이 말한다.

> 대개 하늘이 만물을 낳음에, 그 理는 진실로 차별이 없다. 다만 사람과 동물이 품수한 형기가 다르니, 그리하여 그 마음에 명 · 암(明暗)의 차이가 있어서, 본성에도 전 · 부전(全 · 不全)의 차이가 있는 것이다. … 그러나 오직 사람의 마음은 지극히 허령하기 때문에, 그러므로 능히 이 사덕(四德, 仁義禮智)을 완전히 보존하여 사단(四端)으로 발휘하는 것이다. 동물은 氣가 치우치고 잡박하고 心이 어둡고 가라졌으니, 진실로 (四德을) 완전하게 보존할 수 없다. 父 · 子가 서로 친하고 君 · 臣이 서로 통솔하는 것은 간혹 겨우 보존하여 어둡

40) 『朱子語類』 卷4(78쪽): 孟子只論性 不論氣 便不全備 … 荀揚韓諸人 雖是論性 其實只說得氣

41) 『朱子語類』 卷4(70쪽): 孟子未嘗說氣質之性 程子論性所以有功於名教者 以其發明氣質之性也 以氣質論 則凡言性不同者 皆氷釋矣

42) 理는 氣 가운데 존재하면서 氣의 영향을 받지만, 理 자체가 변하는 것은 아니다. 주자는 理가 氣 가운데 존재하면서 氣의 영향을 받는 것을 '理氣不相離'라 하였고, 그러나 理와 氣는 본래 성질이 달라서 서로 본질적인 영향을 줄 수 없음을 '理氣不相雜'이라 하였다(이에 대한 자세한 논의는 이상익, 『朱子學의 길』, 68-75쪽 참조).

43) 『朱子語類』 卷4(67쪽): 論天地之性 則專指理言 論氣質之性 則以理與氣雜而言之

> 지 않은 경우가 있으나, 극기복례(克己復禮)의 仁과 선선악악(善善惡惡)의 義에 있어서는 능하지 못한 바가 있다. 그러나 '동물에게는 이 性이 없다'고 말할 수는 없다.[44)]

주자는 "하늘이 만물을 낳음에, 그 理는 진실로 차별이 없다."고 했는데, 이를 본연지성이라 한다. 주자는 이어서 "다만 사람과 동물이 품수한 형기가 다르니, 그리하여 그 마음에 명·암의 차이가 있어서, 본성에도 전·부전의 차이가 있는 것"이라 했는데, 이를 기질지성이라 한다. 앞에서 보이듯이, 본연지성에 있어서는 사람과 동물이 같으나, 기질지성에 있어서는 사람과 동물이 다르다는 것이다. 앞의 인용문에서는 사람과 동물의 차이만을 말했다. 주자는 사람들 사이의 다양한 차이에 대해서는 다음과 같이 설명한다.

> 천명지성(天命之性)은 본래 일찍이 치우침이 없다. 다만 기질을 품수한 바에 치우침이 있는 것이다. 氣에는 혼명(昏明)과 후박(厚薄)의 다름이 있으나, 또한 仁義禮智가 하나라도 빠지는 이치는 없다. 다만 만약 측은(惻隱)이 많으면 문득 고식유나(姑息柔懦)로 흐르고, 만약 수오(羞惡)가 많으면 문득 그 마땅히 부끄러워하거나 미워하지 말아야 할 것도 부끄러워하고 미워하게 되는 것이다.[45)]

'천명지성은 본래 일찍이 치우침이 없다'는 말은 모든 사람의 본

---

44)『朱子大全』卷58 頁17,〈答徐子融〉: 蓋天之生物 其理固無差別 但人物所禀形氣不同 故其心有明暗之殊 而性有全不全之異耳 … 然惟人心至靈 故能全此四德 而發爲四端 物則氣偏駁而心昏蔽 固有所不能全矣 然其父子之相親 君臣之相統 間亦有僅存而不昧者 然欲其克己復禮以爲仁 善善惡惡以爲義 則有所不能矣 然不可謂無是性也

45)『朱子語類』卷4(64-65쪽): 天命之性 本未嘗偏 但氣質所稟 却有偏處 氣有昏明厚薄之不同 然仁義禮智 亦無闕一之理 但若惻隱多 便流爲姑息柔懦 若羞惡多 便有羞惡其所不當羞惡者

연지성은 완전하고 선하다는 뜻이다. 그런데 각자 타고난 기질에는 편·정(偏正)과 청·탁·수·박의 차이가 있기 때문에,[46] 지(智)·우(愚)·현(賢)·불초(不肖)의 차이가 생긴다는 것이다. 요컨대, 사람들 사이의 다양한 차이는 기질의 차이로 인해 생긴다는 것, 즉 기질의 편정과 청탁수박에 따라 본연지성(四德 또는 五常)을 구현하는 양상이 다르게 된다는 것이 주자의 지론이다.

앞에서 소개했듯이, 주자는 인성을 본연지성과 기질지성의 두 측면으로 나누어 논의함으로써 성선설과 성악설 등 기존의 분분한 인성론을 지양시킬 수 있다고 보았다. 이에 입각해 본다면, 본연지성은 맹자가 말한 인의지성(仁義之性)을 가리키고, 기질지성은 순자가 말한 식색지성(食色之性)을 가리키는 것으로 짐작할 수 있다. 그런데 이제까지 살펴본 주자의 '본연지성과 기질지성'은 선진유학(先秦儒學)의 '인의지성과 식색지성'과는 맥락이 다른 것이다. 선진유학의 '인의지성과 식색지성'은 인간의 '본성(本性)과 본능(本能)'이라는 맥락에서 논의된 것이었으나, 주자의 '본연지성과 기질지성'은 주로 인간(만물)의 '보편성과 특수성' 또는 '완전성과 불완전성'이라는 맥락에서 논의되는 것이기 때문이다. 주자의 다음과 같은 말을 보자.

> 천지지성(天地之性)도 있고 기질지성도 있다. 천지지성은 태극의 본연지묘(本然之妙)로서, 만 가지로 다른 것들의 동일한 근본이다[萬殊之一本]. 기질지성은 음양이 서로 운행하면서 생긴 것으로, 근본은 동일하나 만 가지로 다르게 나타나는 것이다[一本而萬殊].[47]

---

46) '偏·正'은 五行의 氣를 '고르게 타고났는가, 어느 하나에 치우치게 타고났는가'를 설명하는 용어이며, 淸·濁·粹·駁은 五行의 '質的 優劣'을 설명하는 용어다.

47) 『性理大全』 卷30 頁3: 朱子曰 有天地之性 有氣質之性 天地之性 則太極本然之妙 萬殊之一本也 氣質之性 則二氣交運而生 一本而萬殊也

이 인용문은 '본연지성과 기질지성'을 '보편성과 특수성'의 관점에서 설명한 것이다. 만물은 모두 태극의 본연지묘를 지니고 있다는 점에서 근본이 동일한 것인데, 이를 본연지성이라 한다. 그러나 만물의 기질은 만 가지로 다르기 때문에 동일한 본연지성 역시 다양한 양상으로 드러나는데[各一其性], 이를 기질지성이라 한다. 또 다음의 인용문을 보자.

> 본성을 물에 비유하자면, 본래 모두 맑은 것이다. 깨끗한 그릇에 담으면 맑고, 깨끗하지 않은 그릇에 담으면 악취가 나며, 더러운 그릇에 담으면 흐린 것이다. 그러나 본래의 맑음은 사라지지 않는다.[48)]

> 理가 氣 가운데 있는 것은 하나의 명주(明珠)가 물속에 있는 것과 같다. 理가 청기(淸氣) 가운데 있는 것은 명주가 맑은 물속에 있어서 투명하게 비치는 것과 같고, 理가 탁기(濁氣) 가운데 있는 것은 명주가 흐린 물속에 있어서 밖에서는 그 광채(光彩)를 볼 수 없는 것과 같다.[49)]

이 두 인용문은 '본연지성과 기질지성'을 '완전성과 불완전성'의 관점에서 설명한 것이다. '본래 맑은 물'이나 '본래 밝게 빛나는 구슬'은 본연지성을 비유한 말이요, '맑거나, 악취가 나거나, 흐린 것' 또는 '투명하게 비치는 것이나 광채를 볼 수 없는 것'은 기질지성을 비유한 말이다. 그런데 '본래 맑은 물'이나 '본래 밝게 빛나는 구슬'로서의 본연지성은 선진유학의 인의지성(仁義之性)과 상응하는 것이라 하더라도, '맑거나, 악취가 나거나, 흐린 것' 또는 '투명하게 비치는 것이나 광채를

---

48)『朱子語類』卷4(72쪽): 性譬之水 本皆清也 以淨器盛之則清 以不淨之器盛之則臭 以汙泥之器盛之則濁 本然之清 未嘗不在

49)『朱子語類』卷4(73쪽): 理在氣中 如一箇明珠在水裏 理在清底氣中 如珠在那清底水裏面 透底都明 理在濁底氣中 如珠在那濁底水裏面 外面更不見光明處

볼 수 없는 것'으로서의 기질지성은 선진유학의 식색지성(食色之性)과는 분명 차원이 다른 것이다. 선진유학의 식색지성은 '인간의 본능적 욕망'을 가리키는 개념이었으나, 주자의 '맑거나, 악취가 나거나, 흐린 것' 또는 '투명하게 비치는 것이나 광채를 볼 수 없는 것'으로서의 기질지성은 '기질의 차이에 따라 본연지성이 제약되는 양상', 즉 '각일기성(各一其性)'을 설명하는 개념이기 때문이다.

이상의 내용을 정리해 보자. 주자는 본성을 본연지성과 기질지성의 두 측면에서 논의하면서도, 본성을 논함에 있어서는 본능의 문제를 거론하지 않았다. 주자는 본능의 문제를 마음의 차원에서 설명했는데, '인심도심론(人心道心論)'이 그것이다. 이는 주자가 본성과 본능을 서로 차원이 다른 것으로 인식했음을 의미한다. 주자의 이러한 입장은 본성과 본능을 명확히 구별할 수 있게 한다는 점에서 매우 큰 의미를 지닌다.

그러나 문제는, 주자가 본능(本能, 人心)을 논할 때도 氣(形氣)라는 개념을 중심으로 설명하고 기질지성을 논할 때도 氣(氣質)라는 개념을 중심으로 설명했다는 점이다. 그리하여 본능(인심)이 바로 기질지성이라는 해석도 가능하게 되는 것이다. 퇴계의 기질지성론이 그 예다.

4. 인심(人心)과 도심(道心)

인심도심론은 유학의 핵심 논제다. '군자(君子)와 소인(小人)' '왕도(王道)와 패도(覇道)' '중화(中華)와 이적(夷狄)' 등 유학사상의 주요 쌍개념들도 알고 보면 인심도심론과 맥락을 같이한다. 조선시대의 대표적 학술논쟁 '사단칠정논쟁'도 한편으로는 '인심도심논쟁'이라고 불릴 만큼 그 저변에 인심도심론을 깔고 있었다.

인심도심론은 『서경』의 "인심은 오직 위태롭고 도심은 오직 은미하니, 오직 정밀하게 살피고 오직 한결같게 지켜서, 진실로 그 중용을 잡으라[人心惟危 道心惟微 惟精惟一 允執厥中]"[50]는 말로부터 유래한다. 이는 순(舜)이 우(禹)에게 왕위를 물려주면서 당부한 말이라 하는데, 주자는 〈중용장구서(中庸章句序)〉에서 이에 대해 다음과 같이 설명한 바 있다.

> 마음의 허령(虛靈)한 지각(知覺)은 하나일 뿐인데 인심과 도심의 다름이 있는 것은, 인심은 '형기의 사사로움[形氣之私]'에서 생기고 도심은 '성명의 바름[性命之正]'에 근원하여, 그 지각하는 바가 같지 않기 때문이다. 그러므로 인심은 위태하여 불안하고, 도심은 미묘하여 드러나기 어렵다. 그러나 인간은 누구나 형기(形氣, 즉 육체)를 지니고 있기 때문에 비록 최상의 지혜로운 사람이라 하더라도 인심이 없을 수 없고, 또한 누구나 본성(本性)을 지니고 있기 때문에 비록 최하의 어리석은 사람이라 하더라도 도심이 없을 수 없다.
>
> 인심과 도심이 마음속에 섞여 있어 다스릴 줄을 모른다면, 인심은 더욱 위태로워지고 도심은 더욱 미묘해져서, '천리(天理)의 공정함'이 마침내 '인욕(人欲)의 사사로움'을 이길 수 없을 것이다. '정(精)'이란 인심과 도심의 간격(차이)을 살펴서 섞지 않는 것이요, '일(一)'이란 본심의 바름을 지켜서 떠나지 않는 것이다. 조금도 중단 없이 이에 종사하여, 반드시 도심으로 항상 한 몸의 주재자를 삼아 인심이 항상 그 명령을 따르게 한다면, 위태로운 인심은 편안해지고 미묘한 도심은 드러나게 되어, 모든 말과 행동이 저절로 지나치거나 모자라는 잘못이 없게 될 것이다.[51]

---

50) 『書經』「虞書」〈大禹謨〉.

51) 『中庸章句大全』〈中庸章句序〉: 心之虛靈知覺 一而已矣 而以爲有人心道心之異者 則以其或生於形氣之私 或原於性命之正 而所以爲知覺者不同 是以 或危殆而不安 或微妙而難見耳 然人莫不有是形 故雖上智 不能無人心 亦莫不有是性 故雖下愚 不能無道心 二者雜於方寸之間 而不知所以治之 則危者愈危 微者愈微 而天理之公 卒無以勝夫人欲之私矣 精則察夫二者之間而不雜也 一則守其本心之正而不離也 從事於斯 無少間斷 必使道心 常爲一身之主 而人心每聽命焉 則危者安 微者著 而動靜云爲 自無過不及之差矣

이 인용문 첫 번째 문단은 인심과 도심의 개념을 설명하고 양자가 서로 불가결의 관계임을 밝힌 것이요, 두 번째 문단은 '유정유일(惟精惟一)'의 공부를 통해 '윤집궐중(允執厥中)'에 이르는 방법을 설명한 것이다. 이 두 문단을 중심으로 주자의 인심도심론을 살펴보도록 하자.

첫째 문단에서는 "인심은 형기(形氣)에서 생기고 도심은 성명(性命)에 근원한다."고 했다.[52] '형기'란 인간의 육체를 말하는바, 인심이란 육체적 본능에서 유래하는 마음으로서, 배가 고프면 음식을 먹고자 하고, 추우면 옷을 입고자 하며, 정욕이 일면 이성(異性)을 그리워함 등이 이에 해당된다. 주자는 '형기의 사사로움' 또는 '인욕의 사사로움'이라 하여, 인심을 '사사로운 것'으로 규정했다. '사사로운 것'이란 '개인에 속한다'는 뜻이니, 사람들이 각자 '자신의 육체적 욕망을 추구하는 것'이 인심이다. '성명'이란 인간의 도덕적 본성을 뜻하는바, 도심이란 仁義禮智의 본성에서 유래하는 마음으로서, 측은지심·수오지심·사양지심·시비지심 등이 이에 해당된다. 주자는 '천리의 공정함' 또는 '성명의 공정함'이라 하여, 도심을 '공정한 것'으로 규정했다. 사람들이 '남들과 함께하기 위해 공정성을 추구하는 것'이 도심이다.

주자는 인심과 도심이 서로 없을 수 없다고 보았다. 인심은 무엇보다도 자신의 육체적 생존을 뒷받침하는 것인바, 따라서 성인(聖人)이라도 인심이 없을 수 없다. 또 도심은 仁義禮智의 본성으로부터 발하는 것으로서, 아무리 어리석은 사람이라도 조금이나마 도덕적 지각능

---

52) 주자의 인심도심론에서 유의할 것은 '인심과 도심'은 다만 '하나의 마음'이라는 점이다. 〈中庸章句序〉에서는 "人心은 '形氣의 사사로움'에서 생기고, 道心은 '性命의 바름'에 근원한다."고 했는데, 이렇게 설명하면 인심과 도심은 '서로 근원이 다른 것', 즉 '두 개의 것'으로 오해될 수 있다. 그러나 주자는 그 앞에 "마음의 虛靈한 知覺은 하나일 뿐"이라고 전제했다.

력을 지니고 있다.[53] 이러한 맥락에서 사람은 누구나 인심과 도심을 모두 지니고 있다는 것이다.

두 번째 문단에서는 "유정유일(惟精惟一)의 공부를 통해 도심이 인심을 주재해야 한다."고 했다. 주자는 '유정유일'을 '자신이 지금 품고 있는 마음이 인심인지 도심인지 정밀하게 살피고, 도심이 인심을 한결같게 주재함'으로 설명하였다. 인심과 도심은 서로 없을 수 없는바, 양자의 바람직한 관계는 '도심이 인심에게 합당한 길을 제시하고, 인심이 항상 그에 따르는 것'이라는 말이다. 이렇게 하면, 위태로운 인심은 편안해지고 미묘한 도심은 드러나게 되어, 모든 말과 행동이 저절로 지나치거나 모자라는 잘못이 없게 된다는 것이다. 이것이 바로 '윤집궐중(允執厥中)'이다.

주자는 인심과 도심을 설명하면서 천리와 인욕을 함께 거론했다. 그리하여 일견 '도심 = 천리, 인심 = 인욕'이라고 생각하기 쉬우나, 천리인욕론은 인심도심론과는 궤를 달리하는 개념 체계다. 율곡은 "도심은 순수한 천리로서 순선무악하지만, 인심에는 천리도 있고 인욕도 있어 선악이 함께 존재한다."고 했다. 즉, 인심 가운데 생존을 위해 기본적 욕구를 추구하는 것은 천리이지만, 기본적 욕구를 넘어서는 사치와 방탕 등의 욕망은 인욕이라는 것이다.[54] 이 문제를 좀 더 살펴보기로 하자.

---

53) 온갖 범죄를 자행한 흉악범이나 파렴치범들도 체포되었을 때에는 모두 고개를 숙이고 얼굴을 가린다. 이는 자신들의 범행이 잘못된 것임을 스스로 알고 부끄러워하기 때문이다. 요컨대, 그들이 범죄를 저지른 것은 욕심 때문이었지만, 그들도 양심이 있기 때문에 부끄러워하고 참회할 수 있는 것이다.

54) 『栗谷全書』 卷14 頁4, 〈人心道心圖說〉: 道心純是天理 故有善而無惡 人心也有天理也有人欲 故有善有惡 如當食而食 當衣而衣 聖賢所不免 此則天理也 因食色之念 而流而爲惡者 此則人欲也

주자에 의하면, 인심이란 자신의 육체적 욕망을 추구하는 것으로서, 사적(私的)인 것이다. 이것은 다시 두 측면으로 나누어 볼 수 있다. 첫째는 배고프면 음식을 먹고자 하고 추우면 옷을 입고자 함 등으로서, 이는 생존을 위해 필수불가결한 것이다. 둘째는 이미 배부르고 이미 따뜻한데도 더 많은 음식과 더 좋은 옷을 욕구하는 것으로서, 이는 사치와 방탕에 빠지는 것이다. 주자는 첫째에 대해서는 '천리'로서 '성인(聖人)에게도 없을 수 없다'고 긍정하지만, 둘째에 대해서는 '인욕'으로서 '결국 악으로 귀착된다'고 비판한다. 즉, 주자는 인심에는 사치와 방탕 등 인욕의 요소가 있기 때문에 '쉽게 악으로 흐를 수 있다'고 보면서도, 또한 육체적 생존을 위한 기본적 욕구를 추구하는 측면이 있기 때문에 곧바로 악으로 규정할 수는 없다고 보았다. 그리하여 인심을 곧바로 '악한 것'으로 규정하지 않고, 다만 '위태로운 것'으로 규정한 것이다. 그러면 인심이 쉽게 인욕으로 흐르는 까닭, 즉 인심이 위태로운 까닭은 무엇인가? 이에 대해 주자는 다음과 같이 말한다.

> 사람이 배고프면 먹어야 함은 알고 마땅히 먹어야 할 것과 마땅히 먹지 말아야 할 것은 모르며, 추우면 입고자 할 줄만 알고 마땅히 입어야 할 것과 마땅히 입지 말아야 할 것은 모르는 것과 같은 것들, 이것이 인심이 위태로운 까닭이다.[55)]

인심은 그 자체로서는 '정당성에 대한 자각'이 결여되어 있기 때문에 위태로운 것이다. 주자는 그러므로 인심은 도심의 주재를 받아야 한다고 하였다.

---

55)『朱子語類』卷78(2011쪽): 且如人知饑之可食 而不知當食與不當食 知寒之欲衣 而不知當衣與不當衣 此其所以危也

인심과 마찬가지로, 도심 역시 두 맥락을 지니고 있다. 첫째는 육체적 욕망과는 무관하게 순수하게 인륜과 정의만을 추구하는 것이다. 이러한 맥락에서는 '군신(君臣)과 부자(父子)의 윤리를 아는 것, 의리를 아는 것, 측은지심과 수오지심' 등을 도심이라고 규정한다. 둘째는 육체적 욕망과 관련된 것이라도 도심의 주재를 받으면 역시 도심이 된다는 것이다. 이러한 맥락에서는 '마땅히 성내야 할 것을 성내는 것, 음식의 올바름을 얻은 것' 등도 도심으로 규정한다. 요컨대, 인심도 도심의 주재를 받아 공정하게 발휘하면 도심이 된다는 것이다. '도심의 주재를 받아 공정하게 인심을 추구함'이 바로 '윤집궐중'이다. 즉, '윤집궐중'은 개인적 차원에서는 '인심과 도심의 조화'로 해석될 수 있고, 사회적 차원에서는 '사익(私益)과 공익(公益)의 조화'로 해석될 수 있다.

주자 인심도심론의 결론은 "도심으로 인심을 주재하라."[56]는 것인데, 이는 곧 '공정성의 원칙에 입각하여 자신의 욕망을 추구하라'는 말이다. 그러면 개인의 입장에서는 왜 자신의 욕망을 공정성의 원칙에 종속시켜야 하는가? 그것은 "천리를 따르면 이익을 추구하지 않아도 저절로 불리함이 없으나, 인욕을 따르면 이익을 추구해도 얻어지지 않고 오히려 손해가 따르기 때문"[57]이다. 요컨대, 공정성의 원칙에 따라야만 개인의 행복도 제대로 실현된다는 것이다.

---

56) 주자는 이를 "마땅히 人心으로 하여금 항상 道心의 區處를 따르게 해야만 옳다(當使人心 每聽道心之區處 方可)"는 말로 표현하기도 했다(『朱子語類』 卷62). '區處'란 말 그대로 '구분하여 처리함'으로서, 옳은 일과 그른 일, 착한 일과 악한 일, 이로운 일과 해로운 일 등을 구분하여 처리한다는 뜻이다. '道心의 區處'란 道心이 '옳은 일, 착한 일, 이로운 일' 등을 추구하도록 인도하는 것인바, 人心은 마땅히 이에 따라야 한다는 뜻이다.

57) 『孟子集註』 梁惠王上 1, 朱子註: 徇天理 則不求利而自無不利 徇人欲 則求利未得而害已隨之

이상의 내용을 정리해 보자. 유학에서는 육체적 본능을 추구하는 마음을 인심이라 하고, 도덕적 본성을 추구하는 마음을 도심이라 했다. 모든 사람은 인심과 도심을 함께 지니며, 또한 인심과 도심은 둘 다 제대로 실현될 필요가 있다. 그러나 양자 사이에 우선순위가 없을 수 없다. 그렇다면 어느 것을 우선할 것인가? 유학에서는 이에 관한 '마음가짐[心法]'이 나의 삶과 세상만사 모두를 좌우한다고 보았다. 유학에서는 그 마음가짐의 대원칙을 '도심의 주재 아래 인심을 실현하라'는 말로 설명했는데, 이는 '공정성의 원칙에 입각하여 자신의 욕망을 추구하라'는 뜻이었다.

불교에서는 '일체유심조(一切唯心造)'라 하여 세상만사를 자신의 한 마음으로 귀결시킨다. 유교의 인심도심론도 세상만사를 우리의 마음으로 귀결시킨다는 점에서는 불교의 '일체유심조'와 맥락을 같이 한다. 그런데 단순히 마음의 주체성을 강조하는 '일체유심조'와는 달리, 인심도심론은 마음을 육체적 본능을 추구하는 마음과 도덕적 본성을 추구하는 마음으로 구분하여 시비선악(是非善惡)과 치란성패(治亂成敗)를 해명함으로써, 우리에게 요구되는 바람직한 마음가짐을 일깨워 주는 것이다. 요컨대, 인심도심론은 '인간은 누구나 육체적 본능과 함께 도덕적 본성을 지니고 있다'는 전제 아래 양자의 바람직한 관계를 논의하는 주제였던 것이다.

Ⅲ. 맺는 말

선진유학의 인성론은 맹자의 성선설과 순자의 성악설, 『서경』의 인심도심론과 『예기』의 천리인욕론 등으로 대표된다. 이로써 알 수 있듯이, 선진유학의 인성론에서는 '본성과 본능'의 구별이 주요한 논제였다.[58] 여기서 '본성'은 '인간의 도덕적(사회적) 성향'을 뜻하고 '본능'은 '인간의 이기적(동물적) 성향'을 뜻한다. 따라서 '본성과 본능'의 구별은 '사람다움과 짐승 같음' 또는 '군자와 소인'을 구별하는 준거가 되고, 나아가 각종 윤리도덕 이론이나 교육이론의 기본 논리를 제공하는 것이다. 이러한 맥락에서 '본성과 본능'의 구별은 인문학이나 사회과학에서 매우 중요한 문제라 하겠다.

그런데 송대(宋代) 성리학의 인성론은 '본성과 본능'의 구별에도 관심을 쏟았지만, '마음과 본성'의 구별에 더욱 심혈을 기울였다. 그렇다면 그 까닭은 무엇인가? '마음과 본성'의 구별은 인간의 심리과정(心理過程)에 대한 정확한 해명을 위해서도 긴요하고, 올바른 수양(修養)이나 교육의 방법을 정립하기 위해서도 긴요하다. 그런데 성리학에서 '마음과 본성'의 구별에 심혈을 기울인 또 하나의 이유는 바로 선불교

58) '孟子의 性善說과 荀子의 性惡說은 완전히 相反된다'고 생각하기 쉬운데, 이는 오해에 가깝다. 순자는 인간의 본성에는 '惡하게 될 수 있는 요소'와 '善하게 될 수 있는 요소'가 모두 포함되어 있다고 보았다. '惡하게 될 수 있는 요소'는 '耳目口鼻의 욕망'으로서, 이는 '食色之性'에 해당한다. '善하게 될 수 있는 요소'는 '仁義와 法正을 알고 행할 수 있는 자질'로서, 이는 맹자가 말한 '仁義之性'에 해당한다. 이처럼 인간의 본성에는 '惡한 측면'과 '善한 측면'이 공존한다고 본 점에서는 순자와 맹자가 같았다. 그런데 맹자는 善한 측면을 부각시켜 性善說을 주장하고, 순자는 惡한 측면을 부각시켜 性惡說을 주장한 것이다. 맹자는 食色之性이 仁義之性보다 압도적으로 우세하다고 보았다. 그럼에도 불구하고 맹자는 食色之性은 '사람과 금수가 공유하는 것'이라고 보아 그 당위성을 인정하지 않았고, 仁義之性이야말로 '사람다움의 보루'라고 보아, 仁義之性만을 인간의 本性으로 인정했던 것이다. 반면에 순자는 人倫과 仁義之性을 사람다움의 보루로 보았음에도 불구하고, 食色之性이 仁義之性을 압도하는 현실을 보고, 人性을 惡으로 규정한 것이다. 그러나 순자가 惡이라고 규정하는 '本性'은 오늘날의 개념으로는 '本能'에 해당하는 것이다(이에 대한 자세한 논의는 이상익(2011), 「朱子 氣質之性論의 양면성과 退·栗 性理學」, 79-83쪽 참조). 이렇게 본다면, 맹자와 순자의 인성론도 '본성과 본능'의 문제를 설명하는 데 핵심이 있었던 것이다.

(禪佛敎)의 즉심즉불론(卽心卽佛論)을 극복하기 위함이었다.[59]

당대(唐代) 이래 중국의 선불교가 창광자자(猖狂自恣)의 폐단을 연출한 것은 주지하는 바다. 그러면 선승(禪僧)들은 어찌하여 창광자자를 연출한 것인가? 성리학에서는 선불교의 즉심즉불론이 결국 창광자자를 야기한 것이라고 보았다. 주자는 다음과 같이 말한다.

> 유자(儒者)의 학문은 그 대요(大要)가 궁리(窮理)를 우선으로 삼는 것이다. 대개 하나의 사물이 있으면 하나의 理가 있으니, 모름지기 먼저 이것을 밝힌 다음에야 마음이 발하는 바가 각각 경중장단(輕重長短)의 준칙(準則)이 있게 된다. 『서경』의 '천서(天敍) · 천질(天秩), 천명(天命) · 천토(天討)'나 『맹자』의 '사물이 모두 그러하지만 마음은 더욱 심하다'[60]는 말은 모두 이를 말한 것이다. … 석 씨(釋氏)의 '경권수불(擎拳豎拂), 운수반시(運水般柴)'[61]의 학설이 어찌 이 마음을 보지 않았겠으며, 어찌 이 마음을 알지 못했겠는가? 그러나 끝내 함께 요순(堯舜)의 道에 들어갈 수 없는 것은 천리를 보지 못하고 오로지 이 마음만을 알아 주재로 삼기 때문이다. 그러므로 석씨는 '자기의 사사로움[自私]'을 면치 못한다. 선배들이 '성인(聖人)은 하늘에 근본하고[聖人本天], 석 씨(釋氏)는 마음에 근본한다[釋氏本心]'고 한 말은 대개 이것을 말한다.[62]

---

59) 朱子의 佛敎批判에 대한 자세한 논의는 김미영(1998), 「朱熹의 佛敎批判과 工夫論 硏究」, 146-166쪽 참조.

60) 『孟子』 「梁惠王上」 7장에서는 "무게를 잰 다음에 輕重을 알 수 있고, 길이를 잰 다음에 長短을 알 수 있다. 사물이 모두 그러하지만, 마음은 더욱 그렇다."고 하였다.

61) '擎拳豎拂(주먹을 들어서 털이개를 세움)'은 『傳燈錄』에 보이는 禪家의 話頭로서, 몸을 닦는다는 것을 비유하는 말이고, '運水般柴(물을 긷고 땔나무를 나름)'는 龐居士의 話頭로서, 물을 긷고 나무를 하는 것이 바로 神通妙用이라는 것, 즉 平常心이 곧 道라는 것을 비유한 말이다.

62) 『朱子大全』 卷30 頁23, 〈答張欽夫〉: 儒者之學 大要以窮理爲先 蓋凡一物有一理 須先明此 然後心之所發 輕重長短 各有準則 書所謂天敍天秩 天命天討 孟子所謂物皆然心爲甚者 皆謂此也 … 且如釋氏擎拳豎拂 運水般柴之說 豈不見此心 豈不識此心 而卒不可與入堯舜之道者 正爲不見天理 而專認此心以爲主宰 故不免於自私耳 前輩有言聖人本天釋氏本心 蓋謂此也

이 인용문은 본질적으로 인간의 행위 규범이 '하늘에 근본해야 하는가' 또는 '마음에 근본해야 하는가'의 문제를 담고 있다. 유교에서는 인간의 규범 체계는 '하늘'에 근본해야 한다고 보거니와, 여기서 말하는 '하늘'은 '이 세계의 존재 원리' 또는 '자연의 이법'으로서의 '천도(天道)' 또는 '천리(天理)'를 말한다. 선불교에서는 즉심즉불론(卽心卽佛論)을 내세우며 견성성불(見性成佛)을 내세우거니와, 이는 마음을 진리의 표준으로 삼고 일초직입(一超直入)의 돈오(頓悟)를 추구하는 것이다. 선가의 이러한 방법에 대해 주자는 '자기의 사사로움[自私]을 면치 못한다'고 비판했거니와, '자사(自私)'는 창광자자(猖狂自恣)와 궤를 같이하는 말이다. 주자는 '자기의 사사로움'을 막기 위해서는 반드시 理를 '마음의 준칙'으로 삼아야 한다고 보고, 이러한 맥락에서 '유자의 학문은 그 대요가 궁리를 우선으로 삼는 것'이라고 설명했던 것이다. 이제 이러한 맥락에서 성리학적 심성론의 의의를 정리해 보기로 하자.

첫째, '성즉리(性卽理)와 심시기(心是氣)'는 '진리의 표준은 본성이요, 작위의 주체는 마음이다'라는 뜻을 담고 있다. 인간은 자연의 이법을 자신의 본성으로 지니고 태어났거니와[天命之謂性] 이 자연의 이법 또는 자신의 본성을 규범적 표준으로 삼아야 한다는 것이 성리학의 확고한 입장이다. 마음은 氣로서, 결코 진리의 표준이 될 수 없다. 다만 氣는 작위능력을 지니는바, 따라서 마음은 지각·감정·의지의 작용을 통해 본성을 실현하는 주체가 된다는 것이다[心統性情].

둘째, '심통성정(心統性情)'은 '마음이 본성과 감정을 운용하는 주체'라는 뜻을 담고 있다. 성리학에서는 마음의 지각작용을 통해 본성이 발현된 것이 감정이라고 본다. '기질(氣質)'이란 '마음의 재질(材質)'을 뜻하는바, 기질이 청수하면 순선한 본성을 온전히 발현시키며, 기질이 탁박하면 순선한 본성을 왜곡하여 발현시킨다. 그러므로 심통정정론은 '탁박한 기질을 청수한 기질로 변화시켜야 한다'는 기질변화론(氣質變化論)으로 연결된다.

셋째, '본연지성(本然之性)과 기질지성(氣質之性)'은 인간본성의 '보편성과 특수성' 또는 인간본성의 '근원적 완전성과 현실적 불완전성'을 해명하는 논리다. 성리학에 의하면, 기질의 청탁수박에 따라 사람마다 본성의 차이를 드러내지만, 그러나 '순선한 본성 자체[本然之性]'는 결코 변함이 없는 것이다. 이 본연지성이 바로 '인간의 존엄성' 및 '인간은 누구나 스스로의 노력으로 성인(聖人)이 될 수 있다'는 신념을 뒷받침하는 것이다.

넷째, '인심(人心)과 도심(道心)'은 육체적 본능과 도덕적 본성의 문제를 해명하는 개념 체계다. 우리의 마음에는 분명 인심과 도심이 함께 존재하므로, 우리는 결코 마음 자체를 진리의 표준으로 삼을 수 없는 것이다. 또한 인심과 도심 사이에서 중용을 실천하려면 유정유일(惟精惟一)의 공부가 필요하다. 성리학에서는 유정유일의 방법으로 지경(持敬)을 강조했다.

참고문헌

『書經』

『孟子集註大全』

『中庸章句大全』

『朱子大全』

『朱子語類』

『性理大全』

『栗谷全書』

김미영(1998). 朱熹의 佛敎批判과 工夫論 硏究. 고려대학교 박사학위논문.

김우형(2003). 朱熹의 知覺論 硏究. 연세대학교 박사학위논문.

이상익(2007). 朱子學의 길. 서울: 심산.

이상익(2005). 畿湖性理學論考. 서울: 심산.

이상익(2016). 본성과 본능: 서양 人性論史의 재조명. 서울: 서강대학교출판부.

이상익(2011). 朱子 氣質之性論의 양면성과 退 · 栗 性理學. 東洋哲學硏究 제67집, 동양철학연구회.

제3장 성리학의 주요 공부 표어와 공부론

황금중 (연세대학교)

Ⅰ. 들어가는 말

Ⅱ. 공부 표어로서의 '위기지학(爲己之學)'

1. 외부의 시선이 아닌 본성의 시선에 입각한 공부
2. 절실한 자기체험과 실현의 공부

Ⅲ. 공부 표어로서의 '하학이상달(下學而上達)'

Ⅳ. 공부 표어로서의 '존덕성이도문학(尊德性而道問學)'

Ⅴ. 맺는 말: 세 공부 표어의 유기적 관계와 공부론

* 이 글은 황금중(2009),「주자학의 공부원리로서의 '위기지학' '하학이상달' '존덕성이도문학」(『한국교육사학』 제31권 2호. 181-204.)을, 이 책의 취지에 맞게 제목을 바꾸고 일부 내용을 수정 · 보완한 것이다.

Ⅰ. 들어가는 말

성리학(性理學)은 이기심성(理氣心性)의 개념을 중심으로 한 세계와 인간 이해를 배경으로, 인간 형성의 일로서의 공부 및 배움에 관한 특수한 인식 체계를 보여 준다. 이를 흔히 성리학의 공부론(工夫論)으로 부르는데, 여기에는 공부의 의미와 목적, 내용, 방법 전반에 관한 체계화된 시각이 포괄되어 있다. 성리학의 공부론에서 공부는 仁義禮智로 귀결되는 인간본성의 실현을 목적으로 하면서, 한편으로는 소학(小學)으로부터 대학(大學)으로 나아가고, 다른 한편으로는 경(敬)을 근간으로 지(知)와 행(行)이 병행되는 방법적 체계를 갖춘 것으로 이해된다. 이 글에서는 성리학의 공부론에 대한 이와 같은 기본적 정리를 토대로 하면서도 이를 보완하는 차원에서, 성리학의 역사에서 중시되어 온 몇 가지 주요 공부 표어(標語)를 중심으로 성리학에서의 공부의 면모를 구체화하고자 한다.

흔히 표어는 어떤 발상의 정체성 및 그 실현 목표와 지향점을 분명히 하고, 나아가 그 실천의 동기 및 의지, 강도를 북돋우는 데 활용된다. 특정 표어는 단 몇 글자로 된 지극히 간단한 문구를 수단으로 특정 발상 및 행위의 방향성과 목표 실현 열정을 지속적으로 일깨우려는 관심의 소산인 경우가 많다. 인간본성 실현의 공부를 둘러싼 선명한 전망과 실천 의지를 지니고 있었던 성리학은 공부의 이상을 개인적 · 사회적 삶의 현실에 구현해 내고자 하는 실천적 관심에서 다양한 공부 표어를 창출해 활용했다. 성리학의 역사에 등장하는 다양한 공부 표어 중에서도 특히 많이 회자되며 활용되어 온 표어들이 있다. 대표적으로 꼽을 수 있는 것이 '위기지학(爲己之學)' '하학이상달(下學而

上達)' '존덕성이도문학(尊德性而道問學)'이다. 이는 『논어』와 『중용』에 기원을 둔 문구들인데, 주자(朱子, 이름은 熹이며 호는 晦庵, 1130~1200)가 새로운 패러다임의 유학적 공부론을 창출해 가는 과정에서 공부의 이상을 논할 때 종종 활용한 것들이다. 주자의 공부론적 인식에 있어서 특히 이 세 문구가 특별한 의미를 지닌다는 사실은 주자의 후학들에 의해 편집된 『주자어류(朱子語類)』 중에서 '공부의 방법론을 총체적으로 논한 부분'(8卷; 總論爲學之方)에서도 확인되니, 그 주된 방법적 지침이 세 문구가 함의하는 바를 크게 넘지 않음을 알 수 있다. 주자 이후 이 문구들은 주자의 영향하에 전개되었던 성리학의 공부론의 역사에서 공부의 방향 및 실천 지침을 대변하는 핵심 표어들로 자리 잡아 왔다. 공부에 관한 이 세 가지 표어들은 공부의 본질적 의미와 방법론에 대한 성리학적 시각을 간명하게 드러내 주며, 이에 이 세 표어를 면밀히 들여다보는 것만으로도 성리학의 공부론의 대체를 파악할 수 있게 된다. 이 세 표어는 서로 다른 표현에도 불구하고 그 의미상 상호 긴밀하게 연결되어 있음과 동시에 각각 공부의 특정 측면을 공부의 전체 상과 연계해서 부각해 주기도 한다.

주요 공부 표어를 중심으로 성리학의 공부론을 그려 보고자 하는 이 글은 특히 성리학 전반을 학문적으로 기초를 지은 주자의 인식을 중심으로 살필 것이다. 성리학의 이름으로 펼쳐지는 거의 대부분의 학문적 담론들이 그러하거니와 공부론에 관한 성리학의 기본 관점은 주자에 의해 마련되었다. 성리학의 공부론사에서 특별한 의미를 지니게 된 주요 공부 표어들의 등장과 전개 역시 주자에 의해 그 물꼬가 터진 것임은 분명하다. 주자의 견해에 대한 고찰은 성리학의 공부론사에서 특별한 역사성을 획득하게 된 세 공부 표어의 원형적 의미를 들여다보는 데 도움이 된다.

이 글의 성격을 분명히 하기 위해 또 한 가지 짚고 갈 점은 이 글의 관심은 이 공부 표어들이 주자 성리학의 맥락에서 어떻게 이해되었는가를 따지는 데 있지,『논어』와『중용』에서의 원문을 둘러싼 다양한 해석의 역사 및 해석의 가능성을 두루 검토하는 데 있지 않다는 점이다.[1] 이러한 필자의 관심은 세 공부 표어들에 대한 분석이 무엇보다 성리학의 공부론에 대한 이해를 심화하는 데 그 목적이 있다는 사실을 반영하고 있다.

이 장에서는 먼저 '위기지학' '하학이상달' '존덕성이도문학'의 순서로 각각 그 공부 표어로서의 의미를 고찰하고, 이후 이 세 표어가 어떻게 서로 유기적으로 연관 관계를 형성하는지, 그리고 이 세 표어 전체를 통해 관찰되는 성리학의 공부론의 특징은 무엇인지를 검토한다.

II. 공부 표어로서의 '위기지학(爲己之學)'

성리학에서 이상적 공부의 상징처럼 이야기되는 '위기지학'은『논어』의 다음 언표를 기초로 하고 있다.

> 옛날 공부하는 사람들은 위기(爲己)했는데, 오늘날 공부하는 사람들은 위인(爲人)한다.[2]

1) 기존의 연구 중 '위기지학'이나 '존덕성이도문학' 등의 의미에 대한 교육학적 논의들도 일부 있으나, 대체로 열린 해석적 성격의 접근이었고(김동인, 2001; 신창호, 2002), 특별히 주자학적 · 성리학적 맥락의 인식에 초점을 맞추는 시도는 아니었다. 이에 비해 이 글은 성리학의 맥락에서 새롭게 역사성을 획득한 '성리학적 공부 표어'로서의 '위기지학' '하학이상달' '존덕성이도문학'의 의미를 밝히는 데 관심을 갖는다.

2)『論語集注』「憲問」. "子曰, 古之學者爲己, 今之學者爲人."(原文)

『논어』에서 공자는 위기(爲己)를 위인(爲人)과 대비해서 좋은 공부의 표상으로 설정해 놓고 있다. 이 부분에 대한 주자의 주석에서는, 정이천의 말을 빌어서, 위기는 '득지어기(得之於己)'로, 위인은 '현지어인(見知於人)'으로 설명한다.[3] 글자 그대로 해석한다면, '득지어기'란 '자신에게 얻는다'는 뜻이고 '현지어인'이란 '남에게 드러내어 알게 한다'는 뜻이다. 이렇게 보면 위인은 남의 시선을 의식하고 그 시선에 휘둘리는 태도라면, 위기는 남의 시선과 상관없이 오직 자기의 내면의 소리에 비추어 긴요한 것을 체득하는 태도로 이해된다. 일견 평범하게 느껴지는 해설이지만, 그 이면의 의미를 더 풀어 보면 이는 공부의 태도와 지향점에 대해 중대한 메시지를 던지고 있음을 알게 된다. 이러한 정이천의 해설을 근간으로 하면서 위기와 위인의 의미에 대해 좀 더 많은 정보를 제공하는 『주자어류(朱子語類)』의 설명을 종합해 볼 때, '위기지학'은 공부의 실천상 크게 두 가지 측면의 강조점, 즉 '외부의 시선이 아닌 본성의 시선에 입각한 공부'이며 또한 '진리를 절실하게 자기체험하고 실현해 내는 공부'라는 강조점을 지닌다.

1. 외부의 시선이 아닌 본성의 시선에 입각한 공부

주자는 "'위기지학'은 타인과는 전혀 상관이 없다. 성현들의 천 가지 만 가지 말은 다만 사람들로 하여금 고유한 것을 돌이켜 본성[性]을 회복하는 것일 뿐이다."[4]라고 한다. 여기서 그는 '위기지학'의 두 가

3) 『論語集注』「憲問」. "程子曰爲己欲得之於己也, 爲人欲見知於人也. 程子曰, 古之學者爲己其終至於成物, 今之學者爲人其從至於喪己. 愚按聖賢論學者用心得失之際, 其說多矣. 然未有如此言之切而要者, 於此明辨而日省之, 則度乎其不昧於所從矣."(集注)

4) 『朱子語類』 8卷 27條目(이하에서는 숫자만 표기). "大抵爲己之學, 於他人無一毫干預. 聖賢千言萬語, 只是使人反其固有而復其性耳."

지 면모를 밝히고 있다. 하나는 '위기지학'은 사람의 본성에 대한 절대적 신뢰를 전제로 한다는 것이다. 사람은 이미 완전한 본성을 구비하고 있으며 배움은 다만 그것을 회복하는 일로서, 이것이 곧 '자신의 본성[己]을 위하는[爲] 배움'으로서의 '위기지학'이라는 것이다. 다른 하나는 '위기지학'이 자신이 이미 구비하고 있는 본성을 회복하는 일이라면 그것의 실현을 책임지는 주체도 나 자신이지 타인이 아니라는 것이다. 관계성을 중시하는 유가의 공부와 삶의 실제에서 타인의 존재는 물론 중요하다. 그 실질적 내용이 仁義禮智로 모아지는 본성의 성격상 그것의 실현은 타자 및 타인과의 관계를 전제로 한다. 다만 문제가 되는 것은 나의 공부 행위가 타인의 시선을 기준으로 수동적으로 움직이는 경우, 즉 남의 눈치를 보거나 남에게 잘 보이기 위한 마음 혹은 남에게 의지하는 마음이 공부의 주된 동력이 되는 경우다. '위기지학'은 타인의 시선이나 힘에 의해 수동적으로 휘둘리지 않고 철저하게 내가 주인이 되어 나의 결단과 의지로써 내 안에 내재한 본성을 펼쳐 가는 공부다. 위기가 타인의 눈이 아닌 자기 본성의 눈에 따르는 태도라면, 위기지학은 오직 "지금 나의 본성은 무엇을 하고자 하는가?"라는 물음을 근간으로 삼아서 철저하게 스스로가 책임져 가는 공부다. 자기 본성의 소리에 귀를 기울이며 본성 실현을 위해 몸과 마음을 추스르고 궁리하며 매사를 내실 있게 하는 것이 '위기지학'이다.[5)]

주자의 본성관에 의하면, 본성은 하늘이 부여한 법칙이며 사명과 같은 것이다. 마치 거대한 물줄기와 같아서 사람이라면 그 흐름에 몸을 맡겨 따르지 않을 수 없는, 만일 그렇지 않다면 삶이 매우 고단하

---

5)『朱子語類』 14-69. "學者須是爲己. 聖人教人, 只在大學第一句'明明德'上. 以此立心, 則如今端己斂容, 亦爲己也; 讀書窮理, 亦爲己也; 做得一件事是實, 亦爲己也. 聖人教人持敬, 只是須著從這裏說起. 其實若知爲己後, 卽自然著敬."

거나 불행해지는 그러한 본성적 코드가 있다는 것이다. 본성은 '마땅히 따르고 실현해야 하는' 무엇이며, 본성에 따른다는 것은 작은 작위의 차원을 넘어서 마치 우주적 필연의 차원의 리듬에 몸을 싣고 흘러가는 것이다. 따라서 주자는 위기를 설명함에 "작위하는 바가 없이 그러한[無所爲而然]" 경지라는 장식(張栻, 1133~1180)의 말을 종종 활용한다. 주자에 의하면, 이 경지는 곧 '세상사가 모두 스스로 마땅히 해야 할 것으로 알고 행하는[見得天下事皆我所合當爲而爲之]' 경지다.[6] 이 말의 의미는 두 차원으로 해석될 수 있겠다. 하나는 세상사를 이해하고 처리하는 행위가 외부의 동인에 의해 억지로 이루어지는 것으로 보는 것이 아니라, 내 안의 본성적 동인에 의해 지극히 당연하고 자연스럽게 이루어져야 한다는 사실을 아는 것이다. 날마다 그리고 크고 작은 모든 일에 대해 이런 저런 결과를 계산하지 않고 그저 내 당연한 직무로 편안하게 받아들이고 행하는 것이 위기의 자세다. 만일 어떤 일을 하면서 타인의 눈(외적 동인)을 의식하는 순간 그것은 무위로서의 위기가 아닌 작위로서의 위인의 차원으로 떨어진다. 다른 또 하나는, 본성의 관점에서 보았을 때 세상사는 내 일이 아닌 것이 없다는 의미가 포함된 것으로 해석할 수 있다. 주자학적 이해에서 내 안의 본성은 곧 우주이며 모든 것이다. 본성을 내 개인이 품고 있다고 해도

6) 『朱子語類』 17-45. "問: 南軒謂: '爲己者, 無所爲而然也.' 曰: 只是見得天下事皆我所合當爲而爲之, 非有所因而爲之. 然所謂天下之事皆我之所當爲者, 只恁地强信不得. 須是學到那田地, 經歷磨鍊多後, 方信得過."; 『朱子語類』 17-46. "問: 爲己. 曰: 這須要自看, 逐日之間, 小事大事, 只是道我合當做, 便如此做, 這便是無所爲. 且如讀書, 只道自家合當如此讀, 合當如此理會身已. 才說要人知, 便是有所爲. 如世上人才讀書, 便安排這箇好做時文, 此又爲人之甚者."; 『朱子語類』 17-47. "'爲己者, 無所爲而然.' 無所爲, 只是見得自家合當做, 不是要人道好. 如甲兵 · 錢穀 · 籩豆 · 有司, 到當自家理會便理會, 不是爲別人了理會. 如割股 · 廬墓, 一則是不忍其親之病, 一則是不忍其親之死, 這都是爲己. 若因要人知了去恁地, 便是爲人."

그것은 타인이나 주변 세상과 분리된 무엇이 아니다. 오히려 만물과 더불어 우주에 근원한 본성을 지닌다는 것은 세계와 하나로 이어져 있다는 의미이며, 세계의 일이 곧 나의 일이라는 점을 의미한다. 그러하기에 세상사는 나와 분리되지 않은 나의 일로서 스스로 마땅히 이해하고 관여하며 감당할 무엇이 된다.

이 두 가지 차원의 의미를 종합해 볼 때, 위기는 오로지 본성의 목소리에 기울여서 본성이 하는 바에 마음과 몸을 맡기고자 하는 태도, 세상사에 대해서도 본성적 전개의 일환으로 마땅히 이해하고 처리해 가야 할 것으로 보는 태도가 된다. "지금 나의 본성은 무엇을 하고자 하는가?"라는 '위기지학'의 최대 관심 안에서, 타인의 칭찬과 비난 그리고 어떠한 대가가 고려될 여지가 없다. 다만 내 안의 본성이 지금 하고자 하는 바를 살피고 또 살피며, 그 바탕에서 세상사를 본성 실현의 무대로 여기며 이해하고 처리해 갈 뿐이다. 이는 일종의 존재적 각성이다. 자신의 본성에 대한 존재적 각성과 '작위함이 없이 그러한' 경지에 대한 각성은 상통한다. 물론 이 깨달음은 쉽지 않다. 어떠한 외적 유인이 없이, 심지어 타인의 자그마한 관심과 칭찬에도 기대지 않고 초탈하게 세상사에 흘러드는 것은 쉽지 않다. 이는 협소한 자아를 초월한 천인합일의 공적 자아의 경지에서 가능할 것인데, 이는 결코 쉽게 다가설 지점은 아니다. 주자의 말처럼 이 경지에 이르기 위해서는 많은 경험과 수행이 필요하다.

오직 본성의 눈으로 본성의 길을 따르는 위기는 곧 오직 진리와 의로움을 추구하는 일이라면, 타인의 시선에 휘둘리는 위인은 곧 사적 이익[利]을 추구하는 일로 연결된다.[7] 남을 의식한다는 것은 사유

7)『朱子語類』13-37. "或問義利之別. 曰: 只是爲己爲人之分. 纔爲己, 這許多便自做一邊去. 義也是爲己, 天理也是爲己. 若爲人, 那許多便自做一邊去."

와 행위의 기준을 외부의 평가에 두는 것을 의미하며, 각종 외적 평가(자신의 선행, 재능, 업적 등에 대한 평가 등)에 대한 욕심은 단지 좋은 평가를 통한 자기 격려의 차원에 머물지 않고 명예나 권력이나 지위에 대한 탐욕으로서의 사욕으로 자연스럽게 이어진다. 이때 공부는 본성 실현의 방편이 아닌 외적 평가를 얻기 위한 수단으로 전락한다. 공부의 실제에서 위기(爲己)와 위인(爲人), 의(義)와 이(利)의 갈등 상황은 늘 발생한다. 주자가 보기에 이 대표적인 사례는 과거공부 풍토에서 확인된다. 주자에 의하면, '위기지학'과 과거공부가 병행될 수 있고 병행되어야 한다. 그러나 그것은 쉽지 않다. 대체로 위기의 근본을 벗어나 외적 평가 및 결과에 좇기는 과거공부 풍토가 만연하다. "과거공부[擧業]는 역시 학문하는 데[爲學] 방해되지 않는다. 선인들이 어찌 과거에 응하지 않았겠는가. 다만 지금 사람들이 마음을 단단히 정하지 못해서 해가 되는 것이다. 득실(得失)로써 마음을 삼아서 문자를 이해하면 생각은 모두 분열된다."[8] 주자가 부정하는 것은 과거공부 자체가 아니라, 과거공부에 임하는 마음가짐, 즉 공부의 외적 평가나 효과로서의 득실에 휘둘리는 마음가짐이다. 만일 득실과 이해에 연연하는 마음을 넘어서 위기의 자세가 갖추어진다면 과거공부는 해가 되지 않는다. 다시 말해서 공부의 뜻을 제대로 세우기만 한다면 과거공부도 곧 '위기지학'이 될 수 있다. 주자는 과거공부를 '위기지학'이라고 여기지 않는 것은 다만 뜻이 서지 않았기 때문이라고 한다.[9] 공부의 뜻만 제대로 선다면 모든 상황에서 위기의 공부는 가능하다.[10] 예를 들어,

8) 『朱子語類』 13-156. "擧業亦不害爲學. 前輩何嘗不應擧. 只緣今人把心不定, 所以有害. 才以得失爲心, 理會文字, 意思都別了."
9) 『朱子語類』 13-154. "以科擧爲爲親, 而不爲爲己之學, 只是無志."
10) 『朱子語類』 13-155. "若志立, 則無處無工夫, 而何貧賤患難與夫夷狄之間哉."

뜻을 세운 후, 가령 '위기지학'에 70%, 과거공부에 30% 정도의 시간과 에너지를 쏟는다면 '위기지학'이 관철되는 과거공부는 가능할 수 있다는 것이다.[11] 과거공부에 대한 주자의 견해는, 개개인이 본성 실현의 이상을 잃지 않으면서도 세속적 욕망과 합리적으로 조화를 이루는 '위기지학'의 현실적 면모를 잘 보여 준다. 주자학에서의 '위기지학'은 단순한 이상이 아닌, 이상과 현실, 천리와 자연스러운 인간의 욕구를 적절히 조화라는 비전을 또한 지니고 있었던 것이다.

2. 절실한 자기체험과 실현의 공부

위기의 의미의 또 다른 강조점은 자신에게 실제로 체득되는 공부의 측면에 있다.

> 공부하는 사람은 반드시 위기해야 한다. 밥을 먹는 일에 비유해 보자. 조금씩 먹어서 배가 부르도록 하는 것이 옳겠는가, 아니면 [밥을] 문 밖에 펼쳐 두고 사람들에게 우리 집에 많은 밥이 있다고 알리는 것이 옳겠는가? 요즘 공부하는 사람들은 자신이 당연히 해야 할 일에 대해 남들에 알린다.[12]

나의 배가 고프면 다름 아닌 바로 내가 직접 밥을 조금씩 먹어서 배부르도록 하면 그만이다. 밥을 문 밖에 내놓고 남에게 보여 주는 것은

---

11) 『朱子語類』 13-141. "士人先要分別科擧與讀書兩件, 孰輕孰重. 若讀書上有七分志, 科擧上有三分, 猶自可; 若科擧七分, 讀書三分, 將來必被他勝卻, 況此志全是科擧. 所以到老全使不著, 蓋不關爲己也. 聖人敎人, 只是爲己."; 『朱子語類』 13-153. "問: 科擧之業妨功. 曰: 程先生有言: '不恐妨功, 惟恐奪志.' 若一月之間著十日事擧業, 亦有二十日修學. 若被他移了志, 則更無醫處矣."

12) 『朱子語類』 8-81. "學者須是爲己. 譬如喫飯, 寧可逐些喫, 令飽爲是乎. 寧可鋪攤放門外, 報人道我家有許多飯爲是乎. 近來學者, 多是以自家合做底事報與人知."

내게 결국 아무런 도움이 되지 않는다. 밥을 먹는 일처럼 자기가 당연히 해야 할 일에 대해 남을 향해 늘어놓고 알리고자 애쓰는 것은 잘못이다. 밥이 배에 쌓이듯, 공부의 결실을 자신에게 조금씩 조금씩 실제로 쌓아 가는 것이 중요하다.

자신이 실제로 체득하고 체화하는 태도로서의 위기는, 주자가 또한 종종 사용하는 '절기(切己)'라는 표현과 상통한다. 주자는 "세상의 일은 높건 낮건, 크건 작건 절기의 태도로 공부하면 하나 하나 자기 것이 된다."[13]거나 "마음을 비우고 절기하라. 마음을 비우면 도리를 분명하게 드러내고 절기하면 자연히 체인(體認)할 수 있다."[14]고 한다. '절실한 자기체험과 실현'이라고 풀이할 수 있는 절기는, 도리를 실제로 자신이 획득하는 위기의 의미를 잘 설명해 주고 있다.

> 공부를 행함에 반드시 절실하게 자기를 위해야[切實爲己], 안정되고 독실하여 허다한 도리를 받아들일 수 있다. 만일 가벼이 오르고 얕게 젖어든다면 어떻게 도리를 탐토(探討)할 수 있겠는가?[15]

여기에서 '절실위기(切實爲己)'라는 표현이 등장하고 또 다른 곳에서는 '절어위기(切於爲己)'[16]라는 표현이 사용되는데, 절기는 '절실위기'

---

13) 『朱子語類』 97-1. "天下事無高無下, 無小無大, 若切己下工夫, 件件是自家底."

14) 『朱子語類』 11-23. "看文字須是虛心. 莫先立己意, 少刻多錯了. 又曰: 虛心切己. 虛心則見道理明; 切己, 自然體認得出."

15) 『朱子語類』 8-87. "爲學須是切實爲己, 則安靜篤實, 承載得許多道理. 若輕揚淺露, 如何探討得道理."

16) 『朱子語類』 121-46. "諸生請問不切. 曰: 群居最有益, 而今朋友乃不能相與講貫, 各有疑忌自私之意. 不知道學問是要理會箇甚麽. 若是切己做工夫底, 或有所疑, 便當質之朋友, 同其商量. 須有一人識得破者, 已是講得七八分, 卻到某面前商量, 便易爲力. 今旣各自東西, 不相講貫, 如何得會長進. 欲爲學問, 須要打透這些子, 放令開闊, 識得箇'以能問於不能, 以多問於寡'底意思, 方是切於爲己."

나 '절어위기'를 줄여서 표현한 것으로 보인다. 즉, '절실하게 위기'하거나 '위기에 절실한' 것이 '절기'라고 할 수 있으니, 결국 절기는 절실하게 스스로 체험하고 실현한다는 의미로 이해된다.[17)]

주자는 절기의 태도를 주로 격물치지(格物致知), 그리고 격물치지의 주요 영역으로서의 독서를 논할 때 특별히 강조한다(황금중, 2010). 격물치지 공부에 있어 절기의 자세는, 理를 대상화해서 보지 않고 자신의 일로 삼아 자신에게 돌이켜 보고 체험하면서 자신의 본성을 실현해 가는 공부 태도다.

> 학문함에 반드시 자기 것으로 삼고 보아야 하니[做自家底看] 이것이 곧 절기(切己)[의 태도]다. 지금 사람들이 책을 읽는 것은 다만 과거용으로 필요로 하고, 이미 급제해서는 잡문용을 위해서, 높은 자가 되서는 고문용을 위해서 하니, 모두 외면으로 삼아 보는 것이다.[18)]

> 지금 사람들은 흔히 절기(切己)하며 체험적으로 살피지[體察] 않고 단지 지면 상에서 보고 문의(文意)상에서 말하는 것으로 그친다. 이러하면 무슨 일을 하겠는가.[19)]

주자는 격물공부에서의 '절기'의 태도와 관련해서 '자기 것으로 삼아 본다[做自家底看]' 또는 '체험적으로 살핀다[體察]'는 표현을 쓰고

17) 『朱子語類』 116-18. "初見, 先生云: 某自到此, 與朋友亦無可說, 古人學問只是爲己而已. 聖賢教人, 具有倫理. 學問是人合理會底事. 學者須是切己, 方有所得. 今人知爲學者, 聽人說一席好話, 亦解開悟; 到切己工夫, 卻全不曾做, 所以悠悠歲月, 無可理會. 若使切己下工, 聖賢言語雖散在諸書, 自有箇通貫道理."

18) 『朱子語類』 11-42. "須做自家底看, 便是切己. 今人讀書, 只要科擧用; 而及第, 則爲雜文用; 其高者, 則爲古文用, 皆做外面看."

19) 『朱子語類』 11-40. "今人讀書, 多不就切己上體察, 但於紙面上看, 文意上說得去便了. 如此, 濟得甚事."

있다. '절기'는, 사물의 이(理)를 궁구함에 있어서 그것을 자신의 일로 삼아서 자신에게 비추어 체험적으로 살피면서 자신의 본성을 절실하게 이루어가는 공부 태도를 말하는 것이다. 예컨대, "仁義禮智를 말한다면 자신이 어찌하면 인한가, 어찌하면 의로운가, 어찌하면 예인가, 어찌하면 지혜로운가를 반드시 자신 스스로가 체인하는"[20] 것이 곧 '절실한 자기체험과 실현'의 태도에 바탕한 격물공부 방식이다. 이러한 태도를 통해서만이 자신에게 내재된 仁義禮智의 理를 이해할 수 있을 뿐더러 완전히 자기 것으로 만들 수 있게 된다. '절실한 자기체험과 실현'의 격물공부 태도는 다시 말하면 격물의 대상을 단순히 대상화해서 보지 않는 태도다. 격물의 주제(내용)를 진정 자신의 문제로 여기고서, 자신의 삶이 理와 일체를 이루도록 변화시키고자 하는 태도다. 이는 자기 자신이 理 속으로 들어가서 理와 완전히 하나로 융화된[21] 삶으로의 변혁을 꿈꾸는 자세라고도 할 수 있다. 만일 이러한 태도를 갖지 않는다면 理와 자신은 언제나 별개로 남게 될 뿐이다. 주자는 종종 절기를 준거로 당시의 공부 병폐를 비판하는데, 다음은 그 한 예다.

> 지금 사람들은 큰 일을 행하는 것에 대해 말하면서, 절기(切己)하지 않으니 전혀 이득됨이 없다. 줄곧 선인이 말한 것 중 허망하고 아득한 것에 올라타서 허다한 가지와 넝쿨을 망령되이 취하며 멀리 있는 것만을 보니, [결국] 본 것이 자신에게는 무익하다. 성현의 천 가지 만 가지 말은 매우 많다. 선배들이 분명히 말했는데 어찌하여 절기하게 이해하지 않는가. 지금 문자를 봄에 있어

20)『朱子語類』11-41. "如說仁義禮智, 曾認得自家如何是仁. 自家如何是義. 如何是禮. 如何是智. 須是着身己體認得."

21)『朱子語類』8-88. "入道之門, 是將自家身己入那道理中去. 漸漸相親, 久之與己爲一. 而今入道理在這裏, 自家身在外面, 全不曾相干涉."

서 선현 중 정선생 등이 주해한 것을 위주로 해서, 그들이 말한 것은 어떠하며 성현의 언어는 어떠한지를 보면서 자신이 그들을 경청하며 절기하게 헤아리고 체찰(體察)해야 하니, 일상생활의 가운데에서 옷을 입고 밥을 먹고 어버이를 섬기고 형을 따르는 등의 일에 나아가서 극진하게 묻고 배운다. 만일 절기하지 않으면 단지 말장난이 된다. 지금 사람들은 단지 한 개인의 사적인 뜻에 의존해서 몇 가지 말들을 언뜻 보고 하나의 주장을 세워서 무리하게 설을 세우려고 하고, 성현이 내 말의 입장을 따라 가야 한다고 하니, 무슨 이익이 되겠는가. 이 병은 단지 높고 신비한 것을 말하려는 것으로, 장차 좋게 보이는 것을 행하되 제 마음대로 하는 것이다. 예를 들어 사람들이 밥을 먹어야 바야흐로 맛을 아는 것인데, 먹지 않고서 다만 밖에 펼쳐놓고 다른 사람에게 보여 주기만 한다면 다른 사람과 자신 모두를 구제할 수 없다.[22)]

주자에 의하면 성현과 일반인의 공부 태도는 크게 차이를 보이는데, 성현은 책 속에서 의미 있는 내용을 보게 되면 진지하고 성실하게 자신의 삶에서 검증하고 적용하는 반면, 보통의 사람들은 단지 말만 앞세우거나 무의미하게 암송할 뿐이다. 성현들과는 달리 보통 사람들은 평이하고 명확한 것으로부터 진리에 대한 자기체험을 해 가기 보다, 허망하고 아득한 것, 멀리 있는 것만을 추구하며 말장난에만 그치곤 한다. 이것은 마치 직접 밥을 먹지 않아서 맛도 제대로 알지 못하면서 남에게 보여 주며 자랑하는 것과 같으니 자신과 타인 모두에게 도움이 되지 않는다.[23)]

---

22)『朱子語類』8-89. "或問爲學. 曰: 今人將作箇大底事說, 不切己了, 全無益. 一向去前人說中乘虛接渺, 妄取許多枝蔓, 只見遠了, 只見無益於己. 聖賢千言萬語, 儘自多了. 前輩說得分曉了, 如何不切己去理會. 如今看文字, 且要以前賢程先生等所解爲主, 看他所說如何, 聖賢言語如何, 將己來聽命於他, 切己思量體察, 就日用常行中著衣喫飯, 事親從兄, 盡是問學. 若是不切己, 只是說話. 今人只憑一己私意, 瞥見些子說話, 便立箇主張, 硬要去說, 便要聖賢從我言語路頭去, 如何會有益. 此其病只是要說高說妙, 將來做箇好看底物事做弄. 如人喫飯, 方知滋味; 如不曾喫, 只要攤出在外面與人看, 濟人濟己都不得."

23)『朱子語類』8-82. "近世講學不著實, 常有夸底意思. 譬如有飯不將來自喫, 只管鋪攤在門

'절기지학(切己之學)'으로서의 '위기지학'은 곧 성현의 경지를 지향하는 배움, 즉 '성학(聖學)'이기도 하다. 성현이 걸어 간 진리의 길에 대한 절실한 자기체험과 더불어 결국 내 마음을 성현의 마음과 합치시키는 경지에 이르고자 한다.[24] 성리학적 인간 이해에 의하면 본성에 있어 성현과 일반 사람은 동일하다. 이에 공부하는 자라면 성현은 높고 자신은 낮다고 여기지 말고, 오히려 본성 실현의 범례로서의 성현이 되는 것을 자신의 임무로 삼을 필요가 있다.[25] 성인을 배우고자 하는 뜻을 굳건히 세우고서, 이 뜻과 더불어 대충 대충의 공부 태도를 버리고 치열하게 실행해 가야 한다.[26] 성현의 경지라는 구체적인 목표를 기반으로 이루어지는 '위기지학'은 결국 용맹스러운 자기실천을 요구한다. 주자는 먹고 마시고 잠자는 것을 잊을 정도로 통절하고 정성을 다해 공부를 해야 한다고 말한다.[27] 이렇게 해야 비로소 공부의 진전이 있게 되며, 그 성과는 어제와는 다른 자신으로 거듭 변화하는 것에서 실제로 확인할 수 있다.[28] 만일 진전이 없다면, 그것은 발분해

前, 要人知得我家裏有飯. 打疊得此意盡, 方有進."

24)『朱子語類』13-27. "若實爲己, 則須是將己心驗之. 見得聖賢說底與今日此心無異, 便是工夫."

25)『朱子語類』8-27. "凡人須以聖賢爲己任. 世人多以聖賢爲高, 而自視爲卑, 故不肯進. 抑不知, 使聖賢本自高, 而己別是一樣人, 則早夜孜孜, 別是分外事, 不爲亦可, 爲之亦可. 然聖賢稟性與常人一同. 旣與常人一同, 又安得不以聖賢爲己任."

26)『朱子語類』8-28. "學者大要立志. 所謂志者, 不道將這些意氣去蓋他人, 只是直截要學堯舜."; 『朱子語類』8-29. "世俗之學, 所以與聖賢不同者, 亦不難見. 聖賢直是眞箇去做, 說正心, 直要心正; 說誠意, 直要意誠; 修身齊家, 皆非空言. 今之學者說正心, 但將正心吟詠一晌; 說誠意, 又將誠意吟詠一晌; 說修身, 又將聖賢許多說修身處諷誦而已. 或掇拾言語, 綴緝時文. 如此爲學, 卻於自家身上有何交涉. 這裏須要著意理會. 今之朋友, 固有樂聞聖賢之學, 而終不能去世俗之陋者, 無他, 只是志不立爾. 學者大要立志, 纔學, 便要做聖人是也."

27)『朱子語類』8-34. "學須是痛切懇惻做工夫, 使飢忘食, 渴忘飮, 始得."

28)『朱子語類』8-39. "爲學須覺今是而昨非, 日改月化, 便是長進."

서 용맹하게 공부하지 않고서,[29] 그저 마음을 산만하고 흐리멍텅하게 가지거나,[30] 실천을 하루하루 자꾸만 미루는 습관 때문이다.[31] 모든 것은 의지와 정신력의 문제다.[32] 이에 주자는 성현의 천 가지 만 가지 말이 모두 마음을 채찍질하여 용맹하게 분발, 공부하도록 하는 것이었음도 강조하고 있다.[33]

Ⅲ. 공부 표어로서의 '하학이상달(下學而上達)'

주자는 "'하학이상달'이라고 했으니, 배움은 반드시 하학으로부터 이루어 가야 한다."[34]고 하고 "반드시 하학해야 바야흐로 상달할 수 있다."[35]고 하며, "'하학이상달'을 들었을 뿐 '상달이하학'은 들어 보지 못했다."[36]고 한다. 여기서 하학은 공부의 출발점이며 상달은 반드시 하학으로부터 다가서는 공부의 경지의 의미를 지닌다. 글씨를 쓰는 일에 비유하자면, 처음의 반복되는 글씨 연습이 하학이며, 이런 연

---

29)『朱子語類』8-40. "今之學者全不曾發憤.;『朱子語類』8-41. "爲學不進, 只是不勇."

30)『朱子語類』8-36. "學者做工夫, 當忘寢食做一上, 使得些入處, 自後方滋味接續. 浮浮沉沉, 半上落下, 不濟得事."

31)『朱子語類』8-44. "今人做工夫, 不肯便下手, 皆是要等待. 不要等待. 如今日早間有事, 午間無事, 則午間便可下手, 午間有事. 晩間便可下手, 卻須要待明日."

32)『朱子語類』8-70. "萬事須是有精神, 方做得.";『朱子語類』8-71. "陽氣發處, 金石亦透. 精神一到, 何事不成.";『朱子語類』8-72. "凡做事, 須著精神. 這箇物事自是剛, 有鋒刃. 如陽氣發生, 雖金石也透過."

33)『朱子語類』8-60. "聖賢千言萬語, 無非只說此事. 須是策勵此心, 勇猛奮發, 拔出心肝與他去做. 如兩邊擂起戰鼓, 莫問前頭如何, 只認捲將去. 如此, 方做得工夫. 若半上落下, 半沉半浮, 濟得甚事."

34)『朱子語類』44-89. "'下學而上達', 每學必自下學去."

35)『朱子語類』44-99. "須是下學, 方能上達."

36)『朱子語類』8-146. "只聞'下學而上達', 不聞'上達而下學'."

습이 쌓여서 한 점과 한 획이 모두 법도에 들어맞는 것이 상달이다.[37] 글씨의 달인이 되려면 애초에 무수한 연습이 있어야 하듯이, 상달을 이루려면 하학을 통하지 않으면 안 된다는 것이 주자의 메시지다. '하학이상달'은『논어』에 연원을 두고 있다.

> 하늘을 원망하지 않고 사람을 탓하지 않으며 하학하여 상달하니[下學而上達] 나를 아는 자는 하늘이다.[38]

주자는 이에 대해 "하늘에서 얻지 못해도 하늘을 원망하지 않고 타인에게 합치되지 않아도 타인을 탓하지 않으며 다만 하학을 알면 자연히 상달한다. 이는 자신을 돌이켜 스스로 수행하며 순서에 따라 점차적으로 나아감을 말한 것이다."고 풀이하고, 이어서 정이천의 말을 인용하여 "공부하는 자들은 반드시 '하학이상달'이라는 말을 지켜야 한다. 이것이 곧 공부의 핵심으로 무릇 사람의 일[人事]을 하학하면 곧 하늘의 진리[天理]를 상달한다."고 한다.[39] 이렇게 보면 '하학이상달'에는 이미 철저히 타인의 시선에 좌우되지 않으며 오직 자신이 책임지며 스스로를 점검하고 채찍질하는 위기의 태도가 전제되어 있다. '하학이상달'은 위기의 태도 위에서 이루어지는, 그리고 위기의 태도

---

37)『朱子語類』44-95. "道理都在我時, 是上達. 譬如寫字, 初習時是下學, 及寫得熟, 一點一畫都合法度, 是上達."

38)『論語集注』「憲問」. "子貢曰, 何爲其莫知子也. 子曰, 不怨天, 不尤人, 下學而上達, 知我者, 其天乎."(原文)

39)『論語集注』「憲問」. "不得於天而不怨天, 不合於人而不尤人, 但知下學而自然上達, 此但自言其反己自修, 循序漸進耳, 無以甚異於人而致其知也. 然深味其語意, 則見其中自有人不及知而天獨知之之妙. 蓋在孔門, 唯子貢之智, 幾足以及此, 故特語以發之, 惜乎, 其猶有所未達也. 程子曰, '不怨天不尤人在理當如此.' 又曰, '下學上達意在言表.' 又曰, '學者須守下學上達之語, 乃學之要, 蓋凡下學人事便是上達天理, 然習而不察則亦不能以上達矣."(集注)

를 견지하게에 적합한, 그리고 반드시 하학으로부터 상달로 이어지는 합리적인 공부 순서 원리라고 할 수 있다.

주자는 종종 하학과 상달을 각각 '事'와 '理'라는 핵심어로서 대비적으로 설명한다.[40] 하학이 당면한 '事', 즉 일을 익히는 공부라면, 상달은 그 과정에서 일의 '理'를 이해하고 깨닫는 것이라는 설명이다. 즉, 쇄소응대와 같은 일상사를 충실히 실천하고 익히는 것이 하학이라면, 그 과정에서 자연스럽게 천리를 터득하는 것이 상달이다. 일을 익히는 하학은 마음을 낮추고서 바로 여기에 발을 딛고 서는 공부라면, 理를 깨닫는 상달은 식견이 깊은 경지[超越, 超詣]에 이르는 것으로도 설명할 수 있다.[41]

주자에 의하면, 하학과 상달은 표면적으로는 두 가지 일이지만 실제로는 분리되지 않는 하나의 일이다.[42] 하학과 상달이 분리되지 않았다는 사실은, 일[事]과 理가 분리되어 존재하지 않는다는 사실과 상통한다. 理는 일[事] 가운데 있고 일[事]은 理 밖에 있지 않으며 하나의 사물은 모두 理를 갖추고 있어 사물에 나아가 理를 볼 수 있다.[43] 사물이 아니면 理를 볼 곳이 없다.[44] 따라서 하학의 일을 지극히 하

40) 『朱子語類』 44-88. "下學者, 下學此事; 上達者, 上達此理."; 『朱子語類』 44-92. "下學者, 事也; 上達者, 理也. 理只在事中. 若眞能盡得下學之事, 則上達之理便在此."; 『朱子語類』 44-93. "下學只是事, 上達便是理. 下學・上達, 只要於事物上見理, 使邪正是非各有其辨. 若非仔細省察, 則所謂理者, 何從而見之."

41) 『朱子語類』 44-88. "聖人只是理會下學, 而自然上達. 下學是立脚只在這裏, 上達是見識自然超詣. 到得後來, 上達便只是這下學, 元不相離." / 『朱子語類』 44-94. "下學是低心下意做. 到那做得超越, 便是上達."

42) 『朱子語類』 44-88. "上達便只是這下學, 元不相離. 下學者, 下學此事; 上達者, 上達此理."

43) 『朱子語類』 44-106. "下學・上達雖是兩件理, 會得透徹冢合, 只一件. 下學是事, 上達是理. 理在事中, 事不在理外. 一物之中, 皆具一理. 就那物中見得箇理, 便是上達."

44) 『朱子語類』 44-93. "下學只是事, 上達便是理. 下學・上達, 只要於事物上見理, 使邪正是非各有其辨. 若非仔細省察, 則所謂理者, 何從而見之."

면 상달의 理는 자연히 바로 그 속에 있게 된다.[45] 만일 하학은 했으되 상달하지 못했다면 그것은 하학이 적절하지 못했기 때문이며, 만일 하학이 올바르다면 상달하지 않을 수 없다.[46] 상달은 하학과 별도로 존재하지 않으며 올바른 하학의 길을 통해서만 이루어질 수 있는 무엇이다.

주자는 상달이 결국 하학에 달려 있다고 보기 때문에 그의 강조점은 언제나 하학에 있다. 성인도 사람을 가르칠 때 하학을 많이 말하고 상달은 적게 말한 것을 주자는 주목하며,[47] 하학을 벗어나서 상달을 논하는 공부는 크게 잘못되었다고 비판한다. 예컨대, 불교에 대해서 "단지 상달만을 말하고 다시는 하학을 이해하려 하지 않는다. 그런데 하학을 이해하지 못하는데 어떻게 상달하겠는가."[48]라고 한다. 하학의 토대가 없는 상달만을 논하는 불교의 방식으로는 결코 온전한 상달을 이룰 수 없다는 것이 그 비판의 요점이다. 주자의 이러한 비판은 불교를 넘어 당시 일반 유자들에게도 향하고 있다.

> 지금 사람들은 상달에 힘쓰면서 스스로 하학은 피하려 한다. 쇄소응대진퇴(灑掃應對進退)에 천리가 있다고 말은 하면서 모두 쇄소응대진퇴의 일은 하지 않는다. … 이런 일들을 실행해서 익숙해지게 되면 자연히 관통하게 된다.[49]

---

45)『朱子語類』 44-92. "下學者, 事也; 上達者, 理也. 理只在事中. 若眞能盡得下學之事, 則上達之理便在此."

46)『朱子語類』 44-99. "須是下學, 方能上達. 然人亦有下學而不能上達者, 只緣下學得不是當. 若下學得是當, 未有不能上達. 釋氏只說上達, 更不理會下學. 然不理會下學, 如何上達."

47)『朱子語類』 117-44. "聖賢敎人, 多說下學事, 少說上達事. 說下學工夫要多也好, 但只理會下學, 又局促了. 須事事理會過, 將來也要知箇貫通處. 不要理會下學, 只理會上達, 卽都無事可做, 恐孤單枯燥."

48)『朱子語類』 44-99. "釋氏只說上達, 更不理會下學. 然不理會下學, 如何上達."

49)『朱子語類』 23-21. "今人止務上達, 自要免得下學. 如說道'灑埽應對進退'便有天道, 都不

왜 사람들은 큰 통찰[상달]에 이르고자 하는 의지가 있으면서도 하학은 회피하는 것일까? 하찮아 보이기 때문이다. 매일 매일 접하는 사소한 일들은 인간이 추구하는 고매한 진리 탐구의 길과는 관련이 없어 보인다. 관련이 있음을 알더라도 굳이 애써서 해야 할 만큼의 가치를 느끼지 못한다. 주자가 보기에 이것이 함정이다. 그의 시선에서는 늘 접하는 가까운 일들 속에 인간이 그토록 갈구하는 진리가 숨어 있다. 일상의 일들을 잘 이해하고 실천하지 못하고서 진리에 다가서는 것은 불가능하다. 성현의 공부가 늘 천근(淺近)해 보이며 가까운 곳으로부터 이루어짐은 이 때문이라고 주자는 설명한다.

> 성인 문하의 일상적 공부는 매우 천근한 것 같다. 그러나 理를 미루어 가면 포괄하지 않음이 없고, 관통되지 않음이 없으므로 그 확충됨에 이르러서는 천지와 그 광대함을 같이할 수 있다. 따라서 성인이 되고 현인이 되고 천지와 같이하고 만물을 육성하는 것은 다만 하나의 理일 뿐이다.[50)]

> 성현의 천 가지 만 가지 말은 사람으로 하여금 가까운 곳으로부터 해 가도록 이끄는 것이다. 예를 들어 큰 마루와 행랑을 청소하는 것은 단지 작은 방을 청소하는 것과 같은 종류이니, 작은 것을 정결하게 청소하면 큰 곳 또한 역시 그러하게 되는 것이다. 만일 큰 곳을 열어 젖혀 가지 못한다면, 이는 곧 작은 곳에서도 일찍이 마음을 다하지 않은 것이다. 공부하는 자들은 높은 곳을 탐하고 먼 곳을 흠모할 뿐, 가까운 곳으로부터 실행해 가려 하지 않으니 어떻게 핵심을 이해할 수 있겠는가.[51)]

去做那'灑埽應對進退'之事. 到得灑埽, 則不安於灑埽; 進退, 則不安於進退; 應對, 則不安於應對. 那裏面曲折去處, 都鶻突無理會了. 這箇須是去做, 到得熟了, 自然貫通. 到這裏方是一貫. 古人由之而不知, 今人不由而但求知, 不習而但求察."

50) 『朱子語類』 8-9. "聖門日用工夫, 甚覺淺近. 然推之理, 無有不包, 無有不貫, 及其充廣, 可與天地同其廣大. 故爲聖, 爲賢, 位天地, 育萬物, 只此一理而已."

51) 『朱子語類』 8-20. "聖賢千言萬語, 教人且從近處做去. 如灑掃大廳大廊, 亦只是如灑掃小

결국 주자가 의미하는 하학은 일상적으로 가까이 접하는 일 하나 하나를 차근차근 이해하고 익혀 가는 공부다. 즉, 일상생활하는 가운데 마음과 몸이 흐트러지지 않도록 다잡고 추스르는 공부, 일상적 일들을 정성스럽게 이해하고 실행하는 공부가 하학이다. 일상적인 마음가짐과 몸가짐의 단속, 사람을 올바르게 대하는 일, 자신의 생활 공간을 청소하는 일, 접하는 사물 하나 하나를 처리하는 일 자체가 이미 큰 깨달음과 자기 본성 실현에로 나아가는 방법이다.

물론 하학은 그 자체가 목적은 아니다. 그것은 항상 상달을 품으며 견지하고 있어야 한다. 만일 하학만 하고 상달을 하지 않는다면 그것은 배움이 이루어졌다고 말하기 어렵다.[52] "성현은 사람을 가르칠 때 하학의 일은 많이 말하고 상달의 일은 적게 말했다. 하학 공부를 많이 해야 한다고 말하는 것은 좋다. 그러나 하학만을 이해하는 것은 편협하다. 반드시 일마다 이해하면서 관통처를 알아야 한다."[53] 상달의 지향점을 망각한 하학은 자칫 방향을 잃고 협소한 지점으로 빠질 수 있다. 그래서 하학의 토대에서 관통처를 보기를 주문한다. 그래야 하학도 그 의미가 살아난다.

주자의 공부론의 핵심을 이루는 경공부와 소학·대학공부 등에는 '하학이상달'의 원리가 스며 있다. 먼저 경공부를 보자. 주자가 자주 인용하는 정호(程顥, 1032~1085)의 말 가운데 다음과 같은 것이 있다. "성현의 천 가지 만 가지 말은 다만 사람들로 하여금 이미 흩어진 마

室模樣; 掃得小處淨潔, 大處亦然. 若有大處開拓不去, 卽是於小處便不曾盡心. 學者貪高慕遠, 不肯從近處做去, 如何理會得大頭項底."

52)『朱子語類』98-62. "而今學者須是從下學理會, 若下學而不上達, 也不成箇學問. 須是尋到頂頭, 卻從上貫下來."

53)『朱子語類』117-44. "聖賢教人, 多說下學事, 少說上達事. 說下學工夫要多也好, 但只理會下學, 又局促了. 須事事理會過, 將來也要知箇貫通處."

음을 수렴해서 다시금 몸속으로 들여오는 것으로, (이렇게 하면) 자연히 위를 향할 수 있게 되니, (이것이) '하학이상달'이다."[54] 흩어진 마음을 수렴하고 단속하는 '구방심(求放心)'이야말로 자연스럽게 상달을 이끌어 내는 하학의 주요 내용임을 정호의 말을 빌어 밝힌 것이다. 그런데 '구방심'은 주자의 공부론에서 본령 공부로 설정된 경공부 자체이기도 하다. 주자가 본령(本領) 공부로서의 경공부론을 정립해 감에 있어 '하학이상달'의 원칙이 관철되어 있음은 필자의 다른 연구(황금중, 2009)에서 상세하게 밝힌 바 있다. 후에 '주일무적' '상성성' '정제엄숙'으로 정리되는 경공부 방법은 상달을 효과적으로 이끌어 내는 하학으로 자리매김된 것이다.

다음으로 주자의, 소학(小學)에서 대학(大學)으로 이어지는 공부단계론(황금중, 2002)도 '하학이상달'의 원리를 깔고 있다. 주자는 하학과 상달을 각각 '事'와 '理'에 비유하듯이, 소학과 대학의 교육 내용 및 방법의 차이도 '事'와 '理'의 차이로 설명한다. 소학은 '事'를 주요 매개로 한 교육(공부)이고 대학은 '理'를 주요 매개로 한 교육(공부)이라는 것이다. 즉, 소학은 어떤 '일[事]'을 체험적으로 익히는 과정인 반면에, 대학은 그 일[事]의 근거로서의 理를 이해하고 체득하는 과정이다.[55] 좀 더 구체화한다면 소학이 직접 일[事]을 실천하면서 마음의 본성[性]을 함양하는 과정이라면, 대학은 소학의 성과를 바탕으로 격물 · 치지 · 성의 · 정심 과정을 거치며 그 일[事]의 '理'를 자각적이고 본격적

54) 『朱子語類』 16-20. "所以明道云: "聖賢千言萬語, 只是欲人將已放之心約之使反覆入身來, 自能尋向上去, 下學而上達也." 명도의 이 언급은 『朱子語類』의 59권의 160, 161, 162, 163조목과 115권 -41조목에서 반복 인용되고 있다.

55) 『朱子語類』 7-5. "小學是直理會那事; 大學是窮究那理, 因甚恁地."; 『朱子語類』 7-6. "小學者, 學其事; 大學者, 學其小學所學之事之所以."; 『朱子語類』 7-7. "小學是事, 如事君, 事父, 事兄, 處友等事, 只是教他依此規矩做去. 大學是發明此事之理."

으로 탐색, 마음과 몸에서의 체화를 꾀하면서,[56] 본성 실현의 완숙을 꾀하는 과정이다. 일[事]을 중심으로 한 소학 공부는 쇄소응대 공부를 핵심 내용으로 하고 理를 중심으로 한 대학 공부는 궁리 공부를 핵심 내용으로 한다.[57] 주자는 결코 소학교육이 理와 관계가 없고 대학 교육은 일[事]과 관계가 없다고 주장하는 것이 아니다. 주자의 뜻은, 소학 교육은 아동이 주로 일[事]을 직접 익히는 과정이되 그 일[事]을 익히는 과정에서 자연히 理가 마음과 몸에 익어진다는 것이다. 한편, 대학 단계에서의 교육은 理를 매개로 이루어진다고 하지만, 이는 결코 일[事]을 떠나서 이루어지는 것이 아니라는 것이다.

덧붙여 대학 공부의 첫 단계로 위치 지워진 격물공부도 그 자체에 이미 '하학이상달'의 원리를 깔고 있음을 볼 수 있다. 주자는 "理는 일[事] 가운데 있고, 일은 理 밖에 있지 않다. 하나의 물(物) 가운데 모두 하나의 理를 갖추고 있으니, 그 물에서 理를 보아내는 것이 곧 상달이다."[58]고 하고, "격물이 많이 이루어진 후에 자연스럽게 활연히 관통하는 곳이 있게 되니, 이것이 '하학이상달'이다."[59]라고 한다. 주자에게 있어서 理의 이해와 실천은 단연코 '사물의 실질'에 입각해서 이루어지는 것이다. 주자는 '궁리(窮理)'보다 '격물(格物)'이라는 말이 좋다고 하면서 그 이유에 대해 '격물'이라는 말이 '사물에 입각해서[就事物上]' '理'를 탐구한다는 의미를 분명하게 드러내 주기 때문이라고 한

56)『朱子語類』14-21. "小學涵養此性, 大學則所以實其理也. 忠信孝弟之類, 須於小學中出. 然正心誠意之類, 小學如何知得. 須其有識後, 以此實之."

57)『小學』〈小學題辭〉. "小學之方, 灑掃應對, 入孝出恭, 動罔或悖, 行有餘力, 誦詩讀書, 詠歌舞蹈, 思罔或逾. 窮理修身, 斯學之大, 明命赫然, 罔有內外, 德崇業廣 乃復其初."

58)『朱子語類』44-106. "下學 · 上達雖是兩件理, 會得透徹冢合, 只一件. 下學是事, 上達是理. 理在事中, 事不在理外. 一物之中, 皆具一理. 就那物中見得箇理, 便是上達."

59)『朱子語類』98-62. "這般處, 元只是格物多後, 自然豁然有箇貫通處, 這便是'下學而上達'也."

다.[60] '궁리'의 경우 그 자체에 理를 극진하게 궁구한다는 의미가 있기는 하지만 자칫 사물과의 관계를 떠나서 공허해질 수 있는 소지를 안고 있다는 것이다.[61] 주자에 의하면, 理는 하나의 허공에 매달린 어떤 것이 아니라, 사물에 내재한 것이며, 따라서 理를 궁구함에 있어서 반드시 사물에 '입각해서'['卽'物] 해야 사물의 실질적 모습[實體], 즉 理를 명확히 드러낼 수 있다.[62] 이렇게 사물의 실질에 입각해서 理를 이해하는 '하학이상달'의 격물공부의 경험이 축적되는 과정에서 초탈한 관통처를 체현하게 되는데[63] 이는 상달 중의 상달이라고 해도 좋다.

요컨대 주자가 강조한 '하학이상달'은 일상적인 사물을 떠나지 않고서 그 속에서 인간과 우주의 진리를 터득해 가는 원리로서, 이는 경과 격물치지, 소학 · 대학 공부를 둘러싼 주자의 공부론적 이해 속에 깊이 투영되어 있었다.

---

60) 『朱子語類』 15-33. "'窮理'二字, 不若格物之爲切, 便就事物上窮格."

61) 『朱子語類』 15-34. "格物, 不說窮理, 却言格物. 蓋言理, 卽無可捉摸, 物有時而理. 言物, 卽理自在, 自是離不得. 釋氏之說見性, 下梢尋得一個空洞無稽底性, 亦由他說, 於事上更動不得."

62) 『朱子語類』 15-31. "人多把這道理作一箇懸空底物事. 大學不說窮理, 只說箇格物, 便是要人就事物上理會, 如此方見得實體. 所謂實體. 非就事物上見不得. 且如作舟以行水, 作車以行陸. 今試以衆人之力共推一舟於陸, 必不能行, 方見得舟果不能以行陸也, 此之謂實體."

63) 『朱子語類』 18-9. "程子謂: '今日格一件, 明日又格一件, 積習旣多, 然後脫然有貫通處.' 某嘗謂, 他此語便是眞實做工夫來. 他也不說格一件後便會通, 也不說盡格得天下物理然後方始通. 只云: '積習旣多, 然後脫然貫通處.'"

Ⅳ. 공부 표어로서의 '존덕성이도문학(尊德性而道問學)'

'위기지학'과 '하학이상달'의 표어를 통해서 특히 공부의 지향점과 태도, 순서를 확인했다면, '존덕성이도문학'의 표어는 특히 공부의 내용적 구조를 확인하는 데 도움을 준다. 주자학의 공부론에서 공부의 내용은 지행론(知行論)으로 설명할 수 있는데,『중용』에 연원을 두고 '덕성을 높이면서 묻고 배움에 말미암는다'로 풀이할 수 있는 '존덕성이도문학(尊德性而道問學)'은 주자가 지행 공부를 논하는 데 핵심 전거로 활용한 것이다. 존덕성은 '행(行)'공부에 관한 것이고 도문학은 '지(知)'공부에 관한 것으로,[64] 양자의 조화와 병행을 말하는 '존덕성이도문학'은 곧 '지행병진(知行竝進)'의 다른 표현이기도 하다. '존덕성이도문학'의 표어 분석을 통해서 주자학적 맥락에서 행공부와 지공부의 특징, 그리고 양자의 관계에 대해서 확인해 볼 수도 있다. '존덕성이도문학'이 등장하는『중용』의 원문은 다음과 같다.

> 그러므로 군자는 덕성을 높이면서 묻고 배움에 말미암으며[尊德性而道問學], 크고 넓히기를 다하면서 정미하기를 극진히 하며[致廣大而盡精微], 높이고 밝히기를 지극히 하면서 치우치지 않고 항상됨을 따르며[極高明而道中庸], 옛것을 익히면서 새로운 것을 알며[溫故而知新], 후덕함을 돈독히 하면서 예를 받든다[敦厚以崇禮].[65]

64)『朱子語類』64-140. "'尊德性 · 致廣大 · 極高明 · 溫故 · 敦厚', 皆是說行處; '道問學 · 盡精微 · 道中庸 · 知新 · 崇禮', 皆是說知處."

65)『中庸集注』27-06.

이렇게 『중용』에는 존덕성(尊德性: 덕성을 높임)과 도문학(道問學: 묻고 배움에 말미암음) 외에, 치광대(致廣大: 크고 넓히기를 다함)와 진정미(盡情微: 정미함을 극진히 함), 극고명(極高明: 높이고 밝히기를 지극히 함)과 도중용(道中庸: 치우치지 않고 항상됨을 따름), 온고(溫故: 옛 것을 익힘)와 지신(知新: 새로운 것을 앎), 돈후(敦厚: 후덕함을 돈독히 함)와 숭례(崇禮: 예를 받듦)가 짝을 이루어 제시되고 있다. 이에 대한 주자의 이해에 따르면, 전자, 즉 존덕성, 치광대, 극고명, 온고는 하나로 일관되는데 궁극적으로 존덕성으로 귀속되며, 후자, 즉 도문학, 진정미, 도중용, 지신은 또 하나로 일관되는데 궁극적으로 도문학으로 귀속된다.[66] 즉, 표현은 다르지만 '치광대이진정미' 이하는 모두 '존덕성이도문학'의 다른 표현으로서 궁극적으로 그것으로 귀결된다고 보는 것이다. 그리고 '존덕성이도문학'으로 대표되는 다섯 가지는 공부에 있어 대체와 소체가 서로 보완을 이루고, 머리와 꼬리가 상응하면서 조금의 흠결도 없도록 한다는 것이 주자의 인식이다.[67] 그렇다면 공부로서의 존덕성과 도문학의 의미와 특징에 대해, 앞서 제시한 『중용』 원문에 대한 주자의 주석을 통해서 더 자세히 들여다보자.

존덕성은 마음을 보존하여 도체의 큰 부분을 지극히 하는 것이며, 도문학

---

66) 『朱子語類』 64-150. "'尊德性 · 致廣大 · 極高明 · 溫故 · 敦厚', 只是'尊德性'; '盡精微 · 道中庸 · 知新 · 崇禮', 只是'道問學'."; 『朱子語類』 118-49. "'致廣大 · 極高明 · 溫故 · 敦厚', 此上一截是'尊德性'事; 如'道中庸 · 盡精微 · 知新 · 崇禮', 此下一截是'道問學'事."; 『朱子語類』 118-88. "'致廣大, 盡精微; 極高明, 道中庸', 這四件屬尊德性. '溫故, 知新; 敦厚, 崇禮', 這四件屬道問學."

67) 『朱子語類』 8-27. "中庸曰: '尊德性而道問學, 極高明而道中庸.' 此數句乃是徹首徹尾."; 『朱子語類』 64-153. "所以中庸曰: '君子尊德性而道問學, 致廣大而盡精微, 極高明而道中庸, 溫故而知新, 敦厚以崇禮.' 這五句十件事, 無些子空闕處."; 『中庸』 27-06에 대한 주자의 주석. "故此五句, 大小相資, 首尾相應, 聖賢所示入德之方. 莫詳於此 學者宜盡心焉."

> 은 앎을 지극히 하여 도체의 세세한 부분을 지극히 하는 것이다. 두 가지는 덕을 닦고 도를 실현하는 큰 단서다. 한 터럭의 사의로도 가려지지 않고 한 터럭의 사욕으로도 방해받지 않으며 이미 아는 것에서 함영하고 이미 할 수 있는 것에서 돈독히 하는 것, 이것이 존심의 부류다. 理를 분석함에 한 치의 오류가 없도록 하고 일을 처리함에 지나치거나 모자람이 없도록 하며, 理와 리의(理義)의 면에서는 아직 모르는 것을 날마다 새롭게 알고 절문(節文)의 면에서는 아직 삼가지 못하는 부분을 날마다 삼가는 것이 치지의 부류이다.[68]

주자는 여기서 존덕성을 존심(마음을 보존하는 것) 및 도체의 큰 부분과 연관시키고, 도문학을 치지(앎을 지극히 하는 것) 및 도체의 세밀한 부분과 연관시킨다. 말하자면, 존덕성은 진리의 핵심과 큰 틀을 이해하고 체득하는 공부로서 그 실천적 요체는 마음을 보존하는 것, 즉 본성의 빛을 고요하게 간직한 상태에서 이미 알고 할 수 있는 것을 음미하고 돈독히 하는 것이다. 다음으로, 도문학은 진리의 세밀하고 구체적인 부분에 대한 인식을 확대하고 극진히 하는 공부로서 그 실천적 요체는 앎을 지극히 하는 것, 즉 진리의 분석에 오류가 없도록 하며 일처리가 적절히 이루어지고 새롭게 알며 진리를 체화해 가는 것이다.

주자는 이 외에도 존덕성의 공부는 큰 벼리가 되는 공부[大綱工夫]라고 한다면 도문학 공부는 세밀한 공부[細密工夫]이며,[69] 존덕성 공부는 포괄적인 것[渾淪處]이라면 도문학 공부는 상세한 것[詳密處]이

68) 『中庸集注』 27-06. "尊德性, 所以存心而極乎道體之大也; 道問學, 所以致知而盡乎道體之細也. 二者, 修德凝道之大端也. 不以一毫私意自蔽, 不以一毫私欲自累, 涵泳乎其所已知, 敦篤乎其所已能, 此皆存心之屬也. 析理則不使有毫釐之差, 處事則不使有過不及之謬, 理義則日知其所未知, 節文則日謹其所未謹, 此皆致知之屬也."(集注)

69) 『朱子語類』 64-158. "'尊德性而道問學'一句是綱領. 此五句, 上截皆是大綱工夫, 下截皆是細密工夫."

라고 대비한다.[70] 또한 존덕성 공부는 간약(簡約)한 반면, 도문학 공부는 절목이 많은 것으로[71] 양자의 특징을 대비하기도 한다. 존덕성 공부의 예로서 주자는 '거처할 때는 공손히[居處恭]' '일을 집행할 때는 경건하게[執事敬]' '말을 할 때는 충신스럽게[言忠信]' '행동할 때는 독실하게[行篤敬]' 한다는 『논어』의 공부 사례를 인용하며[72] 그 간약함을 강조하고, 도문학 공부로는 사사물물이 모두 묻고 배워야 할 대상이라고 하며 그 항목이 무궁무진하다는 점을 강조한다.[73]

결국 존덕성의 공부가 큰 벼리이며 전체적이고 대체적이면서 간약한 공부로서 그 요체가 '존심(存心)'이라면, 도문학의 공부는 세밀하고 상세하며 절목이 무궁무진하게 많은 공부로서 그 요체는 '격물궁리(格物窮理)'다. 그런데 존덕성의 요체로서의 존심의 방법은 주자에게서 결국 경공부(敬工夫)로 정리될 수 있다.[74] 경공부는 가장 근본적이고 전체적인 것을 세우는 본령 공부이며, 이를 근간으로 세상의 진리를 면밀하게 탐구하고 실현하는 격물공부가 이루어져야 한다는 것이 주자학에서 제시하는 공부의 내용적 구조인데, '존덕성이도문학'은 이를 상징적이면서도 충실하게 표현하고 있다.

---

70) 『朱子語類』 64-159. "'尊德性'至'敦厚', 此上一截, 便是渾淪處; '道問學'至'崇禮', 此下一截, 便是詳密處."

71) 『朱子語類』 64-149. "自'尊德性'至'敦厚', 凡五件, 皆是德性上工夫. 自'道問學'至'崇禮', 皆是問學上工夫. 須是橫截斷看. 問學工夫, 節目卻多; 尊德性工夫, 甚簡約."

72) 『論語』「子路」. "樊遲問仁. 子曰, 居處恭, 執事敬, 與人忠, 雖之夷狄, 不可棄也."; 『論語』「衛靈公」. "子曰, 言忠信, 行篤敬, 雖蠻貊之邦, 行矣. 言不忠信, 行不篤敬, 雖州里 行乎哉."

73) 『朱子語類』 118-88. "曰: 何者是德性. 何者是問學. 曰: 不過是'居處恭, 執事敬' '言忠信, 行篤敬'之類, 都是德性. 至於問學, 卻煞闊, 條項甚多. 事事物物皆是問學, 無窮無盡."; 『朱子語類』 64-149. "尊德性工夫甚簡約. 且如伊川只說一箇'主一之謂敬, 無適之謂一'. 只是如此, 別更無事."

74) 『朱子語類』 64-149. "問學工夫, 節目卻多; 尊德性工夫甚簡約. 且如伊川只說一箇'主一之謂敬, 無適之謂一'. 只是如此, 別更無事."

존덕성의 공부와 도문학의 공부는 상보적이며 분리불가분의 성격을 지닌다. 그래서 주자는 "존심이 아니면 치지할 수 없고 존심하면 치지하지 않을 수 없다."[75]고 한다. 도체의 큰 곳[大處]은 지키기 어렵고 세세한 곳[細處]은 궁구하기 어려운데, 존덕성 공부만 있고 도문학 공부가 없으면 다만 혼륜하고 치지할 수 없어서 황망하여 깨달음이 없게 되고, 도문학 공부만 있고 존덕성 공부가 없으면 세세한 것을 모두 알려고 할 뿐 실천이 없어서 공허하게 의지할 바가 없게 된다.[76] 따라서 진리를 보는 것이 정밀하지 않다면 덕성상의 공부에 힘쓰고, 덕성상에서 부족한 점이 있으면 강학상의 공부에 힘써야 한다. 두 가지는 서로 부축하고 서로 떨쳐 일어서도록 한다. 만일 덕성을 항상 드높일 수 있으면 이렇듯 광대하고 빛나게 되어, 강학상의 공부가 정밀해지고 이해하는 것이 분명해진다. 역으로 성실한 강학공부는 본원상의 공부에도 필히 좋다.[77]

공부의 균형과 완결을 위해 존덕성과 도문학이 서로 보완되어야 하며 똑같은 중요성을 지니지만 공부의 우선순위는 존재한다. 즉, 주자는 결국 존덕성의 우선성을 강조하는데, 여기에는 공부가 큰 틀을 갖춘 다음 세부적인 것으로 나아가야 한다는 논리가 깔려 있다.

공부하는 사람은 먼저 큰 것을 이해해야 한다. 큰 것을 이해하면 장차 이면

---

75) 『中庸集注』 27-06. "蓋非存心, 無以致知, 而存心者, 又不可以不致知."(集注)

76) 『朱子語類』 64-159. "'尊德性'至'敦厚', 此上一截, 便是渾淪處; '道問學'至'崇禮', 此下一截, 便是詳密處. 道體之大處直是難守, 細處又難窮究. 若有上面一截, 而無下面一截, 只管道是我渾淪, 更不務致知, 如此則茫然無覺. 若有下面一截, 而無上面一截, 只管要纖悉皆知, 更不去行, 如此則又空無所寄."

77) 『朱子語類』 94-20. "今且須涵養. 如今看道理未精進, 便須於尊德性上用功; 於德性上有不足處, 便須於講學上用功. 二者須相趲逼, 庶得互相振策出來. 若能德性常尊, 便恁地廣大, 便恁地光輝, 於講學上須更精密, 見處須更分曉. 若能常講學, 於本原上又須好."

의 작은 것은 자연히 꿰뚫어 볼 수 있다. 지금 사람들은 큰 것을 이해하지 못하고 단지 이면의 사소한 절목만을 찾는다.[78)]

공부는 먼저 큰 틀을 세우고서 세세한 것을 다스려야 한다. 지금 사람들은 큰 규모를 이해하지 못하고 먼저 한 간 반의 방만을 다스리고자 하니 일이 되지 않는다.[79)]

주자는 당시에 상존했던 공부의 병폐로서 큰 것을 이해하지 못하고 작은 것에 매몰되어 있는 형국, 즉 숲을 보지 않고 나무만 찾아 헤매다 결국 방향과 의미를 잃고 마는 형국을 예로 들고 비판한다. 공부는 언제나 큰 틀을 이해하는 것을 기반으로 해야 한다는 것이다. 여기서 큰 틀이란 맥락에 따라서 다른 의미를 내포할 수 있을 것이다. 우선, 한편으로는 공부의 근본 목적—존천리멸인욕(存天理滅人欲) 등[80)]—이나 공부의 전체 규모—『대학』의 3강령 8조목 등—를 의미할 수도 있을 것이다. 그런데 공부 방법적인 측면에 국한해서 보면 공부의 두 축인 존덕성과 도문학 중에서 존덕성을 우선 이해하고 실천해야 한다는 뜻이 내포되어 있다. 주자는 존덕성을 큰 것으로 도문학을 작은 것으로 대비하며 큰 것을 먼저 세우지 않으면 작은 것을 지극히 할 수 없다고 명시한 바 있다.[81)]

---

78) 『朱子語類』 8-17. "學須先理會那大底. 理會得大底了, 將來那裏面小底自然通透. 今人卻是理會那大底不得, 只去搜尋裏面小小節目."

79) 『朱子語類』 8-14. "爲學須先立得箇大腔當了, 卻旋去裏面修治壁落教綿密. 今人多是未曾知得箇大規模, 先去修治得一間半房, 所以不濟事."

80) 주자는 성인의 천 가지 만 가지 말은 모두 '存天理滅人欲'을 말하고 있는데 '尊德性而道問學' '克己復禮' '明明德' '人心道心' 논의는 모두 이 뜻을 담고 있다고 이해한다. 『朱子語類』 12-71 참조.

81) 『朱子語類』 64-151. "'尊德性 · 致廣大 · 極高明 · 溫故 · 敦厚', 此是大者五事; '道問學 · 盡精微 · 道中庸 · 知新 · 崇禮', 此是小者五事. 然不先立得大者, 不能盡得小者."

주자는 분명 존덕성이 도문학에 비해 근본적인 지위에 있다는 인식을 지닌다. 그러나 처음부터 그랬던 것은 아니다. 주자는 젊은 시절 존덕성을 가볍게 여기고 도문학을 우선시했던 공부의 오류에 대해 반성한다. 시행착오를 통해서 덕성상(德性上)의 공부가 바탕을 이루어야 문학상(問學上)의 공부가 놓일 곳이 있음을 깨달았기 때문이다.[82] 존덕성이 갖추어지지 않으면 해이하고 태만해져서 학문(도문학)이 기인하고 나갈 곳이 없게 된다.[83] 마음이 안정되고 깨어 있고 맑아야 도문학이 비로소 제대로 이루어지는 것은 당연한 이치다. 또한 도문학이 그 애초의 공부 목적, 즉 마음의 지혜를 지극히 이루어 내는 목적을 성취하기 위해서도 궁극적으로 본성 및 본심을 돌보는 존덕성에 기반하고 그것을 지향해야 한다. 그럼에도 불구하고 사람들은 보통, 주자가 한때 그러했듯이, 강학(도문학)만을 많이 말하고 존덕성에 대해서는 신경쓰지 않는 오류를 범한다. 이는 결과적으로 강학(도문학)을 어둡게 하는 원인이 되는데도 말이다.[84]

주자는 존덕성과 도문학의 상보성을 말하는 것을 넘어서 어떤 면에서는 양자가 결코 별개의 것이 아니라는 주장도 제기한다. 그는 분석적으로 보자면 존덕성과 도문학은 더욱 세부적으로 구분할 수도 있겠지만, 묶어서 보자면 한 가지 일이 될 수 있다고 한다. 존덕성은 곧 도문학으로 자연스럽게 이어지는 바탕이 되기 때문인데, 그래서 존덕성과 도문학 사이에 '이(而)'를 넣어, '존덕성이도문학'이라고 했다는 설

---

82) 『朱子語類』 64-149. "某向來自說得尊德性一邊輕了, 今覺見未是. 上面一截便是一箇坯子, 有這坯子, 學問之功方有措處."

83) 『朱子語類』 64-132. "不'尊德性', 則懈怠弛慢矣, 學問何從而進."

84) 『朱子語類』 94-120. "覺得年來朋友於講學上卻說較多, 於尊德性上說較少, 所以講學處不甚明了."

명도 덧붙인다.[85] 이는 도문학이 존덕성의 근간 위에, 그리고 존덕성으로 귀결되어야 함을 강조한 설명이기도 하다. 모든 공부를 결국 마음의 문제로 귀결하기도 하는 주자에게[86] 존덕성의 우선성과 근본성은 자명한 일일 것이다.

존덕성을 근간으로 도문학이 병행되는 '존덕성이도문학'의 공부 원리는 '위기지학' '하학이상달'의 공부 원리와 상통한다. 존덕성의 우선성 및 근본성의 강조는 공부가 오직 본성(실현)의 눈과 기준에 의해 이루어져야 한다는 '위기지학'의 원리와 연계되고, 또 경공부로 요약되는 존덕성의 강조는 가깝고 중요한 문제로부터 접근하는 '하학이상달'의 원리를 반영하고 있다.

V. 맺는 말: 세 공부 표어의 유기적 관계와 공부론

앞에서 주자 성리학에서의 공부 담론 및 실천에 관통되어 있는 세 가지 표어를 살펴보았다. 공부 표어 '위기지학'은 타인의 눈이나 외적

85) 『朱子語類』 64-154. "此本是兩事, 細分則有十事. 其實只兩事, 兩事又只一事. 只是箇'尊德性', 卻將箇'尊德性'來'道問學', 所以說'尊德性而道問學'也."

86) 『朱子語類』 12-33. "今說求放心, 說來說去, 卻似釋老說入定一般. 但彼到此便死了; 吾輩卻要得此心主宰得定, 方賴此做事業, 所以不同也. 如中庸說'天命之謂性', 卽此心也; '率性之謂道', 亦此心也; '修道之謂敎', 亦此心也; 以至於'致中和' '贊化育', 亦只此心也. 致知, 卽心知也; 格物, 卽心格也; 克己, 卽心克也. 非禮勿視聽言動, 勿與不勿, 只爭毫髮地爾. 所以明道說: '聖賢千言萬語, 只是欲人將已放之心收拾入身來, 自能尋向上去.' 今且須就心上做得主定, 方驗得聖賢之言有歸著, 自然有契. 如中庸所謂'尊德性' '致廣大' '極高明', 蓋此心本自如此廣大, 但爲物欲隔塞, 故其廣大有虧; 本自高明, 但爲物欲係累, 故於高明有蔽. 若能常自省察警覺, 則高明廣大者常自若, 非有所增損之也. 其'道問學' '盡精微' '道中庸'等工夫, 皆自此做, 儘有商量也. 若此心上工夫, 則不待商量賭當, 卽今見得如此, 則更無閑時. 行時, 坐時, 讀書時, 應事接物時, 皆有著力處. 大抵只要見得, 收之甚易而不難也."

동인에 기대거나 휘둘리지 않고 오직 본성의 눈과 본성적 동인에 입각해서 이루어지는 공부, 동시에 진리를 절실하게 자기체험하고 실현하는 공부의 의미를 일깨웠다. 공부 표어 '하학이상달'은 공부가 진리의 통찰 및 실현(상달)을 목표로 하되 반드시 일상의 가깝고도 긴요한 일로부터, 사물로부터, 낮은 곳으로부터 출발해야 한다는 사실을 일깨웠다. 그리고 공부 표어 '존덕성이도문학'은 본심을 돌보고 보존하는 근본적이며 전체적인 공부(존덕성, 즉 경)를 근간으로 하면서 세상사의 세세한 측면에서 그 진리를 탐구하고 실현하는 공부(도문학, 즉 격물궁리)가 병행되어야 한다는 사실을 일깨웠다.

이 세 표어는 각각 공부의 목적, 내용, 방법, 순서, 태도에 대한 메시지를 통합적으로 제공하면서도 그 강조점은 표어마다 차이가 있다. '위기지학'은 특히 공부의 목적과 태도에 대해, 그리고 '하학이상달'은 특히 공부의 순서와 태도에 대해, 그리고 '존덕성이도문학'은 특히 공부의 내용 및 방법에 대해서 상대적으로 많은 정보를 제공한다. 또 다른 각도에서 말하면, '위기지학'은 특히 인간본성 실현 그리고 진리의 절실한 자기체득의 공부목적론을, '하학이상달'은 특히 소학에서 대학으로 이어지는 공부단계론을, '존덕성이도문학'은 지행병진(知行竝進) 혹은 경지행(敬知行) 혹은 거경궁리(居敬窮理)의 공부내용론 및 공부방법론을 특별히 뒷받침해 준다. 성리학의 공부론은 이 모든 요소들을 종합한 함의를 지니며, 세 표어들은 공부론의 전체적 면모에 비추어 각각 특수한 강조점들을 보여 주고 있다.

이 세 표어는 의미상 각각의 강조점을 지니는 가운데에서 궁극적으로 하나로 연결되어 있다. 우선 '위기지학'과 '존덕성이도문학'의 관계를 볼 때, '위기지학'의 표어에서의 공부의 푯대로서의 본성의 눈에 대한 강조는, 본심 및 본성을 돌보는 존덕성을 근간으로 한 도문학의 병행을 말하는 '존덕성이도문학'의 뜻과 상통한다. 그리고 '위기지학'과 '하학이상달'의 관계를 보면, '위기지학'의 표어에서의 절실한 자기 체험에 대한 강조는 진리의 하학적 체득에 방점을 두는 '하학이상달'의 뜻과 상통한다. 나아가 '존덕성이도문학'과 '하학이상달'의 관계를 볼 때, 존덕성에 대해 근본 및 전체를 세우는 공부로 의미 부여하면서 그 핵심으로 경공부를 꼽는 '존덕성이도문학'의 표어는 역시 경공부를 상달을 위한 하학적 방법의 중심에 놓는 '하학이상달'의 뜻과 상통한다. 더불어 도문학의 방법인 격물 역시 '하학이상달'의 이념을 해석된다는 점에서도 양자는 상통한다. 결국 성리학의 역사에서 중시해 온 공부의 세 표어들은 하나이면서 셋이고 셋이면서 하나인 밀접 관계를 형성하며 성리학 공부론에 대한 상호 보완적 설명 양식으로서의 역할을 했다. 더 중요하게는 이 세 공부 표어는 성리학 시대, 인간본성 실현의 공부의 이상을 현실화하는 데 있어 간명하면서도 실질적인 실천 지침으로서의 역할을 했다.

성리학 시대의 공부를 이끈 세가지 주요 공부 표어는 지금 우리에게 교육과 배움이 어디를 향해 어떻게 나아가야 하는가에 대해서도 적지 않은 울림을 전해 준다. 성리학 시대와 현대 사이의 시간적 거리만큼이나 교육적 상황은 달라졌지만 당면한 교육의 근본 과제에는 상통하는 면이 있다. 성리학 시대에 세 공부 표어는, 내적 본성보다는 세속적 욕망을 자극하는 외적 동인에 의해 움직이며, 내면과 삶을 돌보고 성숙시키기보다는 외부적 지식을 축적하는 데 주안점을 두는 위인지학적 풍토의 문제를 절감하며 이를 넘어서는 방편으로 대두된 것이다. 과거공부를 중심으로 펼쳐지는 성리학 시대의 위인지학적 교육풍토는, 모든 교육적 관심사가 입시 및 취업 공부로 수렴되는 현대의 교육 풍토와 거의 흡사하다. 문제가 유사한 만큼 해답에 있어서도 상응하는 면이 있을 수밖에 없다. 성리학의 공부 표어는 무엇보다 교육주체들의 공부 정신의 질적 전환이라는 해법을 강력히 시사한다. 입시교육의 현실에 몸담을 수밖에 없지만, 그런 가운데에서도 '위기지학'의 정신을 밑바탕에 깔고 입시 공부까지도 '위기지학'으로 승화시켜낼 수 있는 뜻과 힘을 지닌 교육주체들을 양산하는 교육적 과제를 상기시킨다. 이는 삶과 교육과 배움을 바라보는 시각의 본질적 전환, 즉 위기지학적 전환을 배경으로 할 때만이 가능하다. 주자가 확신했듯이, 개인의 삶과 공부에서 현실과 이상의 조화는 가능하고 또 긴요하다. 교육주체들이, 위기지학적 문제의식 아래, 일상사로부터 본성과 본심을 돌보며 진리를 추구하는 공부의 뜻과 태도를 획득해 갈 수 있는가의 여부야말로 현대의 제반 교육문제를 넘어서는 관건이다. 교육문제 해결을 위해 자주 제기되는 사회체제나 교육제도의 구조적 개선과 같은 과제는, 무엇보다 교육주체의 공부 의식에 대한 질적 변화가 선행 혹은 병행되어야 비로소 그 내실을 기할 수 있게 된다.

'위기지학'이 현대인에게 공부의 근본 정신과 태도를 특별히 일깨운다면, '하학이상달'과 '존덕성이도문학'은 공부의 근본 정신을 실질적으로 관철해가는 합리적이고 균형잡힌 공부의 방법적 면면들을 돌아보게 한다. 머리는 하늘을 향하더라도 발은 땅을 굳건히 딛으며, 뜻은 높이하되 실천은 가깝고 긴요한 것으로부터 차분히 이루어가는 공부, 최고의 자기 실현의 근본 과제를 견지하면서 지와 행, 지식 탐구와 실천적 체득이 서로 분리됨이 없이 상호 보완의 관계를 형성하는 공부는 현대 교육의 장에서도 여전히 공부의 이상이 될 만하다. 현대 교육에서 흔히 내세우는 지와 덕의 조화로운 계발이라는 비전이 단지 공허한 구호에 그치지 않고 교육 현실에 안착할 수 있는 방법적 지혜의 면면이 성리학의 공부론에는 다각도로 담겨 있다.

'위기지학' '하학이상달' '존덕성이도문학'이라는 성리학의 공부론적 주장은 현대의 관점에서도 공부의 목적과 내용, 방법, 태도를 일깨우는 공부 표어로서 여전히 힘을 갖는다. 이 시대에도 우리의 공부가 길을 잃지 않고 실천 동기를 유발할 수 있는 공부 표어가 필요하다면 성리학의 세 공부 표어들은 여전히 활용 가치가 있다.

참고문헌

朱子語類(朱熹). 朱熹集(朱熹), 四書集註(朱熹). 聖學十圖(李滉). 聖學輯要(李珥). 擊蒙要訣(李珥), 下學指南(安鼎福)

김동인(2001). 爲己之學 爲人之學. 교육사학연구 제11집. 교육사학회, 53-70.

신창호(2002). 『중용』의 교육사상 고찰. 교육철학 제28집. 교육철학회, 127-146.

황금중(2002). 성리학의 소학 · 대학 교육과정론: 주자 · 퇴계 · 율곡의 견해를 중심으로. 한국사상과 문화 제17집. 한국사상문화학회, 353-391.

황금중(2009). 주자 공부론의 형성과정과 문제의식. 한국교육사학 제31권 1호, 한국교육사학회, 105-136.

황금중(2010). 주자의 독서론: 격물치지 공부로서의 독서. 교육철학 제47집. 교육철학회, 249-280.

황금중(2014). 학學이란 무엇인가. 경기: 글항아리.

황금중(2016). 성(性) · 리(理)의 세계관과 공부론: 그 정당화 문제를 중심으로. 교육철학 제60집. 한국교육철학회. 193-240.

제4장 성리학과 소학교육

신창호 (고려대학교)

Ⅰ. 들어가는 말: 소학의 의미

소학(小學)은 성리학(性理學)의 학문적 기초로 자리매김되면서 매우 중요한 위치를 차지해 왔다. 교육의 수준이나 내용은 물론이고 유학 교육의 과정 차원에서, 소학은 본격적으로 대학(大學)을 공부하기 이전, 학문의 입문 역할을 했던 것이다.

중국 학문의 역사에서 볼 때, 소학은 그 내용과 형식의 측면에서 다양한 의미를 포함한다. 첫째, 교육기관의 명칭으로서 소학이다. 소학은 8세 전후의 아동이 입학하는 학교다. 이는 15세 이상의 성인이 입학하는 학교인 대학과 상대되는 개념이다. 둘째, 소학은 '소인지학(小人之學)'을 줄인 말로, '어린이의 배움'을 일컫는다. 이는 '어른의 배움'인 '대인지학(大人之學)'과 상대되는 말이다. 셋째, 소학은 경전(經典)의 명칭이다. 그것은 중국 고대사회에 '어린이'나 '어리석은 사람'을 가르치던 경전으로 구경(九經)이나 십일경(十一經) 가운데 하나다. 물론, 이때의 경전은 주자가 편찬한『소학(小學)』과는 다른 저술이다. 넷째, 학문의 한 부류로서 소학이다. 그것은 한(漢)나라 이래로 중국 문명을 대변하는 서기호(書記號)인 한자(漢字)에 대하여, 형태 · 발음 · 의미, 이른바 '형 · 음 · 의(形 · 音 · 義)'를 연구하는 전통적 학문을 총칭한다. 한자의 형태에 대한 연구를 문자학(文字學)이라 하고, 발음에 대한 연구를 음운학(音韻學)이라 하며, 의미에 대한 연구를 훈고학(訓詁學)이라고 하는 데, 이를 통칭하여 소학이라 부르는 것이다.

일반적으로 성리학의 교육적 차원에서 소학이라고 할 때는 '교육기관'으로서의 소학과 주자가 편찬한 '경전'으로서『소학』을 지칭한다. 교육기관으로서의 소학, 즉 학교 명칭으로서 소학은 '어린이를 교육하는 장소'를 뜻한다. 현대적 의미로 이해하면, 아동·청소년 교육을 담당하는 초·중등학교 수준의 교육기관에 해당한다고 볼 수 있다. 이는 어른들[成人]이 공부하는 고등교육 수준의 기관인 대학과 상대된다.

소학은 중국 고대 때부터 궁궐의 곁에 설치하여 태자(太子)를 비롯한 여러 왕자나 제후(諸侯)의 아들, 공(公)·경(卿)·대부(大夫)·원사(元士)의 맏아들을 대상으로 기본예절을 가르치던 학교다. 중국 고대의 순(舜)임금 때는 소학을 하상(下庠)이라 했고, 하(夏)나라 때는 서상(西庠) 혹은 서서(西序)라고 했다. 은(殷)나라 때는 좌학(左學)이라 했고, 주(周)나라 때는 우상(虞庠)이라 했다. 소학이 어디에 위치해 있었는지에 대해서는 시대별로 학자에 따라 다양한 학설이 있다. 대체로 왕궁의 동쪽에는 대학을 설치했고, 소학은 그 반대쪽인 서쪽이나 왕궁에서 몇 십 리 떨어진 곳 혹은 백 리 정도 떨어진 교외의 사방에 설치했다고 한다.

소학에 입학하는 아동·청소년의 연령에 대해서도 경전에 따라 약간의 기록 차이가 있다. 『상서대전(尙書大傳)』에서는 13세 무렵에 소학에 들어가고 20세 무렵에 대학에 들어간다고 했고, 『신서(新書)』에는 9세 무렵에 소학에 들어가고 15세 무렵에 대학에 들어간다고 했다. 『대대례(大戴禮)』나 『백호통(白虎通)』에는 8세 무렵에 소학에 들어가고 15세 무렵에 대학에 들어간다고 했다. 주자도 『대학장구(大學章句)』「서(序)」에서 8세 무렵에 소학에 들어가고 15세 무렵에 대학에 들어간다고 적시했다. 종합적으로 보면, 중국 전통사회에서는 8~13세 무렵에 소학에 들어가고, 15~20세 무렵에 대학에 들어간다고 볼 수 있다. 이는 현대 교육에서 아동·청소년이 초·중등학교에 진학하는 학령(學齡)과 비교해도 유사한 차원이 있다. 현재 우리나라의 경우,

7세 전후에 도달하면 초등학교에 입학하여 15세 전후에 중학교나 고등학교에 재학하고, 20세 전후에 대학을 진학하는 것과 비슷하다.

소학에서 배운 교육 내용은, 인간이 살아가면서 필요로 하는 기본 도덕이나 예절, 어린이로서 실천할 수 있는 삶의 기술 등이었다. 그것은 이른 바 '쇄소응대진퇴(灑掃應對進退)'와 '예악사어서수(禮樂射御書數)'로 표현된다. 현대적으로 이해하면, 쇄소(灑掃)는 '물 뿌리고 쓸기', 즉 청소하기에 해당하고, 응대(應對)는 '응낙'과 '대답'하는 사람 사이의 호응 양식에 해당하며, 진퇴(進退)는 '나아가고 물러날 때의 인사'로 자신의 본분을 이행하는 작업으로 정돈할 수 있다. 또한 예악(禮樂)은 '분별과 조화'를 강조하는 정서 함양의 과정이고, 사어(射御)는 '활쏘기'와 '말 부리기'를 통한 전투 체육 혹은 정신 수양의 과정이며, 서수(書數)는 '글공부와 셈하기'를 통한 지식 습득의 과정이다. 이는 크게 보면 생활 예절과 덕 · 체 · 지(德 · 體 · 知)의 문예 교육으로 이해할 수 있다.

주자는 『소학』 「서제」에서 옛날 소학에서는 물 뿌리고 청소하는 일을 가르쳤고, 다른 사람에게 응낙하고 대답하는 일이나 몸가짐을 단정하게 하는 예절, 부모를 사랑하고 어른을 공경하며 스승을 높이 여기고 벗들과 친근하게 지내는 삶의 방법을 가르쳤다고 평가하며, '애친(愛親)' '경장(敬長)' '융사(隆師)' '친우(親友)'의 도리를 강조하기도 했다.

요컨대, 『소학』은 아동 · 청소년의 기본 생활 예절과 그에 준하는 기초 지식 교육을 위한 기본 교과서였다. 여기에서는 전통 교육의 근본이 되는 『소학』이 어떤 내용을 담고 있으며, 옛날의 아동 · 청소년이 왜 소학을 공부해야 했는지 그 이유를 살펴본다. 아울러 『소학』이 우리나라 조선에 전래되어 발전한 상황과 소학이 지향하는 교육적 특징에 대해 현대적 의미를 부여해 본다.

II. 『소학』의 전래와 『소학』 교육의 이유

1. 주자의 『소학』 편집

경전으로서의 『소학』, 즉 현재 우리가 보편적으로 공부하고 있는 저술인 『소학』은 주자(朱子, 1130~1200)가 제자인 유청지(劉淸之, 1134~1190)에게 의뢰하여 편집한 것이다. 유청지는 송나라 사람으로, 주자를 만난 뒤 의리(義理)의 학문에 뜻을 두고 정진했다고 한다. 유청지가 주자의 지도 아래 『소학』의 편찬에 참여했다는 근거는 주자의 문집 가운데 드러난다. 주자는 『소학』 편찬과 관련하여 유청지에게 편지를 보냈는데, 여기에서 『소학』 편찬을 독촉하고 있다. 이때가 남송(南宋) 시대의 효종(孝宗, 在位 1174~1189) 10년인 1183년 무렵이다. 그런데 2년 뒤인 효종 12년(1185년), 주자는 이미 『소학』의 초고를 유청지에게 넘겨받아 수정하고 있었다.

『소학』을 편집할 당시, 주자는 저술을 전체적으로 기획하고 유청지는 그 구체적 원고를 정리했던 것 같다. 특히, 주자는 유청지의 초고를 전반적으로 조율하면서, 문장의 순서를 바꾸고, 시(詩)나 부(賦)와 같이 어렵고 불필요한 부분을 제거하였다. 뿐만 아니라 고금(古今)의 사례 및 송나라 때 현인(賢人)들의 사적(事跡)을 보완하였다. 그리고 『소학』의 머리말과 서론에 해당하는 「소학서제(小學書題)」와 「소학제사(小學題辭)」를 지어 넣었다. 이렇게 하여 『소학』의 편찬이 완성된 것은 효종 14년(1187년), 주자의 나이 58세 때다. 이런 점을 고려한다면, 『소학』은 주자와 유청지의 공동 저작으로 보는 것이 타당하다.

주자가 성리학을 집대성하는 과정에서 『소학』을 편집한 이유는 간단하다. 전통적으로 전해 오는 구체적인 소학의 교재가 없었기 때문이다. 추측컨대, 옛날부터 아동·청소년을 교육하던 교과서로서『소학』은 어떤 형식으로건 존재했을 것이다. 왜냐하면 중국의 역대 왕조에서는 국가의 관료 양성을 위한 최고 고등교육기관은 물론 아동·청소년을 위한 교육기관을 설치하여 운영했는데, 이때 아동·청소년 교육을 위한 교과서가 필수적으로 갖추어져 있어야 했기 때문이다.

그러나 진시황의 분서갱유(焚書坑儒) 이래로 경적(經籍)이 소실되어 제대로 보존된 것이 거의 없었다. 주지하다시피, 진시황은 분서갱유를 통해 책을 불사르고 유학자들을 구덩이에 파묻어 죽이는 사상 탄압을 감행하였다. 진시황은 이사(李斯, 기원전 208)에게 명하여 의약(醫藥)·복서(卜筮)·농사에 관한 서적을 제외하고, 유교의 여러 경전과 민간에서 유행하던 정치 성향의 서적을 몰수하여 불태웠다. 또한 신선이 되는 불사약(不死藥)을 구해 오도록 파견한 신하가 불만을 품고 도망가고, 여러 신하와 유생들이 분서 사건을 비난하자, 유생 460여 명을 체포하여 생매장하였다. 분서갱유로 말미암아 유교 경전은 거의 소실되었고, 학문적 분위기도 크게 침체되었다. 소학의 구체적 교육 내용이 담긴 서적들도 이 시기에 소실(消失)되었다고 판단된다. 뿐만 아니라, 역사적으로 다양한 세파를 겪고 세월도 오래되면서, 주자가 활동하던 남송 시대에는 온전한『소학』책을 볼 수 없었다.

이에 주자는 당시의 교육이 쇠퇴함을 고민하면서, 사회 풍속의 교화에 조금이라도 도움을 주기 위해, 어린이와 어리석은 사람들의 교육에 필요한 교재를 편찬하였다. 즉, 옛날부터 전해 듣던 교육적 내용을 담은 훌륭한 사례들을 수집하여 아동·청소년을 비롯한 어리석은 후학들을 깨우치려고 한 것이다. 이것이 성리학 교육의 기초이론으로서『소학』이 탄생한 계기다.

주자가 편집한 『소학』은 『서경』·『예기』·『효경』·『논어』·『맹자』 등 여러 경전에서 동몽(童蒙)과 몽사(蒙士)들을 교화시킬 수 있는 내용을 발췌한 것이다. '동몽'은 말 그대로 '어린아이' 혹은 '어리석은 아이'에 해당하므로 아동·청소년을 의미하고, '몽사'는 독서인(讀書人)이나 하급관리, 또는 이제 학문에 입문하는 초보 학자 가운데 '어리석은 학인'을 지칭한다. 이런 점에서 『소학』은 처음부터 '어리석은[蒙] 사람'을 교육하는 기본 교재로 자리매김되었다.

『소학』은 크게 내편(內篇)과 외편(外篇)으로 나누어져 있는데, 내편은 제1권 「입교(立敎)」, 제2권 「명륜(明倫)」, 제3권 「경신(敬身)」, 제4권 「계고(稽古)」이고, 외편은 제5권 「가언(嘉言)」, 제6권 「선행(善行)」으로 구성되어 있다. 「입교」에서는 태교(胎敎)를 비롯하여 가정교육과 학교교육을 논의하고 있는데, 인간의 삶에서 교육의 중요성을 강조하고 그 원칙과 지침이 정해진 이후에 그것이 구체적으로 이루어질 수 있다는 교육의 의미와 차원을 제시하였다. 「명륜」에서는 부모와 자식, 임금과 신하, 남편과 아내, 어른과 어린이, 벗과 벗 사이의 도리인 오륜(五倫)의 윤리를 밝혔다. 「경신」은 '몸가짐을 공경히 한다'는 뜻으로, 마음가짐을 비롯하여 행동거지, 의복, 음식에 대한 법도 등을 논의하였다. 「계고」는 한나라 이전 중국 고대 성현들의 언행을 검토하여, 「입교」·「명륜」·「경신」에서 제시한 삶의 원칙을 실제로 입증하였다. 「가언」·「선행」은 한나라 이후 송나라 때까지 교육적으로 의미 있는 현인들의 교훈과 행실을 수록하였다. 『소학』의 내용 전체를 정리하면 〈표 4-1〉과 같다.

〈표 4-1〉『소학』편장절 총목

* ( ) 속 숫자는 장수(章數)를 말함

구분	편별	장별	절별
내편(內篇)	「입교(立敎)」 총13장	잉태지교(胎孕之敎)(1)	계임자(戒妊子)(1)
		보부지교(保傅之敎)(2)	평생지교(平生之敎)(1)
			훈유자(訓幼子)(1)
		학교군정지교(學校君政之敎)(5)	설학교(設學校)(1)
			교인륜(敎人倫)(1)
			치교직(置敎職)(3)
		사제자지교(師弟子之敎)(5)	제자직(弟子職)(2)
			실예악(實禮樂)(3)
	「명륜(明倫)」 총 108장	부자지친(父子之親)(39)	사친지례(事親之禮)(4)
			위인자지례(爲人子之禮)(6)
			경친명지례(敬親命之禮)(5)
			광애경지례(廣愛敬之禮)(5)
			간과지례(諫過之禮)(3)
			시양질병지례(侍養疾病之禮)(2)
			근신지례(謹身之禮)(2)
			제향대의(祭享大意)(6)
			효친지도(孝親之道)(3)
			경지(警之)(3)
		군신지의(君臣之義)(20)	사군지례(事君之禮)(12)
			위신지절(爲臣之節)(8)
		부부지별(夫婦之別)(9)	혼인지례(婚姻之禮)(5)
			남녀지별(男女之別)(2)
			거취지의(去取之義)(1)
			과부지자(寡婦之子)(1)
		장유지서(長幼之序)(20)	경형지례(敬兄之禮)(2)
			진퇴행좌지례(進退行坐之禮)(18)
			보인지직(輔仁之職)(1)
			책선지의(責善之義)(2)

			언불가지(言不可止)(1)
			취우지의(取友之義)(3)
			사수빈주(辭受賓主)(4)
		통론(通論)(9)	
	「경신(敬身)」 총 46장	심술지요(心術之要)(12)	경의(敬義)(1)
			경지목(敬之目)(1)
			함양본원(涵養本源) 6)
			지경지공(持敬之功)(3)
			외위(畏威)(1)
		위의지칙(威儀之則)(21)	위의지시(威儀之始)(1)
			면위의(勉威儀)(18)
			위의배양(威儀培養)(2)
		의복지제(衣服之制)(7)	성복성덕(盛服成德)(1)
			치근의복(致謹衣服)(4)
			동자지복(童子之服)(1)
			불가치악의식(不可恥惡衣食)(1)
		음식지절(飮食之節)(6)	
계고(稽古) 총47장		입교(立教)(4)	모교(母教)(2)
			부교(父教)(2)
		명륜(明倫)(31)	부자유친(父子有親)(17)
			군신유의(君臣有義)(5)
			부부지별(夫婦之別)(4)
			장유지서(長幼之序)(3)
			붕우지교(朋友之交)(2)
		경신(敬身)(9)	언심술(言心術)(3)
			언위의(言威儀)(2)
			언의복(言衣服)(3)
			언음식(言飮食)(1)
		통론(通論)(3)	교이의방(教以義方)(1)
			정명(定命)(1)
			경신위의(敬愼威儀)(1)

외편(外篇)	「가언(嘉言)」 총 91장	광입교(廣立教)(14)	덕성독행(德性篤行)(4)
			입지행기(立志行己)(10)
		광명륜(廣明倫)(41)	부자지친(父子之親)(14)
			군신지의(君臣之義)(10)
			부부지별(夫婦之別)(9)
			장유지서(長幼之序)(3)
			붕우지교(朋友之交)(3)
			통론명륜지의(通論明倫之義)(2)
		광경신(廣敬身)(36)	심술지요(心術之要)(16)
			위의지칙(威儀之則)(5)
			의식지제(衣食之制)(2)
			독서위학(讀書爲學)(13)
	「선행(善行)」 총 81장	실입교(實立教)(8)	가정지교(家政之教)(2)
			학교지교(學校之教)(5)
			사제자지교(師弟子之教)(1)
		실명륜(實明倫)(45)	부자지친(父子之親)(10)
			군신지의(君臣之義)(8)
			부부지별(夫婦之別)(5)
			장유지서(長幼之序)(10)
			붕우지교(朋友之交)(1)
			통론명륜지의(通論明倫之義)(2)
		실경신(實敬身)(28)	심술지요(心術之要)(14)
			위의지칙(威儀之則)(7)
			의복지제(衣服之制)(1)
			음식지절(飮食之節)(6)

이러한 초기의 『소학』은 발전을 거듭하여, 조선시대에 이르면 보다 구체적으로 성장하게 된다. 조선 숙종 때 이덕성(李德成)이 쓴 「어제소학서(御製小學序)」에는 내편을 「입교」·「명륜」·「경신」의 셋으로, 외편은 「가언」·「선행」의 둘로 나누었다. 여기에서 「계고」를 내외 어디에 편입해야 할지 특별히 언급하지는 않았다. 하지만 「계고」

는 내편에서 제외되었다기보다는 「입교」·「명륜」·「경신」으로 구성된 내편의 내용을, 사례를 들어 보완하거나 추가 설명하는 차원에서 강화하였다. 〈표 4-1〉은 이를 고려하여 정리한 것이다.

체계의 측면에서 이해하면, 『소학』은 「입교」·「명륜」·「경신」을 근본으로 하고 「계고」·「가언」·「선행」은 그것을 바탕으로 내용을 보완하거나 확장·응용하는 형식을 갖추고 있다. 「계고」·「가언」·「선행」은 「입교」·「명륜」·「경신」을 적용하여 실천하기 위한 공부를 핵심으로 한다. 이런 차원에서 『소학』은 전편을 통하여, 유교의 효(孝)와 경(敬)을 중심으로 가정과 사회에 대한 이상적 인간상을 지향하고, 수기치인(修己治人)을 위한 건전한 인격자이자 교양인을 육성하기 위한 계몽과 교훈을 담고 있다.

2. 『소학』의 전래

주자가 『소학』을 편찬한 이후, 그 교육적·학문적 영향력은 급속하게 퍼져 나갔다. 주자 자신이 "소학은 사람을 만드는 기본 양식이자 몸을 닦는 데 가장 중요한 책"[1]이라고 언급한 것처럼, 소학의 가치는 매우 높이 평가되었다. 그 결과 『소학』을 체계적으로 이해하기 위한 각종 주석서들이 등장하였다.

명(明)나라 때 편찬된 책으로는 진선(陳選)의 『소학증주(小學增註)』와 『소학구두(小學句讀)』, 정유(程愈)의 『소학집설(小學集說)』 등이 있다. 청나라 때 편찬된 책으로는 장백행(張伯行)의 『소학집해(小學集解)』, 황징(黃澄)의 『소학집해(小學集解)』, 고웅징(高熊徵)의 『소학분절

1) 『小學集註』「總論」: 朱子曰, 後生初學, 且看小學書. 那箇是做人底樣子. 修身大法, 小學書備矣.

(小學分節)』, 장영수(蔣永修)의 『소학집해(小學集解)』, 고유(高愈)의 『소학찬주(小學纂注)』, 왕건상(王建常)의 『소학구두기(小學句讀記)』 등이 있다.

우리나라의 경우, 주자가 1187년 『소학』을 편찬한 후, 100여 년 후에 전래되었을 것으로 추측된다. 주지하다시피, 주자학[성리학]은 고려시대 안향(安珦, 1243~1306)에 의해 전래되는데, 안향이 당시 중국의 원나라 연경을 방문했다가 『주자전서(朱子全書)』를 가지고 고려로 돌아온 것이 1296년이다. 아마 이때에 『소학』도 함께 도입되었을 것으로 생각된다. 그 후, 고려 충숙왕 1년, 1314년에 송나라에서 서적 4천여 권의 책을 보내올 때도 『소학』이 포함되었을 것으로 추정된다. 이렇게 본다면, 우리나라에 『소학』이 전래된 것은 지금으로부터 700여 년 전인 고려 말이라고 추측해 볼 수 있다.

1392년 건국된 조선은 성리학을 국가 이데올로기로 표방하였다. 이에 성리학의 기초 학문인 『소학』은 더욱 중요하게 자리매김되었고, 널리 보급되기에 이르렀다. 그리하여 사대부(士大夫) 집안에서는 자제들이 8세 무렵이 되면 반드시 『소학』을 배우게 하였다.

『소학』을 중시한 사례는 다양하게 발견할 수 있다. 퇴계 이황(退溪 李滉, 1501~1570)의 제자였던 월천 조목(月川 趙穆, 1524~1606)은 다음과 같이 『소학』을 자리매김하였다. "『소학』은 여러 경전에 나오는 중요한 내용을 모아 놓은 책이다. 그러므로 진정 『소학』을 능통하게 익힐 필요가 있다. 왜냐하면 사람을 거룩하게 만드는 근본은 여기에 있기 때문이다."[2)]

율곡 이이(栗谷 李珥, 1536~1584)는 『소학』을 유학의 교육과정에 반

2) 『月川集』 「附錄」 "月川趙先生神道碑銘": 小學, 乃諸經之機括. 苟能通透是書, 作聖根基在此矣.

영할 정도로 중요하게 여겼고, 직접 『소학제가집주(小學諸家集註)』를 저술하였다. 율곡은 주자 이후 『소학』에 대한 주석이 구구하게 나오자, 주자가 편찬한 『소학』의 내용에 따라 여러 학자들의 학설을 모아 『소학』을 새로운 책으로 편찬하였다. 그것이 바로 『소학제가집주』로 오늘날 일반적으로 『소학집주』라고 부르는 저술이다. 『소학집주』에서 율곡이 주로 참고한 학자들의 저술은 하사신(何士信)의 『소학집성(小學集成)』, 오눌(吳訥)의 『소학집해(小學集解)』, 진조(陳祚)의 『소학정오(小學正誤)』, 진선(陳選)의 『소학증주(小學增註)』, 정유(程愈)의 『소학집설(小學集說)』 등이다. 그리하여 율곡은 『격몽요결(擊蒙要訣)』에서 주자가 제시한 학문의 순서인 '『대학』 → 『논어』 → 『맹자』 → 『중용』'의 사서(四書)를 존중하면서도, 그 이전에 먼저 『소학』을 읽고 『대학』 이후의 단계로 갈 것을 권하였다. 즉, '『소학』 → 『대학』 → 『논어』 → 『맹자』 → 『중용』'의 오서(五書) 체계를 제안하였다.[3)]

조선에서 『소학』은 언해본(諺解本)으로도 간행되었는데, 1518년 중종 때 김전(金詮) 등이 『번역소학(飜譯小學)』을 편찬한 후, 1586년 선조 때 이산해(李山海) 등에 의해 교정청에서 『소학언해(小學諺解)』를 펴냈다. 1694년 숙종 때는 율곡의 『소학제가집주』본에 이덕성이 왕명을 받들어 찬한 「어제소학서」를 붙인 『소학집주』가 편찬되었고, 1744년 영조와 홍문관 관원들이 직접 번역한 영조판 『소학언해』, 1766년에 펴낸 『어제소학지남(御製小學指南)』도 있다.

율곡의 『소학제가집주』는 1800년 이양오(李養吾)에 의해 『소학집주증해(小學集註增解)』로 주석되었는데, 그 내용이 매우 광범위하고 자

---

3) 『擊蒙要訣』 「讀書章」: 先讀小學, 於事親敬兄忠君弟長隆師親友之道, 一一詳玩而力行之. … 次讀大學及或問, 於窮理正心修己治人之道, 一一眞知而實踐之. … 次讀論語 … 次讀孟子 … 次讀中庸, 於性情之德推致之功位育之妙, 一一玩索而有得焉.

세한 『소학』 주해의 명작으로 손꼽힌다. 나아가 조선 후기 최고의 학자로 평가받는 여유당 정약용(丁若鏞)의 경우, 몸을 다스리는 최고의 공부를 『소학』으로 보고, 『소학지언(小學指言)』을 썼다.

3. 『소학』을 공부하는 이유

주자의 『소학』 편찬을 계기로 『소학』은 그 중요성을 더해 갔고, 성리학의 기초 학문서로서 발전을 거듭했다. 그것은 교육에서 『소학』의 필요성이 간절했기 때문이었다. 주자가 학문적 스승으로 존경했던 정자(程子)는 그 이유를 다음과 같이 말하였다.

"옛날 사람들은 아이가 밥을 먹고 말을 할 때부터 가르쳤다. 그러므로 소학의 방법은 미리 예방하는 차원의 교육을 우선으로 삼는다.

사람이 어릴 때는 지식과 생각을 자기 나름대로 주장하기가 힘들다. 아이의 수준에 맞는 말과 적절한 논의를 날마다 아이 앞에서 얘기해 주어, 아이들이 그 말을 알아듣고 몸에 배게 해야 한다. 오랫동안 이렇게 하여 아이들에게 저절로 편안하고 익숙해져 본래 지니고 있던 것처럼 되면, 나중에 나쁜 말이 아이의 마음을 동요시키고 유혹하더라도 아이는 흔들리지 않게 된다.

어린아이를 미리 가르치지 않고 내버려 둔 채 점점 자라 어른이 되면, 내면에서는 뜻과 생각이 비뚤어진 상태가 되고, 외부에서는 여러 사람들의 말이 들어오기 때문에, 어리석은 사람은 거기에 놀아나게 된다. 이런 경우, 사람이 자기 자신을 순수하고 온전한 주체적 존재로 만들려고 노력해도 그렇게 될 수 없다."[4)]

---

4) 『小學集註』 「總論」: 程子曰, 古之人, 自能食能言而敎之. 是故小學之法, 以豫爲先. 蓋人之幼也, 知思未有所主, 則當以格言至論, 日陳於前, 使盈耳充腹, 久自安習, 若固有之者, 後雖

주자도 이와 같은 사유를 그대로 이어 받는다. 그리고 어린아이 때부터 어리석은 사람들을 위한 교육의 중요성을 절감하며, 『소학』의 첫머리인 「서제」에서 다음과 같이 강조하였다.

"옛날 소학에서는 사람을 가르칠 때는 다음과 같은 점에 유의하였다. 물 뿌리고 쓸며 주변을 수시로 정돈하라. 사람을 맞이했을 때는 그에 합당하게 접대하라. 자신의 행동거지와 기본예절을 잘 지켜라. 부모를 경애하고 어른을 공경하며 스승을 존경하고 친구와 가까이 하는 방법을 제대로 인지하라. 왜냐하면 『소학』 공부는 이후에 배워 나갈 『대학』의 내용, 이른 바 자신을 수양하고 집안을 가지런히 하며 나라를 다스리고 세상을 편안하게 만드는 근본이 되기 때문이다.

그렇게 하려면 반드시 어린아이나 어리석은 사람에게 어릴 때부터 배우고 익히게 해야 한다. 그 이유는 익히는 것이 지혜와 함께 자라고, 교화가 마음과 함께 이루어져, 지혜와 마음이 서로 어그러지지 않고 어떤 사안에서건 근심이 없게 하려는 데 있었다.

지금은 옛날 하 · 은 · 주 삼 대 때 아동 · 청소년에게 가르쳤던 소학의 교재 전부를 책으로 볼 수 없다. 하지만 그 내용의 일부가 여러 기록에 조금씩 전해 오는 것이 있다. 문제는 그것을 읽는 사람들이 가끔 옛날과 지금의 생활양식이 달라 동일하게 적용할 수 없다고 보고 실행하지 않는 데 있다. 이들은 옛날이나 지금, 시대를 초월하여 보편적으로 행할 수 있는 삶의 방식이 있다는 것을 깨닫지 못한다. 이에 그 글을 여기저기서 모아, 『소학』을 만들어 어리석은 사람들에게 주어 강습에 도움이 되고자 한다."[5)]

有讒說搖惑, 不能入也. 若爲之不豫, 及乎稍長, 意慮偏好生於內, 衆口辯言於外, 欲其純全, 不可得已.

5) 「小學書題」: 古者小學, 教人以灑掃應對進退之節, 愛親敬長隆師親友之道, 皆所以爲修身

뿐만 아니라, 주자는 『소학』의 책머리에 쓰는 말인 「제사」에서 보다 거시적으로 소학의 학문적 특성에 대해 언급하고 있다.

"원(元)은 봄에 해당하므로 만물의 시초로서 인(仁)이 된다. 형(亨)은 여름에 해당하므로 만물이 자라는 것에 비유되어 예(禮)가 된다. 이(利)는 가을에 해당하므로 만물이 이루어지는 것에 비유되어 의(義)가 된다. 정(貞)은 겨울에 해당하므로 만물을 거두어들이는 것에 비유되어 지(知)가 된다. 이 네 가지 덕(德)은 천지자연의 도리이기에 변하지 않는다.

인은 도덕적으로 최고선에 해당하고, 의는 옳은 일을 말하며, 예는 예의와 절도가 바른 것이고, 지는 지성적인 차원이다. 이 네 가지 실마리는 사람의 성질과 품격을 대표하는 인간의 기강에 비견된다.

인의예지(仁義禮智)의 사단(四端)은 본래 착하지 않은 것이 없다. 따라서 모든 사물의 사단이 바깥의 다른 사물과 만나면, 내면에서 느끼고 움직이기 때문에, 내면으로부터 외부로 그 형상을 드러내게 마련이다. 인간의 경우, 부모를 경애하고 형을 공경하는 일, 자신이 속한 조직의 최고 지도자에게 충실하고 어른에게 공손하는 일을 그 본연의 성품으로 삼는다. 이 본연의 성품은 자연의 질서에 따라 순종하고, 억지로 자신의 성품을 드러내거나 강제할 수 있는 것이 아니다.

하지만 온전한 인간성을 발휘하는 성인(聖人)만이 타고난 천성대로 할 수 있다. 성인은 그 본성이 자연의 질서에 부합한다. 그러기에 터럭 끝만큼 조금도 더하지 않아도 모든 일에 척척 들어맞는다. 문제는 세상의 보통 사람들이다. 그들은 무지하여 그 마음은 물질적 욕망으

齊家治國平天下之本, 而必使其講而習之於幼穉之時, 欲其習與智長, 化與心成, 而無格不勝之患也. 今其全書, 雖不可見, 而雜出於傳記者亦多, 讀者往往, 直以古今異宜, 而莫之行, 殊不知其無古今之異者, 固未始不可行也. 今頗蒐輯, 以爲此書, 授之童蒙, 資其講習.

로 가득 차 있다. 사물의 본질을 제대로 보지 못할 정도로 가려져 있다. 그리고 仁義禮智의 근본을 무너뜨리며, 자신을 학대하고 자기를 내버리는 일을 수시로 저지른다.

성인은 이와 같은 수많은 보통 사람들을 측은하게 여기고, 그들을 교육하기 위해 학교를 만들었다. 그리고 훌륭한 스승을 내세워 교육을 하여, 사람으로서의 근본을 심게 하고 점차 사람 구실을 할 수 있게 도왔다.

소학 공부는 일상의 기본예절을 핵심으로 한다. 물 뿌리고 쓸어내며 청소하는 것, 사람과 사람 사이의 응대법, 부모에게 효도하고 어른을 공경하여 그 행동이 예절에 거슬림이 없게 하는 일 등이다. 이제 『소학』에 이런 내용을 담아 놓았으니, 이 글을 읽으며 노래를 부르고 춤을 추어, 생각이 일상의 절도를 넘지 않게 해야 한다.

한편, 세상의 다양한 법칙을 연구하고, 자신의 뜻을 정성스럽게 하며, 마음을 바르게 하고 몸을 닦는 것은, 소학 이후의 단계인 대학의 길이다. 대학에서는 사람이 자연의 질서를 통해 부여받은 본성을 훤하게 드러내는 작업을 목표로 한다. 본성이 밝게 드러날 때, 내 마음은 내면이나 외면의 구별이 없고, 덕이 높게 쌓이며, 사업을 넓고 크게 이루게 된다.

사람들이 스스로에게 포악하고 자신을 버리면서도 무감각한 것은 인의예지의 착한 본성 자체에 부족함이 있어서가 아니다. 덕을 높이 쌓고 사업을 넓고 크게 하는 것도 인의예지의 본성이 넘쳐흘러서가 아니다. 그것은 모든 사람이 타고난 착한 본성을 물질적 욕망이 가리고 있었기 때문이다. 이제 그 물질적 욕망을 조절하여 본래 착한 본성으로 돌아갈 일만 남았다.

그 옛날, 소학이 제대로 교육되었다고 생각되는 교육 융성의 시기는 없어진 지 오래다. 그리고 삶의 훌륭한 모범을 보여 주었던 성인도 없어진 지 오래되었다. 성인이 지은 경서는 그 내용이 얼마 남아 있지도 않고 가르치는 법도 잊혔다. 한 마디로 말하면, 전통적인 소학의 교육양식은 찾아보기 힘들어졌다. 그렇다고 가만히 앉아 있을 수는 없다! 왜냐하면 소학의 가르침이 이 사회에 제대로 실천되지 않을 경우, 더욱 심각한 문제가 발생하기 때문이다. 지역사회마다 아름다운 풍속이 사라질 수도 있고, 윤리 도덕이 무너져 착한 사람이 없어질 수도 있다. 또한 사람들 대부분이 이익과 탐욕, 물질적 욕망에 사로잡힐 수도 있고, 비윤리적인 풍조가 만연할 수도 있다.

그러나 다행인 것은, 사람이 타고난 본연의 성품은 늘 착한 그대로다. 그것만이 희망이다. 나는 그 희망을 끈을 잡고, 전통적으로 전해오는 글들을 모아 후학들을 깨우치려고 한다. 자신이 어리석다고 생각하는 사람들이여! 진정으로 『소학』을 일독하기 바란다."[6)]

이와 동일한 맥락에서 조선시대 숙종 때 이덕성도 「어제소학서」에서 그 어떤 학문의 텍스트보다도 소학의 가치를 높이 평가하며, 다음과 같이 밝히고 있다.

"주자는 왜 『소학』을 저술했을까? 옛날에는 사람이 태어나서 여덟 살이 되면 반드시 이 책으로 공부를 하였다. 이는 중국 고대의 태평시대라고 하는 하 · 은 · 주 삼대 시대에 사람을 교육하는 방법이었다. 하지만 진나라가 분서갱유를 한 이래로, 중요한 책 가운데 남아 있는

6) 「小學題辭」: 元亨利貞, 天道之常, 仁義禮智, 人性之綱. 凡此厥初, 無有不善, 然四端, 隨感而見. 愛親敬兄, 忠君悌長, 是曰秉彝, 有順無彊. 惟聖, 性者, 浩浩其天, 不加毫末, 萬善足焉. 惟聖斯惻, 建學立師, 以培其根, 以達其枝. 小學之方, 灑掃應對, 入孝出恭, 動罔或悖, 行有餘力, 誦詩讀書, 詠歌舞蹈, 思罔或逾. 窮理修身, 斯學之大, 明命赫然, 罔有內外, 德崇業廣, 乃復其初, 昔非不足, 今豈有餘. 幸玆秉彝, 極天罔墜. 爰輯舊聞, 庶覺來裔, 嗟嗟小子, 敬受此書.

것은 거의 찾기 힘들었다.

주자는 이런 점을 무척이나 슬퍼하였다. 사회의 윤리 도덕은 점차 무너져 내렸고, 주자는 그런 경황을 지성인으로서 참을 수 없었다. 그리하여 전통적으로 내려오던 훌륭한 내용들을 모우고, 제자들에게 그 교육방법을 심각하게 고려할 것을 제안했다. 그 결과가 『소학』의 탄생이다.

『소학』은 정말 위대한 책이다. 그 규모와 순서가 매우 체계적이다. 내편과 외편으로 나누어져 있고, 근본과 말단의 우선순위가 고려되어 있다. 「입교」·「명륜」·「경신」, 이 세 편은 내편이며, 『소학』 중에서도 근본이다. 다음은 「계고」 편인데, 앞에서 제시한 「입교」·「명륜」·「경신」 편의 내용을 과거 행위를 사례로 들어 증명한 것이다. 그다음으로 「가언」·「선행」은 외편이며, 내편에 비해 상대적으로 말단의 역할을 한다.

따라서 『소학』을 읽을 때, 「입교」·「명륜」·「경신」 편의 내용을 깊이 생각하고 되풀이하여 익혀야 한다. 그리하여 자신에게 이를 실제로 시험하며 적용할 필요가 있다. 「가언」·「선행」 편은 더욱 널리 궁리하고 탐구하면서 실제적으로 증명해 나가야 한다. 즉, 내편에서 일상 예절의 대강을 들어주면 외편을 통해 예절의 세목은 저절로 환해진다. 이런 소학의 공부 과정은 나무를 기르는 것에 비유할 수 있다. 나무의 뿌리를 북돋아 주면 가지가 무성해지는 것과 같다. 이런 공부의 과정은 어린 자손이나 어리석은 사람들이 인간의 길이 무엇인지 그 첫걸음을 제대로 떼는 일이고, 어둠을 밝히고 비뚤어진 길을 바르게 기르는 매우 가치 있는 작업이다. 그 중요한 만큼 결코 쉬운 일이 아니다.

한번 생각하고 실천해 보라! 예컨대, 「경신」 한 편의 내용에 삶의 핵심적 가치가 담겨 있음을 깨달았다고 하자. 그 사람은 누구보다 삶의 윤리 도덕을 먼저 논의하였으리라. 그의 행동은 처음부터 성공의 싹을 틔웠기에 마지막도 성공할 가능성이 높다. 처음과 끝이 일관되어 있고 정성스럽게 일을 해 나간다. 따라서 해이한 마음으로 게으르게 일하는 사람을 언제나 앞서 나간다. 그것이 인생에서 성공하느냐 실패하느냐의 기준이다.

중국 고대의 성왕인 주나라의 무왕은, 임금의 자리에 오른 다음, 그의 스승인 강태공을 아버지와 같이 예우했다. 이른바 '사부일체(師父一體)' 의식이다. 무왕을 무왕으로 만든 것은 다름 아닌 스승이었다. 그것은 부모가 나를 낳아 길러 준 것과 동일한 비중을 지닌다. 배우는 사람의 자세는 이러해야 한다.

『소학』을 배운 사람의 기거동작에는 반드시 공경함이 깊이 스며들어야 한다. 언제 어디서나 사람을 존중하고, 자신의 마음을 잡으며, 보편타당한 근본을 세우고 있어야 한다. 그리하여 오늘 하나의 일에 착수하고 내일 하나의 일을 실천하며, 자신도 그것을 알지 못하고 깨닫지 못하는 가운데 정신이 태연하고 표리가 환하게 통해야 한다. 그렇게 하면 소학 공부를 기반으로 대학에 나아가서, 이른 바 '수신제가치국평천하'의 길을 제대로 갈 수 있으리라. 그것이 우리 사회의 윤리 도덕을 고양하는 데 기여하는 법이다."[7]

---

7)「御製小學序」: 小學, 何爲而作也. 古之人, 生甫八歲, 必受是書, 卽三代敎人之法也. 自秦坑焚以來, 經籍蕩殘, 存者幾希, 此新安朱夫子之所以愾然乎世敎之陵弛, 輯舊聞而來學者也. 嗚呼是書也. 規模節次粲然備具, 有內外之分, 有本末之序, 曰立敎, 曰明倫, 曰敬身玆三者, 內也, 本也. 次言稽古, 所以往行而證之也. 曰嘉言, 曰善行玆二者, 外也, 末也. 果能於斯三者, 沈潛反覆, 驗之于身, 則二者, 不過推廣而實之而已, 譬如綱擧則目張, 根培則枝達. 此正小子入道之初程, 蒙養之聖功, 豈易言哉. 若夫敬身一篇, 儘覺緊切. 蓋嘗論之, 敬者, 聖學之所以成始成終, 徹上徹下, 而敬怠之間, 吉凶立判. 是以, 武王踐之初, 師尙父之所以陳戒者, 不越乎是, 學者誠有味于斯, 動靜必於敬, 造次必於敬, 收吾出入之心, 立吾正大之

율곡의 『소학제가집주』에 발문을 쓴 율곡의 친구 성혼(成渾)도 『소학』 공부의 필요성과 중요성을 다음과 같이 강조하고 있다.

"『소학』은 어린이나 어리석은 사람들의 착한 마음을 계발하고 그것이 나아가야 할 방향이 무엇인지 일러 준다. 그리하여 어린이나 어리석은 사람의 양육을 바르게 하고 삶의 근본을 배양하는 데 심혈을 기울인다. 어린이들이 하루 가르침을 받으면, 그 첫 걸음마에 벌써 제대로 땅을 밟고 서게 된다. 그러므로 『소학』 공부는 『대학』의 공부처럼 완미하고 사색하는 일과는 차원이 다르고, 이 책을 읽는 사람은 그 뜻을 이해하는 데 어렵지 않다.

중요한 것은 『소학』에서 중시하는 일을 익히는 데 몰입해야 하고, 말보다는 실천을 주로 해야 한다. 요컨대, 「명륜」과 「경신」의 뜻을 마음에 푹 젖어 들게 하여, 살갗을 파고들고 뼈에 스며들게 해야 한다. 그렇게 하면 일상에서 부모를 섬기고 형을 따르는 것이 바로 효도와 공경이 된다. 그것은 평소 옷을 입고 밥을 먹는 것과 같아서, 외부에서 별도로 그런 일을 다시 배울 필요가 없다. 어린이나 어리석은 사람은 순수하고 성실하게 자신에게 주어진 일을 『소학』의 내용처럼 해야 한다."[8]

정자에서 주자, 이덕성과 성혼에 이르기까지 모두가 한결같이 『소학』의 중요성을 재삼 강조한다. 이는 소학의 내용이 인간됨을 넘어 인간

本, 今日下一功, 明日做一事, 於不知不覺之中, 靈臺泰然, 表裏洞徹, 則進乎大學, 所謂修身齊家治國平天下之道, 特一擧而措之矣. 其於風化, 烏可少補云爾.

8) 「小學集註跋」: 小學之敎, 加之幼穉之初, 發良知而示趨向, 正蒙養而培本原, 先諸事爲, 無非家庭日用之常. 童子受一日之敎, 擧足之始, 已立於循蹈之地, 非如大學之方, 兼有玩索之功, 業廣而思深也. 然則讀是書者不難於解其義. 而專於習其事, 不貴於說話鋪排. 而主於深力行, 要使明倫敬身之意, 浹洽於中, 淪肌浹髓, 日用之間事親從兄, 卽見孝悌之當然, 如著衣飯, 無待於外求, 則所謂涵養純熟, 根基深厚者, 可得而言也. 童子固宜服事純實如是. 至於過時而學, 失序追補者, 尤不可以不知此意也.

다움을 결정하는 기본 요소로 장식되어 있음을 반증한다. 그것이 어린아이를 비롯한 어리석은 사람이 사람다움을 염원하며 소학을 공부해야 하는 이유다.

Ⅲ. 『소학』의 내용과 교육적 특징

1. 『소학』의 주요 내용

앞에서도 간략하게 언급했지만, 소학은 '8~15세 정도의 어린아이가 입학하여 다니는 학교'와 '그 학교에서 어린아이가 배우는 내용[교재: 책]'이라는 뜻이다. 학교를 지칭한다면, 지금의 초등이나 중등학교 수준에 해당할 것이다. 교육 내용으로 이해한다면, 학교보다는 아동 · 청소년이 공부한 내용, 교재로서의 책이라는 의미를 적극적으로 고려해야 한다. 아동 · 청소년 수준의 어린아이들 혹은 어리석은 사람이 공부하는 책이라고 하여 『소학』의 내용이 결코 쉬운 것만은 아니다. 어쩌면 어른[성인], 혹은 현명한 사람이 가야 하는 학문의 길인 『대학』보다 아동 · 청소년이나 어리석은 사람이 가야할 길이라는 차원에서는, 그들이 느끼는 교육에 관한 무게감은 훨씬 클 수도 있다.

『대학』은 배움의 원리나 이치를 강조하는 반면, 『소학』은 철저히 구체적인 사안에 대한 실천 행위를 강요한다. 간략하게 말하면, 『소학』과 『대학』의 관계는 실천에서 이론으로, 형이하학적 삶의 행위에서 형이상학적 원리 파악의 학문으로 비유할 수 있다. 이런 유기체적으로 지속 · 연속되는 배움을 구현하는 과정에서, 기초와 근본을 터득하는 교육이 결코 쉬운 작업만은 아니다.

『소학』은 전편을 통해 주로 효(孝)와 경(敬)을 언급하고 있다. 효는 가정의 차원에서는 '자식-부모' 사이, 사회에서는 '어린이-어른' 사이의 윤리 질서 체계이고, 경은 존중과 깨달음을 핵심으로 하는 삶의 실천 행위다. 다시 말하면, 개인 윤리와 사회 윤리, 가정과 사회에서 요구되는 바람직한 인간상을 기르는 교육의 방법이다. 동시에『소학』은 몸을 닦고 사람을 다스리는 건전한 인격자, 이른바 군자(君子)를 육성하기 위한 계몽과 교훈을 주요 내용으로 담고 있다. '몸을 닦는다'는 의미의 수기(修己)는 수신(修身)이나 수양(修養), 수련(修鍊), 단련(鍛鍊)과 동일한 의미다.

동양에서 '몸'이라는 말 자체는 인간의 모든 조건을 포괄한다. 마음이나 정신도, 생물학적인 뇌도, 육체도 모두 몸의 유기체 속에서 운동할 뿐이다. 이런 점에서 몸과 마음은 분리된 것이 아니라 하나다. 여기에 서양의 육체[body]와 정신[mind]이라는 이분법적 사고는 개입하기 어렵다. 동양은 철저하게 하나로 일관된 융합적 사유를 지향한다. '몸'은 이미 인간 유기체라는 전 조건을 상징하는 하나의 우주이며 세계다.

이런 몸을 닦는 수기는 다양한 방법으로 일상생활 속에서 이루어진다. 밥 먹는 행위의 하나인 수저질 속에서도, 말버릇 하나에도 조심하고 주의하는 것도 수기의 하나다. 그 방법은 개인에 따라 다를 수 있다. 수기는 거대한 이상이 아니라 구체적 생활 현실이라는 점에서 우리가 간과하기 쉽다. 이런 특성 때문에 수기의 실천이 어렵다.『소학』은 다름 아닌 수기의 요건을 마련하기 위한 기본 교육이다. 이런 수기가 전제된 후, 다른 사람을 다스리는, 즉 이해하고 배려하며 관계망을 맺는 치인(治人)으로 나아간다.

중요한 점은『소학』의 핵심이 일상생활에서 실천할 수 있는 구체적인 행위 지침을 제시하고 있다는 것이다. 앞에서『소학』을 교육하는 이유에서 밝혔듯이, 주자가 「소학서제」에서 마당에 먼지 나지 않게 물 뿌리고, 뜰을 깨끗하게 쓸며, 사람이 부르면 바로 대답하고 들어가고 나올 때 인사를 공손히 하는 법을 가르치고, 어버이를 사랑하며 어른을 공경하고 스승을 존대하며 벗과 친하게 지내는 방법을 깨우치게 해야 한다. 이 모두가 몸을 닦으며 집을 가지런히 하고 나라를 다스리며 천하를 공평하게 하는 근본이 된다. 반드시 어릴 적에 공부하여 습관들이는 것은 그 습관이 지혜와 더불어 자라나게 되며 마음과 더불어 이루어지기를 바란 것이고 잘못된 습관으로 인해 막히고 감당하지 못하는 근심이 없기를 바라기 때문이라고 하여,『소학』공부의 중요성을 간절히 염원했던 것이다.

사실, 아동 · 청소년의 행동은 어른[성인]에 비해 단순하다. 배고프면 울고, 맛난 것을 보면 먹고 싶어 한다. 세속에 찌든 성인처럼 자기 이익을 위해 심각하게 사고하지는 않는다. 그래서 아동 · 청소년에게 순진(純眞)하다거나 천진난만(天眞爛漫, naivety)하다는 수식어를 붙인다. 이런 아동 · 청소년이 할 수 있는 일은 복잡하고 추상적인 일상(日常)의 형이상학이 아니다. 단순하고 구체적인 일상의 형이하학이다. 먹고 놀고 잠자고, 눈앞에 닥친 자신의 인생을 고민하는 정도, 그 이상도 이하의 일도 아이들은 귀찮아한다. 이들이 할 수 있는 최소의, 아니 최대의 일이란 무엇일까? 그들이 인간으로서 문화를 배워 가는 첫 단계가 무엇이었을까? 그것이 바로 '쇄소응대진퇴(灑掃應對進退), 예악사어서수(禮樂射御書數)'라는, 이른 바 '쇄소(灑掃) 공부'로 약칭되는 일상의 생활 윤리 행위에 관한 소학교육이었다.

'쇄소'는 물 뿌리고 쓰는 작업, 간단하게 말하면 청소하는 행위다. 응대는 응낙하고 대답하는 일로 사람 사이에 호응하는 행위를 뜻한다. 사람과 사람이 만나는 과정에서 서양 심리학에서 말하는 일종의

'자극-반응'과도 유사한 관계의 확인이다. 진퇴는 나아가고 물러나는 일로 자기가 무엇을 해야 하는지 본분을 깨우치는 작업이다. 이는 모두 삶에서 가장 기본이 되는, 개인적 · 사회적 윤리 행위다.

아침에 일어나 집안 마당에 먼지가 나지 않도록 물 뿌리는 행위는 자기 수련인 동시에 가정에서 주어지는 역할과 기능에 따라 맡은 아동의 직분 실현이라는 가족 공동체 내의 사회성을 동시에 내포하고 있다. 쓰는 행위와 응낙하고 대답하는 행위도 마찬가지다. 특히 응낙하고 대답하는 행위는 '부름-응답'이라는 의사소통 행위를 통해 서로를 확인하고 이해하는 거룩한 인간의 자기 발견이다. 그런데 쇄소응대의 행위 지침을 세세히 보면, 그 실천은 지식의 습득이라기보다 직분의 이행이라는 행위임을 알 수 있다.

옛날에 물을 뿌리는 작업은 기껏해야 옹기 같은 독에 물을 저장해 두었다가 바가지로 흩뿌리거나 두 손으로 물을 떠서 조금씩 뿌린다. 오늘날처럼 잘 만들어진 물뿌리개가 따로 없다. 마당을 쓰는 행위에서도 싸리비를 들고 마당을 왔다 갔다 하며 몸을 움직이며 먼지를 쓸어낸다. 이런 아동에게는 지식을 먼저 주입하기보다 실천적 행위를 요청한다. 책에서 익힌 것이 아니라 일상의 대화와 행위를 통해 습관화를 시도하였다. 이런 상황에서 오늘날의 국어 · 영어 · 수학 · 과학과 같은 지식 공부는 우선순위에서 밀려난다. 설사 공부가 먼저라고 하더라도 반드시 그것을 이행했는지의 여부를 확인하는 작업이 뒤따른다.

이 지점에서 주의해서 볼 문제는 습관화다. 왜 아이들에게 쇄소로부터 출발하여 사랑과 공경, 존대 등에 대한 습관화를 강조했을까? 습관은 행위의 지속을 보장한다. 인간의 모든 행동은 사실 자기도 모르게 형성된 습관에 의해 행해진다. 그리고 습관은 어릴 때부터 하나씩 쌓여 형성된다. 어릴 때 잘못 형성된 습관이 일생에 폐를 끼치는 경우를 우리는 흔히 목격한다. 따라서 올바른 예절과 그것의 습관화는 인간됨을 결정하는 요소로 작용한다. 여기에는 다분히 어릴 때의 좋은 습관이 어른이 되어서도 훌륭한 인간이 될 것이라는 생각이 전제되어 있다. 물론 어른이 되어서도 습관화의 과정은 계속된다. 그것이 다른 말로 바꾸면 수양이나 수기가 된다.

그렇다면 『소학』에서 지시하는 습관을 위한 구체적 행위 규범은 어떠했을까? 그것은 나이에 따라 아주 상세한 내용으로 제시된다.

"여섯 살이 되면 숫자와 동서남북의 방위를 가르쳐라. 일곱 살이 되면 남자와 여자가 같은 자리에 섞여서 앉지 않으며 같은 그릇으로 함께 밥을 먹지 않는다. 여덟 살이 되면 문을 드나드는 것, 자리에 나아가는 것, 마시고 먹을 때 반드시 어른보다 나중에 하여 양보하는 법을 가르쳐 주라. 아홉 살이 되면 날짜 헤아리기를 가르쳐라. 열 살이 되면 스승을 찾아가서 밖에 거처하고 자면서, 글과 사물에 대해 헤아리는 법을 배우며, 옷은 명주로 지은 좋은 적삼과 바지를 입지 아니하며, 아이에게 맞는 예절을 가르치며, 아침저녁으로 어린이는 어른을 섬기는 예의를 배우되, 자주 익혀서 몸에 배게 하라."[9]

이처럼 『소학』은 아이들이 일상에 필요한 기술이나 기본적으로 실천해야 할 덕목들, 아이들 수준에 적합한 구체적인 일을 우선적으로 제시하고 있다. 따라서 우리는 소학을 '일[事]에 관한 규범'으로 볼 수 있다. 물론 아동 · 청소년에게 중요한 것은 이 규범들을 배우고 익힌 이후에 인간의 근본을 배양하는 작업이다. 근본의 배양은 규범 자체의 지식이 아니라 규범의 실천이요, 몸에 배게 하는 습관화다. 몸에

9) 『小學』「立敎」: 六年, 敎之數與方名. 七年, 男女不同席, 不共食. 八年, 出入門戶, 及卽席飮食, 必後長者, 始敎之讓. 九年, 敎之數日. 十年, 出就外傅, 居宿於外, 學書計, 衣不帛袴, 禮帥初, 朝夕, 學幼儀, 請肄簡諒.

배게 하는 작업이 다름 아닌 '배움'이고, 현대적 의미의 교육이다. 아동 · 청소년의 좋은 습관! 바로 '뱀-배움'에 심혈을 기울인 것이 우리 조상의 전통적인 소학교육이었다.

2. 『소학』이 지향하는 교육적 특징

소학의 내용은 크게 두 부분으로 나누어 제시되었다. 하나는 '쇄소응대진퇴지절(灑掃應對進退之節)'이고, 다른 하나는 '예악사어서수지문(禮樂射御書數之文)'이다. 앞에서 언급했던 『소학』의 「서제」에는 '예악사어서수지문' 대신에 '애친경장융사친우지도(愛親敬長隆師親友之道)'로 되어 있다. 이는 일상의 예절과 삶의 기본 테크닉을 강조하는 『소학』 본래의 의지와 지적 측면을 고려한 『대학장구』「서문」 사이의 변별점을 강조한 것이다.

『예기(禮記)』에서는 쇄소(灑掃) · 응대(應對) · 진퇴(進退)를 매우 구체적으로 적시하고 있다. '쇄소'는 새벽에 닭이 처음 울면 방과 마루와 뜰에 물을 뿌리고 쓰는 일, 어른을 위해 오물을 치울 때 빗자루를 쓰레받기 위에 얹고 가서 소매로 가리고 물러나며 쓸되 쓰레받기를 돌려 자신의 앞쪽으로 쓸어 담는 일과 같은 것이다. '응대'는 응낙과 대답이다. 부모가 계신 곳에서 명령하시면 즉시 공손하게 대답하는 일, 또는 어른이 귓가에 대고 말씀하시면 입을 가리고 대답하는 일 등을 말한다. '진퇴'는 부모가 계신 곳에 있으면 나아가고 물러나고 돌아다니는 일을 신중하고 경건하게 하는 일, 또는 손님과 함께 들어올 때 먼저 들어가라고 손님에게 양보하는 행위와 같은 것이다.[10] 이를 현

10) 『禮記』·「內則」「曲禮」: 鷄初鳴, 灑掃室堂及庭, 爲長者糞, 加帚箕上, 以袂拘而退, 以箕自向而扱之. 在父母之所, 有命之, 應唯敬對, 爲長者, 辟咡詔之, 則揜口而對. 在父母之

대적 개념으로 쉽게 풀어 쓰면, '청소하기, 인사하기, 인간관계 맺기' 등 사람의 삶에서 핵심이 되는 기본 생활 예절과 밀접하다.

다음으로, 예악(禮樂) · 사어(射御) · 서수(書數)다. 예는 법도와 품계의 절차와 모습을 익히는 작업으로 예의범절에 맞게 가르치는 일이고, 악은 소리의 높낮이에 밝도록 하는 것으로 조화를 가르치는 작업이다. 사는 활 쏘는 방법으로 예법의 여부를 보고 그 사람의 덕행을 살피는 일이고, 어는 네 마리 말이 끄는 수레를 균형을 잃지 않고 몰 수 있도록 연습시키는 일이다. 서는 글을 쓰는 서체를 통해 마음의 획을 읽는 일이고, 수는 계산하는 방법을 통해 물건의 변화를 알 수 있게 한다.[11)]

'예악사어서수'는 육예(六藝)라고도 하는 데, 『소학』 「입교」 편에서 보다 자세하게 기록하고 있다.

예(禮)는 크게 다섯 가지로 나누어 볼 수 있다. 첫째, 나라에서 지내는 여러 가지 제사와 관련되는 길례(吉禮), 둘째, 나라의 우환을 걱정하는 일인 흉례(凶禮), 셋째, 다른 나라와 외교 친선 관계를 잘하는 빈례(殯禮), 넷째, 나라를 지키고 유지하는 일과 관련된 군례(軍禮), 다섯째, 사회 구성원 사이의 화목을 도모하는 가례(嘉禮)다.

악(樂)에는 여섯 가지가 있다. 황제의 음악인 운문(雲門), 요임금의 음악인 함지(咸池), 순임금의 음악인 대소(大韶), 우임금의 음악인 대하(大夏), 탕왕의 음악인 대호(大濩), 무왕의 음악인 대무(大武) 등이 그것이다.

所, 進退周旋愼齊, 凡與客入者, 每門讓於客.

11) 『大學章句大全』 「序」: 禮, 習於度數之節文, 所以教之中也. 樂, 明於聲音之高下, 所以教之和也. 射法, 一弓挾四矢, 驗其中否, 以觀德行. 御法, 一車乘四馬, 御者, 執轡立於車上, 欲調習不失驅馳之正也. 書, 書字之體, 可以見心畫. 數, 算數之法, 可以盡物變.

사(射)에는 다섯 가지가 있다. 화살이 과녁을 뚫어 살촉의 흰 것을 보는 백시(白矢), 먼저 한 화살을 발사하고 뒤에 세 화살을 연속해서 쏘는 삼연(參然), 깃머리는 높고 살촉은 낮게 나가 번쩍번쩍하는 염주(剡注), 신하가 임금과 활을 쏠 적에 감히 나란히 서지 못하고 임금에게 한 자쯤 양보하여 물러나는 양척(讓尺), 네 화살이 과녁을 뚫어 마치 우물 모양과 같다는 의미의 정의(井儀)가 있다.

어(御)에도 다섯 가지가 있다. 말이 움직이면서 멍에에 달려 있는 방울인 란(鸞)이 울리고 수레 앞에 가로대는 나무에 달려 있는 방울인 화(和)가 응하는 화란(和鸞)의 어울림, 물이 흐르는 형세의 굴곡을 따라 떨어지지 않도록 수레를 잘 모는 축수곡(逐水曲), 수레가 조금만 기울어도 수레의 축이 문의 말뚝에 부딪치므로 이를 잘 제어하는 과군표(過君表), 교차로에서 수레를 몰 때에 회전하는 모습이 춤추는 가락에 응하는 것과 같은 무교구(舞交衢), 짐승을 거슬러 몰아 왼쪽으로 가게 하여 임금이 잡을 수 있도록 하는 축금좌(逐禽左)다.

서(書)에는 이른 바 '육서(六書)'라고 하는 여섯 가지가 있다. 해[日]나 달[月]과 같이 형체를 모방하는 상형(象形), 사람 인(人)과 말씀 언(言)이 합쳐져서 믿을 신(信)이 되고, 그칠 지(止)와 창 과(戈)가 합쳐져서 굳셀 무(武)가 되는 것과 같은 회의(會意), 고(考)나 노(老)와 같이 글자의 뜻을 서로 받아 좌우로 전환하여 붙이는 전주(轉注), 인(人)이 일(一) 위에 있으면 상(上)이 되고, 인(人)이 일(一) 아래에 있으면 하(下)가 되어 처함이 그 마땅함을 얻는 처사(處事), 처사는 지사(指事)라고도 한다. '명령'이나 '우두머리'의 뜻이 있는 령(令)이나 '길다' '자라나다' '늘이다' 등의 뜻이 있는 장(長)처럼 한 글자를 두 가지 의미로 쓰는 가차(假借), 강(江)이나 하(河)와 같이 물[氵]을 형체로 삼고 공(工)이나 가(可)를 소리로 하는 해성(諧聲)이 있다. 해성은 형성(形聲)이라고도 한다.

수(數)에는 아홉 가지가 있다. 밭두둑의 경계를 잴 때 쓰는 방전(方田), 교역을 할 때나 변역에 쓰는 율포(栗布), 귀천에 따른 봉급과 세금을 계산할 때 쓰는 쇠분(衰分), 쌓아 덮는 것과 방원을 헤아릴 때 쓰는 소광(少廣), 공정과 적실을 할 때 쓰는 상공(商功), 원근의 수고비를 계산할 때 쓰는 균수(均輸), 나타나 보이지 않는 수로 서로 나타낼 경우에 쓰는 영뉵(盈朒), 어긋난 것이나 휜 것, 바르거나 구부러진 것을 잴 때 쓰는 방정(方程), 높고 깊은 것, 넓고 먼 것을 잴 때 쓰는 구고(句股)다.

이러한 육예는 예의범절을 지키는 도덕과 정서함양, 몸 단련과 정신집중, 읽고 쓰고 셈하기 등 기초적인 앎의 추구와 관계된다. 아이들이 일상생활에 필요한 기초적인 일들을 잘 익히고, 자신의 삶을 살아가기 위한 터전을 닦는 작업이다. 그러므로 형이상학적 사고나 관념적 유희가 아니라 실제적이고 형이하학적인 행위 공부를 중심으로 한다.

이 중에서도 '쇄소응대진퇴'는 '절(節)'이라는 교육으로 상징되었다. '절'이라는 말은 '마디'를 나타내듯이, 어떤 사물이나 사태에서 하나의 기본 단위를 의미한다. 그것은 모든 사물에 생명력을 불어 넣는 일종의 계기요 동기부여다. 마디가 없는 사물은 죽은 물건의 사체(死體)가 뻣뻣해지듯이 활력을 잃는다. 따라서 '절'로 상징되는 교육은 기본적인 생활 예절을 실천하는 의미에서, 삶에 활력을 불어넣어 주는 최소한의 에너지다. 현대적 의미를 부여한다면, 그것은 교육의 기본 단위이자 바탕을 이루는 근본 공부이며, 일차 교육에 해당한다. 그러기에 인간의 삶에서 필수적인 중심 공부가 된다.

이에 비해 '예악사어서수'는 '문(文)' 교육으로 상징된다. 문(文)은 '무늬'다. '문' 교육은 '무늬'로 상징되듯이 어떤 사물이나 사태를 가꾸어서 꾸미거나 세련되게 만들어 나가는 작업이다. 따라서 응용과 적용이라는 이차적 특성을 지닌다. 문자적 의미에서 문(文)이 '글자'나 '문장'을 나타내는 것이라고 하여, 단순히 '글' 공부만을 의미하는 것은 아니다. 문은 인간의 삶에 의미와 가치를 부여한 문화[문명]의 총체를 지칭하는 것으로, 삶의 지혜와 기술을 습득하여 예술적 경지로 승화하는 공부의 결과나 효과를 말한다. 때문에 절(節) 교육에 비해 이차적이다.

'쇄소응대진퇴지절'의 '절' 공부와 '예악사어서수지문'의 '문' 공부를 한 그루의 나무에 비유하면, '절' 공부는 뿌리를 튼튼하게 만드는 근본교육에 해당하고, '문' 공부는 가지나 줄기 또는 잎을 건강하고 무성하게 만드는 응용 교육에 해당한다. 이러한 소학교육의 특성을 현대적 의미의 아동 · 청소년 교육에 비유하면 〈표 4-2〉와 같이 정돈할 수 있다.

〈표 4-2〉 소학의 교육적 차원

대상	수준	교육 내용	교육 특성	비고
아동	초등 교육	• 쇄소(灑掃); 청소/위생 • 응대(應對); 호응/자극-반응 • 진퇴(進退); 본분 인식	• 절(節); 예절 교육 바탕/기초/근원(根源)	• 절(節) → 문(文) : 지속성 • 기초 → 응용: 연속성 • 아동-청소년: 교육의 상보성
청소년	중등 교육	• 예악(禮樂); 정서 교육 • 사어(射御); 전투(체육) • 서수(書數); 지식 교육	• 문(文); 문화 교육 무늬/응용/지천(枝川)	

앞의 『소학집주』 「총론」에서 언급한 것처럼, 주자는 아동 · 청소년 교육의 핵심을 담고 있는 소학을 '사람을 만드는 틀'로 보았다. 이런 견해는 소학이 기본적으로 사람을 만드는 체계, 즉 '사람됨'을 넘어 '사람다움'으로 만드는 제도적 장치라는 말이다. 다음과 같은 정자의 말을 다시 강조하면 소학교육의 중요성을 보다 확연히 살필 수 있다.

"옛날 사람들은 아이가 밥을 먹을 수 있고 말을 할 수 있을 때부터 가르쳤다. 왜냐하면 잘못된 길을 가지 않도록 미리 예방해야 하기 때문이다. 사람이 어릴 때는 다양한 지식이나 사색을 통해 자기의 주장을 강하게 펴지는 못한다. 그러므로 날마다 어린아이가 보는 앞에서 올바른 말을 하고 모범적으로 논의하는 모습을 보여 주어, 그것이 어린아이의 귀에 쏙쏙 들어가고, 가슴에 가득 차게 해야 한다. 오랫동안 이렇게 하여 자연스럽게 편안해하고 익숙해져서 그것을 본래부터 지니고 있던 것처럼 행동하게 되면, 나중에 나쁜 말이 마음을 흔들고 유혹하더라도 깊이 들어갈 수는 없게 된다. 미리 가르치지 않은 상태에서 아이가 점점 자라면, 뜻과 생각이 한쪽으로 치우쳐 제 멋대로 재단하고, 여러 사람들의 감언이설에 마음을 빼앗길 것이다. 이렇게 되면 사람답게 착하게 될 수가 없다."[12)]

정자의 견해로 미루어 볼 때, 어릴 때부터 본격적으로 학교라는 제도를 만들어 공부하도록 하는 근본 이유는 의외로 간단하다. 현대 교육의 측면에서 이해하면, 아동 · 청소년이 엉뚱한 길로 빠져, 비행 소년이 되지 않도록 미리 예방하기 위해서다.

---

12)『小學集註』「總論」: 程子曰, 古之人, 自能食能言而敎之. 是故, 小學之法, 以豫爲先. 盖人之幼也, 知思未有所主, 則當以格言至論, 日陳於前, 使盈耳充腹, 久自安習, 若固有之者, 後雖有讒說撓惑, 不能入也. 若爲之不豫, 及乎稍長, 意慮扁好生於內, 衆口辨言於外, 欲其純全, 不可得已.

예방은 의학적 용어이지만, 일차적으로 신체의 건강과 질병 문제에 대한 인식을 토대로 인간이 대처하는 방식이다. 인간의 교육도 이런 의학적 처방과 상당히 닮아 있다. 교육적으로 건강성을 고려하는 것은 교육이라는 존재가 아니라 그 존재의 양태에 관한 일이다. 그런데 교육 존재 일반에 관해 말할 수 있는 양태가 아니고 생명의 존재 방식에 관한 것이다. 교육이 불가능한 무생물에는 교육적 건강이 존재하지 않는다. 건강은 생명의 존재 양식이다. 생명력이 충실하고 그 기능을 십분 발휘하고 있는 상태에서 고려하는 것이다. 그러므로 한 인간이 건강하기 위해서는 섭생(攝生)을 해야 하고, 타인을 위해 비위생적인 행위를 삼가며 배려해야 한다. 이는 '쇄소'라 명명되는 소학교육에서 위생 사상의 보급과 공중 도덕심을 높이는 예방의 차원에서 이해할 수 있다.

교육은 개인과 공동체 사회의 성숙과 지속, 유지와 발전을 위해 행해진다. 그런 인간의 제도적 장치인 만큼 사회의 다양한 사안들이 복잡하게 얽혀 있다. 때문에 교육은 인간 삶의 전 영역에 생명력을 불어넣는 건강의 문제와 관계된다. 여기에서 건강한 생명력을 유지하기 위한 예방적 차원은 교육의 본질적 측면이다. 즉, 건강한 개인과 사회를 지속하려는 노력이 바로 교육 행위다.

이와 같이 삶의 예방적 차원에서 이루어진 것이 소학 공부의 핵심 내용이었다. 물론, 소학이 예방적 차원의 교육에만 머물러 있는 것은 아니다. 아동·청소년 교육의 차원을 넘어, 평생학습, 삶의 공부 차원에서 볼 때, 소학교육은 '수양'이라는 근본 문제를 제기한다. 이때 소학교육은 아동·청소년의 예방교육을 넘어 치료적 차원까지도 고려한다.

Ⅳ. 맺는 말: 현대 교육적 함의

소학교육은 성리학 전통에서 학문의 입문 역할을 하는 매우 중요한 교육의 과정이다. 무엇보다도 어린아이나 어리석은 수준에 처해 있는 사람이 인간답게 살아갈 수 있도록 기본 도덕이나 예절, 삶의 기술 등을 제공한다는 측면에서 교육의 근본으로 자리매김 되었다. '쇄소응대진퇴'와 '예악사어서수'로 응축된 절문(節文) 교육이 그것을 보여 주었다.

'절' 교육은 물 뿌리고 쓸기를 핵심으로 하는 쇄소(灑掃)와 '응낙/대답'의 호응 양식인 응대(應對), '나아가고 물러날 때의 인사'인 진퇴(進退)인데, 이는 일상생활의 최전선에서 이행되는 기본예절 공부다. 아울러 '분별과 조화'를 강조하는 예악(禮樂), '활쏘기'와 '말 부리기'의 사어(射御), '글공부와 셈하기'인 서수(書數)는 '문' 교육으로, 일종의 '정서-체육-지성'으로 지속되는, '지 · 정 · 의(知 · 情 · 意)' 혹은 '지 · 덕 · 체(智 · 德 · 體)' 교육과도 닮아 있다.

절문(節文) 교육의 입장에서 정돈한 『소학』은 태교를 비롯한 가정교육과 학교교육, 일상 삶에 필요한 내용 등을 통해 교육의 중요성을 강조하고 교육의 원칙과 지침을 제시하였다. 나아가 유교의 오륜과 몸가짐 등을 실제 역사적 사례를 통해 모범을 보이며 교훈을 주었다. 그것은 사회의 윤리 도덕이 무너져 더 이상 사회를 지속하기 어렵다는 지성의 위기가 불러온 산물이었다. 그만큼 소학교육의 내용으로서 『소학』은 그 규모와 저술의 순서를 탄탄하게 정돈하며, 인간 삶의 구체적 사안에 대한 실천 행위를 고려하였다. 그 근본 이유는 삶의 기초와 근본을 터득하는 교육으로서, 『소학』이 사람을 만드는 틀이자 사람다움을 지향하는 교육적 장치였기 때문이다.

때문에 소학은 어린아이가 먹고 말할 수 있을 때부터 교육하기를 강요한다. 아이가 어릴 때부터 조금이라도 잘못된 길을 가지 않도록 미리 예방할 것을 권유한다. 이 예방적 차원의 교육이 소학교육의 본질적 측면으로 강조되고, 그것은 건강한 개인과 사회를 지속하려는 국가적 노력으로 승화되었다. 삶의 예방적 차원에서 이루어진 성리학의 전통 소학교육은 다음과 같은 차원에서 교육적 의미를 더해 준다.

첫째, 소학은 인간 삶의 본질적 차원에 대한 깨우침 교육이다. 인간은 살아가기 위한 신체적·도덕적·지성적 측면을 어릴 때부터 몸에 배도록 해야 한다. 전통 소학교육은 가장 우선적으로 근본의 배양에 대한 고민을 교육적으로 담으려고 하였다.

둘째, 소학은 생활 운영 기술을 구체적으로 터득하기 위한 일상교육이다. 인간은 삶의 다양한 측면에서 지식과 기술 그리고 도덕을 필요로 한다. 소학교육은 나이와 상황에 따라 일상의 삶을 펼쳐 갈 수 있는 구체적 기술교육을 제시하였다.

셋째, 소학은 개인과 사회적 삶을 지속 가능하게 만들기 위한 예방교육이다. 인간의 삶에서 지속 가능성의 문제는 근원적 화두 가운데 하나다. 전통 소학교육은 이 문제를 해결하기 위해 아동·청소년 단계에서부터 미리 삶의 단절을 맛보지 않도록 철저한 예방교육을 통해 지속 가능한 삶을 열어 가려는 의도를 지니고 있었다.

참고문헌

『小學』

『小學諸家集註』

『小學集註增解』

『소학언해』

『禮記』

『大學章句大全』

『擊蒙要訣』

『月川集』

박연호(1985). 주자학이 근본배양설과 조선 전기의 『소학』 교육. 한국정신문화연구원 석사논문.

孫培靑(1992). 中國敎育史. 上海: 華東師範大學出版社.

신창호(2004). 공부, 그 삶의 여정. 경기: 서현사.

신창호(2010). 『대학』, 유교의 지도자 교육철학. 경기: 교육과학사.

신창호(2012). 유교의 교육학 체계. 서울: 고려대학교출판부.

신창호 외(2017). 서당과 소학의 전통교육이 현대 인성교육에 주는 함의. 한국교육학연구 23-1.

정호훈(2014). 조선의『소학』-주석과 번역. 서울: 소명출판.

周德昌. 中國敎育史綱. 廣州: 廣東高等敎育出版社, 1998.

황금중(2002). 성리학에서의 『소학』 - 『대학』 교육과정론. 한국사상과 문화, 17.

제5장 성리학과 대학교육

김낙진 (전주교육대학교)

Ⅰ. 대학의 의미
Ⅱ. 세상을 다스리는 방법
Ⅲ. 공부해야 하는 이유
Ⅳ. 격물치지
Ⅴ. 거경과 성의 · 정심
Ⅵ. 이상과 실제

Ⅰ. 대학의 의미

주로 주자(朱子, 1130~1200)가 사용한 개념에 근거를 두고 이 글에서 사용하는 '대학'이라는 용어에는 세 가지 뜻이 있다. 첫째는 이 모든 뜻의 근간이 되는 학교로서의 대학이다. 다음은 주자가 쓴 「대학장구서」의 한 대목이다.

> 하(夏)·은(殷)·주(周) 3대(三代)가 융성해짐에 따라 법이 점차 갖추어진 뒤에 왕궁과 국도로부터 시골 마을에 이르기까지 배움이 있지 않음이 없었다. 사람이 태어나 8세가 되면 왕(王)·공(公)으로부터 서인(庶人)의 자제에 이르기까지 모두 소학에 들어갔는데, 물 뿌리고 청소하고 남을 응접하고 대접하며 나가고 물러나는 절도, 예절과 예술[禮·樂], 활쏘기와 마차 몰기[射·御], 글쓰기와 셈하기[書·數]에 관한 글을 가르쳤다. 15세가 되면 천자의 적자와 여러 아들로부터 공경대부와 원사(元士, 주대의 上士)의 적자, 그리고 일반 백성 중 뛰어난 사람에 이르기까지 모두 대학에 들어갔는데, 이치를 궁구하고 마음을 바르게 하며 자기 몸을 닦고 남을 다스리는 도(道)를 가르쳤다. 이것이 학교의 가르침에 대학·소학의 차례가 나뉜 까닭이다.[1)]

대학은 고대 중국 왕조에서 세운 상급학교였다. 천자의 도읍에 설치한 벽옹(辟雍), 제후의 도읍에 설치한 반궁(泮宮) 등이 그 실례다. 우리나라의 전통시대에 국학(國學), 국자감(國子監), 성균관(成均館) 등으로 불렸던 학교의 모델은 이것들이었다.

이와 관련이 있지만 조금 다른 대학의 두 번째 용례가 서적으로서의 『대학』이다. 주자에 의하면, 주나라가 쇠퇴하자 학교제도도 붕괴되

---

1) 朱熹, 「大學章句序」, 『大學章句大全』(『經書』(성대 대동문화연구원, 2004 수록본), 7하b-8상a.

었다. 전통이 망실되는 것을 안타까워 한 공자(孔子)가 옛날 성왕들이 교육하던 법, 바꾸어 말하면 학문하는 방법의 대강을 구술하였고, 이것을 증자(曾子)가 기록한 것이 『대학』의 경문(經文)이다. 이 경문의 뜻을 증자가 부연 해설하자 문인들이 기록한 것이 『대학』의 전문(傳文)이다. 이것이 세칭 고본(古本)『대학』이다. 예로부터 전해 오던 이 책에 착간이 있다고 여긴 정자(程子)의 생각에 동의한 주자가 순서를 바꾸고 장구(章句)를 나누어 놓은 것이 『대학장구(大學章句)』다.[2)]

정자와 주자의 말대로라면 『대학』은 옛날 대학의 교육 순서를 기록한 책이다. 순서는 과정이고, 과정에는 교육의 목적 및 목표가 반영된다. 명명덕 · 신민 · 지어지선의 3강령이 교육의 목적 내지 목표라면, 격물 · 치지 · 성의 · 정심 · 수신 · 제가 · 치국 · 평천하의 8조목은 과정이다. 이 책이 제시한 큰 줄거리의 빈칸들은 다른 서적들에서 배운 지식들로 채워야 했다. 퇴계(退溪) 이황(李滉, 1501～1570)의 말이다.

> 집을 짓는 것에 비유하면 『소학(小學)』은 터전을 닦고 재목을 마련하는 것과 같습니다. 『대학』은 큰집의 수많은 칸을 터전 위에 구축하는 것과 같습니다. … 『소학』은 그 바탕을 배양하는 것이요, 『대학』은 그 가지를 뻗어나가는 것입니다. 이 밖에 다른 서적들을 강구한다고 하여도, 그 공부는 모두 큰집의

---

2) 주희, 「대학장구서」, 8하a−9상a. "及周之衰, 賢聖之君不作, 學校之政不修, 教化陵夷, 風俗頹敗, 時則有若孔子之聖, 而不得君師之位以行其政教, 於是獨取先王之法, 誦而傳之以詔後世…三千之徒, 蓋莫不聞其說, 而曾氏之傳獨得其宗, 於是作爲傳義, 以發其意." 주희, 『대학장구대전』, 17하a−b. "右經一章, 蓋孔子之言, 而曾子述之. 其傳十章, 則曾子之意而門人記之也. 舊本頗有錯簡, 今因程子所定, 而更考經文, 別爲序次如左." 주희, 「독대학법」, 『대학장구대전』, 3상a. "惟大學是曾子述孔子說古人爲學之大方, 而門人又傳述以明其旨." 그러나 증자가 기술하였다는 증거는 없다. 그럼에도 이렇게 주장한 이유를 정약용은 다음과 같이 추정하였다. 「大學公議」, 『여유당전서』 4, 여강출판사, 1992, 3−4쪽. "朱子謂曾子作經一章, 曾子之門人作傳十章, 亦絶無所據. 朱子以意而言之也. 朱子以爲孔子之統, 傳于曾子, 以傳思孟, 而思孟有著書, 曾子無書. 故第取此以連道脈耳. 亦安知其不然哉."

수많은 칸들을 치장하여 들어가는 것입니다. 앞날에 강론한 글 또한 매번 스스로 깊이 생각해야 하거니와 『소학』의 「명륜(明倫)」 편과 「경신(敬身)」 편, 「심술의 요체를 밝힘[明心術之要]」과 「위의의 법칙을 밝힘[明威儀之則]」 등을 잠시라도 잊지 않으면, 일용의 사이에 천리(天理)가 유행하며 가지마다 마디마다 밝게 처리하지 않음이 없게 되는데, 대학의 규모(規模)는 이것들로써 메웁니다. 그 밖의 『논어』 『맹자』 『중용』 그리고 『시경(詩經)』과 『서경(書經)』 등의 서적들은 모두 마땅히 『대학』의 규모에 메워서 장식하는 것입니다.[3)]

규모(規模)는 모범(模範)이고, 모범은 틀, 즉 얼개다. 『소학』 등을 배우고 나서 본격적인 덕성 수양의 단계로 처음 진입하는 사람들이 보아야 할 서적이 『대학』이었다.[4)] 이 책이 사서(四書)의 하나로 정착되고 과거시험의 한 과목이 되었으니, 학자들은 이에 대한 지식을 필수적으로 소유하면서 공부해야 할 전체의 얼개를 확립하고는 『논어(論語)』·『맹자(孟子)』·『중용(中庸)』과 삼경(三經, 또는 오경)의 내용으로 그 빈칸을 채워야 했다.

이 과정에서 참고할 서적들이 성리학자들의 연구물이다. 성리학자들의 저술은 사서(四書)를 이해하기 위한 발판[階梯]이었고, 사서는 육경(六經)을 이해하기 위한 발판이었으니,[5)] 『대학』 본래의 의미가 아닌, 성리학의 관점에서 해석된 『대학』을 배웠다. 이때 명초 영락제(永樂帝)의 명령에 따라 황암(晃庵) 호광(胡廣, 1370~1418) 등이 편찬한 『사

3) 李滉, 「言行錄」, 『退溪全書』 4, 성대 대동문화연구원, 173상a-b. 주자 또한 「讀大學法」에서 이렇게 말했다. "『대학』은 학문을 하는 강령이니, 먼저 『대학』을 읽어 강령을 세우면, 다른 책들은 모두 자디잔 이야기로서 이 가운데에 들어 있다. 『대학』을 통달하고 나서 다른 책을 보아야 이것은 격물치지의 일이고, 이것은 성의 · 정심의 일이고, 이것은 수신의 일이고, 이것은 제가 · 치국 · 평천하의 일임을 알 수 있다. ○ 이제 『대학』을 익숙하게 읽어서 간살(間架)을 만들어 놓고, 다른 책으로 그 빈칸을 메꾸어간다."

4) 『대학장구대전』, 11상a. "大學, 孔氏之遺書, 而初學入德之門也."

5) 葉采, 「近思錄集解序」, 朱熹 · 呂祖謙 편, 『近思錄』, 학민문화사, 1995, 2쪽. "嘗聞朱子曰四子, 六經之階梯; 近思錄, 四子之階梯."

서대전(四書大全)』이 『성리대전(性理大全)』과 함께 주된 텍스트로 부상한다. 『대학장구』에 관련된 성리학자들의 다양한 해석과 견해들을 선별하여 모아 놓은 『대학장구대전』은 『사서대전』의 일부였으니, 조선의 유생들은 주로 이 책을 통해 『대학』을 이해하였을 것이다. 배우는 자들은 이것을 중심으로 학습한 내용들을 녹여 모아 하나로 꿰뚫어 냄으로써 유학인의 이상인 중용(中庸)할 수 있는 역량을 극대화해야 했다.[6)]

그러나 『대학』은 대학(예컨대, 성균관)에서만 배울 수 있는 것은 아니었다. 성균관 입학 자격인 초시에 합격하지 못한 사람들이나 과거보다는 인격 수양을 추구한 사람들도 『대학』을 학습하였다. 이들에게는 기관으로서의 대학보다는 학문의 이상을 알려 주는 서적으로서의 『대학』이 훨씬 더 가치가 있었다. 여기서 세 번째 대학의 의미인 이상으로서의 대학 관념이 주목된다. 주자가 역점을 두었던 것도 이것이었다. 그의 『대학』 주석은 "대학은 대인(大人)의 학문이다."[7)]라는 말로 시작한다. 양명(陽明) 왕수인(王守仁, 1472~1528)은 "대인은 천지만물을 한 몸으로 여기는 사람이다. 그는 천하를 한 집안처럼 보고, 국가(중국)를 한 사람처럼 본다. 형체를 달리한다고 해서 너와 나를 나누

---

6) 『근사록』, 165쪽(소주). "朱子曰大學規模雖大, 然首尾該備而盡綱領可尋, 節目分明而工夫有序, 無非切於學者之日用. 又曰不先乎大學, 無以挈提綱領, 而盡論孟之精微; 不參之論孟, 無以融會貫通, 而極中庸之歸趣." 어떤 성리학자의 저술을 볼 것인가는 학단마다 약간씩 다를 수 있었다. 그 권위를 누구도 부정하지 못한 정주의 서적은 공통의 텍스트였거니와, 이에 더해 퇴계학단에서는 『주자서절요(朱子書節要)』, 『심경(心經)』, 『퇴계집(退溪集)』을 보았고, 율곡학단에서는 『성학집요(聖學輯要)』와 『율곡집(栗谷集)』을 보았다. 현재 우리나라에서 널리 통용되는 『사서대전』은 성균관대학교 대동문화연구원에서 간행한 『經書』이다. 이것에 표점을 찍어 놓은 것이 양기석이 정리한 『대학장구대전 대학혹문』(술이, 2012)이다.

7) 『대학장구대전』, 11상b. "大學者, 大人之學也."

는 사람은 소인이다."[8]라고 설명하였다.

이 해석은 『대학』의 의의를 크게 바꾸어 놓았다. 다산(茶山) 정약용(丁若鏞, 1762~1836)에 의하면, 본래 예비 통치자를 교육하던 기관인 태학(太學)의 교육 내용을 기술한 이 책이 대인이 되기 위한 학문으로 재해석됨으로써 일반인도 학습해야 할 공통과목이 되었다.[9] 대인이 온 세상을 포용할 수 있는 사람이라면, 소인은 자기나 폭이 좁은 우리에 집착하는 협량한 사람이다. 대인은 천하인이다. 통치자의 권한이 있는지의 여부를 떠나 천하를 포용하는 아량과 운영하는 지혜를 갖고 그에 합당한 도리에 따라 살려는 사람이 천하인이다. 학덕이 누구보다 고매하였으나 통치자의 지위를 얻지 못했던 공자를 모범으로 삼았던 사람들은 통치보다는 문화 · 교육 활동에 종사하면서 천하의 유교 문명화를 꾀하는 지도자 또는 조력자가 되고자 하였다.

『소학』이 한 사람으로서 살아가는 데 필요한 기본적인 예절 · 교양 · 기술을 배우는 공통의 초급 과정임에 비해, 『대학』은 세상을 넓게 포용하고 책임질 수 있는 인격을 기르는 고급과정이다. 사람마다 감당할 수 있고 감당해야 하는 세계의 규모에 차이가 있으나,[10] 크고 작은 집단의 삶을 영위해야 하는 사람들이 알고 실천해야 할 도덕 원칙

---

8) 王守仁, 「大學問」, 『傳習錄』. "陽明子曰大人者, 以天地萬物爲一體者也. 其視天下猶一家, 中國猶一人焉. 若夫間形骸而分爾我者, 小人矣."

9) 정약용에 의하면, 大學은 대학이 아닌 太學으로 읽어야 한다. 본래 태학은 장자(冑子)들을 위한 교육기관이었으나, 세습제도가 완화된 후대에 이르러 태학은 일반 백성도 교육받는 기관이 되었고, 『대학』도 공공의 서적이 되었다. 정약용은 족별의 귀천이 없어진 시대에는 주자의 해석대로 따르는 것이 옳다고 본다. 「大學公議」, 4쪽. "大學者, 國學也. 居冑子以教之. 大學之道, 教冑子之道也." 7쪽. "今也, 爵不世襲, 才不族選, 寒門賤族, 亦可以蹴到卿相佐人主而治萬民. 先儒習見此俗, 不嫺古制. 故以太學爲萬民所游之地, 以太學之道爲萬民所由之路,…故改之曰大人之學, 欲以之爲公共之物耳." 11쪽. "今世之法, 族無貴賤, 咸於此經致力焉, 可也."

10) 『中庸章句大全』(『경서』 수록본)776하b. 雙峯饒氏曰 이하 참조.

과 인격 함양의 의미를 『대학』에서 배웠다. 『대학』 8조목의 수 · 제 · 치 · 평은 모두 다스린다는 뜻을 가진다. 격물 · 치지 · 성의 · 정심은 자기 다스림의 세목이다. 자기를 출발점으로 하여 천하 세계를 다스리는 방법을 배워야 했으니, 『대학』에는 유학의 세계관과 인생관이 압축적으로 담겨 있다.

이를 고려하면서 이 장에서는 서적으로서의 『대학』에 주자가 부여한 이념적인 대학관을 알아보고자 한다. 성리학자 중 영향력이 가장 컸던 사람인 주자와 그의 학문을 계승한 사람들 중 일부를 중심으로 논의한다. 이와 함께 『대학』의 옛 뜻을 회복하고자 하여 경학사에 큰 족적을 남긴 정약용의 견해를 참고한다. 마지막으로, 이념과는 거리를 둔 채 조선시대에 현실적으로 나타난 대학의 모습을 간략히 살펴본다.

II. 세상을 다스리는 방법

강령은 근본이 되는 큰 줄거리를 뜻하니 교육의 목표이다. 명덕을 밝히고[明明德] 백성을 새롭게 하여[新民] 지극한 선에 머문다[止於至善]는 것이 3강령이다. 성리학자들이 생각한 명덕은 후천적인 실천의 결과로서 얻어지는 덕이기에 앞서, 타고나는 것이므로 누구나 갖고 있는 밝은 덕이다. 본성인 仁義禮智가 마음의 질료인 빼어난 기질과 합해져서 허령불매(虛靈不昧)한 것을 명덕이라고 한다. 어린애가 우물에 빠지면 깜짝 놀라 측은해하고, 불의를 보면 부끄러워하고 미워하고, 어진 이를 보면 공경하며, 좋은 일을 보면 경탄하면서 사모하는 마음이 생기는 것이 그 실례다. 마음의 밑바닥에 자리 잡고 있으면서 없어

지지 않기에 악한 사람도 때로 명덕을 드러낸다.[11]

그러나 선천적인 기질의 한계와 후천적인 사욕의 오염으로 인해 명덕이 발휘되지 못하므로 본래의 마음을 밝히는 것이 명명덕이다. 이것이 배우는 자 자신의 일이라면, 남에게 영향을 미쳐 자기와 같은 결과를 갖도록 하는 것이 신민이다. 지어지선의 지(止)는 한 터럭의 사욕도 없는 지선의 상태에 이르러 옮기지 않고 머문다[居]는 뜻이다.[12] 8조목은 "수신 이전은 명명덕의 일을, 제가 이후의 일은 신민의 일"[13]을 구체화하였는데, 자기는 물론 백성도 지어지선하도록 해야 한다. 그래서 지어지선은 명덕 신민의 표적[14]이라고 한다. 그러나 따지고 보면 이 모든 것은 명명덕의 일이다. 신민이나 지어지선도 명덕을 밝히는 일에서 벗어나지 않는다.[15] 굳이 구분한다면 명명덕은 개인의 도덕 수양이고 신민은 정치이지만, 백성의 명덕을 밝히는 것이 신민이므로 정치도 백성의 도덕적 각성을 도모함에서 벗어나지 않는다.

정령을 강제하기 전에 도덕성의 각성을 우선적인 과제로 꼽는 것이 유교의 정치다. 『대학』 학습의 실제 목적은 나라를 얻음[得國]에 있었으나, 지모나 폭력의 사용 또는 제도의 실현에 관심을 두기에 앞서 덕

---

11) 『대학장구대전』, 11하b, 소주. "朱子曰明德未嘗息, 時時發見於日用之間, 如見孺子入井而怵惕, 見非義而羞惡, 見賢人而恭敬, 見善事而歎慕, 皆明德之發見也. 雖至惡之人, 亦時有善念之發."

12) 『대학장구대전』, 11상b-13상b. "大學者, 大人之學也. 明, 明之也. 明德者, 人之所得乎天, 而虛靈不昧, 以具衆理而應萬事者也. 但爲氣稟所拘, 人欲所蔽, 則有時而昏; 然其本體之明, 則有未嘗息者. 故學者當因其所發而遂明之, 以復其初也. 新者, 革其舊之謂也, 言旣自明其明德, 又當推以及人, 使之亦有以去其舊染之污也. 止者, 必至於是而不遷之意. 至善, 則事理當然之極也. 言明明德 新民, 皆當至於至善之地而不遷. 蓋必其有以盡夫天理之極, 而無一毫人欲之私也. 此三者, 大學之綱領也."

13) 『대학장구대전』, 16상a. "脩身以上, 明明德之事也. 齊家以下, 新民之事也."

14) 『대학장구대전』, 12하b. "新安吳氏曰止至善, 爲明明德新民之標的."

15) 『대학장구대전』, 13상a. "玉溪盧氏曰要而言之, 則明明德又爲三者之綱領, 乃大學一書之大綱領也."

성을 밝히면 세상이 다스려진다고 생각하는 것이 유교 정치의 특징이다. 이렇게 생각하게 된 것은 가족(문)을 통치의 원형으로 보았기 때문이다. 주자는 양주(楊朱)와 묵적(墨翟)을 모두 비판한다. "양주의 위아(爲我)는 인(仁)을 해치고, 묵자의 겸애(兼愛)는 의(義)를 해친다."[16] 겸애를 주장한 묵자에게는 자기의식이 없고, 위아를 주장한 양자에게는 사회적 통합의 정신 자원이 없다. 자기의식은 타인과 타물에 의존하지 않는 독립적 인격의 원천인데, 그것이 없으면 저항력이 떨어져 최악의 경우 법가(法家)처럼 각박한 전체주의로 전락하게 된다. 반면에 위아주의는 타인 타물과의 화해를 도모하지 않음으로써 집단에의 통합에 취약하다.

전체를 포용하면서도 자기를 완전히 버리지 않는 모순적인 두 계기를 결합시키고자 하는 유학은 묵자의 겸애설(兼愛說)과 양주의 위아설(爲我說)을 모두 거부하고, 중도를 지향한다. 여기서 인의가 가장 중요한 덕목으로 대두된다. 인(仁)이 타인을 동료로 느끼고 대가 없는 원조를 수수하는 관계를 맺게 하는 포용력의 덕성이라면, 의(義)는 『맹자』에서 말했듯이 (거지라도) 모욕을 당했을 때 분노의 느낌을 갖고 자기가 잘못하여 조소를 받으면 부끄러움을 느끼는 덕성이다. '의'가 있음으로써 '나'와 '남'의 대비 속에서 이루어지는 하나의 주체가 정립되고, 비로소 하나의 독립적 '인격'으로 존립한다. 그래서 '의'란 '인격적 주체로서의 존재를 긍정하는 정신'이고, 그 주체성이 부정될 때 항거하

16) 정주의 양 · 묵 평가는 『孟子』, 「盡心」 상 '楊子取爲我'章과 『近思錄』 권1 등에 나타난다. 『맹자집주대전』, 「盡心」 上, 723상b, 朱子註. "爲我害仁, 兼愛害義, 執中者害於時中, 皆擧一而廢百者也." 이황, 「聖學十圖」, 『退溪全書』1, 200하a-b. "朱子曰 … 一統而萬殊, 則雖天下一家中國一人, 而不流於兼愛之蔽; 萬殊而一貫, 則雖親疎異情貴賤異等, 而不梏於爲我之私. 此西銘之大旨也."

는 정신이다.[17] 둘은 서로 견제하면서 의미를 보완한다. '인'은 공 · 사 관계를 막론하고 친밀한 애정이 인간관계에 내재되어야 함을 명령하나, 개인 · 가족 · 국가의 다름이 있다는 차이성에 의해 제한되어야 한다. '의'는 서로 다른 인격 · 지위 · 소유를 존중하라고 명령하지만, '인'은 배타적인 경쟁과 갈등을 부정하고 시혜와 협력의 책임을 부과한다. 타자와의 균형과 조화를 스스로 추구하는 인성은 사양과 겸손의 예로 표현된다.[18] 따뜻한 마음을 가지고 객관적으로 관찰하고 시정할 수 있는 능력[智]도 있어야 한다. 유교가 지향한 가장 좋은 삶은 화합할 수 있는 정(情)과 독립을 존중하는 의리(義理)가 아울러 융성한 인간관계의 확립이었다. 『조선왕조실록』은 이를 다음과 같이 말한다.

> 무릇 천하의 인륜(人倫)은 친함[親]과 의리[義]뿐이다. 친하면 사랑하고 의리로는 공경하니, 친함에 의리가 없으면 금수(禽獸)와 같고 의리에 친함이 없으면 오랑캐다. 이런 까닭으로 공경과 의리가 서면 인도(人道)가 튼튼할 것이고 공경과 의리가 폐하면 인도(人道)가 허물어질 것이다.[19]

친함이 '인'이고, '의'는 공경함이다. 의리가 지위, 역할을 나누고[分] 독립적 인격의 존중을 책임으로 부과한다면, '정'은 친함이라는 말이 의미하듯이 감성적이고도 인격적인 교류를 만든다.

---

17) 동아시아의 전통시대에서는 개인 및 가족 집단의 사회적 · 정치적 위계에 따라 사회적 재화나 지위의 분배는 물론 인격적 대우와 개인들의 행동 방식도 달리 분배하는 것을 옳다고 여겼다. 모든 성원들에게 그러한 분배 체계를 긍정적으로 수용하도록 하였고, 주어진 자기 책임과 직분을 다하는 것을 인생의 옳은 태도라고 가르쳐 왔다. 행위자들이 자기에게 분배된 지위와 자격에 따라 자기 책임을 다한다는 것은 그 분배 체계를 달게 여기는 심리적 동의와 함께 행동, 즉 의식(儀式)으로 표출할 의무를 짊어지는 일이었다. 동시에 서로 존중하고 화합하고자 하는 공동체의 정신을 갖고자 하였다.

18) 이상은, 「동양적 인간형」, 『이상은 선생 전집: 중국철학』, 예문서원, pp. 1998, 418-421.

19) 『세조실록』 12년 3월 23일(갑자).

화합하고자 하면서 또한 독립성을 유지하고자 하는 모순적 성향이 조화를 이룰 수 있는 집단이 전통시대의 가족(문)이었다. 국가도, 왕가라는 말이 있듯이, 한 가문의 소유로 여겨진다. 가족은 성원 사이에는 혈연에서 기인하는 친함이 있고 또한 내부에서의 지위와 역할의 다름이 있으므로 인의를 학습하는 데 적합하다. 주자는 한 걸음 더 나아가서 그런 덕성이 미리 갖추어져 있다고 주장하며 이 본성으로부터 효・제・자(孝・悌・慈)라는 구체적인 덕목이 발생한다고 본다. 타고난 데 더하여 가족 내부에서 훈련된 이 덕성을 사회와 국가, 천하로까지 확장시켜 나감으로써 세상을 다스릴 수 있다는 것이다.

仁義禮智가 본성이라는 말은 개인이 선택하기 이전에 인간 사이에 동일성이 있다는 뜻을 함축한다. 동일성이 있다는 사실은 본성을 밝힌 지도자가 있다면 그들을 감화하여 명덕을 일깨울 수 있는 근거가 된다. "천하를 평화롭게 함이 그 나라를 다스리는 것에 있다고 말하는 것은 윗사람이 노인을 노인으로 대우하면 백성이 효심을 일으키고, 윗사람이 어른을 어른으로 대접하면 백성이 공손함을 일으키고, 윗사람이 고아를 긍휼히 여기면 백성이 배신하지 않는다는 것이니, 이로써 군자는 혈구(絜矩)의 도가 있다."[20] 효・제・자는 본래 제가(齊家)에서 요구된 덕목이고, 범위를 넓혀도 사회생활의 덕목에 지나지 않는다.[21] 그럼에도 통치자인 윗사람이 효・제・자를 집안에서 행하여 모범을 보이면, 나라 사람들이 그를 본받아 그것들을 실천함으로써 명덕이 밝아지고 국가와 천하의 질서가 잡힌다고 예상한다.

---

20) 『대학장구대전』, 35상b. "所謂平天下在治其國者: 上老老而民興孝, 上長長而民興弟, 上恤孤而民不倍, 是以君子有絜矩之道也."

21) 『대학장구대전』, 32상a-b. "所謂治國必先齊其家者, 其家不可敎而能敎人者, 無之. 故君子不出家而成敎於國: 孝者, 所以事君也; 弟者, 所以事長也; 慈者, 所以使衆也."

그러나 가족이 배타적인 이익을 추구하는 집단이 되면 폭력적인 이기성이 발휘된다. 주자는 현명하게도 이익을 추구하는 욕망도 인간의 공통성임을 인정한다. 우리 모두는 욕망의 존재이고, 그 욕망을 채워줄 수 있는 자원인 이익은 항상 부족하기 때문에 남과 갈등한다.[22] 이익 욕구 중『대학』이 특별히 주목한 것이 재물 욕구다. 남과의 갈등을 유발하는 이 욕망을 조정해야 함을『대학』은 강조한다. 힘과 지략, 제도를 사용하여 남을 제압하고 통제하는 방법은 동서고금에 걸쳐 널리 사용된 방법이다. 그러나 명덕이 보편적으로 있다고 믿는 유학자들은 이것과는 다른 방법을 모색한다.

주자가『대학장구』제10장의 해석에서 강조한 것이 사람의 본성과 욕망이 동일하다는 사실인데, 명덕에 의해 이기적 욕망을 다스리고자 한다.[23] 지도자는 개인 이익을 독점하는 대신 조정하고자 해야 하며,

22) "욕망이란 얻고자 원하는 것"이라는 북계(北溪) 진순(陳淳, 1159~1223)의 정의와 "이(利)는 인정(人情)의 욕망하는 것"(陳淳,『北溪先生字義詳講』, 대만 중문출판사, 1972, 179쪽. "利者 人情之所欲. 欲是所欲得者.";『論語集註大全』,「里仁」(『경서』 수록본, 130상a. '君子喩於義, 小人喩於利'의 朱子 주. "義者, 天理之所宜. 利者, 人情之所欲.")이라는 주희의 정의를 종합하면, '사람[人]'이 욕망하여 얻고자 하는 것들은 이익이다. 맹자를 참고하면, 인간이 보편적으로 욕망하는 것은 '생(生)'이다. 따라서 삶 자체의 유지, 풍요, 안정과 관련된 가치들이 이익이다. 흔히 식색(食色)으로 말해지는 개체 보존 및 생계를 위한 식물(食物)과 성욕의 대상[色], 오래 살고자 하는 욕망인 수(壽), 인정(認定) 욕구의 대상인 명예, 그것들을 얻는 수단이면서 그것 자체로 욕망의 대상인 지위 · 벼슬 · 녹봉 · 재화 등이 利를 대표한다.(『孟子集註大全』,「告子上」, 677상b. "如使人之所欲莫甚於生…"; 陳淳,『북계선생자의상강』, 179쪽.) 주희는 이익에 대한 욕망이 "천리(天理)에 의하여 있는 것이고 인정(人情)상 없을 수 없는 것"(『맹자집주대전』,「양혜왕하」, 483상a, 주자주, "蓋鐘鼓, 苑囿, 遊觀之樂, 與夫好勇好貨好色之心, 皆天理之所有, 而人情之所不能無者…")이라고 하여, 이 욕망들이 천성(天性)임을 긍정한다.

23)『대학장구대전』, 35상b-36하a, 주자주. "老老, 所謂老吾老也. 興, 謂有所感發而興起也. 孤者, 幼而無父之稱.... 言此三者, 上行下效, 捷於影響, 所謂家齊而國治也. 亦可以見人心之所同, 而不可使有一夫之不獲矣." 38하a. "蓋財者人之所同欲, 不能絜矩而欲專之, 則民亦起而爭奪矣."

자기의 배타적인 이익을 앞세울 수 없다. 덕이 근본이고 재물은 말단—덕본재말(德本財末)—임을 알아야 한다. "덕은 근본이요, 재물은 말단이다. 밖의 것이 근본이 되고 안의 것이 말단이 되면 백성들을 다투게 하여 약탈을 가르치게 된다. 이 때문에 재물이 모이면 백성이 흩어지고, 재물이 흩어지면 백성이 모인다."[24] 재물을 나누면 성원들이 마음 밑바닥에서부터 우러나는 동의의 마음을 가지고 공동체에 참여한다고 생각한다. 주자는 동일성에 토대를 두고 일어나는 감정적 전염을 감발흥기(感發興起)라고 표현하였다. 통치자가 인간의 본성에 부합하는 행위를 하면, 동일성을 가진 만큼 성원들이 감동하여 마음을 움직여 그리되고자 하는 의지를 가지게 되고, 국가적 소속감이 생긴다는 것이다. 이 신념을 『대학』은 "군자는 먼저 덕성에 신중하니, 덕이 있으면 이에 사람(백성)이 있고, 사람이 있으면 국토가 있고, 국토가 있으면 재물이 있게 되고, 재물이 있으면 씀이 있다."[25]고 요약하였다.

군주로부터 인민에 이르기까지 각기 자기의 장소(지위)에 머물면서 자기 책임(직분)을 다하게 되는 것은 그 결과다. 자기 장소에서 주어

24) 『대학장구대전』, 38상b-하a. "德者本也, 財者末也, 外本內末, 爭民施奪. 是故財聚則民散, 財散則民聚." 맹자 또한 생으로 대표되는 욕망이 있음에도 불구하고 최대의 손해인 죽음 역시 마다하지 않고 의로움을 지향하는 욕망도 있다고 하여, 이 두 본능의 공존과 가치서열을 분명히 하였다. 『맹자집주대전』, 「고자상」, 677상b. "生, 亦我所欲也; 義, 亦我所欲也, 二者不可得兼, 舍生而取義者也. 生亦我所欲, 所欲有甚於生者, 故不爲苟得也; 死亦我所惡, 所惡有甚於死者, 故患有所不辟也." 이렇게 이익보다 도덕성을 앞세우는 사상을 義理사상이라고 한다. 진순은 "천리의 마땅한 바는 다만 마땅히 그러해야 하기에 그렇게 하며 위하는(목적하는) 바가 없이 그렇게 하는 것이나, 인정의 욕망하는 바는 단지 마땅히 그렇게 하는 것이 아니나 그렇게 하는 것이며 위하는 바가 있어 그렇게 하는 것"(陳淳, 『북계선생자의상강』, 180쪽)이라고 의리와 이익을 구분하였다.

25) 『대학장구대전』, 38상a. "是故君子先愼乎德. 有德此有人, 有人此有土, 有土此有財, 有財此有用."

진 책임을 다하는 것을 득기소(得其所)라고 하는데, 지어지선의 의미 중의 하나다. 다음은 전문 제3장이다.

『시경』「주송(周頌)」 '현조(玄鳥)' 편에 "왕자의 도읍이 있는 기내(畿內) 천리여, 백성들이 머무는 곳이다"라고 하였다. 『시경』「소아(小雅)」 '면만(緡蠻)' 편에 "짹짹 우는 황조(黃鳥)여, 깊은 산속 울창한 숲에 머문다."고 하였으니, 공자가 "머무름에 머무를 곳을 아니, 사람이 되어서 새만도 못할 수 있는가?"라고 하였다. 『시경』 '문왕' 편에 "성대한 문왕이여, 인격을 계속하여 밝게 하여 공경함에 머물렀다."고 하였으니, 임금이 되어서는 어짊에 머물렀고, 신하가 되어서는 공경함에 머물렀고, 자식이 되어서는 효도에 머물렀고, 아비가 되어서는 자애로움에 머물렀고, 나라 사람과 교류할 때는 믿음에 머물렀다.[26]

「현조(玄鳥)」와 「면만(緡蠻)」은 이른바 타고난 분수 또는 주어진 지위에 항상 거처해야 함을 말하였다. 「문왕」은 이것을 더욱 자세히 풀어서 지위—지위는 상대적인 것이어서 가변적이다—에 따라 요구되는 책임을 다하는 것이 지어진선임을 말한다. 둘 다 시중(時中)의 뜻이니, 중용한다는 말이다. 이처럼 모든 성원들이 자기 자리에 있으면서 상황에 따라 요구되는 직분을 다하는 세상이 성리학자들의 이상사회다.

그러나 명덕을 본구하였다고 하여도 누구나 명덕을 밝히고 중용할 수 있는 것은 아니므로, 방편으로 사용하는 것이 혈구지도(絜矩之道)다. 자기 마음을 척도로 삼아 남의 마음을 헤아려 보는 것이 혈구지도다. 주자는 이렇게 말하였다.

윗사람이 나에게 무례하게 구는 것을 원하지 않는다면 반드시 이것으로써

26) 『대학장구대전』, 20상b-하b. "詩云邦畿千里, 惟民所止. 詩云緡蠻黃鳥, 止于丘隅. 子曰於止, 知其所止, 可以人而不如鳥乎! 詩云穆穆文王, 於緝熙敬止! 爲人君, 止於仁; 爲人臣, 止於敬; 爲人子, 止於孝; 爲人父, 止於慈; 與國人交, 止於信."

아랫사람의 마음을 헤아려서 감히 이 무례함으로써 그를 부리지 말며, 아랫사람이 나에게 불충하는 것을 원하지 않으면 반드시 이것으로써 윗사람의 마음을 헤아려서 또한 감히 이 불충함으로써 그를 섬기지 말라. 전후좌우의 사람에 이르러서도 모두 그렇지 않음이 없다.

누구나 동일한 욕망을 소유하기에 마음만 먹는다면 남을 헤아려 이해할 수 있고, 이를 바탕으로 인간관계를 조정하는 방법이 혈구지도이고 달리 말하면 충서(忠恕)다.[27] 궁극의 단계는 이와 같은 상호 비교나 의도함도 필요 없이 자연스럽게 항상 중용할 수 있는 인격을 소유하는 것인데, 그런 인격을 소유한 사람을 성인(聖人)이라고 한다.

Ⅲ. 공부해야 하는 이유

『대학』에서 가장 경계하는 도덕적·정치적 폐단은 편벽함이다. 다음은『대학장구』 전문 제8장이다.

집안을 가지런하게 함은 몸을 닦음에 있다고 말하는 것은 사람이 친애하는 사람에게 편벽되며, 천하게 여기고 미워하는 것에 편벽되며, 두렵고 경외하는 것에 편벽되며, 가엽고 불쌍히 여기는 것에 편벽되며, 거만하고 태만히 하는

27)『대학장구대전』, 36하a. "如不欲上之無禮於我, 則必以此度下之心, 而亦不敢以此無禮使之. 不欲下之不忠於我, 則必以此度上之心, 而亦不敢以此不忠事之. 至於前後左右, 無不皆然…" 혈구지도가 곧 충서다.『중용』은 "충서가 (중용의) 道에서 벗어남이 멀지 않다"(『중용』 제13장. "忠恕違道不遠, 施諸己而不願, 亦勿施於人.")고 함으로써 충서를 중용과 동일시하지 않으면서도, 충서가 중용을 실현하는 기본적인 방법임을 인정한다. 중용의 도는 중용의 덕을 가진 사람이 행하는 것이며, 그에 관한 완전한 덕인 誠을 지닌 존재는 하늘과 성인(聖人)뿐이다. 충서는 아직 그 경계에 도달하지 못한 사람들이 의지적인 노력을 통해 중용의 덕과 도에 접근해 가는 단계다.

> 것에 편벽된다. 그러므로 좋아하면서 나쁨을 알고 미워하면서 좋은 점을 아는 자는 천하에 드물다. 그러므로 속담에 사람들이 그 자녀의 악함을 알지 못하며, 자기 모[苗]가 큼을 알지 못한다고 하였다. 이를 일러 몸이 닦이지 않으면 집안을 가지런하게 할 수 없다고 한 것이다.[28)]

편벽함의 사전적인 의미는 '한쪽으로 치우쳐 공평하지 못함'이니 그 반대말은 공정함이다. '제가(齊家)' 장에 이 내용을 배치하였으나, 가족 이외의 다른 집단의 문제점도 이와 다를 바가 없다. 오히려 국가나 천하의 차원으로까지 확대하면, 편벽함의 위험은 더 커진다. 다양한 집단들과 가문에 속하고 남과 다른 사상과 이념을 소유하면 세상을 바라보고 대하는 편견과 편벽함은 강화된다.

편벽함은 고려해야 할 복수의 요소, 즉 인물이나 가치가 있음을 전제한다. 이 여러 요소들 중 특정의 위치에 서는 것이 편벽함이므로, 이것들을 종합적으로 고려하면서 공정하게 판단해야 한다. 『중용』은 "양극(兩極)을 잡아서 그 중을 쓴다."고 하였다. 양극은 고려해야 할 다양한 측면이 있음에 대한 극단적인 표현이다. 다양한 성원들이 공존하는 집단에서는 성원들의 수만큼이나 다양한 의견과 이해타산이 있어 갈등이 발생하므로, 통치자는 의견들과 이해관계를 조정하여 성원들이 동의할 수 있는 가장 좋은 결정을 내리도록 노력해야 한다. 그것을 중(中)이라고 하는데, 주자는 중을 흡호(恰好), 즉 가장 좋은 것이라고 풀이하였다.[29)] 중하기 위해 필요한 것이 허령불매한 명덕이다.

---

28) 『대학장구대전』, 30하b-31하a. "所謂齊其家在脩其身者, 人之其所親愛而辟焉, 之其所賤惡而辟焉, 之其所畏敬而辟焉, 之其所哀矜而辟焉, 之其所敖惰而辟焉. 故好而知其惡, 惡而知其美者, 天下鮮矣! 故諺有之曰人莫知其子之惡, 莫知其苗之碩. 此謂身不脩不可以齊其家."

29) 『중용장구대전』, 765상b. "中只是箇恰好底道理."

그러나 사람들은 기질의 제약과 사욕에 사로잡혀 명덕이 있는 줄도 모른다.[30] 기질—타고난 기운과 형질—은 우선 인간과 사물의 차이를 드러냄은 물론 한 종(種) 사이에서도 개별적인 차이를 만드는 질료다. 이 기질의 차이에 의해 지 · 우 · 현 · 불초(智 · 愚 · 賢 · 不肖)의 다름이 있다. 기질의 제약은 편향성을 유발한다. 성품이 어진 사람은 옳고 그름을 따지는 일(義)에는 나약하다. 반대로 의로움을 지향하면서 불의를 미워하는 사람들 중에는 남을 긍휼히 여기는 어진 마음씨가 부족한 경우가 많다. 더군다나 한때는 어질다가도 다른 때에는 모질게 남을 대하는 변덕을 부리는 범인들은 일관성 있는 인격적 정체성을 갖기 어렵다.

이에 비해 사욕은 인간이 본래부터 지닌 욕망 중에서도 자기중심적인 욕망만을 가리킨다. 주자는 욕망을 부정적으로 보지 않지만, 욕망 추구에 제한을 둔다. "利를 추구하는 마음[利心]은 남과 내가 서로 구분됨에서 생기는 것이니, 인욕의 사사로움이다."[31]라고 말한다. 여기서의 '남과 내가 구분된다'함은 개체들이 자기 이익을 쟁취하기 위하여 경쟁 · 갈등하는 상황을 가리킨다. 남을 이겨서라도 나의 이익을 획득하고자 하는 이익의 욕망이 사사로운 욕망[私欲]이다. 이뿐 아니다. 주자는 연평(延平) 이동(李侗, 1093~1163)의 가르침에 따라 큰 악념(惡念)인 사욕과 잠깐 사이에도 왔다 갔다 하는 염려(念慮, 즉 浮念,

30) 『대학장구대전』, 11상b-하a. "明德者, 人之所得乎天, 而虛靈不昧, 以具衆理而應萬事者也. 但爲氣稟所拘, 人欲所蔽, 則有時而昏; 然其本體之明, 則有未嘗息者. 故學者當因其所發而遂明之, 以復其初也."

31) 『맹자집주대전』, 「양혜왕상」, 455상a, 주자주. "此章言仁義根於人心之固有, 天理之公也. 利心生於物我之相形, 人欲之私也. 循天理, 則不求利而自無不利; 殉人欲, 則求利未得而害已隨之."

雜念)를 구분한 바 있다.[32] 사악한 것이라고 말할 수 없음은 물론 도덕적으로 정당한 것일지라도 '지금 바로 이곳에' 집중하지 못하도록 정신을 혼란하게 한다면, 이것도 명덕을 해치는 것으로 간주된다.

기질의 불완전함, 사욕, 잡념 등이 모여 마음의 기능을 저해하는 편벽함을 유발한다. 마음(心)의 기본 기능은 지각(知覺)이다. 성리학자들이 사용한 지각 개념은 포괄 범위가 매우 넓다. 지각은 우선 신체기관을 통해 이루어진다. 입은 맛을, 눈은 색을, 귀는 소리를 감수(感受)하는 지각작용을 한다. 신체기관의 지각은 궁극적으로 마음의 지각이다. 신체의 지각은 신체기관에 가해진 자극에 불과하고 실제로 느낌을 갖고 알아채는 것은 마음의 지각능력이다. 이때의 지각은 사색과 반성이라는 의미에서의 이성 활동과는 다른 본능적 느낌이다. 동물도 소유하는 이 지각은 마음 내부에 갖춘 본성[理]을 즉각적으로 감지하여 행동으로 나타낸다.[33] 인간은 이에 더해 동물이 갖지 않는 최고의 지각능력을 가진다. 소당연(所當然)을 알고 소이연(所以然)을 깨닫는 인식이 가능한 지각을 가지며, 이것은 인간 중에서도 성인에 의해 최고도로 실현된다.

성리학자들은 사람에게서 지각이 일어나는 순서를 다음과 같이 파악한다. 우선 신체기관이 외물의 자극을 받고 마음이 그것을 통합하여 느끼면, 마음은 그 안에 있는 본능적 성향을 지각하여 감정으로 배

32) 李珥, 『聖學輯要』, 학민문화사, 2006, pp. 298-299. "朱子曰李先生說, 人心中大段惡念, 却易制伏, 最是那不大段計利害, 乍往乍來底念慮,(此是浮念) 相續不斷, 難爲驅除."

33) 이황, 「答李叔獻問目」, 『퇴계전서』 1, 374하a. "凡有血氣者, 固皆有知覺, 然鳥獸偏塞之知覺, 豈同於吾人最靈之知覺乎?" 成渾, 「書示吳允謙黃愼兩生二首幷序」, 『牛溪先生文集』 1, 경인문화사, 1993, 40쪽. "十年前栗谷訪余同宿溪廬時, 當中秋窓外蛩聲喞喞, 十百爲群, 爭鳴而競吟, 無暫時停息. 及到曉鍾, 其聲益盛, 有自樂其樂而不知其勤苦者. 余歎曰微物尙能盡其職, 至於此哉? 栗谷又歎曰知覺多者, 深於利害, 擇利而就安, 怠惰而日偸, 所以人不能盡性, 而天機自動, 不假修爲, 盡其天職, 乃出於微物也."

출한다. 감정은 사태를 느낌으로써 ‘저절로 그러하게 발출하는’ 것이며, 그렇게 하려고 의지하거나 계교함이 있는 것은 아니다. 정이 발생함에 따라 그 위에서 연이어 발생하는 의(意)는 계산하고 따져 보는 지각 활동이다. 어린애가 우물에 빠짐을 보고 측은(惻隱)해하는 정이 발출하였다면, 이 감정을 야기한 사태를 처리하기 위해 방법을 고려하거나 이해(利害)관계를 따져 보는 지각 활동이 의이다.[34] 의는 염·려·사(念·慮·思)로 세분된다. 염(念)은 현재의 특정한 일에 정신을 집중하여 헤아리는 것이고, 여(慮)는 도모하는 바(목적)가 있는 생각함이고, 사(思)는 염(念)을 깊고도 정밀하게 밀고 나가 꿰뚫어 환하게 알기[通]를 바라는 의(意)의 특수한 양상이다. 의(意)와 구분되는 지(志)는 이 과정들을 거쳐 결단을 내리는 지각이다.[35]

하지만 기질이 편향적이거나 사욕과 잡념에 휩싸인 사람은 주체와 외물이 처한 상황과 요청을 제대로 인지할 수 없다. 타고난 기질적 한계가 항시적으로 작동하면서 무반성의 상태에서 자기중심적인 욕망에 따라 외물을 파악하고 감정을 발산하며 의·지하게 되면, 그에 따라 경험이 축적된다. 이것이 다시 마음의 지각작용에 영향을 주어 세계 이해를 더욱 왜곡시키는 악순환이 계속된다. 이것이 본성을 실현하는 주체인 마음의 기능을 저해하고 본마음인 명덕을 상실하게

34) 이황, 「答李宏仲問目」, 『퇴계전서』 2, 233상b-하a. “發出恁地謂發出如此, 如見入井而惻隱自然發出如此, 見喜事而喜自然發出如此是也. 主張要恁地謂主張要如此, 如當惻隱而主張要如此經營拯救, 當喜事而主張要處置這喜事是也 … 因情之發而經營計度主張要如此主張要如彼.”

35) 이황, 「答金而精」, 『퇴계전서』 2, 93하b. “陳安卿曰思慮念慮之類, 皆意之屬, 此說通矣. 今若參他書細分之, 念字, 韻會訓常思也. 古字作念, 蓋逐頃逐刻, 此心所在謂之念. 念者以今心爲義也. 故曰一念俄頃之間曰念, 念不忘云慮. 韻會, 思有所圖曰慮 … 思, 韻會念也. 然念不足以盡思義. 念淺而思深, 念疏而思密. 蓋心省求通之謂, 亦事物上心之謂也. 志意, 朱子曰志是心之所之, 一直去底…”

한다.

이런 한계를 극복할 수 있는 인간의 능력은 사(思) 또는 사려(思慮)라고 부른 '생각하는 능력'이다. 이황은 이렇게 말하였다.

> 일찍이 들으니 맹자의 말씀에 "마음의 기능은 생각함이니, 생각하면 얻고 생각하지 않으면 얻지 못한다."고 하였습니다. 기자(箕子)는 무왕(武王)을 위해 「홍범(洪範)」을 진언하였습니다만, 이 글에서 또한 말하길 "생각하면 꿰뚫어 환하게 알고[睿], 꿰뚫어 환하게 알면 성인(聖人)이 된다."고 하였습니다. 마음은 방촌(方寸)에 갖추어져 있는데 지극히 허(虛)하고 지극히 영(靈)하며, 理는 그림과 글[圖書]에 기록되어 있는데 지극히 드러나고 지극히 진실합니다. 지극히 허하고 지극히 영한 마음으로 지극히 드러나고 지극히 진실한 이치를 탐구하면 얻지 못할 것이 없을 터이니 생각하면 얻고 환하게 알면 성인이 되는 것을 오늘날에 어찌 징험하지 못하겠습니까?[36)]

서적[圖書]을 비롯한 만물에 갖추어진 이치를 궁구하여 앎을 넓힘으로써 편벽됨이라는 마음의 한계를 극복할 수 있는 힘은 이 생각함에 있다. 사고력을 활용하여 이치를 궁구함으로써, 이치가 마음을 주재하고 마음이 이치를 따르게 될 때, 사욕에 흔들리지 않아 마음이 고요해지고 사려가 한결같아진다.[37)]

지각능력의 하나로 마음에 갖추어진 사려의 능력은 도덕적 가능성을 일깨워 내는 열쇠다. 그러나 편색한 기질의 영향권에 놓인 지각능력의 하나인 사려 또한 기질적인 오염과 후천적인 경험으로부터 자유로울 수 없다.[38)] 편벽한 기질을 부여받아 태어난 범인이 협소한 자기

36) 이황,「進聖學十圖箚」,『퇴계전서』 1, 197상a-b.

37) 이황,「언행록」,『퇴계전서』 4, 179하b. "問小子氣質偏處. 曰病在窒滯. 曰何以卽無此病? 曰惟明理可免."; 같은 곳, 177상b. "理爲主而帥其氣, 卽心靜而慮一."

38) 이황이 사고력이 제대로 기능하기 위해서는 수양이 필요하다고 본 것은 이 때문이다. 이황,「答金而精」, 94상a. "滉謂是五者(念慮思志意), 皆心之爲, 善惡皆可言之, 其欲去惡

경험 위에서 전개하는 사려란 그 자체로 편향된 지각의 일종이다. 더욱이 의 · 지가 무엇인가를 사고하는 지각의 단계들이라고 하여도, 이것들이 꼭 '의식적' '반성적'으로 일어난다고 볼 수는 없다. 대부분의 사람이 그렇듯이 인간이 이성을 사용하면서 산다고 하더라도, 인생은 축적된 상식이나 편견에 의존하여 무반성적으로 일어나는 아주 얕은 수준의 이성 활동의 연속이고, 무엇인가를 골똘히 생각하는 활동은 얕은 수준의 이성이 문제를 해결하지 못하는 등의 특별한 계기가 있어야 일어난다.

감정이 일어나고 나서 의 · 지 · 사의 연쇄적인 지각 과정이 일어난다고 보면, 지각의 최초 단계로서 별다른 반성 없이 발산되는 감정은 연쇄하여 발생하는 의 · 지 · 사에 영향을 준다. 지능이 뛰어난 사람이 권모술수로 사고력을 사용하는 경우도 있다. 불가능한 것은 아니라고 할지라도 감정으로부터 자유로운 의 · 지의 영역을 확보하는 일은 좀체 어렵다고 보아야 한다. 편색함을 교정하는 과정을 밟지 않는다면 사려를 정상화시키는 것은 물론 사려를 정화해야 한다는 문제의식도 갖기 어렵다. 여기서 사고력을 키우고 활성화하기에 앞서 사려가 그 위에 서 있는 바탕인 인격의 틀을 개선해야 한다는 것이 우선적인 과제로 부상한다. 그 공부가 명명덕인데, 주자학자들이 명명덕의 방법으로 사용한 것이 격물치지(格物致知)와 거경(居敬)이다.

而從善, 亦在主敬與明理而已."

Ⅳ. 격물치지

주자의 『대학』은 대인을 육성하고자 한다. 대인이 되기 위해서는 눈앞과 신변의 일에 매이지 않고 세상 사람들을 두루 아우를 수 있는 포용력과 정의로운 질서를 담당할 수 있는 지혜, 세상이 아무리 타락해도 도를 담당하는 나는 나라고 자부하면서 흔들리지 않는 용기가 필요하다. 천하인이 되기 위해서는 그에 맞추어 자신을 가꾸는 것이 선결과제다. 『대학』은 말한다. "옛날에 천하에 명덕을 밝히고자 한 사람은 먼저 그 나라를 다스렸고, 그 나라를 다스리고자 한 사람은 먼저 그 집안을 가지런하게 하였고, 그 집안을 가지런히 하고자 한 사람은 먼저 그 몸을 닦았고, 그 몸을 닦고자 한 사람은 먼저 그 마음을 바르게 하였고, 마음을 바르게 하고자 한 사람은 먼저 그 의념을 진실하게 하였고, 그 의념을 진실하게 하고자 한 사람은 먼저 그 지식을 넓혔으니, 지식을 넓힘은 격물에 있다."[39]

이를 보면 천하인으로 자신을 닦는 방법은 격물치지와 성의·정심이다. 이것들에 본격적인 관심을 기울이기 시작한 이는 명도(明道) 정호(程顥, 1032~1085)와 이천(伊川) 정이(程頤, 1033~1107) 형제다. 이들의 『대학』 인식이 주자에게 얼마만큼 큰 영향을 주었는지는 『대학혹문(大學或問)』을 통해 짐작할 수 있다. 주자는 정자의 "덕성을 함양하기 위해서는 모름지기 경 공부를 해야 하고, 학문을 진보시키기 위해서는 지식을 넓혀야 한다(涵養須用敬, 進學在致知)."는 정신을 이어받아 『대학』에 격물치지와 거경에 관한 논의를 강화한다. "전문 열 장 중 앞

39) 『대학장구대전』, 14상b.

의 네 장은 강령의 의미를 통론하였고, 뒤의 여섯 장은 조목별로 공부를 세론하였다. 제5장(격물치지장)은 선을 밝히는 요체이고 제6장(성의장)은 몸을 진실하게 하는 근본이다."[40]라고 『대학』의 내용을 분석한 그는 제5장과 제6장을 특기하고 있다.

격물치지가 무슨 뜻인가에 대해서는 복수의 의견이 있으나, 주자는 사물의 이치를 궁구하여 지식을 극단까지 축적하는 것으로 해석하였다. 이에 대한 정자의 견해를 경전의 일부로 정착시키기 위해 격물치지전에 해당하는 「보망전(補亡傳)」을 만들기도 하였다.

> 최근 정자의 뜻을 취하여 다음과 같이 보충하였다. 이른바 치지는 격물에 있다[致知在格物]는 것은 나의 앎[知]을 극대화하고자 한다면 사물에 나아가 그 이치를 궁구한다는 말이다. 대개 인심의 영명함은 앎을 갖지 않음이 없고 천하의 사물은 이치를 가지지 않음이 없다. 오직 이치를 궁구하지 않음이 있어서 앎에 다하지 않음이 있다. 이로써 대학에서 처음 가르칠 때 반드시 배우는 사람들로 하여금 천하의 사물에 나아가 이미 알고 있는 이치로 말미암아 더욱 궁구하여 그 극단에 이르길 추구하였다. 힘씀이 오래됨에 이르러 하루아침에 시원하게 꿰뚫어 통달하면 모든 사물의 겉과 속, 정밀함과 거침[表裏精粗]에 이르지 않음이 없고, 우리 마음의 완전한 본체와 위대한 작용[全體大用]도 밝아지지 않음이 없다. 이것을 일러 물에 이름[物格]이라고 하고, 이것을 일러 앎의 지극함[知至]이라고 한다.[41]

주자가 본 격물에는 즉물(卽物), 궁리(窮理), 지극(至極, 盡)의 세 가

40)『대학장구대전』, 44하b. "凡傳十章, 前四章統論綱領指趣, 後六章細論條目功夫. 其第五章乃明善之要, 第六章乃誠身之本, 在初學尤爲當務之急, 讀者不可以其近而忽之也."

41)『대학장구대전』, 24상a-b. "閒嘗竊取程子之意以補之曰所謂致知在格物者, 言欲致吾之知, 在卽物而窮其理也. 蓋人心之靈莫不有知, 而天下之物莫不有理, 惟於理有未窮, 故其知有不盡也. 是以大學始教, 必使學者卽凡天下之物, 莫不因其已知之理而益窮之, 以求至乎其極. 至於用力之久, 而一旦豁然貫通焉, 則衆物之表裏精粗無不到, 而吾心之全體大用無不明矣. 此謂物格, 此謂知之至也."

지 뜻이 함축되어 있었다.[42] 사물의 형체는 理의 주재를 받는 기질로 이루어지므로[理主氣材], 사물의 형체에는 理가 아로새겨져 있다. 따라서 그 형체[물]에 나아가서 살펴보면[즉물], 이치―소이연지리(所以然之理)과 소당연지칙(所當然之則)―를 궁구할 수 있다[궁리]. 양과 질에 걸쳐 십분 궁리하여야 한다는 것이 지극(至極) 또는 진(盡)이다. 치지의 치(致)는 미루어 극진히 함이다. 앎을 극진히 하는 인식의 완성을 기약하는 것이 치지다.[43]

주자는 『대학혹문』에서 정자가 남긴 말을 정리하여 격물치지하는 방법 아홉 가지를 제시하기도 하였다. 여기에 주자학이 지향하는 인식론의 여러 특징이 나타난다.

> ① 하나의 물이 있으면 반드시 하나의 이치가 있다. 궁구하여 이르는 것이 이른바 격물이다. 그러나 격물에는 한 가지 방법만 있는 것이 아니다. 혹 독서를 하여 도의를 강명하고, 혹 고금인물을 논의하여 시비를 구별하며, 혹 일을 처리하고 물을 응접함에 마땅함의 여부를 가려서 처리하는 것이 모두 궁리다.
> ② 오늘 한 물을 격(格)하고 내일 또 한 물을 격하여 학습이 누적됨이 많아진 연후에 깨끗하게 관통(貫通)하는 곳이 있다.
> ③ 내 일신의 가운데로부터 만물의 이치에 이르기까지 이회(理會)함이 많아지면 저절로 시원하게 깨닫는 곳이 있다.
> ④ 궁리는 반드시 천하의 이치를 모두 궁구하는 것이 아니며, 또한 하나의 이치만 알기만 하면 궁극에 도달하는 것도 아니다. 다만 적루(積累)함이 많은 후에 저절로 깨끗하게 깨달음이 있다.
> ⑤ 격물은 천하의 물을 모두 궁구하려는 것이 아니다. 다만 한 가지 일에서 궁구함을 극진하게 하면 유類로써 추리할 수 있다. … 만물은 각기 일리(一理)를 구유하고 있고, 만 가지 이치는 하나의 근원에서 나온다.

---

42) 陳來, 『朱熹哲學硏究』, 中國社會科學出版社, 1987, p. 208.

43) 『대학장구대전』, 14하b. "致, 推極也. 知, 猶識也. 推極吾之知識, 欲其所知無不盡也."

이것이 미루어 가면 통하지 않음이 없는 까닭이다.

⑥ 물에는 반드시 이치가 있으니 모두 마땅히 궁구하여야 할 대상이다. 하늘과 땅이 높고 깊은 까닭[所以], 귀신이 보이지 않으며 드러나는 까닭 등이 이것이다. '하늘은 내가 그 높음은 안다'고 말할 뿐이고, '땅은 내가 그 깊음을 안다'고 말할 뿐이라면 … 이것은 이미 그러한 것(드러난 것)에 관한 말일 뿐이니, 어찌 이치를 궁구할 수 있다고 하겠는가?

⑦ 혹자가 "관물찰기(觀物察己)는 사물을 살핌으로 인해서 돌이켜 자기에서 구하는 것인가?"라고 물었다. 대답하여 "굳이 그럴 필요는 없다. 사물과 나는 한 가지 이치이니 저것에 밝아지면 이것이 곧바로 밝아진다. 이것이 내외를 합하는 도이다."라고 하였다. 묻기를 "그렇다면 먼저 사단(四端)에서 구하면 되는가?"라고 하였다. 대답하길 "정(情)과 성(性)에서 구하는 것이 진실로 자신에게 절실하다. 그러나 일초일목 또한 모두 이치가 있으니, 살피지 않을 수 없다."고 하였다.

⑧ 치지의 요점은 지선(至善)의 소재(所在)를 아는 것이니, 아비는 자애로움에 머물고, 자식은 효에 머무는 것 등이 그것이다. 만약 이런 것에 힘쓰지 않고, 단지 추상적으로 만물의 이치를 살핀다면 나는 그것이 대군(大軍)을 멀리까지 몰고 나갔다가 돌아오지 않는 것과 같다고 생각한다.

⑨ 격물은 자신에게서 살피는 것만 한 것이 없으니, 그것에서 얻으면 더욱 절실하다.

이 아홉 조목은 모두 격물치지할 때 마땅히 힘써야 할 곳과 그 공부의 차례를 말한 것이다.[44]

격물궁리를 실제 생활에 불필요한 공소한 형이상학적 이치나 탐구하는 이론적인 작업으로 오해하는 경우가 있다. 그러나 격물치지는 기본적으로 지선(至善)—지어지선의 지선—을 알고자 하는 활동이다. 지선은 자기 장소를 얻은 사람들이 중용의 능력을 발휘하는 것인데, 이를 얻기 위해서는 경전과 역사서를 통해 모범적인 사례들을 배우

44)『대학혹문』, 학민문화사, 1995, pp. 84-86.

고, 독서와 토론을 통해 일을 처리할 수 있는 지혜를 얻어야 한다(①).

주자에 의하면, 인간이 "태어날 때부터 곧 지식이 있다."[45] 마음의 지각 능력과 본성은 개념적으로 분석될 수는 있지만, 실제로는 분리되지 않는다. 따라서 지각능력에는 이미 내용이 갖추어져 있으니, 맹자(孟子)가 말한 사단(四端) 또는 양지(良知)가 그것이다. 이렇게 이미 '이미 알고 있는 지식에 의거하여' 진행되는 격물치지는 하나하나 차근차근 이치를 탐구하는 과정을 거쳐야 한다. 이를 적루(積累, 즉 누적)라고 한다(②, ③, ④). 물론 모든 사물의 이치를 탐구하여야 하는 것은 아니다. 그는 유추(類推, 즉 유비추리)의 가능성을 의심하지 않는다(⑤). 사물을 관찰한 결과를 토대로 자기의 내면을 살핀다는 관물찰기(觀物察己)도 유비추리의 일종이다(⑦). 이런 적루와 유추가 쌓여 가면, '하루아침에 시원하게 꿰뚫어 통달[豁然貫通]'하게 된다고 예상한다. 활연관통하면 대상 전체에 관한 인식이 완성된다.

이를 보면 그가 탐구하려 한 이치는 주관과 객관에 걸쳐 있다. '자신에서 살피는 것만 한 것이 없다'는 것은 자신의 도덕적 이치를 깨우치는 것이 지선을 알려고 하는 격물에서 가장 절실하다는 말이다(⑨). 여기에 더해 그는 객관적인 사물의 이치를 탐구해야 한다고 주장한다(③, ⑤, ⑥). "위로는 무극태극(無極太極)으로부터 아래로는 일초일목(一草一木), 곤충(昆蟲)의 미물(微物)에 이르기까지 각기 理가 있다. 한 책을 격(格)하지 않으면 한 책의 도리를 빠뜨리고, 한 가지 일을 궁구하지 않으면 한 가지 일의 도리를 빠뜨리며, 일물을 격하지 않으면 일물의 도리를 빠뜨리니 모름지기 하나하나 이해하여야 한다."[46]

45) 주희,「與張欽夫」,『朱子大全』권30, 臺灣中華書局, 1985, "人自有生, 卽有知識."

46)『주자어류』15:65. "上而無極·太極, 下而至於一草·一木·一昆蟲之微, 亦各有理. 一書不讀, 則闕了一書道理; 一事不窮, 則闕了一事道理; 一物不格, 則闕了一物道理. 須著逐一件

명덕을 지닌 사람이 세상을 이해하고 운영하거나 대처하면서 살기 위해서는 사실에 관한 지식이 필요할 것이다.[47] 그런데 그는 여기에 그치지 않고 외물의 이치를 인식해야 덕성을 확립하는 일도 가능하다고 본다. 관물찰기(觀物察己)라는 말이 이를 뜻한다(⑦). 왜 이것이 필요할까? 그는 인간의 마음에 본성이 부여되어 있고 마음은 그것을 지각하여 만사에 응할 수 있는 능력이 있다고 믿지만, 그 주관성에 우려를 표한다. 그래서 주관의 제한을 벗어난 보편적이고도 객관적인 이치를 인식함으로써 마음속의 본성에 접근해 가는 우회의 방법을 사용해야 한다고 생각한다.[48] 그런 만큼 그는 인간의 타고난 도덕적 가능성을 직관적으로 인식해내는 마음의 능력에 주목한 상산(象山) 육구연(陸九淵, 1139~1192)의 학설이 돈오(頓悟)를 지향한 선학(禪學)과 같다고 비판한다. 마음이 혼란한 사람이 시기가 무르익지 않았음에도 억지로 절대적인 깨달음이나 가치를 포착하고자 하면 주관적 판단이나 깨달음을 객관적인 이치로 혼동[認氣爲理]하는 오류를 범할 수 있다고 보기 때문이다.

관물찰기처럼 외물의 이치를 알면 내면의 덕성을 성장시킬 수 있다는 생각은 주관과 객관 양자 사이에 동일성이 있음을 전제한다. 그 또

與他理會過."

47) 주자는 말단의 세세한 것에 관심을 기울이지 않는 학문은 세상의 일에 제대로 응변(應變)할 수 없고, 응변한다고 하더라도 주관적 판단에 의존하며, 심한 경우 인욕의 발휘에 그칠 것이라고 우려한다. 『주자어류』, 117: 45. "如今所說, 只偏在尊德性上去, 揀那便宜多底占了, 無道問學底許多工夫 … 恐只是占便宜自了之學, 出門動步便有礙, 做一事不得. 今人之患, 在於徒務末而不究其本. 然只去理會那本, 而不理會那末, 亦不得. 時變日新而無窮, 安知他日之事, 非吾輩之責乎? 若是少間事勢之來, 當應也只得應. 若只是自了便待工夫, 做得二十分到, 終不足以應變. 到那時, 却怕人說道不能應變, 也牽强去應, 應得便只成杜撰, 便只是人欲, 又有誤認人欲作天理處."

48) 주희가 이 노선을 선택하게 된 실천론(심성 수양론을 포함한)적 문제의식이 잘 나타난 것이 「答張欽夫」, 『주자대전』 권30, 18판a-b다.

한 인간 인식에 항상 선행되는 문화적 · 역사적 편견[doxa]에서 자유롭지 않다. 외면적으로 볼 때 감각되는 현상은 서로 다른 원리 내지 이치를 가진 사물들이 펼치는 다양성의 세계다. 그러나 이렇게 달라 보이는 사물들은 서로 무관한 채로 존재하는 것이 아니라 상호 감응하면서 협동하는 일사불란한 체계 속에 놓여 있음을 성찰한다. 서로 감응하면서 협력이 이루어지기 위해서는 동일성이 있어야 한다. 차이성은 그 동일성의 통색편전에 불과할 뿐이며, 전적으로 이질적인 것은 아니라고 생각한다. 차이성의 이면에는 동일성이 있고, 개체들은 그것을 공유한다.

여기서 그의 형이상학적 사고방식이 작동한다. 그는 격물궁리가 소이연을 탐구하는 데까지 나가야 한다고 주장하였다(⑥). 경험되는 원리를 아는 정도에 만족하지 않고, 감각에 포착되지는 않지만 사물과 원리들을 밑에서 떠받치고 있는 원인까지 탐구하는 것이 소이연의 탐구다. 그는 이 협동하는 조화로운 세계를 만들어 낸 궁극의 원인자를 추궁한다. 종교라면 인격신을 내세울 수 있지만, 그것을 태극(太極)이라고 하고 태극은 하나의 리[一理]라고 여긴다. 일사불란한 만큼 다양한 사물들은 한 태극이 분화한 것[理一分殊]이라고 파악된다. 인간의 이치—성즉리(性卽理)에 의해 본성이다—도 사물과 다르면서도 동일한 이치라는 점에서는 다르지 않다. 그것은 다양한 직분을 지닌 개인들이 상호 협력하도록 조정하는 일원화된 통치의 은유다.

그의 격물치지론에는 우리가 쉽게 동의하기 어려운 몇 가지 측면이 있다. 그의 격물치지는 도덕학과 자연학이라는 이질적인 범주의 학문이 결합되어 있다. 근대 학문의 관점에서 볼 때 분리되어야만 하는 학문 영역들이 하나로 융합되어 있어 범주를 혼동하는 오류를 범한다. 낱개의 지식을 누적한다고 하여도 활연관통은커녕 일반 원리를 획득한다는 보장도 없는데, 귀납적 비약이 일어나기 때문이다. 또 유비추리는 추리 대상이 되는 사물들 사이에 검증되지 않은 공통성이 있음을 가정하므로, 가급적 자제해야 한다. 그럼에도 불구하고 그는 이런 것들이 가능하다는 데 어떤 의문도 품지 않았다. 이렇게 생각할 수 있었던 이유는 경험 지식을 누적하여 활연관통하기 전에 이미 형이상학적 통찰을 먼저 가졌던 데 있다. 궁극적으로 일리임이 전제됨으로써 객관 이치의 탐구가 주관의 덕성을 성장시킨다거나, 개별적인 이치를 누적하면 전체의 이치를 관통할 수 있고, 유비추리 또한 가능하다고 주장할 수 있었다.[49]

주자는 천하의 이치를 모두 궁구하고자 함은 물론 모든 원리의 근원이 되는 원인을 이해함으로써 전체를 체계적으로 인식할 수 있는 세계관적 지식을 추구한다. 성리학을 가장 철학화된 유학이라고 부르는 이유가 여기에 있다. 천하인으로서의 포부와 자부심을 고려하지 않으면 이해하기 쉽지 않은 지식 욕구다. 그러나 이것은 반대급부를 치러야 했다. 실천을 중시하는 유학에서 광활하면서도 심오한 인식 범위와 깊이는 실천에 앞서 이론 탐구에 집착하도록 하였고, 그로부터 양산된 지식들이 과거 공부와 결합하면서 비실천적인 공소한 학풍을 만들어냈다. 주자학의 객관주의적 인식론에 대한 반발은 주자의 재세기에 이미 육구연에 의해 이루어졌고, 실천의식이 박약해진 후대에는 주륙을 절충하거나 주자학을 폐기하려는 흐름이 형성되었다. 조선의 경우 정약용은 노골적으로 주자의 『대학』 해석을 비판하면서 격

49)『近思錄』, 440-441쪽. "所以謂萬物一體者, 皆有此理, 只爲從那裏來, 生生之謂易, 生則一時生, 皆完此理. 人則能推, 物則氣昏推不得, 不可道他物不與有也."; 이이,『성학집요』, 94쪽. "(程子)又曰於一事上窮盡, 其他可以類推 … 但得一道而入, 則可以推類而通其餘矣. 盖萬物各具一理而萬理同出一原, 此所以可推而無不通也."

물치지의 주지주의적인 성향을 변화시키고자 하였다.

V. 거경과 성의 · 정심

가족을 운영하는 사람도 편벽함이 없어야 하지만, 국가와 천하의 사람으로 살고자 하는 사람이라면 가족이나 당파, 지역적 삶에서 비롯되는 편벽함도 버려야 한다. 그래야 천하를 아우를 수 있는 포용력과 지혜, 용기가 생겨나고 그에 걸맞은 덕성을 기를 수 있다. 그만큼 자기 닦음의 철저함이 요구된다. 이와 같은 문제의식에서 주자가 채택하고 심화시킨 공부법이 거경이다. 敬은 불교의 선법을 원용하여 성리학자들이 창안한 공부법이다.

敬의 의미를 심화하여 성리학의 도덕수양에 새로운 차원을 제시한 정자 형제는 이것으로써 스승 염계(濂溪) 주돈이(周惇頤, 1017~1073)의 주정(主靜) 공부를 대체한다. 주자는 이런 과정을 분명히 의식하고 있었다. "敬이란 글자는 선배들이 모두 가볍게 말하고 넘어갔으나 오직 정자만이 무겁게 보았다."거나 "정 선생이 후학들에게 끼친 공로는 敬이라는 한 글자가 힘을 갖게 된 것에서 가장 크다."[50]고 말함을 본다. 그러나 주자는 敬 공부가 불교에서 원용한 것이라고 인정하지 않는다. 요순 이래 유학이 줄곧 간직하여 왔던 공부법이고, 도통 전수의 핵심이 이것에 있다고 주장함을 보면, 고본『대학』이래의 성의 공부에 이미 敬 공부가 내포되어 있었다.[51] 억지주장이지만 공부법의 강

50)『朱子語類』, 12: 80. "敬字, 前輩都輕說過了, 唯程子看得重 … 程先生所以有功於後學者, 最是敬之一字有力."

51) 주희,「중용장구서」및 眞德秀,「心經贊」,『心經附註』수록을 참고. 육구연은 경 공부가

화 효과가 생긴다.

敬은 사심(私心)이 생기지 않도록 하는 공부다. 사심에는 도덕적으로 용납할 수 없는 사욕인 사심은 물론이고, 알아차리지도 못하는 사이에 생기는 잡념이 포함된다. 그런 것들로 인하여 흔들리지 않도록 마음을 들어서 깨우는[提醒] 것이 敬 공부다. 구체적인 방법으로는 정제엄숙(整齊嚴肅), 주일무적(主一無適), 기심수렴(其心收斂), 상성성법(常惺惺法)의 네 가지가 제시되었는데, 이를 사조법(四條法)이라고 한다. 예법에 맞게 자신의 신체를 규율하면서 엄숙한 자세를 유지하는 것이 정제엄숙이고, 현재 하는 한 가지 일에 정신을 집중하여 혼신의 힘을 다해야 한다는 것이 주일무적이다. 천 갈래 만 갈래로 날뛰는 마음을 거두어들여 마음을 전일(專一)하게 하는 것이 기심수렴이며, 정신을 항상 깨어 있고 깨어 있는[惺惺] 상태에 두는 것이 상성성법이다.[52)] 여기에 주자는 두려움[畏]의 마음가짐을 더하였다. 하나의 일에 집중함으로써 사의가 발생하지 않게 하거나 두려운 마음의 태도를 가짐으로써 마음을 각성시켜 허령불매한 명덕을 밝히는 효과를 기대한다.

이 敬 공부가 유가 본래의 성의·정심 공부와 결합한다. 성의와 정심 중 기본은 성의다. 성(誠)이 유가 본래의 언어라면, 敬은 정주에 의해 첨가된 것이니, 우선 誠[진실무망(眞實無妄)]과 경의 개념을 구분해 보자.

유가의 공부가 아니라고 단언한다. 육구연은「與曾宅之」(『陸九淵集』 권1, 중국 中華書局, 1980)에서 존성(存誠)과 지경(持敬)을 비교한다. 존성은 마음에 부여된 이치를 보존하는 것으로서 이것이 확립되어야 주재가 확립된다. 이에 비하여 후자는 후유들의 두찬(杜撰)이라고 하며 내 마음 밖에 있는 이야기로서 주인을 삼고 하늘로부터 부여받은 것을 객으로 만드는 소외의 공부다. 이러한 공부 역시 지리한 것이라는 것이 육구연의 판단이다. 그 외 육구연,「語錄」 상,『육구연집』, 423쪽. "先生言萬物森然於方寸之間…" 참조.

52)『대학혹문』, 14-17쪽.

① 정자: 誠은 하늘의 도이며, 경은 인간이 하는 일의 근본이다. 敬하면 성해진다.
주자: 배우는 자가 공부함에는 모름지기 마땅히 하나에 주로 해야 한다[主一]. 주로 한다[主]는 것은 한 순간 한 순간에 이것을 지켜서 떠나지 않는다는 뜻이다. 그렇게 함양함이 이미 익숙해지면 이 마음은 고요해져서[湛然] 저절로 둘이 되지 않고 혼잡하지 않게 되니, 주로 하고자 하지 않아도 저절로 하나가 된다. 주로 하고자 하지 않아도 저절로 하나가 되는 것이 곧 이른바 誠이다. 敬은 사람이 하는 일의 근본이니 배우는 자가 공부함의 요체다. 誠해지면 천도(天道)에 통달한다. 이것이 誠과 敬의 구분이다.[53]

이 경우 敬은 공부법이고 誠은 敬한 결과로서 얻어지는, 진실하여 한 터럭의 거짓도 없는 상태다. 敬이 공부하는 과정에서 인위적으로 노력하는 단계라면, 성은 인위적인 노력마저도 필요 없어진 완성의 경지다. 『중용』의 표현으로는 "진실무망한 것은 하늘의 도이고, 진실무망해지고자 노력하는 것이 사람의 도"[54]인데, 후자에 敬이 적용된다.

② 정자: 誠한 연후에 敬할 수 있다. 誠에 미치지 못하였을 때는 모름지기 敬한 연후에 성할 수 있다.
주자: 경은 깜짝 놀라 갑자기 몸이 솟구치듯이[竦然]하여 마치 두려워하는 것이 있는 것처럼 한다는 뜻이다. 誠은 진실무망하다는 말이다. 의미가 다르다. 誠한 후에 敬할 수 있다는 것은 의가 진실해진 후에 마음이 바르게 된다는 것이다. 敬한 후에 誠한다는 것은 의가 아직 진실

53) 鄭逑, 『心經發揮』, 국립중앙도서관DB, 88-89쪽. "程子曰誠者天之道, 敬者人事之本. 敬則誠…(朱子)又曰在學者用功, 須當主於一, 主者, 念念守此而不離之意也. 及其涵養旣熟, 此心湛然, 自然無二無雜, 則不待主而自一矣. 不待主而自一, 卽所謂誠也. 敬是人事之本, 學者用功之要. 至於誠, 則達乎天道矣. 此誠敬之分也."

54) 『중용』 제20장. "誠者, 天之道也; 誠之者, 人之道也. 誠者不勉而中, 不思而得, 從容中道, 聖人也; 誠之者, 擇善而固執之者也."

> 하지 않으나, 항상 두려움이 있는 것처럼 하면 마땅히 감히 스스로를 속이지 않으면서 성에 나아간다. 이것이 정자의 뜻이다.[55)]

이 구절은 공부법의 차원에서 誠과 敬을 구분한다. 격물치지를 통해 준수해야 할 도리를 알고 난 뒤, 그것을 진실하게 실천하려고 마음먹음이 성의·정심 공부이고 이것이 유가 본래의 공부법이다. 그런데 선불교의 영향을 받은 정주는 마음의 부정적인 현상에 주목하고 이를 일소함으로써 허령불매한 명덕을 회복할 수 있다고 믿는다. 이해를 타산하는 지각인 의(意)를 세밀하게 관찰하여 조짐[幾微]이 싹터 나오는 순간에서부터 사욕의 발생을 막고자 한다. 이것이 갖추어진 상태에서 도리를 진실하게 실천하는 마음과 태도를 더하고자 한다. 정호의 말을 참고해 보자.

> 명도선생이 말하길, "말을 닦아 진실함을 세우는 것[修辭立其誠]을 자세히 이해지 않으면 안 된다. 언사(言辭)를 닦고 살피면서 진실함을 세워야만 한다는 말이다. 만약 단지 언사를 수식하는 것으로 마음을 삼는다면 거짓일 뿐이다. 언사를 닦는 것은 바로 자기의 진실한 마음을 세우는 것이니, 스스로 경하여 안을 바르게 하고[敬以直內] 의로워서 밖을 방정하게 하는[義以方外] 공부를 몸으로 행하는 실제의 일이다. 도는 성대하니 어느 곳에 손을 댈까? 오로지 진실함을 세워야 비로소 의거할 곳이 있으니, 의거할 곳이 있으면 업(業)을 닦을 수 있다."

언사는 언어이니 우리의 일상적 삶을 구성하는 가장 중요한 요소인 말과 행위[言行]의 일부다. 언행을 하면서 사악한 욕망과 사사로운 잡

---

55) 정구,『심경발휘』, 88-89쪽. "(程子)曰誠然後能敬, 未及誠時, 却須敬而後能誠. 朱子曰敬者竦然如有所畏之意, 誠是眞實无妄之名, 意思不同. 誠而後能敬者, 意誠而後心正也. 敬而後能誠者, 意雖未誠, 而能常若有畏, 則當不敢自欺, 而進於誠矣. 此程子之意也."

념이 마음속에 있는 것이 거짓이다. 그 거짓된 마음을 버려 마음을 곧게 하는 것이 경이직내이고 그 위에서 의로움으로 대처하는 것이 의이방외인데, 이 둘이 합해져야 진실하다고 말한다. 그래서 『근사록(近思錄)』을 집해(集解)한 섭채(葉采)는 敬과 의(義)를 합한 것이 성의라고 하였다.[56)]

낌새가 나타나는 때에 사욕을 방지하는 성의 공부에 대비하여 정심은 이를 심화하는 공부다. 정심장인 전 7장은 다음과 같이 구성되어 있다.

> 수신이 그 마음을 바로 하는 데 있다고 말하는 것은 마음에 분노하는 바가 있으면 그 바름을 잃고, 두려워하는 바가 있으면 그 바름을 얻지 못하고, 좋아하고 즐기는 바가 있으면 그 바름을 얻지 못하고, 근심하고 걱정하는 바가 있으면 그 바름을 얻지 못한다. 마음이 있지 않으면 보아도 보이지 않고, 들어도 들리지 않으며, 먹어도 그 맛을 알지 못한다. 이것을 일러 수신은 그 마음을 바로 하는 데 있다고 한다.

이 구절을 해석하면서 주자는 "한 번이라도 살피지 못하면 욕심이 움직이고 정이 (이치를) 이겨서 마음의 작용이 움직이는 바에 혹 그 바름을 잃지 않을 수 없다."고 풀이하였다.[57)] 여기서 '한 번이라도'라

56) 『근사록』, 83-84쪽. "明道先生曰修辭立其誠, 不可不子細理會; 言能修省言辭, 便是要立誠. 若只是修飾言辭爲心, 只是爲僞也. 若修其言辭, 正爲立己之誠意, 乃是體當自家敬以直內義以方外之實事. 道之浩浩, 何處下手? 惟立誠, 纔有可居之處; 有可居之處, 則可以修業也.(葉采: … 誠意者, 合敬義之實而爲言也. 體當俗語, 猶所謂體驗勘當也. 蓋修其言辭者, 所以擬議其敬義之實事, 而非徒事於虛辭也.)"

57) 『대학장구대전』, 29상a. "所謂脩身在正其心者, 身有所忿懥, 則不得其正; 有所恐懼, 則不得其正; 有所好樂, 則不得其正; 有所憂患, 則不得其正. 心不在焉, 視而不見, 聽而不聞, 食而不知其味. 此謂脩身在正其心."; 같은 곳, 주자주. "然一有之而不能察, 則欲動情勝, 而其用之所行, 或不能不失其正矣."

는 말에 주의하여야 한다. 잠깐이라도 마음을 잃으면 안 된다는 것이다. 잠깐이라는 시간적인 짧음은 무의식적인 사소함을 뜻한다. 이 짧은 순간에도 범인이라면 별다른 죄책감 없이 곧 바로 빠져들기 쉬운 방심의 상태인 사의(私意)를 경계하고 그것에서 벗어나길 바란다. '삼가고 두려워하기를 늘 귀신과 스승이 위에 있는 듯이 여기고, 늘 깊은 연못과 엷은 얼음이 아래에 있는 듯이 여겨라'거나 '마치 천 자나 되는 골짜기 벼랑 끝에 서 있는 듯'이라고 하는 것이 이것이다. 천 길 낭떠러지 끝에 서면 서늘하게 정신이 번쩍 들어 긴장하는 것처럼 늘 경각심을 가지고 짧은 순간도 방심하지 않으려는 것이다. 정심에서의 경은 잠깐 사이라도 마음을 내려놓지 않는 공부다.[58)]

초려(草廬) 오징(吳澄, 1249~1333)은 성의와 정심을 다음과 같이 구분하였다.

> 정자가 "생각함에 사특함이 없는 것[思毋邪]이 성(誠)이다."라고 하였을 때의 사특함은 사욕과 악념을 가리켜서 말한 것이다. 도리가 있고 욕망이 없으며, 선이 있고 악이 없음이 사특함이 없다고 이른 것이니, 사특함이 없으면 이에 거짓됨이 없다. 망령됨이 없음을 誠이라고 하니 대학의 조목으로서는 성의의 일이다. 『주역(周易)』 「문언(文言)」에서 사특함을 막아서 성을 보존한다[閑邪存誠]고 하였는데, 이때의 사특함은 사욕과 악념을 이르는 것이 아니다. 성은 성인이 거짓됨이 없이 진실한 마음이니, 사물이 밖에서 접촉해 오면 그것을 막아서 마음을 간섭하지 못하게 하여, 마음이 둘로 분산되지 않고 혼잡해지지 않아 성이 저절로 보존되니, 대학의 조목으로는 정심의 일이다. … 반드시 먼저 사욕과 악념의 사특함을 단절한 후에 마음이 둘로 분산되고 혼잡해지지

58) 주자가 바로 그 일이 아닌 외물에 집착하는 마음으로 든 세 가지 마음이 부념을 대표한다고 할 수 있다. 아직 구체적인 사물과 접촉하지 않았을 때 이미 가지게 되는 기대의 마음, 일이 이미 종료되었는데, 그때의 심사가 마음에 남아 있어 다른 일에 영향을 주는 것, 일에 임함에 意에 편중(偏重)이 있는 것이 그것이다(『대학장구대전』, 29상b 小註).

는 사특함을 치료할 수 있으니, 성의하고 나서 정심한다. 그 절차를 어길 수가 있겠는가?[59)]

성의가 사욕 · 악념 등 명시적으로 악이라고 지목할 수 있는 마음을 척결하는 단계라면, 정심은 악은 아니지만 악을 유발할 수 있는 위험성이 있는 사소한 잡념 · 부념도 씻어내는 단계이다.

불교의 선법을 원용하였더라도 생활을 중시한 유학의 敬 공부는 주로 우리가 매일 살아가는 일상의 행위 속에서 실천되어야 했고, 이것으로 주돈이의 주정 공부를 대체한다. 우리 일상은 감정과 사려가 작동하는 상태로서 이발(已發) 또는 동시(動時)라고 규정된다. 동시 공부는 자신의 역량에 맞추어 진행되어야 한다. 敬 공부의 방법은 이른바 4조설로 정리되지만, 이것을 수행하는 기상과 관련하여 그는 공자가 안연(顔淵)과 염옹(冉雍)에게 가르친 극기복례(克己復禮)와 주경행서(主敬行恕)의 교훈에 근거하여 둘로 대별한 바 있다.[60)] 주경행서는 밖으로 드러나는 행실을 닦음으로써 내면의 심성을 닦는 공부다. 주자는 공(恭)과 敬을 구분하여 "敬이라는 것은 恭이 안에 보존된 것이요, 恭이라는 것은 敬이 바깥에 드러난 것"이라고 하였다.[61)] 恭은 외면에 드러나는 경건함이다. 일상생활에서 타인에게 공경하는 태도로 예절을 실천함으로써 자연스럽게 마음속에서 경의 효과를 얻고자 하는 것이 주경이다. 충서(忠恕)를 실천한다는 의미의 행서는 나와 똑같이 남

59) 「程敏政」 편, 『심경부주』, 학민문화사, 2005, 28-29쪽.

60) 안연의 극기복례는 『논어』, 「顔淵」의 "子曰克己復禮爲仁 … 非禮勿視, 非禮勿聽, 非禮勿言, 非禮勿動."을, 염옹의 주경행서는 같은 곳의 "仲弓問仁. 子曰出門如見大賓, 使民如承大祭. 己所不欲, 勿施於人. 在邦無怨, 在家無怨. 仲弓曰雍雖不敏, 請事斯語矣."를 가리킨다. 주자는 이것들을 敬 공부법으로 해석한다.

61) 『논어집주대전』 「子路」, 321하b. "恭主容, 敬主事. 恭見於外, 敬主乎中."

들도 인간적 성품과 욕망을 지닌 존재로 인정함으로써 그들의 실현을 돕는 일이다. 남을 배려하고 원조하기 위해서는 자기중심적인 사(私)의 태도 대신 공(公)의 마음가짐이 있어야 하므로, 충서를 실천하면 기사(己私)를 비우는[無私] 효과를 얻을 수 있다. 이런 것을 고려하지 않고 곧바로 예(禮)에 입각하여 비례(非禮)를 시・청・언・동(視・聽・言・動)하지 않아 사욕(私欲)을 극복하는[克己復禮] 강인한 방법이 안연의 敬 공부법이다.

전자가 타인을 공경하면서 추기급인(推己及人)하는 서(恕)의 태도로 도리를 실천함으로써 결과적으로는 극기복례와 동일한 효과를 얻고자 하는 온건한 방식이라면, 후자는 자기 내면에서 발생하는 사심(邪心) 사욕(私欲)과 전면적인 대결을 벌여 척결하는 공격적인 방식이다. 이것이 모든 학자에게 제시된 학문방법이라고 할지라도, 심도 있는 극기복례는 아성으로 추앙된 안연에게서나 결실이 기대되고, 학문이 깊지 않은 사람이나 연소자들에게 기대할 수 있는 것은 아니다. 우리가 쉽게 할 수 있는 것은 주경행서다. 일상생활 속에서 필요한 도리들을 실천하면서 자연스럽게 경의 효과를 얻는 방법을 우선하는 단계성이 설정된다. 극기복례는『대학』의 차서로 말하면, 정심(正心)에 해당하므로 공부가 익숙해져 힘이 붙은 후에 실행에 옮길 수 있다.

동시 공부에 대비되는 것이 미발(未發) 또는 무사시(無事時)의 공부로도 불리는 정시공부다.[62] 미발은 감정과 사려가 발생하지 않지만, 아무 일도 하지 않는 것은 아니다. 주자는 정좌수행을 권장하기도 하

62) 敬 공부는 정시(靜時) 공부와 동시(動時) 공부로 나뉘는데, 정시와 동시는 일이 없는 때[無事時]와 일이 있는 때[有事時], 또는 감정과 사려가 발생하지 않은 상태[未發]와 이미 발한 상태[已發]를 나누는 개념이다. 즉, 행동의 유무를 기준으로 구분하는 것이 아니라, 감정과 사려라는 마음의 움직임이 있는지의 여부로 구분한다.

였으나, 그가 지은 「경재잠(敬齋箴)」의 첫 구절 “의관을 바르게 하고, 눈빛을 존엄하게 하라. 마음을 깊이 가라앉히고 상제를 대하듯이 하라.”는 말이 무사시의 공부다.[63] 신경 쓸 일이 없는 한가한 상태에서 생각을 끊이지 않으면서, 행위를 규제하고 마음을 고요히 함으로써, 인간의 본질을 각성하고 마음의 주재성을 확보하는 것이 미발 공부다. 사려와 정 · 욕(情 · 欲)이 작동하는 동시, 즉 이발(已發)에서 행하는 공부가 우리가 살아가는 일상에서의 공부이기는 하지만, 객관적이고도 근본적인 사태를 체험하지 못하면 가치 및 존재의 혼란에 빠질 수 있기에, 일 없는 가운데 근원적인 사태를 체험하고자 한 것이다. 그래서 성리학자들은 동정 중 무엇이 근본인가를 따질 때는 정이 근본이라고 한다.[64]

심신을 수렴하고 도리를 모았다면 온전해진 지각이 작동하여 상황에 적합한 감정을 발산하게 되고 의(염 · 려 · 사) · 지도 제대로 기능을 발휘할 수 있다. 이치를 알아내어 기질의 한계를 타파하는 사려의 힘은 기질을 변화시켜 지각 전반을 정상화한다. 에고(ego)가 극복되어 도덕성이 충만한 마음에 의한 외물의 느낌은 있는 그대로 민감하게 느끼고 감정으로 표출되지만 도덕에 위배되지 않는다. 보다 복잡한 사태에 당면해서는 염 · 려 · 사 · 지를 사용하여 상황을 정확히 판단하고 이치에 맞는 대응 방법을 선택할 수 있다. 그래서 『대학』은 “사물의 이치가 이른 뒤에 앎이 지극해지고, 앎이 지극해진 뒤에 意가 진실해지고, 의가 진실해진 뒤에 마음이 바르게 되고, 마음이 바르게 된 뒤에 몸이 닦아지고, 몸이 닦아진 뒤에 집안이 가지런해지고, 집안이

63) 『심경부주』, 304쪽. “臨川吳氏曰敬齋箴, 凡十章, 章四句. 其一言靜無違, 其二言動無違.”

64) 李象靖, 『敬齋箴集說』, 국립중앙도서관DB, 9쪽. “持敬之工, 雖通貫動靜, 然靜爲主而動爲客, 體立而後用有以行. 故其下工之際, 必以靜爲本.”

가지런해진 뒤에 나라가 다스려지고, 나라가 다스려진 뒤에 천하가 평화로워진다."[65]고 하였다.

VI. 이상과 실제

성리학이 다른 유학과 다른 점은 철학적인 차원에서 유학을 재구성하였다는 것에서 찾아진다. 이른바 이기론을 활용하여 시간과 공간에 걸친 세계관의 철학을 형성하였고, 그것을 토대로 하여 국가와 개인생활의 의미를 밝히고자 하였다. 『대학』은 이 세계를 이해하고 다스리는 사람들의 학문이었다. 주자에 의해 강화된 공부법인 격물치지는 세계 인식과 지식 추구의 철저함을 추구하였다. 거경 공부는 공동체를 운영하는 사람들의 보편적인 병폐인 편벽함의 문제를 해결하고자 하였다. 선행에 앞서 악의 척결을 우선하였으니만큼 깨끗한 인격을 추구하였다. 대인은 이런 인격의 상태에서 천하라는 공동체에 절실히 필요한 근본적인 가치를 체득해야 했다.

지식과 기술 교육에 치중하는 현대 교육과는 달리 세계 인식과 인격성장에 초점을 두었던 전통 교육에서 인격의 완성을 표현하는 말이 중용의 덕이다. 『대학장구』의 "모든 사물의 겉과 속, 정밀함과 거침[表裏精粗]에 이르지 않음이 없고, 우리 마음의 완전한 본체와 위대한 작용[全體大用]도 밝아지지 않음이 없다."는 말이나 지어지선, 『중용』의 誠이 이것의 다른 표현들이다. 이때에 이르면 이미 과불급(過不及, 즉 惡)을 발생시키는 기품의 편향성을 극복하였기에, 명덕이 회복될

65) 『대학장구대전』, 15하b. "物格而后知至, 知至而后意誠, 意誠而后心正, 心正而后身脩, 身脩而后家齊, 家齊而后國治, 國治而后天下平."

뿐 아니라 본성(덕성)들이 균형 있게 발휘된다. 이것을 명체적용(明體適用)이라고 한다.

> 모든 유생의 독서는 사서오경을 본원으로 삼고, 『소학』과 『가례(家禮)』를 문호로 삼아 국가에서 선비를 양성하는 방안을 준수하고 성현들이 친절하게 가르쳐 주신 것을 준수하여, 만 가지 선이 본래 나에게 갖추어져 있음을 알고, 옛 도가 오늘날에 실천될 수 있음을 믿어, 모두 궁행심득(躬行心得)하여 명체적용(明體適用)하는 학문을 하도록 힘써야 한다.[66]

마음과 理(본성)가 하나가 된[心與理一] 상태에 이른 천인합일, 공자가 말한 종심소욕불유구(從心所欲不踰矩)도 이것과 다른 뜻을 갖지 않는다. 의식하지 않아도 도리에 흠뻑 젖어 있는 마음이 항시적으로 깨어 있어 자연스럽게 이치를 지각하고 실천하는 자유의 경지다.

여기서 주의할 것이 중용이 개인은 가족을 위해, 가족은 국가를 위해, 국가는 천하를 위해 조건 없이 희생하여야 함을 뜻하지 않는다는 점이다. 인생이란 이와 같이 기계적인 선택과 판단의 과정이라기보다는 자기로부터 천하에 이르는 각 단위의 상충하는 이해가 갈등하기에 선택과 판단을 강요받는 과정이다. 천하에는 다양한 지위와 가족, 사회 등이 있다. 그에 따른 권한과 소유가 있게 마련이며 사람들은 그것을 보호받고자 한다. 개인은 여러 단위의 공동체에 소속됨으로써 복합적 정체성을 갖기 때문에 두 개 이상의 도덕(moral) 사이에서 번민과 갈등에 싸인다. 『맹자』에는 다음과 같은 말이 있다.

> 도응(桃應)이 묻기를 "순(舜)은 천자이고 고요(皐陶)는 사(士)인데, (순의 아

---

66) 이황, 「伊山院規」, 『퇴계전서』 2, 346상a.

> 버지인) 고수(瞽瞍)가 사람을 죽였다면 어찌합니까?"라고 하였다. 맹자가 "법을 집행할 따름이다."라고 하였다. 도응이 "순은 법을 집행하지 못하도록 하지 않습니까?"라고 다시 물었다. 맹자는 "순이 어떻게 금지할 수 있으리오. 법은 전수받은 것이니 비록 천자라도 법을 폐할 수 없다."고 하였다. 도응이 "그렇다면 순은 어찌해야 합니까?"라고 물으니, 맹자는 "순은 천하를 버리길 헌신짝 버리듯이 하여, 몰래 업고 도망하여 바닷가를 따라 거처하면서 종신토록 기쁘게 즐거워하면서 천하를 잊었을 것이다."라 하였다.[67]

순 임금이 처했을 갈등은 한 사람이 여러 가지 지위를 지닌다는 점에서 발생한다. 즉, 순은 고수의 아들이자 한 나라의 군주라는 지위에 있다. 그는 자식의 도리와 군주의 도리 사이에서 갈등하였을 것이다. 그는 둘 중의 하나를 선택할 수 있다. 그러나 그것이 자의적일 수는 없음이 법을 집행하는 고요의 존재에서 드러난다. 고요는 임금의 아버지일지라도 그를 붙잡아 법을 집행할 뿐이다. 고수는 다른 아버지와 마찬가지로 법 앞에 평등한 추상적 인간에 지나지 않는다. 그렇기에 '또 임금인 순조차도 고요의 법 집행을 금할 수 없다'고 하였다. 임금이 아닌 자식으로서의 순은 아버지를 '몰래' 업고 '도망하여' 문명인이 살지 않는 '바닷가를 따라 거처'하여야 할 뿐이다.

단, 맹자는 천하를 떨어진 신처럼 여기고 몰래 범죄자인 아버지를 업고 도망하여야 함으로써 인간의 삶이 법질서의 준수가 요구되는 공적인 삶으로만 영위될 수 있는 것이 아님을 주장한다. 사인(私人)으로서의 아들의 책임을 택하는 것도 사람답게 사는 데 필요한 선택이라는 것인데, 이를 사가 공을 이긴 경우라고 단정할 수 없다. 맹자는 이

---

67)『맹자집주대전』,「盡心上」, 727하b. "桃應問曰舜爲天子, 皐陶爲士, 瞽瞍殺人, 則如之何." 孟子曰執之而已矣. 然則舜不禁與. 曰夫舜惡得而禁之. 夫有所受之也. 然則舜如之何. 曰舜視棄天下猶棄敝蹝也. 竊負而逃, 遵海濱而處, 終身訢然, 樂而忘天下."

선택을 할 때는 자기희생, 즉 공적 권한(권리와 지위와 부귀 등)을 버려야 함을 말하고 있기 때문이다. 순과 같은 경우에 처한다면 누구라도 엄청난 고통과 고민에 쌓이게 될 것이고, 용속한 인간이 맹자의 권고를 들을 가능성은 크지 않다. 대부분은 자기 아버지도 빼돌리고 임금의 자리도 버리지 않는 선택을 선호할 것인데, 우리가 흔히 말하는 사가 공을 이기는 경우는 이에 해당한다.

중용의 덕을 가진 사람은 이런 상황에서 처지와 상황에서 가장 좋은 선택을 내려야 한다. 물론 어떤 선택을 하더라도 선택은 항상 후회를 남기는 것이 인생이다.[68] 그럼에도 우리는 항상 선택을 해야 한다. 우리의 삶은 도덕과 부도덕의 사이에서 갈등하는 경우도 있지만, 그보다 훨씬 많은 경우 두 개 이상의 도덕 사이에서 선택을 강요받음으로써 고통받는다. 어떤 상황에서 바른 선택을 할 수 있는 능력이 중용의 덕성이고, 그것을 갖춤으로써 때에 가장 적합한 판단[時中]을 하게 된다. 삶을 구성하는 여러 요소들을 종합적으로 고려하면서 지나치거나 모자란[過不及] 편향성을 극복해야 한다. 격물치지와 거경공부를 통해 지각능력을 계발하는 목적은 중용할 수 있는 능력을 최대한 기르는 데 있었다. 이것이 유학이 지향하는 최고의 인격이다.

이런 인격을 지향하는 학문을 도학(道學)이라고 한다. 율곡(栗谷) 이이(李珥, 1536~1584)는 도학을 다음과 같이 정의하였다.

> 삼가 살피건대, 도학의 명칭은 옛날부터 있던 것은 아니다. … 그러나 세상이 쇠락하고 도가 쇠미해지자 성현의 전통이 없어져, 악한 자는 말할 것도 없거니와 비록 선한 사람이라 하더라도 한갓 효 · 우 · 충 · 신(孝 · 友 · 忠 · 信)만 알 뿐 진퇴의 의리와 성정(性情)의 정미한 것에 대해서는 알지 못하여 가끔

68) 장 폴 사르트르, 방곤 역(1999), 『실존주의는 휴머니즘이다』, 문예출판사, 25쪽.

> 그것을 행하면서도 제대로 알지 못하고 익숙히 하면서도 명찰하지 못하였다. 이에 이치를 궁구하고 마음을 바르게 하여 도에 입각하여 세상에 나아가고 물러나는 것을 도학이라고 이름한 것이다.[69]

효·우·충·신이 도덕의 골간이기는 하지만 그것의 실천만으로는 도학의 이름을 얻을 수 없다. 존재에 뿌리를 둔 이치의 인식이 있어야 하고, 의·리(義·利), 또는 천리·인욕을 명확하게 변석하면서 인격을 성숙시켜야 한다. 또 매 상황마다에서 도에 맞는 행위를 부단히 실천함으로써 인생 전반이 도에 합치해야 한다. 요(堯)와 순(舜)으로부터 기원하였다는 역사성에 송대학자들에 의해 고안된 학문의 체계성, 그리고 실현의 완결성이 두루 녹아 있는 개념이 도학이다. 인식·수양·실천의 여러 조건들이 완벽에 가깝게 갖추어졌을 때 도학이라고 부른다.

이 학문의 이념을 적용하고 실천했어야 할 대학, 즉 성균관의 모습은 어떠했을까? 성리학 그 중에서도 주자학의 이념을 등에 업고 '성균'이라는 명칭을 사용한 대학의 이름이 나타난 것은 고려 말기 충렬왕 때이고, 서울에 성균관 건물이 최초로 건립된 것은 태종 때다. 국자감이 유학교육과 기술교육을 병행하였다면, 성균관은 기술교육을 도태시키고 유학 전문의 교육기관이 되었다. 또 국자감이 사장학과 훈고학이 주류를 이루었다면, 성균관은 경학과 사학 위주의 학풍이 중심이었다.[70]

국자감과 성균관의 공통점은 과거를 준비하는 기관이었다는 점이었는데,『대학』이 제시하였던 이념과 다른 점이다. 기본적인 입학 자

---

69) 李珥, 윤사순 역(1986),『경연일기』상, 삼성미술문화재단, 48쪽.

70) 민병하(1986), 고려시대 성균관의 성립과 발전,『대동문화연구』제6·7합집, 성대 대동문화연구원, 29쪽.

격부터가 과거 초시 합격자(생원 · 진사)에 한정되었으니, 과거공부와 뗄래야 뗄 수 없는 관계였다. 성균관의 입학 정원은 200명이었다. 정원을 채우지 못할 경우 15세 이상의 사학(四學)의 생도로서 『소학(小學)』 · 사서(四書)와 일경(一經)에 통한 자, 음사 자격이 있는 공신가의 적자(嫡子)로서 『소학』에 통한 자, 일찍이 문과 · 생원 · 진사에 합격했던 자, 관리 중 취학을 원하는 자 등을 입학시켰다. 사학생도 출신 등의 유학(幼學)은 하재(下齋, 즉 寄齋), 생원진사로 재학하는 학생은 상재(上齋, 즉 上舍)라고 구분하였다.

성균관에서 교수하는 주요 교과목은 사서오경이었다. 조선 초기에 시행하고자 하였던 교육과정은 사서오경을 구재(九齋)로 나누어 가르치는 것이었다. 성균관 입학생은 먼저 『대학』을 배운다. 다 배우면 예조(禮曹)에 보고하고, 예조 · 대간 · 성균관원이 학생을 시험하였다. 시험에 통과하면 논어재에 올리고, 통과하지 못하면 대학재에 계속 머물게 하였다. 이후로 논어재 · 맹자재 · 중용재 · 예기재 · 춘추재 · 시재 · 서재 · 역재의 과정을 통과하여야 하였다. 이 과정을 모두 통과하면 문과초시를 볼 수 있는 자격을 주고자 하였다. 규정 그대로 시행되지 못하고 적당하게 사서오경을 가르친 것으로 보이지만,[71] 성균관의 교육목적을 엿볼 수 있는 대목이다.

특전도 주어졌다. 양현고를 두어 숙식을 해결할 수 있었음은 물론 성균관 입학생의 주된 목적인 과거합격을 위한 다양한 특전이 주어졌다. 절일시(節日試) · 황감시(黃柑試) · 전강(殿講) · 통독(通讀) · 도기과(到記科) 등의 각종 별시는 성균관 유생들의 학업을 장려하기 위하여 실시된 특별 시험이었는데 합격자에게는 문과전시(文科殿試) 또는 문

71) 신석호(1969), 「이조초기의 성균관의 정비와 그 실체」, 『대동문화연구』 제6 · 7합집, 27-29쪽.

과회시(文科會試)에 직접 응시할 수 있는 자격을 주거나 문과초시(文科初試)에 점수를 가산해 주는 급분(給分)의 특전을 주었다. 직부생(直赴生)은 처음에 식년시에만 응시케 하였으나 나중에는 증광별시(增廣別試)·별시(別試)·정시(庭試)에도 응시할 수 있게 하였다. 전시 직부생은 이미 합격이 결정된 것이나 마찬가지였다.[72)]

그럼에도 불구하고 성균관은 크게 번성하지 못하였다. 대학 교육과 관료 등용을 일치시키고자 하였으나, 실제로는 그렇게 되지 않았던 것이다. 성균관의 시설이나 재정 부족의 원인은 국가 경제의 빈약함 때문이기도 하였겠지만, 그보다 중요한 것은 관료 등용의 장이 되어 버린 성균관이 대적할 수 없는 관리 등용의 방법이 있었다는 사실이다. 성균관에 입학하지 않아도 과거를 볼 수 있다는 예외적 사실은 결국 상례가 되어 버렸고, 성균관을 통한 관료 등용에 매력을 느끼지 못한 통치계층의 무관심은 상시적으로 재정 부족을 야기하여 성균관의 정원이 차지 않은 경우도 많았다. 그리고 도학이 점차 자리 잡아가던 시기에 너무나 현실적인 요구에 부응하는 기관이 되어 버린 대학은 지성과 덕성을 추구하는 사람들로부터 외면을 받았다. 대산(大山) 이상정(李象靖, 1711~1781)은 이렇게 고발한 바 있다.

> 태학(太學)은 교화의 근원이고 가장 큰 모범이 되는 곳이며, 선비는 나라의 근본이고 원기(元氣)가 깃든 사람이다. 당초 학교를 설립하여 선비를 뽑은 것은 나라에서 인재를 선발하기 위해 꼭 필요한 것이었으니, 어찌 중대하지 않을 수 있겠는가? 그러나 이익의 길이 한 번 열리고 선비들의 의지가 굳세지 않아, 덕행, 학문, 재능을 위한 가르침이 변하여 명성, 이익, 복록을 위한 마당이 되었으며, 예의로 서로 겸양하던 곳이 바뀌어 문장의 화려함을 다투는 길이 되었다. 조금이라도 염치를 알고 바른 품행에 힘쓴다고 일컬어지는 선비들

---

72) 이성무(2004),『한국의 과거제도』, 한국학술정보, 140쪽.

은 모두 아무 일도 하지 않게 되는데, 탐욕스럽고 비열하면서도 부끄러워할 줄 모르는 무리들이 서로 끌어들여 벗으로 삼아 친하게 지내고 날마다 어울려 서로를 치켜세우며, 심지어는 음식과 지필(紙筆)을 억지로 빼앗아 한때 자신을 살찌우고 편히 지내는 바탕으로 삼는다. 스승과 학생이 서로 만나는 경우에는 권면하고 학습 과정을 감독하는 이외에 읽고 외는 것이 익숙한지와 문장 짓는 것이 뛰어난지를 살피는 데 지나지 않는다. 그리고 이것을 올리고 내리는 단안으로 삼는다. 또 그 자리를 오래 맡지도 않아 1년이면 서너 번 바뀌기도 하니, 이 때문에 사람들은 대충 일을 때우기만을 생각하여 장구하고 원대한 계획이 없다.[73)]

진정한 학문을 추구하는 사람들은 대학에 입학하려 하기보다는 산림에 은둔하는 고명한 학자들을 찾아 공부하였으니 결국 사교육이 공교육을 능가하였다.

이런 와중에 기연(奇緣)도 있었다. 이황이 『심경부주(心經附註)』라는 책을 처음 보았던 것은 성균관 유학 시절이었다. 훗날 조선 유학자의 필독서가 된 『심경부주』는 그가 성균관에 유학하던 시절, 황(黃) 씨 성을 가진 사인(舍人)의 집에서 우연히 발견하였다.[74)] 오랫동안 문을 닫아걸고 이 책을 연구함으로써 우리나라 성리학의 심학이 크게 발전하는 계기를 만들었으니. 시골 유생들에게 성균관은 새로운 정보와 지식을 입수하는 장이었다. 그는 이곳에서 평생의 도우인 하서(河西) 김인후(金麟厚, 1610~1560)를 사귀기도 하였다. 다만 그들이 도우로서 허락한 사람이 매우 적다는 사실에서 성균관 유생들의 성향을 짐작할 수 있다. 크게 번영하지 못하면서 성균관은 갑오경장에 의해 개혁되기 이전까지 명맥을 지속한다.

---

73) 李象靖, 이정원 역(2012),「科擧私議」,『대산집』 권42, 한국고전번역원.

74) 이황,「退溪先生言行錄」,『退溪全書』 4(성대 대동문화연구원, 1985), 169하b.

제6장 성리학과 예절교육

장윤수 (대구교육대학교)

Ⅰ. 지금, 왜 예절교육인가

우리는 흔히 현대사회를 '후기 산업사회' '정보화 사회' 등으로 부른다. 그리고 이러한 시대에 있어서 예절이라고 하는 것은 전통사회의 봉건적 · 인습적 가치로서 어울리지 않는다고 생각한다. 과연 그러한가? 우리에게 있어서 예절이란 지나간 시대의 추억일 뿐인가?

그렇지 않다. 예절의 대상이 되는 인간관계가 여전하고, 예절의 목적이 되는 상호 존중의 정신이 여전하듯이 예절의 가치도 여전할 수밖에 없다. 지금 우리 주변에서 일어나는 도대체 이해할 수 없는 반인륜 범죄들이 무엇보다 어릴 적부터 함께 어울려 살며 상대를 배려하고 존중하는 예절교육의 빈곤에서 오는 것임을 상기할 때, 오늘 우리에게 예절교육은 선택의 사항이 아니라 필수임을 깨닫게 된다.

정신병리학의 시각에서 볼 때 전형적인 질환자의 하나가 사이코패스(psychopath)다. 이들은 겉보기에 호감이 가고 업무수행 능력이 뛰어나기 때문에 지극히 정상적인 사람처럼 보인다. 그렇지만 이들은 기본적으로 자기중심적이며, 부정직하고 무책임할 뿐만 아니라 때로는 아무런 이유 없이 상대를 학대하고 엄청난 반인륜 범죄를 저지르기도 한다. 이들은 공통적으로 남을 배려하고 사랑하는 감정이 크게 결핍되었으며, 또한 자신의 잘못을 반성하고 솔직하게 인정하는 태도가 부족하다.

문제는 이들 사이코패스가 우리 주변에서 전혀 아무렇지도 않은 듯 활동하고 있다는 점이다. 신체적인 질병은 금방 드러나게 마련이며, 외형적인 대(對)사회 폭력성 또한 쉽게 경계할 수 있다. 그렇지만 사이코패스적 범죄 행위에 대해서는 당하고 나서야 치를 떨게 된다. 그렇다면 이러한 범죄를 도대체 어떻게 예방할 것인가? 잘 드러나지 않고 제때에 대응할 수 없다는 점에서 사회적 · 제도적 방비만으로는 불충분하다. 이들에게는 무엇보다 어릴 적부터 자신을 절제할 줄 알고 함께 어울려 살며 상대를 배려하고 존중하는 예절교육이 필요하다.

우리는 흔히 예절교육과 에티켓 교육을 동일시한다. 이 두 가지가 비슷한 부분도 있지만, 에티켓의 의미로 예의 의미를 모두 담아낼 수는 없다. 에티켓은 예의 바르고 친절한 행동으로 요약될 수 있다. 그렇지만 예는 이것을 넘어 근본적으로 인간다움의 의미를 천착한다. 예는 스스로의 욕망을 이겨 내고 타인을 존중하는 성실한 마음, 즉 인(仁)의 의미와 다르지 않다. 이러한 마음을 실천하는 방법으로 공자는 극기복례(克己復禮)를 말하였고, 퇴계 이황은 敬을 강조하였다. 여기서 예는 일상적인 의미를 넘어 보다 근원적인 인간본성의 의미로 해석되며, 또한 우리 인간이 반드시 회복해야 할 도덕성의 본질로 이해된다.

대체로 자녀교육에 성공한 명문가의 교육방식이라는 것이 여느 가정과 크게 다를 바 없다. 다만 책임과 배려를 강조하는 기본교육에 충실하다는 점이 특징적이다. 가르쳐야 할 기본적인 가르침에 충실하다는 말이다. 자녀교육과 자녀의 성공에 목말라하는 오늘 우리에게 무엇보다도 예절교육은 가르쳐야 할 기본 가르침이다. 예절교육에 성공한 가정에서 결코 잘못된 자녀가 생겨날 수 없다. 바로 이 점에서 예절교육은 지금도 우리에게 중요한 의의를 가질 수밖에 없다.

Ⅱ. 예(禮)란 무엇인가

1. '예'의 의미

예(禮)와 예절(禮節)은 연속되면서도 구분되는 상관 개념이다. 예절의 개념을 제대로 이해하기 위해서는 일차적으로 '예'의 의미를 알아야 한다. 그렇다면 예란 무엇인가?

동아시아 사회에서 예는 특히 유교 문화와 절대적 관계를 가진다. 유자(儒者)의 출현이 이미 예의 문화와 더불어 가능했으며, 또한 예의 문화가 유교 문화의 발전과 더불어 변화해 왔음은 분명한 사실이다. 공자(孔子, B.C. 551~479)는 인(仁)의 실천 방법으로서 '자신을 극복하고 예를 회복할 것[克己復禮]'을 강조하였다.[1] 여기서 예는 인간의 도덕성을 실현하기 위한 과제요, 목표로 제시되고 있다. 그리고 맹자(孟子, B.C. 372~289)는 예를 인간 성품의 도덕적 기본 요소들의 하나로 파악하여, '사양(辭讓)하는 마음'이라는 선한 감정으로 나타나는 것이라고 지적하였다.[2] 이에 반하여 순자(荀子, B.C. 298~238)는, '예'란 인간 사회에서 각각의 분수를 한정짓는 기준으로서 객관적 규범(規範)이라 생각하였고, 또한 인간 성품의 악함을 다스리는 역할을 하는 것으로 이해하였다.[3] 바로 이러한 면에서 우리는 유교의 문화를 곧 '예'의 문화로 규정짓기도 한다. 그렇다면 '예'란 무엇인가? 우선 그 어원적 의미부터 살펴보도록 하자.

---

1) 『論語』「顔淵」 참조.

2) 『孟子』「公孫丑上」 참조.

3) 『荀子』「禮論」 참조.

한자(漢字)의 어원적 의미를 가장 잘 설명해 주는 『설문해자(說文解字)』에 따르면, 禮는 '示'(땅귀신 기)와 '豊'(풍년들 풍)으로 구성되어 있다.[4] '示'는 신적 존재이며, '豊'은 제기[豆]에다 제물을 담아 신에게 봉헌하는 제사의례(祭祀儀禮)를 말한다. '豊'은 禮의 옛 글자이기도 하다. 한자의 어원을 설명하는 문헌 간에 차이가 있기는 하지만, 禮의 어원적 의미가 종교의 가장 일반적인 행위로서 제의(祭儀)를 뜻한다는 점에서는 일치한다.

그런데 신에게 제물을 바치고 제사를 지낸다는 초기적 '예'의 의미는 이후 발전 과정에서 '정치적 법제'(政治的 法制) '사회적 전례'(社會的 典禮) '윤리적 예'(倫理的 禮)라는 의미로 발전한다.

정치적 법제로서의 예는 주대(周代)의 법제를 기록한 책인 『주례(周禮)』에 잘 나타난다. 고대사회는 제정일치(祭政一致)의 사회로서 군주의 명령은 곧 하늘의 뜻이라고 생각되었다. 그러므로 법제는 곧 예로 이해되었으며, 예악(禮樂) 정치를 이상으로 하는 유교의 입장에서 볼 때 왕도(王道) 정치의 실현을 위해 반드시 필요한 것으로 여겨졌다.

그리고 사회적 전례(典禮)로서의 예는 『의례(儀禮)』와 『예기(禮記)』에서 주로 설명된다. 길·흉·군·빈·가(吉·凶·軍·賓·嘉)의 오례(五禮)[5]라든가 혹은 관·혼·상·제(冠·婚·喪·祭)의 사례(四禮) 등이 그 대표적인 경우다. 일반적으로 말하는 예의(禮儀)·예식(禮式)·예절(禮節) 등이 주로 사회적 전례를 의미하며, 풍속·습관 등도 넓은 의미에서 여기에 속한다.

마지막으로 윤리적 예란 오상(五常)[6]의 예를 의미하는 것으로서

---

4) 『說文解字注』, 제1편(上); 전광진(2000: 76, 177) 참조.

5) 吉禮는 祭祀, 凶禮는 喪祭, 賓禮는 接賓客, 軍禮는 軍旅, 嘉禮는 冠禮와 婚禮를 의미한다.

6) 유교에서 말하는 仁·義·禮·知·信의 다섯 가지 덕목을 말한다.

『논어』와 『예기』에서 주로 그 용례를 찾아 볼 수 있다. 그러나 윤리적 예라고 하더라도 정치적 법제나 사회적 전례와 전혀 별개의 것이라고 할 수는 없다. 다만 윤리적 의미에서 예란 앞서 말한 두 가지 경우보다 훨씬 더 '예'의 본질적 의미를 지닌다.

예는 보편적인 가치의 도덕성을 지니면서 구체적 현실의 변화 속에서 실천되어야 한다. 이에 따라 예가 행동 양식과 절차라는 점에서 일정한 고정된 형식을 지니는 것을 상례(常禮)라 하며, 반면 시대와 사회의 변화에 따라 의례의 형식과 절차가 변화하는 것을 변례(變禮)라고 할 수 있다.[7] 먼저 상례의 의미로서 '예의 정신'을 살펴보도록 하자.

2. '예'의 정신: 敬

『예기』 첫머리에서 예를 '무불경(毋不敬)'이라고 하였다.[8] 이것은 곧 敬에서 禮가 생기며, 예의 본질이 '敬'임을 말해 준다.

공자는 일찍이 탄식하기를, "태산(泰山)의 [귀신이] 임방(林放)만도 못하다 할 것인가."라고 한 적이 있다. 이 말은 노(魯) 나라의 제후인 계 씨(季 氏)가 자신의 신분에 맞지 않게 태산에서 제후의 의례인 '여(旅)' 제사를 드리자 이에 대해 공자가 한 말이다.[9] 임방은 공자에게 예의 근본이 무엇인지를 물었던 사람이다. 대부분의 사람이 '예'의 미세한 절차나 형식을 따지고 있을 때, 임방은 예의 근본정신이 어디에 있는지를 물었다. 공자는 임방의 질문을 칭찬하면서, "'예'는 그 사치함보다는 차라리 검소함이 낫고, 초상은 그 절차보다는 차라리 슬퍼

7) 한국민족문화대백과사전 편찬부(1991: 742-743) 참조.

8)『禮記』「曲禮上」 참조. 첫 구절의 원문은 "曲禮曰, 毋不敬, 儼若思, 安定辭, 安民哉."다.

9)『論語』「八佾」 참조.

함이 낫다."[10]라고 대답하였다. 즉, '예'를 행하는 사람들이 형식 절차를 번거롭고 사치스럽게 하는 데에만 마음을 기울이고 있는 현실을 경계하면서, 예의 근본정신이 공경하는 마음에 있음을 강조한 말이다.

또한 공자는 "禮라, 禮라 이르는 것이 옥과 비단을 말하는 것이겠느냐? 악(樂)이라, 악이라 이르는 것이 종과 북을 말하는 것이겠느냐?"[11]라고 하였다. 예를 행하는 사람에게 경건한 마음이 결핍되면 의례에 쓰이는 폐백(幣帛)이 아무리 규모 있게 잘 갖추어졌다고 하더라도 무의미한 것이 되고 만다. 또한 음악을 연주하는 사람에게 아름다운 정서가 결핍되면 아무리 좋은 악기를 갖추어 놓고 있더라도 영혼이 빠져나간 채 도구만 붙잡고 있는 것에 불과하다. 결국 공자의 말은, 예를 논하면서 예물인 폐백에 관심을 빼앗기고 음악을 논하면서 도구인 악기에 관심을 빼앗기는 현실을 경계한 것이다.

한편, 공자는 주공(周公)의 사당인 태묘(大廟)에서 일일이 의례 절차를 묻다가 이를 지켜보던 사람으로부터 "누가 추(鄹) 땅 사람의 아들이 예를 안다고 했는가? 태묘에 들어가서는 일일이 묻고 있다."라고 비난을 받은 적이 있었다. 이를 듣고서 공자는 "이렇게 하는 것이 바로 예다."[12]라고 대답했다. '추 땅 사람의 아들'인 공자는 의례에 밝기로 소문이 나 있었다. 그래서 이 제사를 지켜보는 사람들은 공자의 동작이 절차에 따라 능숙하게 진행될 것을 기대했던 것 같다. 그러나 공자는 익숙한 솜씨로 순조롭게 의례를 진행하기보다는 혹시라도 잘못될까 조심하는 자세로 일일이 물으면서 진행했다. 그는 바로 이렇듯 경건한 마음으로 의례를 행해야 함을 역설하였던 것이다.

10)『論語』「八佾」 참조.
11)『論語』「陽貨」 참조.
12)『論語』「八佾」 참조.

한대(漢代)의 유명한 철학자인 왕충(王充)은 "제사의 뜻은 주인이 스스로 은혜로움과 정성스러움을 다하는 것일 뿐이니, [귀]신이 반드시 그것을 흠향(歆饗)하는 것은 아니다"[13]라고 하였다. 이 말이 비록 극단적이기는 하나, 유교 의례의 본질을 잘 말해 주는 것이다. 즉, [귀]신의 흠향 여부가 문제가 아니라 제사를 드리는 사람의 정성스러움이 강조되는 것이다.

이러한 '예'의 본질적 의미는 결코 변할 수 없는 '불변성(不變性)'의 요소다. 그러나 예에 이러한 본질적 의미만 있는 것은 아니다. 즉, '예'에는 본질적 의미 이외에도 시대적 상황과 사회적 변화에 따라 적응해 나가는 '가변성(可變性)'의 요소가 있다. 이제, 예의 불변성과 가변성의 의미를 체용론(體用論)의 시각에서 이해해 보도록 하자.

3. '예'의 체용론(體用論)

유교 공동체는 크게 세 부분으로 구성되어 있다. 우선, 자연적 공동체로서 부모와 자식의 결합을 기준으로 하는 '가정[家]' 공동체가 있다. 다음으로, 유교적 가치관과 도덕의식을 계승하고 연마하는 문화적 공동체로서, 스승과 제자의 결합을 기준으로 하는 '학문[學]' 공동체가 있다. 마지막으로, 작게는 향촌(鄉村) 사회로부터 크게는 국가 차원으로 확대되는 '사회[鄉 · 國]' 공동체가 있다. 혈연(血緣), 지연(地緣), 학연(學緣)이라는 것은 바로 이러한 유교 공동체의 세 부분과 연결되어 있다.

유교 공동체에서는 공동체의 유형에 따라 각각의 예가 정립되어 있

13) 『論衡』「祀義」 참조.

다. 즉, '가정' 공동체에서는 가례(家禮)가, '학문' 공동체에서는 학례(學禮)가, '사회' 공동체에서는 향례(鄕禮)나 국조례(國朝禮)가 정밀한 체계로 제시되어 시행된다. 각 공동체는 그 구성 체계에 규범을 부여하여 질서를 확립할 뿐만 아니라 의례를 정기적으로 반복하여 거행함으로써 공동체 결속의 강화를 도모한다. 특히 이 중에서도 가정 공동체는 유교 문화에서 모든 도덕 규범의 뿌리가 되고 원천이 된다. 유교의 규범 체계는 언제나 가족적 인간관계의 규범을 기준으로 하고, 이를 확산시켜 더욱 넓은 사회 속에서 전개해 나가도록 이끌어 왔다.[14)]

즉, 전통사회에서 대중에게 가장 일반화된 예는 가정의례다. 『주자가례(朱子家禮)』는 이러한 가정의례의 표준으로 제시되어 왔다. 그런데 『주자가례』가 가정의례의 표준으로 정립될 수 있었던 것은 주희(朱熹, 1130~1200)가 성리학적 형이상학의 체계를 확립하면서 그 실천 방법으로 도덕 규범의 체제와 더불어 의례 절차의 확고한 기반을 확보해 두었기 때문이다. 주희는 「가례서(家禮序)」에서 먼저 예를 본(本: 근본 원리)과 문(文: 제도 절차)의 체용 구조로 제시하고 있다.

> '예'에는 본(本)과 문(文)이 있다. 집에서 행하는 것부터 말하자면 명분을 지키는 것과 사랑하고 공경하는 진실이 그 본이다. 관혼상제(冠婚喪祭)와 의장도수(儀章度數)는 그 문(文)이다. 본(本)이라는 것은 집에서 날마다 실행하는 상체(常體)이니 진실로 하루라도 닦지 않을 수 없다. 문(文) 또한 모두 사람된 도리의 처음과 끝을 바로 세우는 것이다. 비록 그것을 행함에 때가 있고 그것을 베풂에 장소가 있더라도 강구함이 분명하고 익힘이 익숙하지 않으면 일에 부닥쳤을 때 이치에 맞고 절문(節文)에 상응하지 못할 것이니, 이 또한 하루라도 강습하지 않을 수 없다.[『朱子家禮』「家禮序」]

---

14) 금장태(2000: 192-193) 참조.

본(本)과 문(文)의 체용 구조에서 보면, 예는 근본 원리의 '불변성'과 의례 절차의 '가변성'을 동시에 가지고 있다. 따라서 예의 진정한 이해는 의례의 절도(節度)를 시대적 변화에 맞게 조정하면서 그 근거에 깃든 예의 '보편적 근본 원리[常體]'를 인식하는 데서만 가능하다. 17세기의 예학자(禮學者) 허목(許穆, 1595~1682)은 예를 정의(定義)하여, "'예'는 하늘에서 나오며 성인(聖人)에게서 이루어진다. '예'는 때를 따르는 것을 귀하게 여기므로 삼대(三代)의 '예'가 다르다."[15]라고 하였다. 즉, 허목은 예가 하늘에 근원을 두고 있으며 천명(天命)을 깨달은 성인의 권위에 의해서만 예로서 제정될 수 있음을 강조한다. 그러나 그는 '예'의 근본정신이 인간의 자의적 판단에 따라 임의로 변경될 수 없지만, 그 현실적 변화 또한 인정하지 않을 수 없다고 보았다.

이익(李瀷, 1681~1736)도 "가례(家禮)는 옛것에 의거하면서도 변화에 통하는 것이다. 옛것에 의거한즉 근본이 세워지게 되고, 변화에 통한즉 풍속에 힘쓰게 된다."[16]라고 말하였다. 그리고 정약용(丁若鏞, 1762~1836) 또한 "'예'는 천지(天地)의 실질[情]이다. 하늘에 근본을 두고 땅을 본받으니, '예'는 그 사이에서 행해진다."[17]라고 하여, '예'가 '본질적 근원[天]'과 '현실적 제약[地]'을 종합하는 것임을 강조하였다.

즉, 예는 궁극적 실재인 하늘을 근본 원리로 인식하여 그 근원을 확보하고자 추구하는 '불변성'과 더불어, 시대적 상황과 사회적 현실의 변화에 따라 이에 적합하도록 절도(節度)의 형식을 바꾸어 가는 '가변성'이라는 두 방향의 관심과 추구를 통해 구체화되었다. 그러므로 예의 실천에서는 그 본질적 원리에 바탕하는 것뿐만 아니라, 구체적인

15) 『記言』「禮說一・禮統」 참조.

16) 『星湖僿說』「經史門・儒術」 참조.

17) [『與猶堂全書』「喪禮四箋・喪禮四箋序」 참조.

현실에 따라 응용해 가려는 노력 또한 중요하다.

4. 예절(禮節)의 의미와 예절교육의 특성

유교 의례는 경전 전통의 고례(古禮)를 기준으로 삼지만 그 시대의 풍속과 제도인 금례(今禮)를 폭넓게 수용하여 현실적 적합성을 유지해 왔으며, '예'의 근본정신이 불변임을 부단히 확인하면서도 구체적 제도의 가변성을 중시하여 시대에 따라 적응·변모해 왔다. 가례(家禮)에 대한 주희(朱熹)의 기본 입장도 고례인『의례』에 의존하는 범위를 줄이고 적극적으로 당시 사회의 예속(禮俗)을 수용함으로써 실천의 편의성을 추구하였다.[18] 그리하여 주희는 예가 시(時)를 떠날 수 없음을 강조하면서 고례의 전통에만 속박되지 않고 금례를 폭 넓게 수용하여 그 시대의 현실에 적합한『가례』의 독자적 의례 체계를 제시하였다.

오늘의 경우도 마찬가지다. 과거 예의 전통을 정확하게 재현해 내는 것도 의미 있는 일이지만, 예의 현대적 응용, 즉 시(時)에 따른 예의 모색이 그 이상 중요한 일이다. 전통 예절의 '현대적' 적응 가능성 모색 그리고 바람직한 의례의 시연(試演)과 계몽 및 보급 운동도 적극적으로 필요할 것이다. 1969년 정부에서 '가정의례준칙(家庭儀禮準則)'을 제정하여 시행을 권장하기도 했지만 전통 문화와 괴리가 심하였고, 이로 인해 국민에게 큰 호응을 얻지 못했기 때문에 지금은 거의 사장(死藏) 단계에 있다. 그러나 이러한 식의 시도는 해 볼 만한 가치가 충분히 있다. 공권력에 의한 강제적인 방안이 아니라, 민간의 전문가들

18)『朱子語類』「禮一 · 論修禮書」참조.

에 의해 충분한 논의와 협의 및 예비 시행을 거친 뒤에 일반화를 꾀해야 할 것이다. 즉, 예와 관련한 우리 시대의 가장 큰 과제는 바로 '예'의 '현대적 적응'이라고 할 수 있다. 그리고 '예'와 관련하여 기본적으로 유념할 것은, '예'의 가변성, 즉 예절과 관련해서다.

'예(禮)'와 '예절'을 차별적으로 이해하게 될 때에 '禮'에 비해 '예절'의 개념은 훨씬 더 가변성의 의미를 띠게 된다. '예'가 주로 예절의 본질과 정신을 의미한다면 '절(節)'은 행동규범을 말하는 것으로서 공경하는 마음, 정성스러운 마음, 섬기는 마음, 절제하는 마음, 사랑하는 마음의 구체적 표현이다. 예절은 자신이 속해 있는 사회의 구성원들이 약속해 놓은 일정한 생활 방식이다. 그러므로 공자는 『논어』 가장 말미에서 "'예(절)'를 알지 못하면 제대로 설 수 없다."[19]라고 하였던 것이다. 예의와 범절, 즉 예절은 인간이 지켜야 할 행동규범으로 사람이 사람답게 살아가기 위하여 필요한 도리이고 질서다.

약속된 생활방식으로서의 예절은 가장 바람직한 가치에 대한 구성원들의 합의를 기본으로 한다. 바람직한 것이란 처해 있는 환경 조건에 따라 바뀔 수 있으므로 합의된 가치관 역시 바뀔 수 있으며, 따라서 예절의 표현 방식도 달라질 수 있다. 그러나 특정 시대와 환경 속에서 예절은 눈에 보이지는 않지만 일정한 수준의 규제력을 발휘해 그 사회 구성원들의 행동방식을 정해진 방향으로 이끌어 나가며, 사회의 질서를 안정적으로 유지시킨다.

예절에는 크게 두 가지 기능이 있다. 하나는 자기 자신을 수양하는 기능이고, 다른 하나는 다른 사람과의 관계에서 원만하게 대처하는 기능이다. 전자의 경우, 예절은 스스로 사람다워지려는 것으로서 자

19) 『論語』「堯曰」: "不知禮, 無以立也."

기 자신에게 적용하는 기능을 가지는데, 이 경우 예절의 본질은 정성스러움이다. 후자의 경우, 예절은 자신을 벗어나 남에게 활용되는 기능을 가지며 이 경우 예절의 본질은 공경과 사랑이다.

자기 자신을 수양하는 구체적인 방법은 비록 혼자 있는 경우라 할지라도 스스로 조심하는 것이며, 대인관계에 대처하는 방법의 기본은 남을 편안하게 해 주는 것이다. 즉, 예절에는 모두가 함께 편히 지낼 수 있기 위해 자신의 욕구를 절제하는 마음, 서로의 행복을 위해 자신의 이익을 양보하는 마음이 있어야 한다. 바로 이러한 점에서 예절교육은 에티켓 교육과 차별성을 갖는다.

상대방에게 폐를 끼치지 않으려 한다는 점에서는 예절교육과 에티켓교육이 공통점을 갖지만, 자신의 욕구를 절제하고 끊임없는 내적 성찰과 반성을 수행한다는 점에서는 예절교육이 훨씬 더 근본적이고 인성교육의 본래 목표와 가깝다.

III. 예(禮): 소학(小學)과 유교 교학(教學) 이념의 접점

1. 성리학과 『소학』

우리는 성리학(性理學) · 도학(道學) · 이학(理學) · 주자학(朱子學) · 정주학(程朱學) · 송학(宋學)이라는 용어를 그다지 구분하지 않고 통칭하여 사용한다. 이들 용어의 학문적인 내용이 대체로 서로 통하므로 두루 통용할 수도 있겠으나, 엄밀히 따지면 개념상 차이가 있다.

'성리학'은 송대 유학이 다룬 핵심 개념을 중심으로 붙여진 이름이며,[20] '정주학'과 '주자학'이란 용어는 송대 유학을 집대성한 정 씨(程氏) 형제[21]와 주희(朱熹)를 중심으로 하여 붙여진 이름이다. 또한 '도학'이란 학문의 정통적인 계보를 잇는 진정한 학문이라는 의미에서 붙인 이름이며, '송학'이란 송나라 시대에 성행한 유학이라는 의미로 사용된 명칭이다.

그러한 의미에서 볼 때 성리학 · 도학 · 정주학 · 이학 · 송학은 서로 혼용해 사용하여도 큰 무리는 없을 듯하다. 정이(程頤)와 주희의 학문 근간이 동일하며, 실제로 주희가 정이의 학통을 계승하였다는 점을 고려하면 정주학과 주자학의 개념은 서로 통한다. 또한 정주학 계열의 학자들이 스스로 자부하기를, "맹자 이후 천년동안 끊어졌던 도통(道統)을 이었다."고 하니 '도학(파)'이라고 할 수 있을 것이다. 그리고 이들 학문의 핵심 개념이 性과 理라는 점에서 '성리학' 또는 '이학'이라고 할 수 있겠다. 그리고 '송학'이라는 명칭도 송대 유학의 근간이 성리학이라는 점에서 통용될 수 있다.

그런데 성리학의 교학 이념을 가장 잘 표방한 책이 바로 주희가 집대성한 『소학』이다.[22] 『소학』은 초학자를 대상으로 한 성리학의 입문서이자, 성리학자들이 평생토록 지녀야 할 수신서(修身書)의 역할을 하기도 하였다. 『소학』은 특히 우리나라의 성리학에서 중시되었다. 고려 말 성리학의 전래와 함께 우리나라에 보급되기 시작했던 『소학』은 고려 말에 일부 유학자들에 의해 읽히다가 조선의 개국과 더불어 성리학의 입문서와 수신서로서 확고한 위치를 구축하게 된다.

성리학은 우리나라에 수용될 때 이기론(理氣論)보다는 지경(持敬)

---

20) 이 경우는 理學도 마찬가지다.

21) 程顥와 程頤, 그중에서도 특히 程頤를 말한다.

22) 이수건(1995: 285-286) 참조.

을 중시한 원(元)의 유학자 허형(許衡, 1209~1281)의 학풍이 첨가됨으로써 수용기의 우리나라의 성리학은 거경(居敬) 쪽이 주류로 인정받게 된다.[23] 이러한 특징은 특히 새로운 국가와 사회 건설에 성리학의 이론적 측면보다는 실천적 면이 훨씬 유용했던 조선 초기에 이르러 더욱 강하게 두드러진다. 허형은 주희가 편찬한『소학』을 신명(神明)과 같이 믿고 부모처럼 공경했으며 그 제자들에게도 쇄소응대(灑掃應對)로써 진덕(進德)의 기틀을 삼으라고 했고,[24] 또한『소학』에서 강조하는 '敬' 공부와 기본 예절교육을 중시했다. 허형 학풍의 영향으로 고려말[麗末] 유학자들 사이에서『소학』이 읽히게 되었고, 조선왕조의 개국과 더불어 이 책은 15세기 관학(官學)의 필수 교과목이 되고 조선 성리학자들에 의해 더욱 중시되었던 것이다.

조선조에 들어와서『소학』에 대한 강조는 개국 초부터 있어 온 일이나, 특히 주목되는 학자는 권근(權近, 1352~1409)이다. 그는『소학』의 달통을 강조하면서 먼저『소학』을 읽은 다음에야 다른 공부를 할 것이며, 성균관에 입학하고자 하는 자에게는『소학』의 능통 여부를 확인한 뒤에 시험에 응시할 수 있도록 하라고 태종에게 건의하였다.[25]

그리고 권근 이후『소학』을 가장 강조했던 학자로는 단연 김굉필(金宏弼, 1454~1504)을 거론할 수 있다. 그는 평소 실천위주의 유학공부를 쌓으며 자칭 '소학동자(小學童子)'라고 말할 만큼『소학』에 따라 마음가짐을 한결같이 하였다. 그는『소학』이 모든 학문의 입문이며 기초인 동시에 인간교육의 기본 원리가 됨을 역설하였으며, 평생토록『소

23) 文喆永,『朝鮮初期의 新儒學 수용과 그 性格』(『韓國學報』 36輯, 1984), 32-33쪽 참조.

24)『宋元學案』卷90,『魯齋學案』참조.

25)『朝鮮王朝實錄』太宗7年 3月24日(戊寅),「吉昌君 權近이 勸學에 대한 조목을 아뢴 상소문」참조.

학』을 손에서 놓지 않았다고 한다. 김굉필의 이러한 정신은 그의 제자 조광조(趙光祖, 1482~1519)에게 계승되어 그 또한 『소학』을 중심으로 하여 도학을 실천하는 공부에 힘썼다.

소학은 특히 사림파들이 민중교화의 수단으로 적극 활용하였는데, 김안국(金安國, 1478~1543) 또한 경상도관찰사로 재임할 때 한글판 『소학』인 『소학언해』를 발간하여 민간에 널리 보급하였다. 이언적(李彦迪, 1491~1553)도 『소학』과 敬 공부를 강조했던 성리학자다. 그는 敬이 내·외를 포괄하여 천덕(天德)에 이르는 것이며 또한 '하학이상달(下學而上達)'의 정신을 지녔다고 이해하였으며,[26] 바로 이러한 바탕에서 '하학'을 지칭하는 『소학』을 강조하였던 것이다. 이황(李滉)이 평생토록 힘썼던 '敬'의 공부가 『소학』에 바탕을 둔 것이며, 그리고 조식(曺植) 또한 『소학』을 강조한 학자로 기억될 만하다. 조식은 평소 제자들에게 글공부는 『소학』 한 권이면 족하다고 했다. 이이(李珥)도 『소학』을 학문의 기본서로 여겼으며, 그래서 『소학』을 『대학』·『논어』·『맹자』·『중용』과 병렬하여 오서(五書)라 칭하고, 학자들이 가장 먼저 읽어야 할 책으로 명기하였다.[27] 그리고 당시 중국에서 만들어진 『소학』의 각종 주석서의 정수만을 가려 뽑아 '집주(集註)'를 만들었으니, 이 책이 바로 조선성리학자들 대부분이 대본으로 삼았던 『소학』의 주석서다.

그런데 『소학』은 유교의 전통 예절교육과 관련해서도 중요한 의미를 갖는다. 우선 그 교학 이념이 '敬'이라는 점에서 예의 정신과 상통하며, 또한 '하학이상달(下學而上達)'이라는 교학 방법을 통해 기본생활 예절교육을 강조하고 있다. 즉, 『소학』은 성리학자들의 중요한 예

26) 『晦齋全書』「答忘機堂」(第一, 二, 三書) 참조.
27) 『擊蒙要訣』「讀書章」 참조.

절이론서이기도 한 것이다. 이제『소학』의 이념인 '敬'의 사상에 대해 고찰해 보고, 이러한 이념이 어떻게 예절교육과 연계되는지에 대해서 살펴보도록 하자.

2.『소학』의 이념: 敬

『소학』의 핵심은 '敬'이다. 敬의 실천이『소학』의 본령이라면,『소학』은 평생을 통해 추구해야 할 대상이 될 수밖에 없는 것이다.『소학』에서는 형이상학적 · 관념적인 敬을 다룬 것이 아니라, 敬의 구체적인 내용을 명시하고 그 내면화를 촉구하였다.[28] 그러한 면에서『소학』은 예절교육과 밀접한 연관성을 갖고 있다. 敬을 강조하는『소학』의 대표적인 몇 구절을 살펴보도록 하자.

> 군자가 공경[敬]하지 않음이 없으나 자신의 몸을 공경함이 가장 중요하다. 몸은 부모의 가지이니, 감히 공경하지 않을 수 있겠는가? … 공경함이 태만함[怠]을 이기는 자는 길하고, 태만함이 공경함을 이기는 자는 멸한다.[성백효 역주(1993: 169-170)]

> 일을 함에 시작을 도모함은 한 가지 행동이라도 공경함[敬]을 잊지 않음이요, 말을 냄에 행실을 돌아봄은 한 마디 말이라도 공경을 잊지 않음이다. 정자(程子)의 문하에서 사람을 가르침에 공경으로써 우선을 삼았다.[성백효 역주(1993: 343). '集解'에서 인용한 熊씨의 말]

조선조 숙종 또한 이덕성(李德成)을 시켜 지은「어제소학서(御製小學序)」에서『소학』의 교학 이념으로 특히 敬을 강조하였다.

28) 이승연(2000: 123-124) 참조.

공경[敬]은 성학(聖學)에서 처음을 이루고 끝을 이루며, 위를 통하고 아래를 통하는 것으로서 공경함과 태만함의 사이에 길함과 흉함이 즉시 판별된다. 이 때문에 무왕이 즉위한 초기에 태사(太師)인 상보(尙父)가 간절하게 경계를 올린 것이 이러한 공경의 뜻에 지나지 않았던 것이다. 배우는 자가 진실로 여기에 맛을 두어 동(動)과 정(靜)을 반드시 공경으로 하고 잠깐이라도 반드시 공경으로 하여, 나의 출입하는 마음을 거두어 들이고 나의 바르고 큰 근본을 세워, 오늘 한 가지 공부를 하고 내일 한 가지 일을 하여, 알지 못하고 깨닫지 못하는 사이에 마음이 편안해지고 표리(表裏)가 밝게 통하게 되면, 대학에 나아가서 이른바 몸을 닦고 집안을 가지런히 하고 나라를 다스리고 천하를 평안히 하는 방법을 다만 한 번 들어서 조치하면 되는 것이다. 그 풍화(風化)에 어찌 조금만 도움이 될 뿐이겠는가?[성백효 역주(1993: 11-2)]

이 인용문의 구절들은 '敬' 공부야말로 성학(聖學)의 핵심이자, 소학 공부의 핵심이며, 그리고 대학 공부로 나아가는 길임을 강조하고 있다. 주희의 제자인 진순(陳淳, 1159~1223) 또한 '敬' 공부가 성리학의 핵심이며 또한 소학과 대학 공부의 핵심임을 설파하였다. "정자(程子)는 敬을 주장하는 공부가 소학의 빠진 것을 보충할 수 있다고 하였다. 敬을 주장하면 방심(放心)을 거두어 큰 근본을 세울 수 있으니, 큰 근본이 이미 수립된 뒤에 대학 공부도 순서를 따라 나아가면, 가는 곳마다 통하지 않음이 없다. 대개 敬을 주장하는 공부는 시・종을 관통하고, 동・정을 일관하고, 내・외를 합하니, 소학과 대학에 있어서 모두 없어서는 안 된다."[29]

조선의 성리학자 성혼(成渾, 1535~1598) 또한 "나의 학문은 늦게야 주워 모아 근본이 서지 못하였으니, 공자의 '오묘한 敬이 무궁하다'는 뜻에 느낌이 있어, 매양 질책해 힘쓰려는 공부로 스스로 마음에 자책

29) 성백효 역주(1993: 28) 참조.

함이 오래되었다."[30]라고 하여, 유학 공부의 핵심이 敬에 있음을 강조하였다. 그런데 문제는, '敬이란 구체적으로 무엇을 의미하는가' 하는 그 정체 해명이다.

퇴계 이황은 敬의 구체 의미를 설명하면서 주희의 학설에 입각하여 자신의 이론을 전개한다. 일찍이 주희는 敬의 의미를 규정하는 요소로서 네 가지의 조목을 말하였다. 주희가 말하는 네 가지의 조목이란 정이(程頤, 1033~1107)가 말하는 "정신을 통일하여 흐트러짐이 없게 한다[主一無適]."는 이론 및 "몸가짐을 가지런히 하고 마음을 엄숙히 한다[整齊嚴肅]."는 이론, 사량좌(謝良佐, 1050~1103)가 말한 "항상 경계하여 깨달으려는 방법[常惺惺法]"에 관한 이론, 그리고 윤돈(尹焞, 1071~1142)의 "그 마음을 단속하여 한가지의 잡념도 용납하지 않는다[其心收斂不容一物]."는 이론이다.[31] 이러한 주희의 이론에 입각하여 이황은 敬의 의미를 '주일무적' '정제엄숙' '상성성' 그리고 '심수렴불용일물' 네 가지로 규정하였다.[32]

이황은 '주일무적[主一無適]'을 설명하면서 다음과 같은 비유를 든다. "어느 한 그림을 두고 생각할 적에는 마땅히 이 그림에만 마음을 오로지 해서 다른 그림이 있다는 것을 알지 못하는 것처럼 하고, 어떤 한 일을 익힐 적에는 마땅히 이 일에 전념해서 다른 일이 있다는 것을 알지 못하는 것처럼 한다."[33] 그리고 '정제엄숙'에 대해서는 정이(程頤)의 말을 인용하여 "정제엄숙하면 마음이 한결같아지고, 한결같아

30) 성백효 역주(1993: 464) 참조.

31) '主一無適' '整齊嚴肅' '常惺惺法' '心收斂不容一物'에 대한 뜻풀이는 '윤사순'의 해석을 따랐다. [윤사순 역주(1993: 332) 참조.

32) 『增補退溪全書(一)』「進聖學十圖箚」 참조.

33) 『增補退溪全書(一)』「聖學十圖 · 大學圖」 참조.

지면 저절로 간사함이 생길 수 없다."[34]라고 하며, '상성성법'에 대해서는 "아침, 저녁으로 정신이 맑고 기운이 안정될 때는 엄연하고 숙연하여, 마음과 몸을 다잡아 주지 않더라도 스스로 보존되고, 사지(四肢)를 단속하지 않더라도 스스로 공순하여지는 상태"[35]라고 해석하였다. 이황은 이 네 조목의 표현이 비록 다르지만 그 주장하는 바의 의미는 모두 같다고 보며, 그리고 주희의 말을 인용하여 '하나로 붙잡아 들어가는 것은 곧 나머지 세 가지로 통하는 길'임을 강조하였다.

그러나 敬의 의미를 규정하는 네 조목을 검토해 볼 때, '주일무적' '상성성' '심수렴불용일물' 등의 세 조목이 주관의 내심(內心)을 다스리는 치심(治心)의 법이라면, '정제엄숙'은 객관적 외양에 대한 규제다. 즉, 敬의 의미는 '내적 의미'와 '외적 의미'라는 두 측면에서 파악할 수 있다. 그러나 敬의 의미를 내 · 외 양면적으로 규정한다고 해서 양자가 분리된 별개의 의미라고 할 수는 없다.

일본의 저명한 성리학 연구자인 우노 데쓰도(宇野哲人)는 주희의 경론(敬論)을 분석하였는데, 그는 주희의 경론이 내 · 외 양면적으로 전개되고 있음을 잘 지적하였다.[36] 즉, 우노 데스도는 '바깥'을 바르게[方] 하는 것이 '안'을 곧게[直] 하는 길이며, '안'을 곧게 하는 것이 '바깥'을 바르게 하는 길이라는 논법으로 주희 '敬'의 내 · 외 양면설을 설명하였다. 말하자면, 외양을 정제(整齊)하는 것은 내심(內心)이 주일(主一)하게 되는 길이며, 내심을 주일하게 하는 것은 외양을 정제하는 길이라는 것이다. 주희는 내 · 외를 포괄하며 표 · 리를 통일하는 원리로서 敬의 의미를 사색하였다. 즉, 성찰(省察)이 敬의 내적 방면의 공

34) 『增補退溪全書(三)』「退陶先生自省錄 · 答鄭子中」 참조.

35) 『增補退溪全書(四)』「退溪先生言行錄 · 論持敬」 참조.

36) 宇野哲人(昭和29: 194) 참조.

부라면 정좌(靜坐)는 敬의 외적 방면의 공부라는 것이다. 따라서 주희에게 있어서 敬은 인욕(人欲)을 제거하고 천리(天理)를 보존하는 모든 치심법(治心法)의 근본 원리인 것이다.[37)]

주희는 '소학서제(小學書題)' 첫 구절에서 소학공부의 핵심에 대해 다음과 같이 간명하게 정리하였다.

> 옛날 소학교에서 사람을 가르치되, 물 뿌리고 쓸며 응하고 대답하며 나아가고 물러나는 예절과 어버이를 사랑하고 어른을 공경하며 스승을 높이고 벗을 친히 하는 방도로써 하였으니, 이는 모두 몸을 닦고 집안을 가지런히 하고 나라를 다스리고 천하를 평안히 하는 근본이 되는 것이다.[성백효 역주(1993: 13)]

주희는 물 뿌리고 쓸며 응하고 대답하며 나아가고 물러나는 예절, 즉 쇄소응대진퇴지절(灑掃應對進退之節)의 기본 생활예절 공부가 소학공부의 핵심이라고 생각하였으며, 이러한 공부는 더 나아가 수신제가치국평천하(修身齊家治國平天下)의 이상을 지향하는 대학 공부의 근간임을 강조하였다. 앞서 언급한 敬의 의미를 규정하는 네 조목 중에서 객관적 외양에 대한 규제인 정제엄숙의 공부는 예절교육과 상통한다. 그리고 "바깥을 바르게[方] 하는 것이 안을 곧게[直] 하는 길이고, 안을 곧게 하는 것이 바깥을 바르게 하는 길이다."는 방식의 사유는 곧 성리학자들이 예절교육을 내면적 심성수양의 중요성과 동등하게 여겼음을 보여 주는 좋은 사례다. 그러므로『소학』에서는 禮를 강조하여 말하기를, "무릇 사람이 된 까닭은 예의가 있기 때문이다."[38)] 라고 하였다.

---

37) 吳康(民國44: 217) 참조.

38) 성백효(1993: 179) 참조.

3. 유교의 교학(敎學) 이념: 禮

성리학에 있어서 배움[學]과 가르침[敎]의 이념은『대학』과『중용』에 각각 잘 드러난다. 그런데 이 두 책은 모두『소학』과 긴밀한 관계를 갖고 있다. 즉,『대학』은『소학』과 함께 유가철학의 '학(學)'의 이념과 방법을 설파한다. 다만 순서상 먼저 배울 내용과 궁극적 배움의 내용으로 구분할 수 있을 따름이다. 그리고『중용』은 유가 철학의 '교(敎)'의 이념을 잘 보여 주는 저작으로서,『소학』·『대학』과 함께 교학상장(敎學相長)의 관계에 있다. 본래 유학에서는 '배움'과 '가르침'을 이원적 대립관계로서가 아니라 상호 보완적인 연계 관계로 이해한다. 바로 이러한 측면에서『소학』·『대학』의 '배움[學]'의 이념과『중용』의 '가르침[敎]의 이념 또한 상보적인 대응관계를 이루게 되는 것이다.『소학』과『대학』의 학문적 관계를 설명하는 이러한 논리와 관련하여 먼저 '소학집주총론(小學集註總論)'의 주장을 들어보도록 하자.

> 옛날의 가르침은 소학(小學)이 있고 대학(大學)이 있었는데, 그 도(道)는 하나일 뿐이다. 소학은 곧 '일'이니, 이를테면 임금을 섬기고 부형(父兄)을 섬기는 등의 일이요, 대학은 곧 이러한 일의 이치를 밝히는 것이니, 그 위로 나아가 임금을 섬기고 부모를 섬기는 등의 일이 어떠한 것인가를 강구하여 곡진하게 하는 것이다. 옛날 사람들은 소학을 경유하여 대학에 나아가, 물 뿌리고 쓸며 응하고 대답하며 나아가고 물러가는 사이에 잡아 지킴이 굳고 안정되며 함양함이 순수하고 익숙함이 진실로 오래 되었으니, 대학의 순서는 다만 소학에서 이미 이룬 공(功)에 인할 뿐이었다. 옛사람들은 소학에서 (본심을) 보존하여 (性을) 기름이 이미 익숙하여 기반이 이미 스스로 깊고 두터웠으니, 대학에 이르러서는 다만 그 위로 나아가 약간의 정채(精采)를 변화해 낼 뿐이었다. 옛 사람들은 소학에서 스스로 말할 때부터 곧 가르침이 있었다. 그리하여 한 살에는 한 살의 공부가 있어, 20세에 이르면 성현의 자질을 이미 스스로 3분(30%)

을 갖고 있으니, 대학은 다만 광채만 낼 뿐이었다.[성백효(1993: 25-26)][39]

즉, 소학공부를 통해 대학공부로 나아가는 것이며, 그러므로 소학공부와 대학공부는 결국 하나일 수밖에 없다는 말이다. 그러므로 이황은 "『소학』과 『대학』은 서로 기대어 이루어진 것이므로 하나이면서 둘이요, 둘이면서 하나다."[40]라고 하였다. 그러나 전통 유가, 특히 하학이상달(下學而上達)을 강조하는 성리학에서는 교학 방법상 대학보다는 소학의 공부를 더욱 중요시하고 있다. 이황이 『성학십도』를 선정하면서 '대학도(大學圖)'보다 '소학도(小學圖)'를 앞에 두고 있다는 점이 대표적인 사례가 될 것이다.

'학'의 이념과 '교'의 이념이 통한다는 교학상장의 차원에서 볼 때, 『소학』과 『대학』의 '학'의 이념은 곧 『중용』의 '교'의 이념과 통한다. 이황은 『대학』과 『중용』의 차이에 대해 다음과 같이 명확하게 설명해 준다.

> 배우는 사람들이 공부하는 데에는 身과 心보다 더 절실한 것이 없기 때문에 『대학』에서는 마음을 말하였고, 가르치는 사람이 도를 논하는 데에는 性과 理보다 더 우선할 것이 없기 때문에 『중용』에서는 性을 말하였다. 주자가 『대학』 서문을 지으면서 性을 말한 것은 대학의 정심(正心)이 실로 性의 본래 착한 것을 인하여 性의 시초를 되찾는 것이기 때문이고, 『중용』의 서문을 지으면서 마음을 말하는 것은 『중용』에서 性을 말하는 것이 본래 마음에 쌓여 있는 것을 꺼내어서 심법(心法)을 밝히는 것이기 때문이다.[『增補退溪全書(二)』, 卷四十, 「答喬姪問目中庸」]

39) 이 구절은 程頤의 말을 인용한 것이다.

40) 『增補退溪全書(一)』 「聖學十圖 · 小學圖」 참조.

『소학』의 제일 첫 편인 ‘입교(立敎)’ 첫 구절은 저 유명한 『중용』의 첫 구절을 인용함으로써 『소학』과 『중용』의 관계, 즉 ‘학’과 ‘교’의 유기적 연계성을 강하게 암시하고 있다.

> 자사자(子思子)가 말씀하시기를, ‘하늘이 명령해 준 것을 性이라 하고, 성을 따르는 것을 道라 하고 도를 마름질 한 것을 敎라 한다.’라고 하셨다. 하늘의 명명(明命)을 본받고 성인의 법을 따라 이 책을 지어 스승된 자로 하여금 가르칠 바를 알게 하고 제자로 하여금 배울 바를 알게 하노라.[김수길 역(2001: 93)]

『중용』의 첫 구절은 ‘天-性-道-敎’의 연계 구조를 잘 보여 준다. 우선 性과 理에 대해서 주희는 “마음에 있는 것을 性이라 하고 일[事]에 있는 것을 理라 한다.”[41]라고 하였다. 한편 이황은 『중용』과 『대학』의 요체를 비교하여 간결하게 정리하였다.

> 배우는 사람이 공부를 해야 할 곳은 몸과 마음보다 더 절실한 것이 없기 때문에 『대학』에서는 심(心)을 말했고, 가르치는 사람이 道를 논하는 것은 性과 理보다 먼저인 것이 없기 때문에 『중용』에서는 性을 말한 것이다.[김수길 역(2001: 101)]

즉, 이황은 『대학』이란 주로 배우는 사람의 입장에서, 그리고 『중용』은 가르치는 사람의 입장에서 저술된 책임을 밝히며, 그리고 『대학』의 주제는 心이고 『중용』의 주제는 性이라고 하였다. 이 부분과 관련해서 번역(番易) 이 씨(李 氏) 또한 주목할 만한 발언을 하였다.

---

41) 김수길 역(2001: 93) 참조.

> 『대학』은 덕에 들어가는 글이니 배우는 사람의 일이다. 그러므로 첫 머리에 '대학의 도'라고 말을 했으나 가르침이 그 가운데 있고, 『중용』은 도를 밝히는 글이니 가르치는 사람의 일이다. 그러므로 첫 머리에 '도를 마름질한 것을 가르침이라 한다'라고 하였으나 배움이 그 가운데 있는 것이니, 『중용』은 性과 道와 敎라는 세 글자가 한 편의 강령이 되고, 도라는 한 글자가 또한 세 글자(性, 道, 敎)의 강령이 된다.[김수길 역(2001: 119)]

이 말은 곧 이황의 생각에서 한 걸음 더 나아가, 배움 속에 가르침이 있고, 가르침 속에 배움이 있다는 유교의 '교학상장(敎學相長)'의 이념을 표현한 것이다. 즉, 『대학』과 『중용』은 유교의 교학 이념을 설파하는 상보적인 경전이다. 그렇다면 道란 무엇인가? 우선 호병문(胡炳文, 1250~1333)의 말을 들어보자.

> 『주역』에서 말하기를, '한 번 음하고 한 번 양하는 것을 道라고 이르니, 이 도를 잇는 것이 善이고 이루는 것이 性이다'라고 했으니, 자사(子思)의 이론이 아마 여기에서 근본했을 것이다. 그러나 다만 『주역』은 먼저 道를 말하고 뒤에 性을 말했으니, 『주역』의 '도' 자는 곧 전체를 통괄하는 하나의 태극을 말한 것이다. 반면 자사는 먼저 성을 말하고 뒤에 도를 말했으니, 여기의 '도' 자는 곧 사물이 각기 갖추고 있는 하나의 태극을 말했을 뿐이다.[김수길 역(2001: 111)]

『중용』에서는 '性을 따르는 것이 道'라고 하였다. 그런데 호병문은 이것 외에도 『주역』「계사전」의 언급을 따라 '한 번 음하고 한번 양하는 것을 도'라고도 하였다. 『중용』은 '天-性-道'의 구조를 말하며, 『주역』「계사전」은 '道-善·性'의 구조를 말한다. 호병문은 두 가지의 차이를 한 마디로 통체태극(統體太極)과 각구태극(各具太極)에서 찾았다. 즉, 『주역』의 道는 전체를 통괄하는 '통체태극'으로서의 道이고, 『중용』

의 道는 각 사물이 갖추고 있는 내재적 태극으로서의 道라는 것이다. 이러한 호병문의 설명은 대단히 정확하다.

『중용』에서는 '각구태극'의 의미를 지닌 도를 중심으로 性과 敎의 의미를 풀이하고 있다. 솔성(率性)의 의미로서 道는 자연스럽게 수도(修道)의 의미를 지닌 敎와 연결된다. 道를 性과 敎의 의미와 연결하여 풀이하고 있는 『중용』 '비지(備旨)'[42]의 설명을 좀 더 들어보도록 하자.

> 하늘이 명령한 것을 性이라 이른다면 겉만 화려한 것은 성이 아니며, 성을 따르는 것이 도라고 한다면 억지로 하는 것은 도가 아니며, 도를 마름질한 것을 교라 이른다면 도에 지나치거나 미치지 못하는 것은 교가 아니다.[김수길 역(2001: 125)]

성을 자연스럽게 따르는 것이 도이며, 이러한 도를 마름질한 것이 교라고 한다. 『중용』에 있어서 교, 즉 '가르침'이란 그 스스로 도를 체득하고 또한 도를 전하는 것이라고 할 수 있다.

『중용』에서는 敎를 일단 수도(修道)라고 말한다. 그렇다면 '修'는 어떤 의미인가? 이 '닦음[修]'이라는 의미가 특히 예(절)와 관련이 깊기 때문에 유의해서 볼 필요가 있다. '닦음'의 의미에 대해 주희는 '차등을 두어 절차를 매김[品節之]'이라고 풀이하였다.[43] 그리고 반병(潘柄)은 '차등을 두어 절차를 매김[品節之]'이라는 말의 의미에 대해 예제(禮制)의 개념을 언급하면서 구체적으로 풀이하였다.

> '차등을 두어 절차를 매긴다'는 것은, 예를 들면 친척 간에 친애하는 예절의 차등과 어진 이를 예우하는 등급에 비유할 수 있다. 이것은 그 두텁고 엷고

42) 明代의 학자 退菴 鄧林이 『中庸』을 강의한 내용이다.

43) 김수길 역(2001: 111) 참조.

> 가볍고 무거움에 따라 제도를 만들어서 지나치거나 미치지 못하는 치우침을 바로잡는 것이니, 비록 사람이 만들어 낸 것 같으나 실상은 하늘이 명령한 性에 근원한 것이며, 도에 자연스럽게 본래부터 있던 것들이다.[김수길 역(2001: 111-112)]

敎란 수도(修道)로 풀이될 수 있고, 수도는 다시 '차등을 두어 절차를 매기는 일'로 이해될 수 있으며, '차등을 두어 절차를 매기는 일'의 가장 대표적 사례가 바로 禮인 것이다. 그러므로 성리학자들이 이해한 『중용』과 유가의 교육에 있어서 敎의 의미는 결국 '예의 확립' 및 '예의 교육'이라고 할 수 있다.

그런데 앞서 언급한 것처럼, 예의 정신이 '敬'이고 학의 이념을 설파하는 소학과 대학 공부의 핵심이 '敬'이다. 이러한 사실에서 우리는 '예'를 중심으로 하여 '敎'와 '學'의 이념이 상통하고 있음을 다시 한 번 확인하게 된다.

Ⅳ. 한국 사회와 예절교육

1. 한국 전통사회와 禮의 문화

우리나라는 예부터 '동방예의지국(東方禮義之國)'이라 일컬어질만큼 상고(上古)시대부터 예를 좋아하고 예의 실천에 힘썼다. '동방예의지국'이라는 말은 '동방예의지방(東方禮義之邦)'[44]과 통용되기도 하는데,

44) '東方禮義之邦'은 『朝鮮王朝實錄』과 『李忠武公全書』를 비롯하여 수많은 문헌에 등장한다.

우리나라를 상징하는 용어가 되었다. 『동이열전(東夷列傳)』의 다음 기록은 '예(禮)'와 관련한 우리 민족의 정서를 잘 보여 주고 있다.

> 먼 옛날부터 동쪽에 나라가 있으니 이를 동이(東夷)라 한다. 그 나라에 단군이라는 훌륭한 임금이 태어나니 아홉 개 부족 구이(九夷)가 그를 받들어 임금으로 모셨다. 일찍이 자부선인(紫府仙人)이라는 도에 통한 학자가 있었는데, 중국의 황제(黃帝)가 글을 배우고 내황문(內皇文)을 받아 가지고 돌아와 염제(炎帝) 대신 임금이 되어 백성들에게 생활 방법을 가르쳤다. 동이 사람인 순(舜)이 중국에 와서 임금의 뒤를 이어 윤리와 도덕을 가르쳤다. 소련(少蓮) · 대련(大蓮) 형제가 부모에게 극진히 효도하더니 부모가 돌아가시자 3년을 슬퍼했는데 이들은 한 민족의 아들이었다. 그 나라는 비록 크지만 남의 나라를 업신여기지 않았고, 그 나라의 군대는 비록 강했지만 남의 나라를 침범하지 않았다. 풍속이 순후해서 길을 가는 이들이 서로 양보하고, 음식을 먹는 이들이 먹을 것을 미루며, 남자와 여자가 따로 거처해 섞이지 않으니, 이 나라야말로 '동쪽에 있는 예의 바른 군자의 나라[東方禮義之國]'가 아니겠는가? 이런 까닭으로 나의 선조 공자께서 '그 나라에 가서 살고 싶다'고 하시면서 '누추하지 않다'고 말씀하셨다.『東夷列傳』

그런데 문제는 이 기록이 담겨 있는 『동이열전』 자체가 위서(僞書)일 가능성이 높고, 공자의 7대손으로 알려진 책의 저자 공빈(孔斌) 또한 허구의 인물로 추정된다는 점이다. 즉, '동방예의지국'의 출전 자체가 불명확해진다는 뜻이다. 그렇지만 중국의 역사 기록에서 일관되게 우리 민족을 예의 민족으로 언급하고 있으며, '동방예의지국'과 비슷한 표현들이 자주 등장하고 있는 점을 고려할 때 우리나라를 '동방예의지국'이라고 부르는 것이 크게 무리한 것은 아니라고 본다.

그리고 우리민족을 의미하는 '夷(이)' 자의 모양이 종래 알려진 바처럼 '큰[大]' '활[弓]'을 상징하는 것이 아니라, 무릎을 구부리고 앉아 있는 사람의 측면을 상형한 문자다. 무릎을 구부리고 쭈그려 앉는 습속은 동이족의 생활습속이다.[45] 그런데 무릎을 구부리고 쭈그려 앉는다는 것은 바로 예를 취하는 자세라고 볼 수 있다. 즉, '夷'라고 하는 말은 야만적인 오랑캐를 의미하기에 앞서 무릎을 구부리고 예를 취하고 있는 동이족의 습속을 표현한 것으로 보아야 한다. '夷'의 이러한 본래적 의미는 예가 우리 민족과 불가분의 관계로서 민족성을 상징하는 특징이 되어 왔음을 암시하는 것이기도 하다.

삼국시대 초기에 전통의 제천의례(祭天儀禮)에 유교적 국가의례제도로서 시조묘(始祖廟)의 제도를 도입하고 있다. 삼국시대와 통일신라시대에는 태학(太學)이 설립되고 공자를 모신 사당인 문묘(文廟)의 제도를 수용하면서 의례(儀禮) 문화가 발달할 수 있게 되었다. 그리고 고려시대에는 국가의례가 체계적으로 정비되었으며, 특히 고려 말에 주희의『가례(家禮)』보급이 시작되면서 본격적인 유교 예절교육이 시행되었다. 조선시대에 들어와 가례의 시행이 국가에 의해 확산되고, 국가의례의 체계적 정비를 통하여『국조오례의(國朝五禮儀)』가 편찬되었다. 이러한 전통을 배경으로 하여 조선 후기에 가례의 저변 확대가 이루어졌고, 그야말로 예학과 예절교육의 대중적 확립을 보게 된다. 특히 17세기에 들어오면 예학의 융성한 발전으로 '예학시대'라 일컬어지기도 하였다. 왕실의 정통성과 연관된 의례 문제에 관한 논쟁인 예송(禮訟) 또한 당쟁사(黨爭史) 차원의 그 부정적인 측면은 당연히 비판하더라도, 국가의 근간이 되는 문제들을 예를 기준으로 하여 논의한다는 점에서 당시 우리 사회가 '예치(禮治)'를 지향한 사회였음을 보여주는 사례라 할 수 있다.

유교 전통에서 예의 실천은 기본적으로 법치(法治)보다는 덕치(德治)

---

45) 김경일(1999: 252-253) 참조.

를 지향한다. 그런데 현실적인 측면에서 덕치의 낙관주의가 제대로 작동하지 않는다면 어떻게 할 것인가? 그렇지만 도덕주의를 지향하는 유교의 입장에서 법치의 현실주의만을 전적으로 따르기에는 무리가 있다. 바로 이러한 고심에서 덕치의 이상주의와 법치의 현실주의를 조화시킬 방법이 고려되었고, 조선 후기의 실학은 이러한 구상을 예치의 이념으로 구체화했다.[46] 다만 실학자들의 이러한 흥미로운 고민들이 구체적인 정책과 연계되지 못했다는 점이 크게 아쉬움으로 남는다.

1910년, 국권을 상실하고 이후 서양 문물의 보급이 폭발적으로 이루어짐에 따라 국가의례와 전통적인 가정의례가 급격한 붕괴를 맞게 되었다. 특히 광복 이후 새로 등장한 대한민국 정부 시절에도 몇 차례나 시대에 뒤떨어진 전통의례의 허례허식을 비판해 왔으며, 이로 인해 유교적 전통에 바탕을 둔 생활 속의 가정의례는 우리의 현실로부터 더욱 멀어지게 되었다.

그렇지만 유교적 예는 오늘날에도 여전히 우리의 삶에서 상당한 의미를 지니고 있다. 때로는 자신을 수식하는 품격으로 활용되기도 하고, 때로는 상대방을 비판하는 도구로 활용되기도 한다. 그리고 어떤 경우에는 성숙한 시민의식을 상징하는 서구적 에티켓으로 대체되기도 한다. 어떠한 모습이든, 어떠한 얼굴이든 예는 우리 민족과 긴밀한 관계임을 부인할 수 없다.

지금 우리가 전통사회에서 통용되던 예절의 내용과 절차를 그대로 답습할 필요는 없다. 그렇지만 예절이란 것이 일정한 생활문화권에서 오랜 생활관습을 통해 하나의 공통된 생활법으로 정립되어 관습적으로 행해지는 생활규범이란 점을 고려한다면, 전통사회의 예절 또한

46) 박종천(2011: 169) 참조.

지금의 우리에게 상당한 의미를 지닐 수밖에 없다. 예절의 구체적 내용이 무엇이든지간에 자신의 품격을 스스로 고양시킬 수 있고, 타인을 존중하며 더불어 살아갈 수 있는 규범적 의미라면 이것은 적극 수용되어야 한다. 바로 이러한 기준에서 우리는 '오늘' '한국 사회'에서 유용한 예(절)가 무엇이며, 이러한 예(절)를 도대체 어떻게 교육해야 할 것인지에 대해 진지하게 고민해 보아야 한다.

2. 한국적 다문화 사회와 예절교육

단일민족을 자랑하던 한국 사회도 현재 다문화 사회로 점차 나아가고 있다. 다문화 교육에 있어서 가장 기본적인 태도는 '다름'의 인정과 이것에 대한 포용이다. 그런데 전통 예절 문화의 교육과 관련하여 '거꾸로 보기'가 가능하다. 즉, 우리 사회의 다문화적 상황과 관련하여 문화적 갈등을 치유할 수 있는 방안으로 여러 가지가 고려될 수 있지만, 전통 예절교육을 통해 유교 문화의 보편성과 연속성을 확인하고 이로써 문화적 갈등 요인을 줄여나가는 것도 좋은 방법이 될 것이다.

현재 우리나라에 거주하는 국적별 국제결혼 이주자 중에서 유교 문화권 국가출신의 국제결혼 이주자가 전체의 80% 가까이 차지한다.[47] 이들에게 우리 고유의 전통문화와 그들 모국의 전통문화가 그 뿌리를 같이 하고 있음을 확인시켜 주는 것은 문화적 정체성을 확보하게 하고 연속성을 확인하게 하는 중요한 계기가 될 것이다. 특히 유교 문화권 국가들의 경우, 관혼상제(冠婚喪祭)의 사례(四禮)를 중심으로 한 전

47) 행정안전부(2008)의 통계 자료에 따르면, 중국 61.9%(재중동포 38.6%, 기타 23.3%), 베트남 14.6%, 일본 4.5%, 대만 2.6%다.

통 예절에 있어서 많은 부분이 유사하기 때문에 이주민이 우리 문화에 훨씬 친근하게 접근할 수 있는 매개가 될 수 있다. 즉, 한국 사회에 있어서 전통 예절문화는 다문화 교육의 중요한 주제가 되며, 한국인과 외국인들에게 다문화적 감수성을 증진시키고 상호 문화적 이해를 돕는 유용한 소재가 될 수 있다.

유교 문화권 국가에서 중국은 말할 것도 없고, 베트남의 경우에도 우리나라의 전통 예절과 많은 공통점을 지니고 있다. 베트남은 남월(南越) 이후 한무제(漢武帝)에 의해 천 년 간(B.C. 111~A.D. 939) 그리고 명나라 때 호시왕조 이후 20년 간(1407~1427) 중국의 직접 지배를 받았으며, 다른 시기에 있어서도 조공(朝貢) 관계에 의해 중국문화의 영향권 아래에 있었다. 그런데 베트남 사회에 있어서 유교의 통치이념이 체계화된 것은 15세기 레왕조(黎朝, 1428~1788)에 와서다. 당시 베트남은 중국 명나라의 영향을 받아 많은 학교를 세우고 상당수의 관리를 선발하였다. 베트남 정부는 중국과 차별화되는 문명국임을 강조하면서도 중국의 예(禮)문화를 대단히 강조하였다. 특히 레왕조 4대 임금인 탕통(聖宗, 1460~1497)은 베트남의 유교화를 자신의 사명으로 생각하였다. 19세기 초에 이르러 베트남은 유교 이념이 더욱 강화되었다. 특히 베트남 마지막 왕조인 응우옌왕조(1802~1945)의 창건자 쟈롱(嘉隆, 1802~1820)은 중국 청나라의 제도에 준하여 중앙과 지방의 통치기구를 개편하고, 유교식 예제(禮制)를 실행하였다.

이러한 역사적 관계를 보더라도 중국의 유교가 베트남에 끼친 영향력은 대단하다. 특히 베트남이 중국의 예문화로부터 직접적 영향을 받은 것은 주지의 사실이다. 베트남은 전통 가정의례에 있어서 중국의 의례삼서(儀禮三書)인 쭈레(周禮), 응이레(儀禮), 레끼(禮記)를 기본으로 삼았으며, 이에 따라 전통혼례 또한 중국식 육례(六禮)를 기본으로 삼았다.[48)]『주자가례』의 전래 이후에는 이에 따라 전통의례를 행하였는데, 혼례의 규모와 방법 및 절차상의 세부적인 사항에 대해서는 생활 여건 및 지방 풍속에 따라 변용이 있었다. 베트남에서 현재까지 전해지는 가례집(家禮集)은『호상서가례(胡尙書家禮)』,『첩경가례(捷徑家禮)』,『수매가례(壽梅家禮)』등인데,『주자가례』에 포함되어 있지 않는 독자적인 가례들이 더해지면서 민중에게 보급되었다.[49)] 이것은 당시 베트남의 지배자들이 유교를 이념적으로 받아들였지만 피지배자인 일반 서민층에서는 여전히 전통적인 가례를 전승해 왔기 때문이다.

베트남과 우리나라는 모두 유교의 의례와『주자가례』를 존숭했기 때문에 양국의 전통의례에는 상당한 공통점이 있다. 그러므로 혼례에 있어서도 관념과 의식 양면에서 모두 유사점을 내포하고 있다. 즉, 우리나라와 베트남의 전통 혼례는 주나라의 육례(納采, 問名, 納吉, 納徵, 請期, 親迎)와 주희의 사례(議婚, 納采, 納幣, 親迎)의 영향을 강하게 받아들여 정신과 큰 흐름에 있어서 기본적으로 상통하고 있다.

베트남어로 ① 납타이(nạp thấi)는 납채(納采), ② 번산(vấn danh)은 문명(問名), ③ 납깟(nạp cat)은 납길(納吉), ④ 납테(nạp te)는 납폐(納幣), ⑤ 튼끼(thinh ky)는 청기(請期), ⑥ 텅응인(than nghinh)은 친영(親迎)을 의미한다. 우리나라와 마찬가지로 베트남 또한 중국으로부터 오랫동안 광범위한 문화적 영향을 받았음에도 불구하고 자신의 토착적 문화와 전통을 잃지 않았다. 그래서 이들은 육례를 변형하여 ① 정혼(訂婚), ② 문명(問名), ③ 납징(納徵), ④ 영혼(迎婚), ⑤ 이희(二喜)로 실시하며, 또 어떤 경우에는 더욱 간소화하여 ① 문명(問名), ② 납폐

48) 김현재(2003: 132) 참조.
49) 김현재(2003: 133) 참조.

(納幣), ③ 친영(親迎) 세 가지만 실시하기도 한다.[50] 그렇지만 전통 혼례의 근간이 유교적 의식이라는 점은 분명하다.

전통 장례의 경우에도 우리의 전통의식과 유사성이 많다. 베트남의 장례는 대략 '발상(發喪) - 성복(成服) - 조문(弔問) - 발인(發靷) - 하관(下棺) - 성분(成墳)'의 순으로 진행되는데, 구체적인 의미를 살펴보면 『주자가례』에 따른 중국 및 우리나라의 전통 장례의식과 일치하는 부분이 많다.

베트남 전통사회에서 유교의 영향은 비단 관혼상제의 의식에만 영향을 끼친 것이 아니라, 의식과 실생활에까지 강한 영향을 미쳤다. 예를 들면, 우리 사회에 익숙한 삼종지덕(三從之德), 칠거지악(七去之惡) 같은 규범들이 역시 베트남 사회에서도 친숙하다.[51] 이러한 사례는 두 국가가 모두 유교 문화권에 속한 '보편성'을 확보하고 있음을 잘 드러내 준다. 최근 베트남 여성을 포함한 외국 여성들의 결혼으로 인한 한국 이주가 늘어나고 있는데, 이들 이주 여성과 자녀들에게 유교 문화권 국가의 전통 예절이 지니고 있는 공통적 문화 기반을 제대로 교육한다면 문화적 상근성(相近性) 확인과 더불어 이주민과 그 자녀들의 문화적 정체성 확립에 좋은 효과를 거둘 수 있을 것이다.

Ⅴ. 바람직한 예절문화와 교육

예절은 우리가 더불어 살아가기 위한 약속이며, 인간에 대한 상호 존중의 표시다. 모든 사람이 인간관계 속에서 때와 상황에 적합한 예

---

50) 한국외국어대학교 외국학종합연구센터 편(2005: 128) 참조.

51) 김현재(2003: 147-148) 참조.

절을 지켜 나간다면 상대의 인격을 존중해 주면서 내 인격을 존중받을 수 있게 된다. 그렇지만 '가가례(家家禮)'라는 말처럼 다양하고 이질적인 예문화에서 예절의 문제를 문화 상대적인 관점에서도 이해할 수 있어야 한다. 일반적으로 전통 예절교육을 담당하는 사람은 '가가례'라는 말을 싫어한다. 그들은 가가례라는 말이 일제강점기 식민정책의 하나로서 우리의 전통 예절을 파괴할 목적으로 생겨난 말이라고 주장한다. 그러나 가가례라는 말은 '집집이 서로 다르게 행하는 예법'을 의미하는 말로서 이미 우리 전통사회에서 익숙하게 사용하던 용어다.[52)] 심지어 임금인 영조(英祖)조차 "옛부터 '가가례'라고 하였으니, 〈肇慶廟의 祭享에 대해서도〉 일체 경기전(慶基殿)의 예를 준수하여 거행토록 하라."라고 하였다.[53)] 가가례라는 말은 전통 예절의 존재자체를 부정하거나 그 의미를 훼손하려는 의도에서 생겨난 것이 아니다. 예절의 다양성을 기본적으로 인정하고, 더 나아가서는 자신과 다른 전통을 가진 상대방을 배려하고 존중하라는 의미로 해석해야 한다.

문화와 역사를 전제로 하지 않은 예절의 논의는 그 자체가 맹목적일 수 있다. 예절은 사회를 하나로 묶어 주는 끈이기도 하다. 그러나 자기 문화 중심주의에만 빠져서는 안 된다. 즉, 그 사회에서 필요한 예절을 가르치는 이상으로 다른 문화의 예절을 이해하고 포용하며 관용할 줄 아는 사람을 기르는 것이 중요하다. '차이'에 대한 포용과 '다름'에 대한 이해는 모든 예절교육의 전제다. 그리고 상대에 대한 존중과 배려는 모든 예절교육의 기본정신이다. 자신의 삶의 방식이 존중받고 싶을수록 타인의 삶의 방식과 문화를 이해하고 배려해야 함은 '예' 이전에 모든 윤리와 도덕의 근간이기 때문이다. 바로 이러한 면에

52) 『松南雜識(林氏本)』「李, 方言類, 近取篇」'家家禮' 참조.

53) 『朝鮮王朝實錄』 英祖47년(1771년) 10월8일 기사 참조.

서 18세기 대구 지역의 성리학자 최흥원(崔興遠, 1705~1786)의 삶이 돋보인다.

최흥원이 살던 시대 배경이 '예학적 성리학의 시대' 끝부분이었다. 그가 남긴 서신에서는 예에 관한 언급이 가장 많다. 그는 천성적으로 논쟁을 싫어하였지만 유독 '예'에 관해서는 자신의 의견을 비교적 소상하게 밝히고 심지어 타인의 견해를 반박하기까지 하였다. 당시의 예론은 상당수가 실천적 지반을 상실하고 그야말로 '예'의 형식이 인간의 실질을 구속하는 본말전도의 상황에 이르렀다. 그렇지만 최흥원의 경우는 달랐다. 그는 '예'의 본질을 실천성에서 찾았다. 어머니의 장지(葬地)를 정하는 과정에서 마을 사람들과 송사(訟事)가 일어나게 되자, 그는 "다른 사람을 상하게 하면서까지 그 땅에 장례를 치르는 것은 돌아가신 분을 편하게 모시는 도리가 아니다."라고 하면서 처음 정한 장지를 버리고 다른 곳에 묘소를 정하였다.

이러한 일화는 최흥원이 무엇보다 인간을 소중히 여긴 인도주의적 사상가였음을 웅변적으로 말해 준다. 또한 그의 예론(禮論)이 이론만을 위한 예론이 아니라 진정 남을 배려하고 더불어 살아가는 지혜에 바탕한 실천적 예론이었음을 보여 준다. 오늘날 예절교육을 담당하는 이들은 '예'의 형식성보다는 '예'의 본질에 충실하였던 최흥원의 예론을 깊이 새겨 보아야 할 것이다.

그리고 예절교육의 성공을 위해서는 무엇보다도 부모와 교사의 모범교육이 중요하다. 모든 교육이 그러하지만, 특히 예절교육은 본보기교육의 효과가 극대화된다. 즉, 부모와 교사, 선배 그리고 동료들의 의식과 행동이 피교육자의 삶에 절대적인 영향을 끼치게 된다. 우리는 모두 내 자식이 나보다 낫기를 바란다. 그렇지만 자신의 삶은 바꾸지 않은 채 자녀들만이 올바른 삶을 살아가도록 강요하는 것은 아무런 교육적 효과도 가져올 수 없다. 동서고금의 역사기록을 보면 부모의 삶이 놀라울 정도로 자식에게 유전되고 있는 점을 확인할 수 있다. 그러한 의미에서 우리는 '그 아버지에 그 자식'이라는 말을 자주 사용하게 된다.

성경에 보면 아브라함이 애굽의 바라오 앞에서 자기 아내를 누이라고 거짓말을 하게 된다. 그런데 그의 아들 이삭이 블레셋 왕 앞에서 똑같은 거짓말을 한다. 그런데 이삭의 아들 야곱은 축복을 받기 위해 아버지를 속이게 되고, 심지어 야곱의 아들들은 동생 요셉을 애굽에 팔아넘긴 뒤에 그 아버지 야곱에게 동생이 짐승에게 물려가 죽었노라고 엄청난 거짓말을 하게 된다. 거짓말이 4대째나 상속되고 있으며, 거짓말의 죄성 또한 점점 더 강해지고 있다.

부모(교사)의 생각과 행동은 자녀(학생)교육의 텍스트다. 특히 예절교육은 어린시절부터 바른생활의 습관화와 바른 가치의 내면화가 절대적인 영향을 끼친다는 점에서 부모와 교사의 역할이 강조될 수밖에 없다. 부모와 교사가 먼저 예절의 가치를 충분하게 인식하고 실천적인 측면에서 자녀와 제자의 모범이 될 때 비로소 피교육자 또한 예절생활을 실천하고 이를 통해 건전하고 올바른 인성(人性)을 내면화할 수 있을 것이다.[54] 하루가 다르게 급속하게 변화하는 시대를 살아가면서도 여전히 '예'를 강조하고 예절교육을 거론하는 가장 큰 원인은 예절의 대상과 목적이 되는 인간 삶의 원리가 여전하기 때문이다. 바로 그러한 이유에서 "다른 사람이 나를 존중히 여겨 주기를 바란다면,

54) 「인성교육진흥법」(2016. 12. 20.) 제1조 목적은 "「대한민국헌법」에 따른 인간으로서의 존엄과 가치를 보장하고 「교육기본법」에 따른 교육이념을 바탕으로 건전하고 올바른 인성(人性)을 갖춘 국민을 육성하여 국가사회의 발전에 이바지함을 목적으로 한다."고 밝히고 있다.['인성교육진흥법' 제1조 '목적']

내가 먼저 그를 존중히 여겨 주는 것보다 나은 게 없다."[55]고 하는 예절교육의 격언은 예나 지금이나 우리의 가슴을 깊게 울린다.

55)『明心寶鑑』「遵禮篇」: "若要人重我, 無過我重人."

참고문헌

『論語』, 『孟子』, 『三國志』, 『荀子』, 『禮記』

『論衡』(王充), 『說文解字注』(許愼 撰, 段玉裁 注), 『宋元學案』(黃宗羲), 『朱子語類』(朱熹)

『擊蒙要訣』(李珥), 『記言』(許穆), 『明心寶鑑』, 『星湖僿說』(李瀷), 『松南雜識』(趙在三), 『與猶堂全書』(丁若鏞), 『增補退溪全書』(李滉), 『晦齋全書』(李彦迪)

『朝鮮王朝實錄』

김경일(1999). 갑골문이야기. 서울: 바다출판사.

김득중(1999). 우리의 전통예절. 서울: 한국문화재보호재단.

김수길 역(2001). 集註完譯 中庸. 서울: 대유학당.

금장태(2000). 유교의 사상과 의례. 서울: 예문서원.

김현재(2003). "베트남의 전통혼인관념". 베트남연구, 제4권. 한국베트남학회.

文喆永(1984). "朝鮮初期의 新儒學 수용과 그 性格". 韓國學報, 제36집. 일지사.

박종천(2011). 예, 3천년 동양을 지배하다. 경기: 글항아리.

성백효 역(1993). 小學集註. 서울: 전통문화연구회.

윤사순 역주(1993). 退溪選集. 서울: 현암사.

이수건(1995). 영남학파의 형성과 전개. 서울: 일조각.

이승연(2000). 『소학』과 성리학. 東洋禮學會, 제4집. 東洋禮學.

전광진(2000). 뿌리를 찾는 한자 2350. 서울: 조선일보사.

한국민족문화대백과사전 편찬부(1991). 한국민족문화대백과사전. 경기: 한국정신문화연구원.

한국외국어대학교 외국학종합연구센터 편(2005). 세계의 혼인문화. 서울: 한국외국어대학교출판부.

吳康(民國44). 宋明理學概述(一). 臺北: 中華文化.

宇野哲人(昭和29). 支那哲學史(近世儒學). 東京: 寶文館.

「인성교육진흥법」

제7장 주자-양명의 앎과 실천

이인철 (부산교육대학교 강사)

Ⅰ. 들어가는 말

현대사회는 지식과 정보가 넘쳐나는 사회다. 정보통신 기술의 발달로 인하여 지구촌에서 일어나는 사건 · 사고와 새롭게 탄생된 지식 · 정보는 인터넷 망을 통하여 실시간으로 전파된다. 정보의 홍수 시대에 살고 있는 현대인은 앎과 행위의 관계로부터 자유롭다. 앎의 적극성은 사회생활의 유리한 위치를 담보하지만, 행위의 소극성은 반드시 삶의 불리함을 담보하는 것은 아니다. 앎의 확충은 교육을 동반한다. 미성숙한 아동이 교육이라는 과정을 통해서 성숙하게 되며, 사회적 성숙한 인간은 앎과 행위를 일치하는 사람이다.

유학(儒學)의 전통에서 성숙인도 마찬가지다. 유학에 있어 배움의 궁극처(窮極處)는 범인(凡人)들에게는 수기치인(修己治人)이며, 군주는 내성외왕(內聖外王)이다. 여기서 출발점으로서 전자인 수기(修己) · 내성(內聖)은 후자인 치인(治人) · 외왕(外王)보다 앞선다. 하지만 과정 및 결과를 고려한다면 양자는 동일선상에 있다. 도덕적 인성과 세상을 다스릴 경륜을 닦는 것이 학문이며, 이는 세상에 나아가 모든 인간, 더 나아가 천지만물을 편안히 하기 위한 것이다(한국사상연구회, 2003: 374). 이를 통해 알 수 있듯이, 유학(儒學)에서 실천을 배제한 앎의 확충은 무용한 것으로 간주한다. 왜냐하면 유학적 앎은 이치적인 앎이 아니라 덕성적인 앎을 의미하며, 덕성적인 앎은 실천함으로써 의미를 갖기 때문이다(염호택, 2010: 129). 공자(孔子)는『논어』에서 “배우고 그것을 때때로 익히면 기쁘지 않겠는가.”라고 말하였다. 여기서 배움은 단순한 앎의 확충이라기보다 앎[知工夫]과 실천[行工夫]을 겸한 것이라 볼 수 있다. 배움은 저절로 달성되는 것이 아니라, 어린 새가 비상을 위하여 끊임없이 날갯짓 배우기를 그치지 않는 것처럼, 배우기를 그치지 않고 부단한 노력이 요청된다. 이는 인식과 실천의 문제이며, 양자 사이에 간극이 좁혀질수록 즐거움은 커질 것이다. 따라서 전통적 의미의 학문 또는 공부는 실천을 배제한 채 이루어지는 사물의 원리에 대한 탐구나 지식의 확장만을 의미하지 않으며, 인간이 따라야 할 규범을 정확히 인식하여 올바른 삶을 영위하기 위한 것이다. 그러면 사물의 이치에 대한 인식과 실천은 어떤 관계에 있으며, 양자가 어떤 관계에 있어야 우리는 제대로 '공부'할 수 있는가. 이것이 바로 유학의 기본 범주 중 하나인 知와 行의 관계, 즉 지행론의 문제이다(한국사상연구회, 2003: 374). 지행론은 원시 유학에서도 종종 언급되었다. 『논어』의 경우, 난이(難易)의 측면에 관계한 언급들이 보인다. 하지만 이는 실천성을 강조하기 위한 언급일 뿐이다. 지행 문제가 본격적으로 논의의 대상이 된 것은 북송의 정이(程頤)와 남송의 주자(朱子) 시기다. 특히 주자의 경우 지행 관계를 선후 관계의 측면에서 선지후행(先知後行)을 주장하였다. 그 이후 15세기 말에서 16세기 초 양명(陽明)은 지행의 상호성 측면에서 지행합일설(知行合一說)을 주장하였다. 이처럼 知와 行의 관계 문제는 단순하지가 않다. 知와 行의 관계는 다양한 각도에서 해석될 수 있다.[1)]

이 글에서는 지행 문제에 있어 가장 대표적인 학자로 알려진 두 사람의 사상을 살펴보고자 한다. 하나는 초기 신유학의 집대성자이며,

1) 지행 관계에 대해 김유혁(1989: 177)은 세 가지 기준, 각각 3유형으로 분류하였다. 즉, 난이(難易)・선후(先後)・상호(相互)의 측면에서 지이행난설(知易行難說), 행이지난설(行易知難說), 지선행후설(知先行後說), 행선지후설(行先知後說), 지행호진설(知行互進說), 지필능행설(知必能行說), 지미필능행설(知未必能行說), 지행합일설(知行合一說)으로 구분하였다. 이에 따르면 주자와 양명의 지행설은 동일한 범주에 있다고 할 수 없다. 선후(先後)와 상호(相互)의 문제다.

공맹(孔孟) 사상을 형이상학적 체계로 변화시킨 주자(朱子)다. 앞에서 언급하였듯이 주자는 지행 관계에 있어서 선지후행설(先知後行說)을 주장하였다. 다른 하나는 주자학이 관학으로서 절대 권력을 누리고 있을 때, 주자의 선지후행설(先知後行說)을 반박하며 등장한 심학(心學)의 완성자인 왕양명(王陽明)이다. 양명은 육상산이 선지후행설(先知後行說)을 주장한 것과는 달리 지행합일설(知行合一說)을 주장하였다. 양자 간의 지행 문제를 살펴본 후 교육적 함의를 찾아보고자 한다.

Ⅱ. 주자(朱子)-양명(陽明)의 지행관(知行觀)

1. 논리적 관계성: 선지(先知)-후행(後行)/지행(知行)-합일(合一)

앞에서 언급하였듯이, 흔히 주자 지행관은 '선지후행(先知後行)'으로, 양명 지행관은 '지행합일(知行合一)'로 명명한다. 우리는 여태까지 양자의 지행관을 사자성어(四字成語)로 당연하게 인식하고 있다. 하지만 이 당연함을 인정하기에 앞서 선후(先後)-지(知)-행(行)-합일(合一)의 맥락적이고 논리적인 관계를 파악하는 것이 우선이다. 즉, 선지-후행, 지행-합일의 논리적 관계성 정립이 필요하다. 각각의 양자는 필연적인가 아니면 선택적인가. 이를 해결하기 위해 간결·명료한 명제의 추론 개념 방법을 사용해 본다. 양자의 지행관을 명제화[2] 시키

2) 여기서 사용한 명제화 도구는 정언명제, 선언명제, 가언명제다.

면 다음과 같다. 우선 선지후행(先知後行)을 명제화시켜 보자. ① 선지(先知)는 후행(後行)이다. ② 선지거나 후행(後行)이다. ③ 선지(先知)라면 후행(後行)이다. 다음으로 지행합일을 명제화시켜 보자. ① 지행(知行)은 합일이다. ② 지행(知行)이거나 합일이다. ③ 지행(知行)이면 합일(合一)이다. 각각의 경우를 살펴보자. ①의 경우 선지후행의 명제화는 적절하지 않다. 적절하다고 할 경우 '선지=후행'이 된다. 이렇게 될 경우 주자의 본래 의도와 멀어지게 된다. 지행합일의 경우는 적절할 수도 적절하지 않을 수도 있다. 전자의 경우라면 知와 行은 반드시 일치함을 의미한다. 후자인 경우라면 知는 그 자체가 바로 行, 즉 동일 개념임을 의미한다. ②, ③의 경우는 명제의 타당도 검사를 통해서 분석해 보면 〈표 7-1〉과 같다.

타당도 검사 결과를 보면 ②의 경우는 양자 모두 부당하다. ③의 경우는 양자 모두 타당하다. 상기 〈표 7-1〉을 토대로 결론을 내려 보

〈표 7-1〉 명제 타당도 검사

선지후행(先知後行)		지행합일(知行合一)	
② 선지거나 후행이다.	③ 선지라면 후행이다.	② 지행이거나 합일이다.	③ 지행이면 합일이다.
선지거나 후행이다. 선지가 아니다. ∴후행이다.	선지라면 후행이다. 선지이다. ∴후행이다.	지행이거나 합일이다. 지행이 아니다. ∴합일이다.	지행이면 합일이다. 지행이다. ∴합일이다.
선지거나 후행이다. 후행이 아니다. ∴선지다.	선지라면 후행이다. 후행이 아니다. ∴선지가 아니다.	지행이거나 합일이다. 합일이 아니다. ∴지행이다.	지행이면 합일이다. 합일이 아니다. ∴지행이 아니다.
부당(不當)	타당(妥當)	부당(不當)	타당(妥當)

자면 선지-후행/지행-합일의 논리적 관계성은 양자 간의 선택사항이 아니라 조건적 관계이다. 주자의 선지후행은 선지(先知)일 경우 후행(後行)이 보증된다. 선지가 아니라면 후행은 담보할 수 없으며, 후행이 아닐 경우 당연히 선지도 인정할 수 없다. 양명의 지행합일의 경우 지행(知行)일 경우에만 합일(合一)을 보증할 수 있다. 지행이 아닐 경우에는 합일을 담보할 수 없으며, 합일이 아닐 경우 지행도 아니다. 또한 전후를 바꾼다면 의미 또한 통하지 않게 된다. 즉, '후행'과 '합일'은 '선지'와 '지행'이라는 조건부 속에서만 그 의미를 지닌다고 할 수 있다. 따라서 주자와 양명의 지행관은 전건(前件)을 토대로 후건(後件)이 필연적으로 도출되는 논리적 · 조건적 관계라고 할 수 있다. 선지(先知)와 지행(知行)이 조건적으로 담보되어야만 후행(後行)과 합일(合一)이 필연적으로 도출된다.[3] 조건적 과정은 필연적 과정이며, 이 경우 전건(前件)이 매우 중요하다. 또한 조건적 과정은 선택이나 단순한 부정이 아닌 이중부정인 강한 긍정을 의미한다. 이를 지행관에 적용한다면 선지(先知)와 지행(知行)이 우선시되어야 하며, 후행(後行)과 합일(合一)은 이에 따른 당연한 귀결점이 된다.

2. 주자 지행관

주자는 공맹의 유학을 理氣 · 性命 · 義理 등의 형이상학적 체계로 새롭게 해석하였다. 주염계, 장횡거, 정명도, 정이천 등의 사상을 계승 발전하여 성리학(性理學)을 집대성하였다. 주자의 사상을 담은 다양한

3) 사실 선지후행과 달리 지행합일은 정언명제의 경우에서도 타당도가 인정될 수 있다. 이는 각각 기준 영역의 차이 때문이다. 선지후행의 경우는 지와 행의 시간적 선후 문제의 영역이며, 지행합일의 경우는 지와 행의 상호성 문제의 영역이다.

저작 중에서도 知와 行의 문제에 관해 가장 집중적으로 기술되어 있는 곳은 『주자어류(朱子語類)』 권9 「논지행(論知行)」이다. 『주자어류』는 주자와 그 문인들 간의 학문에 관해 오고 간 문답을 기록한 책이다. 특히 「논지행(論知行)」은 知와 行의 상관성, 知와 行의 선후(先後), 구체적인 知에 관한 문답들이 기록되어 있다. 따라서 이 장에서 주자의 지행관 탐구는 「논지행(論知行)」[4]을 저본으로 한다.

주자는 사람이 학문을 하는 것을 비가 내리는 것과 비슷하다고 말한다.

> 비가 내린 후에는 곳곳이 젖어들어 기운이 쉽게 후덥지근해진다. 약간 개어서 햇빛이 조금 비치면 다시 증발하여 비가 온다. 예전에 크게 가물었을 때는 오랫동안 비가 내리지 않아서 사방이 건조했다. 설령 조금 비가 내려도 곳곳을 축축이 적실 수 없기 때문에 결코 다시 후덥지근해 질 수가 없었다.[5]

사람의 배움은 자연 현상의 하나인 '비내림'과 같이 꾸준하고 적절히 지속되어야 한다. 적절한 간격과 지속성은 적습(積習)을 가능하게 한다. 하지만 큰 가뭄과 같이 배움의 단절이 오랫동안 지속된다면 약간의 빗물로 대지를 적실 수 없듯이 배움은 쌓이지 않고, 이전까지 갖고 있던 배움의 내용마저도 메말라 버려 무용한 것으로 만들어 버린다. 따라서 배움을 꾸준히 지속함이 중요하며, 이를 제대로 실천하기 위해서 앎과 행함은 꼭 필요한 것이다.

---

4) 『朱子語類』 卷9 論知行은 모두 88조목이다. 그중 지행병진(知行竝進) 관련 27조목, 선지후행(先知後行) 관련 10조목, 앎(知) 관련 51조목이다.

5) 人之爲學, 如今雨下相似: 雨既下後, 到處濕潤, 其氣易得蒸鬱. 才略晴, 被日頭略照, 又蒸得雨來. 前日亢旱時, 只緣久無雨下, 四面乾枯; 縱有些少, 都滋潤不得, 故更不能蒸鬱得成. (『朱子語類』 卷9 「論知行」 반시거). 이하 『朱子語類』 卷9 「論知行」의 경우 간략히 '「論知行」 기록자명'으로 약술한다.

우선 주자에 있어 知와 行은 서로 동떨어진 것이 아니다. 주자에 있어 知와 行은 서로를 의지하는 관계이며, 이는 마치 눈은 발이 없으면 가지고 못하고 발은 눈이 없으면 보지 못하는[6] 관계처럼 더불어 함께 하는 동반자적 관계이다. 여기서 눈은 知에 해당하고 발은 行에 해당한다. 즉, 知는 방향설정과 목표 탐구를 의미하며, 行은 목표달성을 위한 실천적 행동으로서 도구성을 의미한다. 知와 行은 항상 함께해야만 한다. 특히 이 둘은 적절한 조화와 균형이 필요하다. 주자는 "앎을 이루는 것과 힘써 행하는 것에 대해 어느 한 쪽에 치우쳐서 공부해서는 안 된다. 한쪽에 치우치면 곧 다른 한쪽에 병폐가 생긴다."고 하였다.[7] 知와 行은 항상 함께하는 것이지만, 그 둘은 균형을 유지해야 하는 긴장의 관계라고 할 수 있다. 하지만 이를 유지하는 것은 결코 쉬운 일이 아니다.

> 처음 공부할 때는 이 일을 하려고 하면 또 저 일에 방해가 되어 이해되는 것이 없다. 마치 敬을 지키는 것과 이치를 궁구하는 두 가지 일이 서로 방해가 되는 것과 같다. … 만약 익숙해졌을 때는 자연히 서로 방해되지 않을 것이다.[8]

거경(居敬)과 궁리(窮理)[9]는 배움에 있어 필수적 요소이지만 초학자의 경우는 이 양자가 상호 간섭하여 충돌하면서 방해가 된다. 초학자

6) 知・行常相須, 如目無足不行, 足無目不見. (「論知行」, 이굉조).

7) 致知・力行, 用功不可偏. 偏過一邊, 則一邊受病. (「論知行」, 정단몽).

8) 人須做工夫, 方有疑. 初做工夫時, 欲做此一事, 又礙彼一事, 便沒理會處. 只如居敬·窮理兩事便相礙 … 若是熟時, 則自不相礙矣. (「論知行」, 보광).

9) 『주자어류』 권9 「論知行」에서는 지행(知行), 궁리거경(窮理居敬), 치지함양(致知涵養), 거경함양(居敬涵養) 등의 다양한 개념이 사용된다. 이 경우 지(知), 궁리(窮理), 치지(致知)는 앎을 의미하고 행(行), 거경(居敬), 함양(涵養)은 실천을 의미한다.

는 양자를 적절하게 다룰 줄 아는 기술이 부족하기에 거경·궁리(居敬窮理) 둘 다 나아감이 미진하다. 따라서 상황에 따른 양자 간의 우선순위를 정하여만 배움에 성장함이 있게 된다. 양자의 경우 시간상으로는 知가 먼저고, 중요도 측면에서는 行이 중하다.[10] 이를 통해 유추해 본다면 무엇인가를 行한다고 하였을 때 그 출발은 반드시 '제대로 알아야 함'이며, 그것의 완성은 반드시 '실천'으로 마무리 되어야 한다는 것이다. 앎은 단순히 피상적인 앎이 아니라 현실 속에서 구체성을 갖고 표현되었을 때 그 앎은 완성되는 것이며, 현실 속의 구체적 행위는 반드시 명확하고 적확한 앎을 전제하지 않았을 때는 완성의 단계로 나아갈 수 없음을 의미한다. 결국 앎이 밝아질수록 행동은 더욱 두터워지며, 행동의 두터움은 명확한 앎을 담보한다. 배우는 자는 의미를 곰곰이 생각해 보고 실천할 것을 강조한다.[11] 하지만 양자 간의 조화와 균형을 유지하지 못했을 때는 어떻게 되는가. 여기에는 두 가지 경우가 존재한다. 우선 앎에만 치우친 경우를 보자.

> 배우는 사람이 이치를 궁구하지 않는다면 또한 도리를 이해할 수 없다. 그러나 이치를 궁구하면서 敬을 지키지 않아도 안 된다. 敬을 지키지 않고서 도리를 보면 곧 다 흩어져 버려서 이 안에 모이지 않는다.[12]

궁리에만 치중한 나머지 지경(持敬)을 등한시한다면 현실 속에도 이루어 놓은 성과가 없게 된다. 심지어 실천으로 나가기 전 추구했던 배움의 지식마저도 유지할 수 없게 되는 형상이다. 또한 실천으로 연

---

10) 論先後, 知爲先; 論輕重, 行爲重. (「論知行」, 이굉조).

11) 學者以玩索踐履爲先. (「論知行」, 양도부).

12) 學者若不窮理, 又見不得道理. 然去窮理, 不持敬, 又不得. 不持敬, 看道理便都散, 不聚在這裏. (「論知行」, 진순).

결되지 못한 앎은 완전한 앎이 아니다. 알고 있는 것을 몸소 직접 체험해 보고 실천의 영역으로 확대된다면 앎의 깊이는 훨씬 깊어져 초입 단계의 앎과는 질적으로 다르다. 다음으로 실천적 행위만을 강조할 경우를 보자.

> 왕자충이 물었다: 제가 호남에 있을 때 어떤 선생이 사람들에게 실천만 가르치는 것을 보았습니다.
> 대답하셨다: 의리에 밝지 못한데 어떻게 실천하겠는가.
> 물었다: 그는 '행해 보면 곧 알 수 있다'라고 하였습니다.
> 대답하셨다: 예를 들어 사람이 길을 가는데, 길을 알지 못한다면 어떻게 가겠는가. 요즘 사람들은 대부분 실천은 모두 자기 나름의 목표를 세워 다해 나가는 것이고, 일반적으로 자질이 좋은 사람은 이치를 궁구하고 사물을 탐구하며, 앎을 이룰 필요가 없다고 가르친다. 성인이 『대학』을 지으신 것은 곧 사람들이 모두 성현의 경지에 들어서도록 한 것이다. 만약 도리를 강론하여 분명하게 안다면, 자연히 어버이를 섬기는 데 효도하지 않을 수 없고, 어른을 섬기는 데 공손하지 않을 수 없으며, 벗과 사귀는 데 미덥게 하지 않을 수 없을 것이다.[13)]

실천만을 강조한다면 세 가지 문제가 발생한다. 하나는 방향 설정의 곤란함이다. 즉, 실천을 한다는 것은 이미 나아갈 방향이 설정되었다는 것을 의미하는데, 이는 앎의 영역이다. 따라서 길을 떠나는 사람이 어느 방향으로 향할지를 정하지 않았다면 이는 출발을 할 수 없거나 방황의 길을 떠나는 수밖에 없다. 또 하나는 실천의 지속성이다. 지속성을 담보하지 않은 일회성의 실천은 완전한 실천이라 할 수 없

---

13) 王子充問: 某在湖南, 見一先生只教人踐履. 曰: 義理不明, 如何踐履? 曰: 他說: 行得便見得. 曰: 如人行路, 不見, 便如何行. 今人多教人踐履, 皆是自立標致去教人. 自有一般資質好底人, 便不須窮理·格物·致知. 聖人作箇大學, 便使人齊入於聖賢之域. 若講得道理明時, 自是事親不得不孝, 事兄不得不弟, 交朋友不得不信. (「論知行」, 황간).

다. 즉, 배움의 결과가 아니다. 끝으로 당위성이다. 실천의 지속성과 연계하여 왜 지속해야 하는가에 대한 당위성이 담보되지 않으면 단기적 행위만 초래할 뿐이다. 당위성의 담보는 반드시 궁리에 근거할 수밖에 없다. 따라서 앎과 실천은 둘 다 동시에 함께하는 것이다. 이는 지행병진의 필연성을 의미한다. 상기의 내용을 토대로 지행병진의 당위성은 세 가지에 근거한다. 첫째, 완전성의 문제로서 어느 한쪽으로 치우친 知나 行은 불완전하다는 것이다. 즉, 知에 치우친 경우는 완전한 앎[眞知]에 도달할 수 없으며, 얕은 지식에 머물고 있다. 行에 치우친 경우는 출발선상의 방향 설정과 혼란이 발생한다. 따라서 양자 모두 불완전 상태다. 궁리(窮理)의 극치는 궁극적인 도덕적 규범을 가지고 모든 개별적인 이치나 행위의 원리를 꿰뚫는 활연관통의 상태에 이르는 것이며, 거경(居敬)의 극치는 바로 활연관통하는 규범으로서의 理가 행위의 표준으로 작용하여 자신의 몸가짐이 엄숙정제하게 되는 상태를 가리킨다(장성모, 1993: 55). 지행병진이 되어야만 완전성에 도달할 수 있다. 둘째, 지속성의 문제이다. 知와 行이 병진(竝進)하지 않으면 知는 일시적인 앎에만 머물고 만다. 이 경우 앎의 지속적이고 단계적인 성장은 기대할 수 없다. 行은 적습(積習)을 할 수 없다. 일회성의 경험은 더 깊고 넓은 경험과 실천으로 나아갈 수 없게 만든다. 셋째, 知와 行 각자 완전성에 도달하지 못할 경우 책임 소재의 불분명성이다. 즉, 知의 부족함은 '제대로 행하지 못함'의 근거가 되고, 行의 부족함은 '제대로 알지 못함'의 근거가 된다. 이는 서로에게 책임을 전가하는 식으로 더 나은 상태로의 발전과 진보보다는 오히려 현상유지나 퇴보의 상태로 전락하게 된다. 따라서 知와 行은 병진해야만 한다.

주자에 의하면 知行은 병진하는 것이다. 하지만 양자 사이에 시간적인 선후를 논하자면 知가 行보다 우선한다.[14] 공부를 함에 있어 가장 기본적인 것은 '앎의 명확함'이다. 즉, 배움을 함에는 우선적으로 분명하게 알아야 한다.[15] 물론 行에도 분명함이 존재한다. 하지만 知와 行의 관계에 있어서는 知의 분명함에 더 큰 비중을 둔다.

> 앎에 대해서는 공허한 앎이라고 말할 수 없다. 앎에는 공허한 것과 참된 것이 없고, 행함에는 공허함과 참된 것이 있다. 앎은 앎일 뿐이고, 알고 난 후에 행함과 행하지 않음이 있다. 만약 모르면서 억지로 하려고만 한다면, 이루어지는 결과가 좁고 작을 것이다.[16]

知에는 공허한 지[虛見, 虛實]가 존재하지 않는다. 하지만 行에는 공허함이 존재한다. 知行의 관계에서 시작은 知이며, 이때의 知는 존재하지 않는 것이 아니라 반드시 존재한다. 궁리가 이루어진 결과가 반드시 실천으로 연결되지 않을 수도 있다. 앎을 통한 인식이 실천을 반드시 담보하지 않는 상황을 가정할 수 있다. 오히려 부족한 앎으로 인한 행위는 퇴보된 결과를 초래한다. 앎에는 무의미한 앎이 존재할 수 없지만, 행위에는 무의미한 행위가 존재할 여지도 있다. 따라서 궁리 공부가 무엇보다도 선행되어야 한다. 궁리가 철저하지 못한다면 일에는 순서가 없으며, 그 마음을 붙잡아 간직하고자 하나 오히려 공허할 따름이다.[17] 궁리 공부는 한시도 멈추어서는 안 되며 꾸준히 지속하여 자연히 성숙해져야 한다. 궁리(窮理)와 함양(涵養)에 있어 궁리

14) 須先致知而後涵養. (「論知行」, 진문위).

15) 爲學先要知得分曉. (「論知行」, 탕영).

16) 見, 不可謂之虛見. 見無虛實, 行有虛實. 見只是見, 見了後卻有行, 有不行. 若不見後, 只要硬做, 便所成者窄. (「論知行」, 황균).

17) 萬事皆在窮理後. 經不正, 理不明, 看如何地持守, 也只是空. (「論知行」, 양도부).

가 더욱 절실하며 우선시 되어야 하기에 궁리 공부를 임하는 태도는 마치 혈전을 치르듯이 절실하게[18] 해야 한다. 인간의 마음은 외물의 자극에 반응을 한다. 마음은 理와 氣의 合이며, 性과 情으로 구성되었다. 따라서 마음은 외물의 자극 및 처한 상황 속에서 반응할 수밖에 없다. 이 경우 궁리 공부에 방해가 되는 상황도 발생한다. 왜냐하면 궁리의 공부는 도처에 존재하며 어디서나 가능하기 때문이다. 궁리 공부는 형체와 자취가 없는 곳에서 찾기만 해서는 안 되고, 또 마땅히 일상생활에서 마주치는 일과 사물, 경서의 취지 그리고 역사책의 교훈을 통해서 공부해야 한다.[19] 이처럼 도처에 존재하는 사물과 접하면서 궁리 공부는 시작되며 완성된다. 궁리 공부인 앎을 실천보다 우선시 하는 주자의 주장은 선지후행설이다. 선지후행설은 성리학을 개창한 주장에서는 당연한 귀결이다. 전술한바, 성리학은 공맹유학을 性情 · 理氣 · 義理 등의 개념을 통한 형이상학적 체계로 나아간 학문이다. 理氣의 관계에 있어 존리천기(尊理賤氣)의 입장을 분명히 하고 있다. 주자의 선지후행설은 궁리를 우선시 하고 있다. 궁리는 사사물물(事事物物)의 이치를 탐구하는 것이다. 따라서 주자의 선지후행설은 인간이 마땅히 추구해야 할 도덕적 규범으로서의 理가 객관적으로 존재하며, 그 理가 인간 행위를 규제하고 통어(統御)하는 행위의 기준이 된다는 것을 보임으로써 知와 行의 주체인 개인보다 知의 대상인 理의 지위를 더욱 부각시킨 것이라고 말할 수 있다(장성모, 1993: 55). 궁리의 대상은 사사물물에 내재하고 있는 理, 天理다. 궁리는 격물치지(格物致知)의 다름 아니다. 치지는 격물에 근거하고 있다. 주자는 格

18) 痛理會一番, 如血戰相似, 然後涵養將去. (「論知行」, 요덕명).

19) 又不可一向去無形跡處尋, 更宜於日用事物·經書指意, 史傳得失上做工夫. 卽精粗表裏, 融會貫通, 而無一理之不盡矣. (「論知行」, 27)

을 '이르다[至]'로 物을 '사물의 이치[物理]'로 파악한다. 치지에 있어 致는 '극진한 데 이른다, 미루어 넓힌다[推極]'으로 知는 '앎, 지식[識]'으로 파악한다. 따라서 격물치지란 '物理에 이르러 앎[지식]이 극진하데 이른다'는 의미다. 또한 理는 개인 행위의 준칙이면서 동시에 타인과 더불어 지내는 사회적 준칙이면서 도덕적 성격을 지닌다. 선지후행의 주장은 무엇이 도덕적 원칙인가를 알아야 비로소 자신의 행위를 도덕 규범에 부합시키고 인격을 확립할 수 있다는 측면에서 경전을 해석하고 선지후행을 강조하였으며(한국사상연구회, 2003: 377), 개인적 차원을 넘어선 보편적 수준으로 확대되는 것이다. 인간이 궁리 공부를 추구하는 것은 사단(四端)에 근원한다.

> 사물의 이치를 궁구하는 것은 본성 가운에 仁 · 義 · 禮 · 智가 있어서 그것이 발동하면 측은해하고, 부끄러워하고 싫어하며, 사양하고 양보하고, 옳고 그름을 가리는 마음이 되는 것과 같다. 단지 이 네 가지일 뿐이니, 설사 세상의 온갖 일과 온갖 사물이라도 다 이 네 가지에서 벗어나지 않는다.[20)]

사단은 인간이라면 누구나 갖고 있는 것이다. 격물치지에서 물리(物理)가 드러난 양상이 다양하고 복잡하다고 할지라도 그것은 모두 사단의 범주에서 벗어난 것이 아니다. 따라서 인간은 누구나 노력만 한다면 격물을 통한 치지에 도달할 수 있다.

---

20) 窮理, 如性中有箇仁義禮智, 其發則爲惻隱 · 羞惡 · 辭遜 · 是非. 只是這四者, 任是世間萬事萬物, 皆不出此四者之內. (「論知行」, 황탁).

3. 양명 지행관

양명은 주자로부터 250여 년의 시간적 차이가 있는 인물이다. 양명이 활동한 15~16세기 중국은 주자학이 관학으로서 굳건하게 그 위치를 점하고 있는 시기였다. 따라서 양명 또한 주자학을 공부하였다고 할 수 있다. 이 절에서 양명의 지행관 탐구는『전습록(傳習錄)』을 저본으로 한다. 앞장에서 주자의 지행관을 기술할 때 주자와 문인들 간의 문답록인『주자어류(朱子語類)』를 토대로 하였듯이,『전습록』또한 양명과 그 문인제자들 간의 오고간 문답록이다. 양적인 측면에서 보자면『주자어류(朱子語類)』권9「論知行」보다 훨씬 많은 양이지만, 문인들 간의 대화록이라는 점에서는 나름 의미가 있다고 하겠다.

양명은 21세 때 주자의 '즉물궁리(卽物窮理)'에 대한 순차적인 공부를 시도하였지만 실패하고 병까지 얻게 되었다.[21] 이를 계기로 주자학적 학문탐구 방법에 회의[22]를 느끼고 제 학문들에 대한 사상적 공부를 거친 후 다시 원래의 자리인 유학에 회귀하였다. 양명의 삶을 얘기할 때 흔히 교학(敎學) 3변을 거론한다. 삶의 과정에서 세 번의 변화를 의미하는데, 학(學)의 3변은 문장학, 불교·노장학, 성학이다. 교(敎)의 3변은 37세 때 격물치지(格物致知)에 대한 새로운 깨달음을 통한 심즉리설(心卽理說), 38~40세 지행합일설(知行合一說), 49세 치양

21) 一日思先儒謂 衆物必有表裏精粗 一草一木皆涵至理 官署中多竹 卽取竹格之 沉思其理不得 遂遇疾 先生自委聖賢有分 乃隨世就辭章之學.(『王陽明全集』卷33, 年譜).

22) 사실 이런 행위는 주자의 격물치지를 아주 잘못 해석한 결과다. 즉, 격물치지의 이면 속의 진의(眞意)를 파악하지 못하고, 겉으로 드러난 부분을 자구(字句)의 해석에 머무르는 수준이다. 이에 대해 유명종(2002: 78)은 "이러한 실험이 오늘날의 자연과학적인 理가 아니라 도덕적인 도리를 깨치려고 했던 것이니 연구 방법에서 착오가 있었다."고 설명한다.

지설(致良知說)이다. 이 학설들은 양명 사상을 대표하는 양명의 3대학설이다. 그중 심즉리설(心卽理說), 지행합일설(知行合一說)은 양명의 젊은 시절 학설에 해당되며, 치양지설(致良知說)은 만년의 완숙한 시기의 학설에 해당된다. 특히 지행문제와 관련해서는 양명 38세 처음으로 귀양서원에서 지행합일을 논하였다.[23] 양명의 지행합일(知行合一)은 어지러운 사회현상에서 비롯된다. 천하가 크게 어지러워지는 이유는 헛된 문장은 넘치고 실질적으로 행하는 것은 쇠퇴[24]하는 데서 비롯하며, 사람들은 다투어 문장을 수식하는 데 힘써서 세상에 알려지기를 구하고, 근본을 돈독하게 하고 실질을 숭상하여 순박하고 선량한 데로 돌아가는 행위가 있음을 알지 못하기(『傳習錄』上 서애록) 때문이다. 문장은 사고의 표현이다. 생각과 사고는 행위로 귀결되지 못할 때는 공허한 메아리에 불과하다. 문장만 넘쳐나고 실천이 무시되는 세태에서 사람들은 본래 가지고 있던 근본을 아예 망각해 버리는 지경에 이르렀다. 이에 사람들은 겉으로는 인의(仁義)라는 이름을 빌리지만 속으로는 사적인 이익의 실질을 추구하고 궤변으로써 세속에 영합하고 행위를 꾸며서 명성을 구하기도 하고 다른 사람의 선행을 덮어서 가리고 그것을 답습하여 자기의 장점으로 삼는(『傳習錄』中 답섭문울) 몰염치한 행동을 서슴지 않고 행한다. 이런 지식 우위의 현상은 사람의 욕심을 점점 자라나게 하고, 재주와 능력이 많을수록 순수한 본성인 天理는 더욱 가려지는 폐단(『傳習錄』上 설간록)이 발생한다. 이를 경계하기 위해 양명은 자신의 지행합일(知行合一)의 입론하는 근본 취지를 말한다.

---

23) 是年先生始論知行合一. (『王陽明全集』卷33, 年譜).

24) 天下之大亂 由虛文而實行衰也. (『傳習錄』上 서애록).

> 요즘 사람들의 학문은 앎과 행위로 둘로 나누기 때문에 어떤 한 생각의 발동이 비록 선하지 않을지라도 그것을 아직 행하지 않았다고 해서 금지하려고 하지 않는다. 내가 지금 지행합일을 말하는 것은 바로 한 생각이 발동한 곳이 곧 행위를 한 것임을 사람들에게 알리려는 것이다. 발동한 곳에 선하지 않은 것이 있으면 곧 선하지 않은 생각을 극복해야 한다. 반드시 그 뿌리까지 철저히 제거하여 한 생각의 불선도 가슴속에 잠복하지 못하게 해야 한다. 이것이 내가 주장하는 근본 취지다.[25]

앎과 행위의 분리는 의도성의 순수성 여부를 무시한다. 단지 겉으로 나타나지 않았다는 이유로 불선(不善)한 생각에 대한 사람들의 태도는 특별한 의미를 갖지 못한다. 유가에서는 수신을 중시한다. 『대학』에도 명시되었듯이, 수신은 바른 마음[正心]으로부터 나오며, 바른 마음은 뜻의 정성스러움[誠意]으로부터 나온다. 생각의 발동은 바로 意다. 따라서 意가 정성스럽지 않다면 수신의 결과도 담보할 수 없다. 수신이 담보되지 않는다면 확대된 행위인 제가(齊家)·치국(治國)·평천하(平天下)도 담보할 수 없다. 이를 제대로 완성하기 위해서는 시초로서 생각의 발동인 意를 제대로 해야 한다. 따라서 양명의 주장은 意의 선함이 행동의 선함으로 귀결된다는 것이다. 앞서 설명한 것을 보면, 선하지 않는 생각을 극복하기 위한 근원적인 뿌리에 대한 구체적 언급은 없다. 하지만 양명이 공맹 사상을 기본가치로 삼는 유가사상가라는 점을 고려한다면 쉽게 유추할 수 있다. 『대학』에서 "뜻을 성실히 하고자 한다면 먼저 그 지식을 지극히 하였으니, 지식을 지극히 함은 사물의 이치를 궁구함에 있다."[26]고 밝히고 있다. 성의(誠意)는 격물치

25) 今人學問 只因知 行分作兩件 故有一念發動 雖是不善 然却未曾行 便不去禁止 我今說箇知行合一 正要人曉得一念發動處 便卽是行了 發動處有不善 就將這不善的念克倒了 須要徹根徹底不使那一念不善潛伏在胸中 此是我立言宗旨. (『傳習錄』下 황직록).

26) 欲其誠意者 先致其知 致知在格物.

지를 통해서 이룰 수 있으며, 양명이 언급한 근원적인 뿌리는 바로 '격물치지'이다.

> 앎이 진실하고 독실한 곳이 바로 행위이며, 행위가 밝게 깨닫고 정밀하게 살피는 곳이 바로 앎이다. 앎과 행위의 공부는 본래 떨어질 수 없다. 다만 후세의 학자가 두 부분으로 나누어 공부하여 앎과 행위의 본체를 잃어버렸기 때문에 합일병진의 학설이 있게 되었다. 참된 앎은 곧 행위하는 까닭이니, 행위하지 않으면 그것을 앎이라고 하기에는 부족하다.[27]

결국 진실하고 독실한 앎은 필연적으로 선한 행위를 도출한다. 올바른 행위는 반드시 정밀한 앎에 근거한다. 따라서 앎과 행위는 분리된 것이 아닌 근원적으로 하나인 것이다. 근원적으로 하나인 것이 후세의 학자가 앎과 행위를 두 부분으로 나누어 말함으로써 앎과 행위의 본체를 상실하게 된 것이다. 앎과 행위를 둘로 나누어 설명하는 것은 옛사람들도 주장하였다.

> 옛사람이 하나의 앎을 말하고 다시 하나의 행위를 말한 까닭은 세상에 어떤 부류의 사람들은 어리석고 사리에 어두워서 임의대로 행하고 사색과 성찰을 전혀 하지 않으며 다만 어두운 가운데 망령되이 행동하기 때문이다. 따라서 반드시 하나의 앎을 말해야만 비로소 행위가 올바름을 얻을 수 있다. 또 어떤 종류의 사람들은 터무니없이 사색하고 전혀 착실하게 몸소 행하려 하지 않으며, 다만 하나의 그림자만 추측하여 더듬는다. 따라서 반드시 하나의 행위를 말해야만 비로소 앎이 참됨을 얻을 수 있다. 그래서 옛사람은 치우친 부분을 보충하고 폐단을 구제하기 위하여 어쩔 수 없이 앎을 먼저 말하고 다시 행

27) 知之眞切篤實處 旣是行 行之明覺精察處 卽是知 知行工夫 本不可離 只爲後世學者 分作兩截用功 失卻知行本體 故有合一竝進之說 眞知卽所以爲行 不行不足謂之知. (『傳習錄』中 답고동교서).

위를 말했던 것이다.[28)]

앎과 행위가 둘로 나뉘어 설명된 것은 성현들이 범인(凡人)들의 근기(根器)를 고려한 배려 차원이다. 특히 두 가지 치우친 근기를 배려함이다. 첫째는 사색과 성찰이 전혀 없는, 즉 사리분별을 하지 않고 행동에 치우친 사람에 대한 배려다. 둘째는 과도한 사색과 성찰에 치중한 나머지 몸소 행하지 않거나 소극적 행동에 머무르는, 즉 현실의 그림자에만 치우친 사람에 대한 배려다. 성현들은 이를 해소하기 위해서 전자에게는 앎의 측면을 강조하여 말하고 후자에게는 행위의 측면을 강조하여 말했던 것이다. 성현들은 치우친 부분을 보충하고 그 폐단을 바로잡기 위해서 어쩔 수 없이 방편시설(方便施說)을 행한 것이다. 따라서 성현의 의도를 제대로 알았다면 지행합일은 당연한 귀결이다. 이것이 바로 양명의 지행합일설의 도출 근거이자 과정이다. 양명의 '지행합일'은 "지와 행을 합하여 하나가 되게 한다."는 실천 당위적 명제일 뿐 아니라 "지와 행은 본래 하나"라는 본질적 해석(한국사상연구회, 2003: 379)을 겸하고 있는 것이다.

양명은 앎이 진실하고 독실한 곳이 바로 행위라고 말했다. 동시에 행위가 밝게 깨닫고 정밀하게 살피는 곳이 바로 앎이라고 말했다. 여기서 핵심은 '깨닫고 정밀하게 살피는' 것이다. 이는 앎과 행위를 연결하는 고리다. 인간은 배우고 깨닫는 능력을 소유하고 있다. 물론 사람마다 정도의 차이는 있을지 몰라도 분명한 것은 모든 사람이 그 능력

---

28) 古人所以旣說一箇知 又說一箇行者 只爲世間有一種人 懵懵懂懂的任意去做 全不解思惟省察 也只是箇冥行妄作 所以必說箇知 方0行得是 又有一種人 茫茫蕩蕩懸空去思索 全不肯著實躬行 也只是箇惴摸影響 所以必說一箇行 方0知得眞 此是古人不得已補偏救弊的說話. (『傳習錄』上 서애록).

을 갖추고 있다는 것이다. 양명은 모든 사람에게는 차등적 차원이 아닌 누구에게나 평등한 차원의 '깨닫고 정밀하게 살피는' 이전의 근원적인 능력을 갖고 있다고 보았다. 그것이 바로 '양지(良知)'다. 양지의 관념은『맹자』에 근원을 두고 있다. 맹자는 "사람이 배우지 않고도 할 수 있는 것은 양능(良能)이다. 헤아려 보지 않고 알 수 있는 것은 그 양지다."[29]라고 했다. 양지는 사람이 환경·교육의 도움을 받지 않고도 자연스럽게 가지게 되는 도덕의식과 도덕 감정이다. '배우지 않고도'라는 말은 선험성을 나타내고, '헤아려 보지 않고도'라는 말은 그 직각성(直覺性)을 나타낸다(陳來, 2003: 288). 맹자에 있어 사단은 인간이라면 누구나 갖고 있는 것이다. 후천적인 노력으로 갖춰지는 것이 아닌 선천적으로 내재하고 있는 것이다. 동일하게 양명에게 있어 양지도 그러한 것이다.

> 앎은 마음의 본체이며, 마음은 자연히 알 수 있다. 부모 뵈면 자연히 효도할 줄 알고, 형을 뵈면 자연히 공경할 줄 알며, 어린아이가 우물에 빠지는 것을 보면 자연히 측은할 줄 안다. 이것이 바로 양지(良知)이니 밖에서 구할 필요가 없다.[30]

맹자의 사단처럼 양명의 양지도 인간에게 내재한 자연성이므로 양지는 배움이나 노력을 통해서 구해지는 외재적인 것이 아니라, 인간에게 자연스럽게 존재하는 내재적인 것이다. 따라서 내재적 자연성의 속성을 가지고 있으므로 달리 외부에서 찾거나 구할 필요가 없는 인

29) 人之所不學而能者 其良能也 所不慮而知者 其良知也.

30) 知是心之本體 心自然會知 見父自然知孝 見兄自然知弟 見孺子入井 自然知惻隱 此便是良知不假外求. (『傳習錄』上 서애록).

간 주체가 원천적으로 갖고 있는 내재적 특징이다.[31] 양지는 인간이라면 누구나 갖고 있는 자연스러운 능력이며, 일반인과 성인도 다르지 않으므로 보편성을 지니고 있으며, 시비(是非)와 선악(善惡)을 판별하는 능력을 갖고 있다.

『중용』에서는 "하늘이 명(命)한 것을 性"[32]이라고 한다. 천지자연의 이치[天理]가 인간에게 내재한 것이 性이며, 인간은 천리를 품부 받은 존재로서 순선한 性을 지니고 있다. 양명에 있어 양지는 하늘이며, 하늘은 곧 양지다(『傳習錄』 下).[33]

> 양지는 천리가 환하고 밝아서 영명하게 깨닫는 곳이다. 그러므로 양지가 바로 천리다. 생각은 양지가 발하여 작용하는 것이다. 만약 양지가 발하여 작용하는 생각이라면 생각하는 것이 천리가 아님이 없다. 양지가 발하여 작용하는 생각은 저절로 간단하고 쉬우며, 양지 역시 그것이 양지가 발용된 생각임을 저절로 알 수 있다.[34]

하늘이 양지임과 동시에 하늘의 이치도 양지이다. 양지는 단지 천리의 저절로 그러한 밝은 깨달음이 발현하는 곳이며, 단지 진실하게

---

31) 진래(陳來, 2003: 288-289)는 "맹자는 성선설을 논증할 때 양지만 제기한 것이 아니라 사단도 들어 '측은지심은 仁의 단서이고 수오지심은 義의 단서이며 사양지심은 禮의 단서이고 시비지심은 知의 단서이다'라고 했다. 그런데 '어린애가 우물에 들어가는 것을 보고 자연스럽게 측은하게 여길 줄 아니 이것이 양지다'라고 한 왕수인의 말에 따르면 그에게 있어서는 사단도 양지다. 이것은 맹자에 비하여 더 명확하게 양지와 사단을 하나로 결합한 것이다."라고 하였다. 이를 통해 본다면 맹자는 사단과 양지의 개념을 사용하였지만 양자 간의 연결고리를 명확히 하지 못했으며, 범위설정에서 양지(良知)를 사단보다 큰 개념으로 인식하였다고 볼 수 있다.

32) 天命之謂性.

33) 天卽良知 良知卽天.

34) 良知是天理之昭明靈覺處 故良知卽是天理 思是良知之發用 若是良知發用之思 則所思莫非天理矣 良知發用之思 自然明白簡易 良知亦自能知得. (『傳習錄』 中 답구양숭일).

측은히 여겨 아파하는 마음이 바로 그 본체다.[35] 이는 양지와 천리의 관계를 분명히 드러내 주는 표현이며, 앞서 언급하였듯이 양지는 시비선악을 판단하는 도덕 원칙의 근거가 되는 것이다. 영명(靈明)·영각(靈覺)인 양지는 마음 내부의 다양한 상황을 파악할 뿐만 아니라 마음 밖에 존재하는 사물과 감응하여 그 사물의 이치를 파악한다.

양지는 격물치지의 주체다. 전술한바 앎과 행위의 일치는 성의(誠意)의 영역이며, 그 뿌리는 격물치지다. 양명은 『대학』의 격물치지의 의미를 주자와 달리 해석한다.

> 격물(格物)의 격은 『맹자』에서 "대인이 임금의 마음을 바로 잡는다."고 말할 때의 격(格)과 같은 것으로 마음의 바르지 못함을 제거하여 그 본체의 바름을 온전히 하는 것이다. 다만 의념이 있는 곳에서 바르지 못함을 제거하여 그 바름을 온전히 하고자 하는 것은 언제 어디서나 천리를 보존하지 않음이 없는 것이고, 그것이 바로 이치를 다하는 것이다.[36]

> 격(格)이란 바로잡음이다. 그 부정한 것을 바로잡아 바른 데로 돌리는 것이다.[37]

주자에 있어 格은 '이른다[至]'의 의미였지만, 양명에 있어 格은 '바르지 않는 것을 바로 잡는다[不正→正]'는 의미를 지닌다. 양명은 "몸을 주재하는 것이 바로 마음이고, 마음이 발한 것이 바로 意이며, 意

---

35) 蓋良知只是一箇天理自然明覺發見處 只是一箇眞誠惻隱 便是他本體. (『傳習錄』 中 답섭문울).

36) 格物如孟子大人格君心之格 是去其心之不正 以全其本體之正 但意念所在 卽要去其不正以全其正 卽無時無處不是存天理 卽是窮理. (『傳習錄』 上 서애록).

37) 格者正也 正其不正以歸於正也. (『傳習錄』 上 육징록).

의 본체가 바로 知이고 意가 있는 곳이 바로 物이다."[38]고 말한다. 物은 마음의 발동인 意가 있는 곳[事]이다. 따라서 격물(格物)이란 '意가 있는 곳[所在]을 바로 잡는' 것이다. 구체적으로 말한다면, 物은 외부의 사물이 아닌 '사람의 바르지 않은 마음'이다. 따라서 양명의 격물은 향외(向外)가 아닌 향내(向內)를 의미한다. 意가 발하면 거기에는 선악이 있으며, 선악은 분별되어 악을 제거하고 선을 추구해야 한다. 따라서 치지는 필연적으로 동반될 수밖에 없다. 치지에 대해서도 양명은 주자와 달리 말한다.

> 치(致)란 지극한 데 이르름[至]이니, 예컨대 상례에 슬픔을 다한다고 할 때의 치(致)와 같다. 『역경』에서 "지극함을 알아 그것에 이른다."고 말할 때의 지지(知至)라는 것은 앎이며, 지지(至之)라는 것은 실현하는(致) 것이다. 치지(致知) 운운하는 것은 후세의 유학자들이 말하는 것처럼 지식을 넓힌다는 것이 아니라, 내 마음의 양지를 실현하는 것일 따름이다.[39]

양명의 致란 '지극한 데 이름'을 의미하며, 知란 경험적 지식이 아닌 천리를 의미한다. 천리란 바로 양지다. 결국 치지란 '내 마음의 양지를 실현하는 것'이다. 양명의 격물치지는 '마음의 발동인 意를 바로 잡아 양지를 실현하는 것'이다. 주자의 격물치지는 '사물의 이치[物理]에 이르러 앎이 극진한 데 도달 확충한다'는 의미다. 그 결과 선지후행설을 주장한다. 반면 양명에 있어서 격물치지는 '마음의 발동인 意를 바로 잡아 양지를 실현하는 것'이다. 이는 앎과 실천이 외부에 있는 것

---

38) 身之主宰便是心 心之所發便是意 意之本體便是知 意之所在便是物. (『傳習錄』上 서애록).

39) 致者至也如云喪致乎哀之致 易言知至至之知至者知也 至之者致也 致知云者 非若後儒所謂充擴其知識之謂也 致吾心之良知焉耳. (『王陽明全集』卷26「大學問」).

이 아니기에 지행은 이분되는 것이 아니라 합일하는 것이다.

치양지(致良知)를 제대로 구현한다면 앎과 실천은 이분이 아닌 합일[知行合一]이 된다. 양명이 용장오도(龍場悟道) 이후 지행합일을 설파하였지만, 그 당시 주자의 선지후행설(先知後行說)이 주류로서 위치를 점하고 있었기에 제자들도 쉽사리 받아들이지 못했다. 특히 현실의 외현적 모습은 오히려 앎과 행위가 서로 다른 것이 일상적 현상이다.

> 서애가 말했다: 예컨대 이제 부모에게는 마땅히 효도해야 하고 형에게는 마땅히 공손해야 한다는 것을 다 알고 있는 사람이 도리어 효도하지 못하고 공손하지 못합니다. 이것은 바로 앎과 행위가 분명히 두 가지 일임을 보여 줍니다.
>
> 선생께서 말씀하셨다: 그것은 이미 사욕에 의해 가로막힌 것이지, 앎과 행위의 본체는 아니다. 아직까지 알면서도 행하지 않은 사람은 없었다. 알면서도 행하지 않는 것은 다만 아직 알지 못한 것이다. 성현이 사람들에게 앎과 행위를 가르친 것은 바로 그 본체를 회복하기를 바랐기 때문이지, 그대들이 단지 이렇게 해도 좋고 저렇게 해도 좋다는 것은 아니었다. 그러므로 『대학』에서는 하나의 참된 앎과 행위를 지적하여 사람들에게 보여 주면서, “마치 아름다운 여색을 좋아하듯이 하고, 악취를 싫어하듯이 하라.”고 말했다. 아름다운 여색을 보는 것은 앎에 속하고, 아름다운 여색을 좋아하는 것은 행위에 속한다. 아름다운 여색을 보았을 때 이미 저절로 좋아하게 되는 것이지, 쳐다본 뒤에 또 하나의 마음을 세워서 좋아하는 것은 아니다. 악취를 맡는 것은 앎에 속하고, 악취를 싫어하는 것은 행위에 속한다. 악취를 맡았을 때 이미 저절로 싫어하게 되는 것이지, 맡은 뒤에 따로 하나의 마음을 세워서 싫어하는 것은 아니다.[40]

---

40) 愛曰 如今人儘有知得父當孝 兄當弟者 却不能孝 不能弟 便是知與行分明是兩件 先生曰 此已被私欲隔斷 不是知行的本體了 未有而不行者 知而不行 只是未知 聖賢教人知行 正是要復那本體 不是着你只恁的便罷 故大學指箇眞知行與人看 說如好好色, 如惡惡臭 見好色屬知 好好色屬行 只見那好色時已自好了 不是見了後又立箇心去好 聞惡臭屬知 惡惡臭屬行 只聞那惡臭時已自惡了 不是聞了後別立箇心去惡. (『傳習錄』上 서애록).

제자인 서애는 흔히 효도를 실천해야 함과 공경함을 머리로는 알고 있지만, 실제로 행하기는 어려움을 근거로 지행이 둘임을 주장한다. 이에 양명은 知와 行이 둘이 아니라 제대로 알지 못해서 그런 것이라 답한다. 특히 행함이 수반되지 못한 채 알고 있는 것은 참된 앎[眞知]이 아니다. 知와 行이 둘로 되는 현상의 원인은 사사로운 욕심에 의해 양지(良知)가 가려졌기 때문이다. 성현의 가르침은 바로 지행이 합일함을 의도한 것이지 양자 중 하나를 임의로 선택한 것을 의미한 것은 아니다. 이에 대한 예시로써『대학』의 "아름다운 여색을 좋아함(如好好色)"과 "악취를 싫어함(如惡惡臭)"을 거론한다. 두 행위 모두 知와 行이 조금의 시간적 간격이 이뤄지는 것으로 지행은 합일(合一)임을 말하는 것이다. 참된 앎[眞知]은 행위로 드러나며, 행하지 못한 것은 知라고 할 수 없다.[41] 이를 통해 본다면 진지(眞知)의 판별기준은 行으로 발현되었을 때다. 그래서 "知는 行의 시작이고 行은 知의 완성이다. 이를 이해할 수 있으면 知만 말해도 이미 行이 거기에 들어 있고 行만 말해도 이미 知가 거기에 담겨 있다."[42]라고 말한다. 知行은 늘 함께 존재하며 상호의존적일 뿐만 아니라 서로가 서로를 포함하고 있다. 知 속에 行이 있으며 行 속에 知가 있다. 또한 知行의 역할은 "知는 行의 주의(主意)이고 行은 知의 공부(工夫)이다."[43] '주의(主意)'와 '공부(工夫)'는 양명학에서 늘 사용되는 한 쌍의 방법론적 범주다. 일반적으로 '주의'는 목적 혹은 통수(統帥)를 나타내고, '공부'는 경로와 수단을 나타낸다. 대개 양명이 '주의'와 '공부'라는 용어를 써서 어떤 한 쌍의

---

41) 眞知卽所以爲行 不行不足謂之知. (『傳習錄』中 답고동교).

42) 知是行之始 行是知之成 若會得時 只說一個知 已自有行在 只說一個行 已自有知在. (『傳習錄』上 서애록).

43) 知是行的主意 行是知的工夫. (『傳習錄』上 서애록).

범주의 상호관계를 다룰 때 그의 의도는 통수(統帥)로서의 '주의'가 갖는 지위와 중요성을 두드러지게 하려는 것이었다(진래, 2003: 173). 따라서 지행의 역할에서 知가 추구하는 진지(眞知)의 달성을 위해서 行은 필연적으로 도구 및 수단이 되어야만 한다. 이것을 인정하면 行은 진지의 과정이며 知行은 둘이 아닌 전체 과정상 합일하게 된다. 이 모든 부분은 바로 천리를 보존하고 인욕을 제거하는[尊天理 去人欲] 공부를 완성시킨다. 이는 바로 성학(聖學)의 완성이다. 왜냐하면 성학은 지행을 둘로 나눌 수 없기[44]때문이다.

4. 주자와 양명 지행관의 공통점

주자와 양명의 지행관은 외현적 표현을 달리하고 있다. 그러나 표현을 달리하고 있다고 해서 완전히 다른 맥락을 갖고 있는 것은 아니다. 양자 모두 공맹의 사상을 계승하고 있는 유학자로 자부하고 있으며, 후대의 평가도 그렇다. 특히 전자의 사상이 우위를 점하고 지속되는 동안 초기의 철저한 사상관이 시간이 흐름에 따라 느슨해지고 해이해지는 상황이 발생하였고, 이에 대한 대안으로 후자의 사상이 등장한 점으로 미뤄볼 때 양자 사이에 공통적인 부분이 있을 것이다.

(1) 지행동거(知行同居)

양명의 지행관은 지행합일(知行合一)이다. 양명이 지행의 문제를 주제로 삼은 것은 어찌 보면 당연하다. 양명이 살던 시대는 주자의 성리학이 관학(官學)으로서 그 가치를 인정받고 있었으며, 주자의 사상이

---

44) 聖學只一箇功夫 知行不可分作兩事. (『傳習錄』上 서애발).

250여 년 정도 지속되고 있던 상황이었다. 특히 양명이 지행합일설을 주장한 시기는 봉건 통치가 극도로 부패하고 정주(程朱) 理學이 점점 생명력을 잃어 가던 명대 중기 상황에서 나타났다는 시대적 의의를 갖는다(염호택, 2010: 145). 결국 사상의 장시간 지속성은 사상의 심화라는 긍정적 결과도 도출할 수 있겠지만, 사상 초기의 의도가 퇴색·변질되는 부정적 결과도 초래한다. 이를 극복하기 위한 대안으로서 양명(『傳習錄』 中 答顧東橋書)은 앎과 행위의 공부는 본래 떨어질 수 없는 관계라고 주장하기에 이른다.

주자의 경우 지행의 문제를 주제로 삼은 근거는 어디에 있는가. 이는 유가의 근원인 공자로 거슬러 올라간다. 공자는 배움을 중요시하였기에 『논어』의 첫 출발은 「학이(學而)」로 시작한다. 심지어 앎을 위해서는 목숨을 담보할 수도 있는 태도를 지녔다. 그래서 "아침에 道를 들으면 저녁에 죽는다 해도 괜찮다."[45]고 말하였다. 아울러 공자는 실천[行]도 중시하였다. "공손하기만 하고 禮가 없으면 수고롭고, 삼가기만 하고 禮가 없으면 두렵고, 용맹하기만 하고 禮가 없으면 난을 일으키고, 강직하기만 하고 禮가 없으면 너무 급하다."[46]고 하면서 禮를 강조하였다. 또한 "군자가 문(文)에 널리 배우고 禮로써 요약한다면 또한 道에 어긋나지 않을 것이다."[47]고 하여 知와 行을 함께 중요시하

45) 朝聞道夕死可矣. (『論語』「里仁」 8). 여기서 '道'가 의미하는 바가 무엇인지는 학자들 간 이견이 존재한다. 주자의 경우는 "사물의 당연한 이치[事物當然之理]"로 간주한다. 다산(茶山)의 경우도 "『중용』의 天命之謂性 率性之謂道"를 근거로 삼아 "공자께서 세상 사람들이 道에 뜻을 두지 않은 것을 근심하여 이렇게 말씀하신 것이다."(孔子愍世人不以爲意言之如此)고 하여 道를 천도의 의미로 보았고(『與猶堂全書』「論語古今註」 卷2 里仁), 퇴계(退溪)는 "모두 진실한 이치라고 하여 道를 가리켜 총괄적으로 말한 것이다."(『退溪全書』「論語釋義」)고 하여 궁리(窮理)의 대상으로서의 도(道)를 말하였다.

46) 恭而無禮則勞 愼而無禮則葸,勇而無禮則亂,直而無禮則絞. (『論語』「泰伯」 2).

47) 君子博學於文,約之以禮,亦可以弗畔矣夫. (『論語』「雍也」 25).

였다. 知行의 '합일'은 유가 철학자들이 공통적으로 추구하는 이상이다. 그러나 知와 行의 관계, 知를 추구하는 방법 그리고 '知'와 '行'의 결합에 대해서는 주자와 양명이 서로 다르다(황갑연, 2015: 38-39). 지행 문제의 주제 설정은 주자도 예외는 아니다. 주자 또한 공맹사상을 계승한 학자이며, 이를 더욱 더 체계화하고 발전시킨 공로자이다. 주자의 지행관은 선지후행이다. 앞서 언급하였듯이, 후행(後行)을 이루기 위해서는 먼저 선지(先知)의 전제가 필수적이다. 결국 지행 관계, 추구 방법, 결합에 대해서 주자와 양명은 서로 이견을 보일지라도 항상 지행이 함께 한다는 측면에서 공통적이다.

(2) 지경행중(知輕行重)

주자[48]에 의하면, 知와 行의 관계에서 어느 한쪽에 치우친 공부를 경계하였지만 시간적 측면에서는 知가 먼저이고 行이 나중이며, 중요성을 논하면 힘써 행하는 것을 중시해야 한다. 사사물물(事事物物)의 이치를 파악한다는 점에서는 앎이 먼저 선행되어야 하며, 그 앎이 달성되면 앎으로서 만족할 것이 아니라 곧바로 깨달은 이치를 천지자연 속에 투영해야만 한다. 이것이 참된 앎의 완성이다. 따라서 주자는 "알기는 했지만 미처 행하지 못했다면 앎이 아직 얕은 것이다. 알고 있는 것을 몸소 체험해 보고 나면 앎이 더욱 밝아져 예전의 의미와는 다르다."[49]고 말하면서 앎의 완성은 실천이며, 이러한 과정은 일회성이 아니라 반복적 시연을 통하여 앎은 더 나은 앎으로 성장하고 실천

48) 致知・力行, 用功不可偏. 偏過一邊, 則一邊受病. 如程子云: "涵養須用敬, 進學則在致知." 分明自作兩脚說, 但只要分先後輕重. 論先後, 當以致知爲先; 論輕重, 當以力行爲重. (「論知行」, 정단몽).

49) 方其知之而行未及之, 則知尙淺. 旣親歷其域, 則知之益明, 非前日之意味. (「論知行」, 이문자).

도 더 좋은 방향으로 전진하는 것이다.

양명의 경우, "참된 앎은 곧 행위 하는 까닭이니 행위 하지 않으면 앎이라고 하기에는 부족하다."[50]고 한다. 양명에 있어서도 주자와 마찬가지로 앎의 완성은 행위로 판별된다. 양명은 '양지(良知)' 관념을 통해 도덕행위 자체는 이미 본심 속에 완비되었기 때문에 자연스럽게 실행이 따를 수밖에 없다는 것이며, 실행하지 못했으면 앎 자체도 결국 부질없는 것이 되고 만다(염호택, 2010: 144). 주자도 "敬을 지키지 않고 도리를 보면 곧 다 흩어져 버려서 이 안에 모이지 않는다."[51]고 말한다. 양자 모두 앎의 측면도 배제하지 않지만, 경중(輕重)의 측면에서는 실천을 우위에 놓고 있음을 알 수 있다. 이런 상황은 조선의 성리학자들의 경우 존리천기(尊理賤氣)와 일맥상통한다. 조선 성리학의 사상적 논변 중 하나인 사단칠정논변의 경우 퇴계(退溪)는 理發을 주장하고, 고봉(高峰)의 경우는 氣發을 주장한다. 하지만 양자 모두 성리학자로서 理氣에 있어서는 존리천기(尊理賤氣)를 기본토대로 인정한 상태에서 출발한다. 주자와 양명도 다를 바 없다. 유학자라면 당연히 격물치지(格物致知)로 출발하여 치국평천하(治國平天下)의 도달점을 목표로 삼을 수밖에 없다. 단지 그 경로에 있어서 다른 길을 선택할 뿐이다.

(3) 인륜지향(人倫志向)

주자는 "도리를 강론하여 분명하게 안다면, 자연히 어버이를 섬기는 데 효도하지 않을 수 없고, 어른을 섬기는 데 공손하지 않을 수 없

50) 眞知卽所以爲行 不行不足謂之知. (『傳習錄』中 답고동교서).

51) 學者若不窮理, 又見不得道理. 然去窮理, 不持敬, 又不得. 不持敬, 看道理便都散, 不聚在這裏. (「論知行」, 진순).

으며, 벗과 사귀는 데 미덥게 하지 않을 수 없을 것이다."[52]고 하였다. 궁리(窮理)를 제대로 하여 실천으로 옮겨진다면 그것은 바로 孝, 悌, 信을 실천한다는 것이다. 孝·悌·信은 오륜에 속하므로 실천의 궁극적 내용은 오륜을 기본적으로 행하는 것이다. "천리(天理)와 물리(物理)는 모두 인간이 깨닫는 것이며, 그것은 인간의 도리[人倫]와 다르지 않다. 따라서 수많은 도리는 모두 사람의 몸에 원래 있는 것이며, 어찌 마냥 어리석기만 하겠는가."[53] 인간은 천명을 내재한 性을 지닌 존재다. 性을 지녔다 함은 궁리와 실천의 가능성을 품부(稟賦)받았다는 의미이며, 이 가능성을 완성해 가는 과정이 인간다움의 과정이다. 善은 행할 만한 것이고 惡은 제거해야 함을 누구나 알 수 있다. 천리와 물리의 선악도 결국 인간을 그 중심에 놓고 있는 것이다.

양명은 "이 순수한 천리의 마음을 부모를 섬기는 데 드러낸 것이 바로 효도이고, 임금을 섬기는 데 드러낸 것이 바로 충성이며, 벗과 사귀고 백성을 다스리는 데 드러낸 것이 바로 믿음과 어짊이다."[54]고 하였다. 양명에 있어 천리는 본심(本心)이며, 심체(心體)이며, 양지(良知)다. 양지는 환경이나 교육의 도움을 받지 않고 자연스럽게 드러나는 것이다. 앞서 언급하였듯이, 양지는 시비선악을 판단하는 도덕 원칙의 근거가 되는 것이다. 영명(靈明)·영각(靈覺)인 양지는 마음 내부의 다양한 상황을 파악할 뿐만 아니라 마음 밖에 존재하는 사물과 감응하여 그 사물의 이치를 파악한다. 양지가 파악하는 물리(物理)는 주자의 물리(物理)와 일정 부분 겹친다고 할 수 있다. 양명에 있어 물리는

52) 講得道理明時, 自是事親不得不孝, 事兄不得不弟, 交朋友不得不信. (「論知行」, 황간).

53) 許多道理, 皆是人身自有底. 雖說道昏, 然又那會頑然恁地暗! 地都知是善好做, 惡不好做. 只是見得不完全, 見得不的確. 所以說窮理, 便只要理會這些子. (「論知行」, 섭하손).

54) 此純乎天理之心 發之事父便是孝 發之事君便是忠 發之交友治民便是信與仁. (『傳習錄』 上 서애록).

일정 부분 마음에 내재한 것이며, 또 한편으로는 마음 밖에 있는 외재적인 것이기도 하다. 내재적이든 외재적이든 그것은 인륜을 벗어날 수는 없다. 따라서 양명의 치양지(致良知)도 인간성 완성에 다름 아니다.

5. 주자와 양명 지행관의 차이점

주자와 양명의 지행관은 교차점이 존재하기도 한다. 하지만 양자 사이에는 상이점도 존재한다. 양명은 주자의 선지후행설의 폐단을 극복하고자 지행합일설을 주창하였다. 사상적 학문의 질적 우수성을 차치하고, 시간적 측면에서 본다면 주자는 양명의 선학이며 양명은 주자의 후학이다. 선학은 앞서 배워서 길을 열어주는 것에 그 의미가 깊다고 할 것이며, 후학은 선학의 길을 토대로 새롭게 확장하여 학문을 발전시켜 나가는 데 의미가 있다. 이 과정에서 후학은 선학의 토대를 답습하거나 수정하기도 하고 심지어는 부정하기도 한다. 이러한 과정을 통해서 학문과 사상은 단절을 피하며 지속적인 발전을 담보받는다.

(1) 인식 주체/객체의 문제

지행은 앎과 실천이며, 여기서 앎은 인식이라고 할 수 있다. 김순임(1995: 347)은 양명 지행합일설의 발단을 다음과 같이 설명한다.

> 양명의 지행합일설(知行合一說)은 『대학』의 격물치지(格物致知)에 관하여 주자와는 상이한 해석을 가하면서 제기된다. 주자는 치지격물(致知格物)을 즉물궁리(卽物窮理)하여 치지(致知)한다고 하여 지(知)를 사물에 관한 지식으로 보았다. 반면 양명은 의념(意念)의 발동을 바로 행함으로써 양지(良知)를 발휘하는 것으로 해석하여 물(物)은 객관적 대상물이 아니라 "의념 발동의 사(事)라 보았고 지(知)는 지식이 아니라 양지(良知)라고 이해함으로써 지행합일을 주장

하고 주자학을 비판하기 시작했다."

주자와 양명의 지행에 관한 입장의 차이는 『대학』의 격물치지(格物致知)에 관한 해석을 둘러싸고 발생한 것이다. 구체적으로 살펴보면 다음과 같다. ① 격(格)의 의미에 있어 주자는 '이른다[至]'의 의미로, 양명은 '바로잡다[正]'의 의미로 해석한다. ② 물(物)의 의미에 있어 주자는 '사물의 이치[物理]'의 의미로, 양명은 '마음의 발동인 의지[意]가 있는 곳'의 의미로 해석한다. ③ 치(致)의 의미에 있어 주자는 '극진한 데 이른다, 미루어 넓힌다[推極]'의 의미로, 양명은 '지극한데 이름[至之]'의 의미로 해석한다. ④ 지(知)의 의미에 있어 주자는 '앎, 지식(知識)'의 의미로, 양명은 '천리(天理), 양지(良知), 심체(心體))의 의미로 해석한다. 이를 정리하면 〈표 7-2〉와 같다.

〈표 7-2〉 주자와 양명의 격물치지 의미

	주자		양명	
격(格)	이른다	至	바로잡다	正
물(物)	사물의 이치	物理	의지가 있는 곳	意所在
치(致)	극진한 데 이른다	推極	지극한 데 이른다	至之
지(知)	앎, 지식	知識	양지, 천리, 심체	良知

여기서 중요하게 보아야 할 사항은 '물(物)'과 '지(知)'다. 주자의 경우 이 둘은 확연하게 구분된다. 즉, 물(物)은 인간 외부에 존재하는 현상학적 존재물에 내재한 이치다. 외재적 사물 속에서 천리가 유행함을 궁리하는 것이다. 양명의 경우 이 둘은 인간 내부, 즉 마음[心]에 존재한다. 선험성(先驗性)과 직각성(直覺性)을 지닌 양지와 의지가 있는

곳[意所在]도 양자 모두 마음속에 있다[心在]. 인식의 주체와 객체로 살펴보자면, 주자의 경우 인식 주체와 객체가 확연하게 분리된다. 인간의 마음[心]은 인간 몸의 주재(主宰)로서 허령(虛靈)[55] · 지각(知覺)[56] · 신명(神明)[57]한 존재다(「聖學十圖」 心學圖). 따라서 마음의 신령함은 앎을 갖지 않은 것이 없으므로, 인식능력을 지닌 인식 주체다. 마음의 신령함이 앎을 갖고 있다면, 천하의 사물은 각각 그 이치[物理]를 갖고 있다. 인식주체인 마음은 인식객체인 대상에 나아가서 물리(物理)를 끝까지 궁구하는 것이다. 이것이 바로 주자의 '즉물궁리(卽物窮理)'이며 격물치지다. 양명의 치지는 경험적 지식이 아닌 양지를 실현하는 것이다[致良知]. 그 대상은 객관적 사물이 아닌 마음속의 의념이 인욕에 가리지 않게 바로잡는 것이다. 격물치지란 내 마음의 양지를 사물에 실현하는 것이다. 이는 마음과 이치가 하나가 되는 것이다. 결국 양명에 있어 격물과 치지는 같은 의미를 지닌다. 이 경우 인식 주체와 대상의 분리는 확연히 구분될 수 없다. 모두 마음속에 내재한 양지와 의념일 뿐이다.

(2) 지행분합(知行分合)의 문제[性燈明-心燈明]

주자의 지행관은 선지후행이며, 양명의 지행관은 지행합일이다. 또한 양자의 지행관은 지행이 동거(同居)한다. 하지만 지행의 관계에 있어 여전히 난점으로 남은 것은 '나누어짐'과 '합해짐'이다.

주자의 선지후행에 있어 知와 行은 시간적 간격을 갖고 있다. 궁리를 통한 앎을 완성한다면, 行은 자연히 뒤따라온다고 본다[知必能行].

---

55) 마음은 텅 비어 있으면서도 신령스러운 존재다.

56) 마음은 인식하는 능력을 가진 존재다.

57) 마음은 신령스러우면서 맑은 존재다.

또한 지행의 경중(輕重)에 있어서도 知와 行은 나눠진다. 知는 경(輕)에 해당하고 行은 중(重)에 해당한다. 도덕윤리적인 행위를 한다는 것도 먼저 도덕윤리적 법칙을 제대로 알아야 적절한 행위를 할 수 있다. 行이 중(重)한 것은 知의 최종 도착점이기 때문이며, 行을 달성함으로써 知의 임무는 완수되었다고 할 수 있다. 이는 유학자의 최종 목표인 작성인(作聖人)[58]과도 관계한다. 조선시대 성리학을 체계적으로 종합한 퇴계(退溪)는 知와 行에 관련하여 다음과 같이 말한다.

> 진지(眞知)와 실천은 수레의 두 바퀴와 같아서 하나가 빠져도 안 되며 사람의 두 다리와 같아서 서로 기다려 함께 나아가는 것입니다. … 그러므로 두 가지 공부는 합해서 말하면 서로 시종(始終)이 되고 나누어 말하면 또 각각 시종이 있습니다.[59]

성리학자로서 퇴계(退溪)도 진지(眞知)와 실천은 동거(同居)하는 것이지만, 자세히 말하면 시종(始終)으로 구분된다고 한다. 즉, 시간적 측면인 선후뿐만 아니라 행위적 측면[知得]에서 시종을 구분한다. 마음의 신령함으로 물리를 궁리하는 것에 우선성을 부여한 주자의 관점은 주지주의적(主知主義的)적 입장이다. 이에 주자는 주지주의적 입장에서 객관적 탐구[物理]를 통해서 최후에 가서 완전한 知에 도달하게 된다고 보았기 때문에 그는 知와 行에 변증법적 순차를 두어 선후관

58) 작성인(作聖人)이라 함은 '성인됨'을 의미한다. 흔히 '위성인(爲聖人)'으로 사용되기도 하지만 필자 이인철(2008: 3-4)은 '현실적 인간상으로 능동적인 노력과 가능성, 주체가 되어 홍기(興起)함'을 근거로 '爲' 대신 '作'을 사용하였다. 또한 작성인(作聖人)이 성인(聖人)가 다른 점으로 '도달 가능성을 내재한 과정인, 인연(원인+조건)적 의미, 범인(凡人)들 속에 내재하는 현실적 개념, 성학을 도구로 하는 '성학실천과정인(聖學實踐過程人)'이다. 보다 더 상세한 내용은 이인철의 박사학위 논문을 참조하기 바람.

59) 抑眞知與實踐 如車兩輪 闕一不可 如人兩脚 相待互進 … 合而言之 相爲始終 分而言之 則又各自有始終焉. (『退溪先生文集』卷6「戊辰六條疏」).

계로 파악한 것이다(김순임, 1995: 348). 주자는『대학』의 8조목도 각각의 단계적 순서로서 파악했으며, 그 출발은 격물치지라고 하였다. 따라서 주자에 있어 지행은 '나눠짐[分]'의 측면이 강하다고 할 수 있다.

양명은 지행에 있어 '나눠짐[分]'의 측면보다 '합해짐[合]'의 측면이 강하다. 양명은 마음과 이치를 분리하는 주자의 학문을 다음과 같이 비판한다.

> 회암(晦庵)은 "사람이 학문하는 까닭은 마음과 이치일 뿐이다. 마음은 비록 한 몸을 주재하지만 실은 천하의 이치를 주관한다. 이치는 비록 온갖 일들에 흩어져 있지만 실은 한 사람의 마음에서 벗어나지 않는다."고 하였다. 이 말은 한 번 나누고 한 번 합하는 사이에 이미 배우는 사람들에게 마음과 理가 이분되는 폐단을 열어 놓고 말았다. 이것이 후세에 "오로지 본심만을 구하다가 마침내 사물의 이치를 빠뜨린다."는 근심이 생긴 까닭이다. 이것은 바로 마음이 곧 理라는 것을 알지 못한 데서 연유한 것이다. 무릇 마음을 벗어나 사물의 이치를 구하기 때문에 사리에 어두워 통하지 않는 곳이 있게 된다.[60]

주자는 맹자의 성선설을 바탕으로 삼고,『중용』의 수장(首章)인 "하늘이 명(命)하신 것을 性이라 이른다."[61]는 것을 근거로 인간의 본성은 하늘이 우리에게 부여한 理라고 하였다. 또한 "사람들이 자기 몸에 性이 있음은 알고 있으나 그것의 근원이 하늘임을 모르고, 일에 도가 있음을 알고 있으나 性에서 말미암음을 알지 못한다."[62]고 주석을 달았다. 양명은 이러한 주자의 마음과 이치[理]를 이분화하는 태도는

60) 晦菴謂人之所以爲學者與理而已 心雖主乎一身 而實管乎天下之理 理雖散在萬事 而實不外乎一人之心 是其一分一合之間 而未免已啓學者心理爲二之弊 此後世所以有專求本心 遂遺物理之患 正由不知心卽理耳 夫外心以求物理 是以有闇而不達之處.(『傳習錄』中 답고동교서).

61) 天命之謂性.

62) 蓋人知己之有性 而不知其出於天 知事之有道 而不知其由於性.

배우는 사람들에게 心과 理의 이분법적 사고라는 폐단을 만들었으며 '마음이 곧 이치[心卽理]'임을 모르고 마음 밖에서 물리를 구하기에 사리에 어둡다고 한다. 여기서 양명은 진일보하여 양지를 실현하여 물을 바로잡는 지행합일을 근본이 있는 학문이고, 물리의 궁리에 몰두하는 주자학자들의 학문은 근본이 없는 학문이다."[63]라고 신랄하게 비판을 가한다. 최재목은 양자의 지행관(知行觀)에 대해 "주자의 '선지후행설=지행이분설'을 '주지주의'라고 한다면, 양명(陽明)의 '지행합일설'은 '정의주의(情意主義)'에 해당한다. 知와 行은 합리적으로 분리하여 탐구 · 파악될 것이 아니라 인간의 주체적인 감정이나 태도, 즉 정의(情意)의 표현으로서 한 덩어리(일체 · 합일)되고 있다고 보는 것이다."(2003: 132)라고 말한다. 결국 양자 간에는 지행이 핵심적인 주제임은 공통점이지만, 양자 간의 격물치지에서 이해하는 해석과 관점의 차이로 '나뉨[分]'-'합함[合]'의 성향을 극명하게 보인 것이다. 전자는 '성즉리(性卽理)'를 등불로 삼아 학문을 밝히고[性燈明], 후자는 '심즉리(心卽理)'를 등불로 삼아서 학문을 밝히면서[心燈明] 각자의 방향으로 갈 길을 걸어간 것이다.

Ⅲ. 지행관(知行觀)의 교육적 함의

1. 기질(氣質)적 측면

천지 사이 모든 존재는 천지의 기운을 갖고 있다. 특히 인간과 만물

63) 吾教人致良知在格物上用功 却是有根本的學問 日長進一日 愈久愈覺精明 世儒教人事事物物上去尋討 却是無根本的學問. (『傳習錄』下 황수이록).

이 태어남에 있어서, 타고난 性은 모두 천지의 理이고 타고난 형체는 모두 천지의 氣다.[64] 그 본체인 理는 모든 존재가 동일한 근원이나, 氣의 경우에는 음양(陰陽)의 대립을 통한 다양한 변화가 발생한다. 음양의 교차적인 동정(動靜)에 의해서 만물의 형태가 정해지고, 인간과 사물의 차이도 발생한다.

> 인간과 만물이 생겨남에 있어서 음양의 바른 氣를 받은 것이 인간이 되고 음양(陰陽)의 편벽된 氣를 받은 것은 인간 이외의 모든 존재가 된다. … 금수와 초목을 두고 말하면, 금수는 편벽된 기 가운데서는 그래도 바른 기를 타고 났고 초목은 편벽된 氣 가운데서도 편벽된 것을 타고난 것이다.[65]

인간과 그 외 금수와 초목은 氣의 치우침 정도에 의해 구분 가능하다. 氣의 속성은 理처럼 하나로 통하지 않고 서로 다르게 나타난다. 또한 氣에는 편기(偏氣)와 정기(正氣)가 있으며, 음양(陰陽)의 정기를 타고난 것이 사람이며 편기를 타고난 것이 사물이다. 즉, 인간은 氣가 있고 性이 있으며 지혜가 있고 의로움을 다 갖춘 존재다(이인철, 2003: 23). 하지만 인간과 사물 간의 차이만 존재하는 것이 아니다. 현실 속의 인간들 중에서도 다양한 부류의 인간이 존재한다.

> 사람이 태어남에 있어서 하늘에서 氣를 받게 되는데, 하늘의 기는 맑은 기와 탁한 기가 있다. 그리고 땅에서 質을 받게 되는데, 땅의 질에는 수순한 것[粹]과 잡박한 것[駁]이 있다. 이 가운데 맑은 기와 순수한 질을 타고 난 사람은 상지(上智)가 되는데, 상지의 사람은 천리에 대하여 분명하게 알고 또 이를 철저하게 실천하여 하늘과 완전히 합치하는 사람이다. 다음으로 맑은 기를 타고

64)「天命圖說」, 人物之生也其所受之性均是天地之理所稟之形均是天地之氣.

65) 人物之生也 其得陰陽之正氣者爲人 得陰陽之偏氣者爲物 … 就禽獸草木而觀之 則禽獸爲偏中之正 草木爲偏中之偏.「天命圖說」.

> 났으나 질을 잡박하게 타고 났거나 기를 탁하게 타고 났으나 질을 순수하게 타고난 사람은 중인(中人)이 되는데, 중인은 천리에 대하여 앎은 충분하지만 실천이 부족할 수 있거나 앎은 부족하지만 실천을 잘할 수 있어서 천리와 합치하기도 하고 어긋나기도 하는 사람이다. 그리고 탁한 기와 잡박한 질을 타고난 사람은 하우(下愚)가 되는데, 하우는 천리에 대하여 알지도 못하고 실천하지도 못하여 천리에 아주 어그러지는 사람이다.[66)]

인간은 각각의 기질적 측면에 의해서 다양성을 지닌다. 인간이 내재한 氣는 정기(正氣)이지만, 음양의 동정(動靜)에 따라서 천기(天氣)의 청탁(淸濁)과 지질(地質)의 수박(粹駁)이 있다. 따라서 인간의 다양성은 청기(淸氣), 탁기(濁氣), 수질(粹質), 박질(駁質)의 치우침 정도에 의해 발생한다. 이를 도식화하면 [그림 7-1]과 같다.

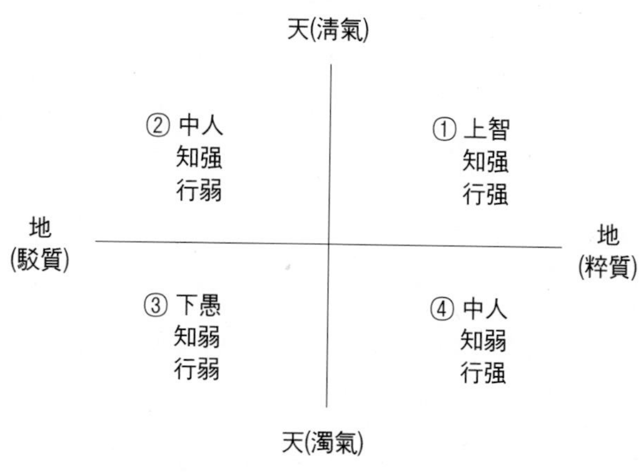

[그림 7-1] 인간의 유형

66) 人之生也 稟氣於天 而天之氣 有淸有濁 稟質於地 而地之質 有粹有駁 故稟得其淸且粹者 爲上智 而上智於天理 知之旣明 行之又盡 自與天合焉 稟得其淸而駁 濁而粹者 爲中人 而中人之於天理 一則知有餘而行不足 一則不足而行有餘 始與天有合有違焉 稟得其濁且駁者 爲下愚 而下愚之於天理 知之旣暗 行之又邪 遠與天違焉.「天命圖說」.

먼저, ① 상지(上智)의 경우는 성인에 해당한다. 천기의 맑은 기운과 지기의 순수한 바탕을 갖추고 있기에 앎의 명확성과 실천의 완전성을 추구하는 인간이다. 이 경우는 주자-양명의 지행관 모두에 해당한다고 할 수 있다. 성인(聖人)에게 있어서 지행 선후(先後)나 상호성이 크게 문제되지 않는다. ③ 하우(下愚)의 경우는 근기(根器)가 매우 약한 사람의 경우다. 천기의 탁한 기운과 지기의 혼탁한 바탕을 갖추고 있기에 앎과 실천 모두 극단적으로 치우친 상태다. 앎과 실천이 불가능한 상태로서, 주자-양명의 지행관이 가장 소극적으로 가능한 형태다. 대다수의 사람들은 중인(中人)의 상태라고 할 수 있다. ② 중인(中人)의 경우는 천기의 맑은 기운은 내재하고 있으나, 지기는 탁한 바탕을 갖고 있다. 천리에 대해서 분명한 앎은 갖고 있으나, 현실 속에서 행위의 실천에는 다소 부족함이 존재한다. 이미 맑은 기운을 구비하고 있으니, 그 방향성은 외부로 향할 것이다. 따라서 이 경우는 주자의 지행관에 해당한다고 할 수 있다. 외부의 물리 체득을 통해서 앎의 완성을 추구하고자 할 것이다. ④ 중인(中人)의 경우는 천기의 탁한 기운과 지기의 순수한 바탕을 갖추고 있다. 천리에 대한 앎은 다소 부족하지만, 현실 속에서 행위 실천에는 적극적인 사람이다. 천기가 탁한 관계로 그 방향성은 향외(向外)가 아닌 향내(向內)일 것이며, 탐구의 대상도 물리 체득이 아닌 천명을 품부받은 마음 본성일 것이다. 따라서 이 경우는 양명의 지행관에 해당한다고 할 수 있다. 내 마음의 의지처인 양지(良知), 천리(天理), 심체(心體)를 확고하게 바로잡는 것이 급선무이기 때문이다. 현실의 대다수 인간은 중인(中人) ②와 ④의 경우가 허다하다. ①~④의 유형은 고정불변이 아니다. 고정불변이라고 가정한다면 인간에게는 배움도 자유의지도 무용한 것이 된다. 그 결과 인간은 자신의 사고와 행위에 대해 어떠한 책무도 없게 된다. 인간은 매순간 끊임없이 변화를 겪고 있으며, 자신의 후천적인 노력에 따라서 유형은 항시 가변적이다. 그렇기 때문에 수양과 교육이 필수적이며, 주자-양명의 지행관이 요청된다.

2. 상황(狀況)적 측면

인간은 일상생활을 영위함에 있어 매순간 상황적 갈등과 선택을 한다. 상황적 갈등과 선택을 함에 있어 가장 우선시하는 기준과 근거는 무엇인가. 얼핏 생각하면 다양한 부류의 사람만큼이나 다양하다고 말할 수 있다. 하지만 그 다양함을 단순화한다면 아주 간단할지도 모른다. 유학의 가르침이 이에 대한 대안을 제시한다.

> 맹자께서 양혜왕을 만나 보셨는데, 왕이 말하였다. "노인께서는 천리를 멀다 여기지 않고 오셨으니, 또한 장차 내 나라에 利를 주심이 있습니까?" 맹자 대답해 말하기를 "왕께서는 하필 利를 말씀하십니까? 오직 仁義가 있을 따름입니다."[67]

여기서 양혜왕은 利의 도모를 꾀하고자 하는 반면 맹자는 利를 경계하고 인의(仁義)를 강조한다. 각자가 자신의 처지와 입장에서 利를 도모한다면 위태로움만 초래할 뿐이다. 특히 서로가 추구하는 바가 희소하거나 동일하다면 그 위태로움은 극에 달할 것이다. 따라서 인간의 무한한 욕망 추구에 대한 적절한 안전 장치가 필요하며, 맹자는 그것을 인의라고 보았다. 이는 현시대에 적용한다고 해도 큰 무리가

67) 孟子見梁惠王 王曰叟不遠千里而來 亦將有以利吾國乎 孟子對曰 王何必曰利 亦有仁義而已矣. (『孟子』「梁惠王」).

없을 듯하다. 현대사회는 민주주의와 자본주의를 기본 골격으로 한다. 자본주의는 인간의 욕구 충족을 긍정적 가치로 인정하며, 민주주의는 인간의 무한한 욕구 충족에 안전 장치로 기제한다. 따라서 욕구 충족의 측면은 利로, 안전 장치 기제로서는 義를 상정할 수 있다. 인간의 욕구 충족은 의로움과 이익 간의 상호작용이라 할 수 있다. 이를 인간의 유형([그림 7-1] 참조)과 함께 도식화하면 [그림 7-2]와 같다.

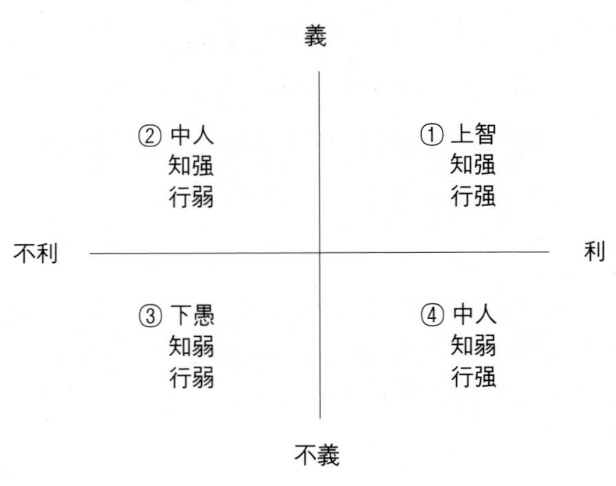

[그림 7-2] 선택적 상황

먼저, ①의 경우는 가장 최적의 상황이다. 행위의 명분인 의로움과 자신의 욕구 충족인 이익을 모두 갖춘 상황이다. 여기에 처한 인간은 앎도 충실히 할 것이고, 행위도 충실히 할 것이다. 사회적인 부와 명예뿐만 아니라 내재적 만족도도 매우 높을 것이다. 이런 상황에 처한 인간은 일순간의 망설임도 없이 지행을 완성시킬 것이 자명하다. ③의 경우는 최악의 상황이다. 하지만 선택을 위한 갈등은 존재하지 않는다. 비록 상황은 나쁠지라도 앎과 행위의 결과를 분명하게 알 수 있기 때문이다. 따라서 이런 상황이라면 행위로 진행되지 않을 것이다. 결국 상황 ①과 상황 ③의 경우는 知와 行이 일치한다. 이는 양명의 지행관에 해당한다고 할 수 있다. 즉, 자신에게 완전히 옳고 유리한 상황과 완전히 그르고 불리한 상황에서의 지행은 늘 함께 같이 나아가게 된다. 상황 ②와 ③의 경우는 우리 일상생활 속에서 흔히 겪는 상황이며, 여기서 우리 인간은 갈등과 선택에 많은 노력을 해야만 한다. ②의 경우는 의롭기는 하나 나에게 손해를 끼치는 상황이다. 만약 이익 추구를 강조하는 서구적 인간관이라면 당연히 행위가 약할 것이다. 하지만 유학(儒學)은 수기치인(修己治人)을 목표로 배움을 추구하기에 행위가 강하다고 할 수 있다. 따라서 나에게 불리할지라도 그것이 의로운 것[義]이라면 당연히 행동으로 나아가야 한다. 왜냐하면 義란 마음의 제재이며 일의 마땅함이기 때문이다.[68] ④의 경우는 이익을 추구할 수는 있으나 의롭지 않은 상황이다. 어찌 보면 현대인에게서 가장 내적 갈등이 심한 상황이라고 할 수 있다. 사익(私益)을 위해서 공익(公益)을 희생하는 경우다. 이런 상황에서 이익 추구를 우선시한다면 분명 소인(小人) 취급을 받는다. 비록 군자나 성인의 단계로 나아가기는 어렵더라도 소인의 단계로 추락하지는 말아야 한다. 이런 상황에서는 철저한 거경궁리(居敬窮理) 공부가 필수적이다. 결국 상황 ②와 상황 ④는 선지후행(先知後行)을 위주로 하는 공부를 하여야 할 것이다. 이는 주자의 지행관에 해당한다. 인간이 마주하는 매 상황에서 이익과 관계함에 있어서는 늘 그것이 義에 합당한가 부당한가를 살펴야 할 것이다. 義에 합당한가 부당한가는 행위의 문제이기 이전에 앎의 문제다. 또한 이익에 관계함에 있어서는 인식주체와 객체가 분리되어

68) 『孟子』「梁惠王」. 義者心之制事之宜也.

야 義를 추구할 수 있다. 따라서 ②와 ④는 주자의 지행관에 더욱 근접하다고 할 수 있다.

3. 교육(教育)적 측면

(1) '깨어 있음'의 교육

인간은 心과 身을 지닌 존재다. 心은 性과 情의 합(合)으로 구성된다. 하늘이 인간에게 부여한 인간의 본성은 순선(純善)하다. 그 속에는 만물을 포용할 수 있는 역량도 내재해 있다. 이것은 인간 누구에게나 있는 속성이다. 하지만 현실에 존재하는 인간은 모두가 선한 존재인 것만은 아니다. 본성을 그대로 발현하는 순선한 인간도 존재하고, 상황에 따른 선악의 표현이 교차하는 인간도 존재한다. 이는 인간이 육체를 지닌 존재로서 감정도 지니고 있기 때문에 인간의 다양성이 존재한다. 인간의 情은 선악을 동시에 내재하고 있다. 감정은 자발적이라기보다 외부 사물에 응하여 감발(感發)한다. 처한 상황에 따른 적절한 감정의 움직임은 인간생활에 아주 유용하다. 하지만 인간은 늘 상황에 따른 적절한 대응만을 하는 것은 아니다. 상황에 부적합한 행동을 하는 경우도 있으며, 자신의 마음과는 전혀 다르게 행동하는 경우도 존재한다. 인간이 상황에 알맞은 행동을 할 수 있도록 교정을 함에 있어 교육은 필수적이다. 순선(純善)의 속성을 지닌 인간본성은 교육의 대상이 될 수 없다. 그 자체가 순선한데 굳이 무엇을 추가적으로 교정하거나 가르칠 수 있는가. 따라서 교육의 대상은 性이 아니라 情의 영역이다. 情을 제대로 감발시키기 위해서 본원 공부가 필요하다. 성리학에서 말하는 본원은 크게 두 가지 뜻이 있다. 하나는 모든 사물의 근원이 되는 천리(天理)이고 다른 하나는 그 천리(天理)를 간직하고 있는 인간의 착한 본성, 도덕성이다(장기근, 2003: 45). 인간은 성정(性情)을 그 근원인 천리와 합일시키기 위해 부단한 노력을 기울여야 한다. 천리와 성정의 합일됨의 출발이 바로 격물이다. 물론 주자와 양명 양자 간에는 격물의 의미가 상이함을 이미 살펴보았다. 양명은 제자인 서애(徐愛)의 "사람들은 부모에게 마땅히 효도해야 함을 알고 형에게 마땅히 공경해야 함을 아는 자가 있으되, 도리어 효도하지 못하고 공경하는 못하는 자가 있으니, 이는 知와 行이 분명 둘인 것입니다." 라는 물음에 간략하게 "이는 이미 사사로운 뜻에 막히고 단절되었기 때문이고, 知行의 본체는 아니다."라고 답한다.[69] 즉, 지행을 상이한 것으로 보는 근본적인 원인은 사욕(私欲)에 막혀 있기 때문이다. 따라서 지행의 본체를 제대로 알고자 한다면 사욕을 제거하여 천리를 보존함을 추구해야만 한다[去人欲 尊天理]. 주자의 공부법도 이와 다르지 않다. 따라서 천리를 보존하고 사욕을 제거하며, 인간 감정의 적절한 감발은 인간정신의 '항상 깨어 있음'의 상태가 요구된다. '깨어 있음'은 외부 사물이 우리의 마음과 접촉하였을 때, 감정의 움직임[感發]이 항상 상황에 적절한 대처와 행위를 할 수 있도록 성정이 제자리에 있음을 의미한다. 교육은 단순히 이전의 학자들이 제시한 지식을 학생들에게 전달하여 저장시키는 행위가 아니다. 특히 21세기 정보통신기술 사회에서는 독립된 정보는 무용하다. 다양한 독립된 정보를 어떻게 연결지어 활용하느냐가 더욱 중요하다. 따라서 객관적으로 제공된 지식을 주관적 관점에서 능동적으로 활용할 수 있는 능력이 필요하다. 인간의 주체적 사고는 '깨어 있음'의 상태에 다름 아니며, 따라서 교육행위도 '깨어 있음'을 간과해서는 안 된다.

---

69) 愛曰 如今人儘有知得父當孝 兄當弟者 却不能孝 不能弟 便是知與行分明是兩件 先生曰 此已被私欲隔斷 不是知行的本體了. (『傳習錄』上 서애록).

(2) '앎 경계 확장'의 교육

주자와 양명의 지행관은 그 출발선상에서는 상이하다. 격물치지(格物致知)의 경우에서도 주자는 외부의 사사물물(事事物物)에 내재하는 물리(物理)를 궁구함을 지향하여 앎의 완성을 추구한다. 반면, 양명은 의지가 있는 곳을 바로 잡아서 양지(良知)를 실현하는 것을 추구한다. 그 결과 心과 理가 합하여 하나됨을 얻는다. 주자의 앎의 대상은 사사물물의 물리이며, 이는 천지자연의 이치에 다름 아니다. 앎의 영역을 천리와 지리(地理)로 확장하여 앎을 완성함을 의미한다. 천리는 천도(天道)이며, 이는 자연의 이치나 질서를 의미한다. 때에 따라 나타나는 순환적 자연 현상을 통하여 그 속에 내재하는 질서를 파악하는 것이다. 지리(地理)는 지도(地道)이며 땅의 이치는 상하 등급을 통한 직분과 역할을 배운다. 천리(天理)와 지리(地理)가 융화되어 인간 세상을 운용하는 형태가 바로 예악이다. 禮는 선왕이 하늘의 道를 받드는 원리이며, 사람의 情을 다스리는 원리다.[70] 예악은 인간의 감정과 행위가 상황에 적절하게 구현된 것이다. 주자와 양명은 앎을 단순히 지식적인 앎으로 그치는 것을 원하지 않는다. 양자가 추구하는 앎의 궁극처는 결국 행위로 드러남이다. 실천으로 드러나는 과정에 있어 양자는 서로 다른 견해를 갖고 있을 뿐이다. 협의의 측면에서 앎은 단순한 지식을 의미한다. 이는 예악과 도덕의 판단기준으로서 작용하는 앎이다. 광의의 측면에서 앎은 협의를 뛰어넘어 행위의 완성으로 귀결되는 것을 포함한다. 『대학』에도 명시했듯이 "明明德, 新民, 止於至善"과 "格物, 致知, 誠意, 正心, 修身, 齊家, 治國, 平天下"의 과정도 앎으로 출발하여 행위의 실천으로 종결됨을 알 수 있다. 이를 통해서 앎은

70) 夫禮先王以承天之道以治人之情. (『禮記』「禮運」).

단순히 앎으로 그치는 것이 아니라, 참된 앎은 행위의 종결까지 담보할 수 있을 때라야 참된 앎이라 할 수 있다. 특히 도덕 윤리적 측면에서는 더더욱 확고하다 할 수 있다. 따라서 기존의 교육에서 의미하는 소극적 앎이 아니라, 앎의 경계를 더욱더 확장하여 적극적 앎의 확충, 즉 앎과 실천 행위가 어울려서 나아가는 교육이 되어야 한다. 지행관은 그 용어에서 이미 알 수 있듯이 知와 行을 동일선상에서 살펴보는 것이다.

IV. 맺는 말

인간 삶에 있어서 지행 문제는 현재까지도 진행형이다. 현시대가 이전 시대보다 지행 문제에 있어 관심은 감소하였을지 모르나 요청 근거나 당위성은 더 강하다고 할 수 있다. 이전 시대에 비해서 사회와 문화가 훨씬 더 복잡해졌다. 정보통신 기술의 급격한 발전으로 인해 사회 속에 존재하는 인간의 생활패턴도 덩달아 빠르게 변화된다. 앎과 경험도 예외일 수 없다. 정보통신 기술의 가속화는 知의 측면에서는 폭발적인 양적 팽창을 이끌었고, 行의 측면에서는 소극성으로 몰아갔다. 이제 실천[行]이라는 개념보다는 경험이라는 용어가 더 친근하게 우리에게 다가온다. 한병철은 “경험의 주체는 결코 자기 자신과 동일한 상태로 머무르지 않는다. 그의 거처는 지나간 것과 앞으로 올 것 사이에 있다.”(2014: 26)고 말한다. 현대인 대다수는 환경의 가속화에 인간이 주체적이고 능동적으로 행동하는 것에 힘겨움을 느끼고 있다. 타인과의 경쟁 속에서 타인보다 더 많은 것을 소유하고 누리기 위해서 앎[知]을 무자비하게 폭식하고 있다. 하지만 그에 걸맞은 실천

[行]은 위법(違法)하지 않을 최소한의 수준 정도로 한다. 필자가 여기서 과거 회귀 지향을 주장하는 것은 아니다. 앎과 행위 사이의 적절한 균형과 조화를 추구하자는 얘기다.

지금까지 살펴본 것들을 기반으로 몇 가지 제언을 하고자 한다. 우선, 앎에 대한 진지성을 추구하자. 앎은 단순한 지식이 아니다. 현대사회는 다양한 소스를 통하여 자료를 수집하여 빅-데이터(big-data)를 구축하고 있다. 빅-데이터의 역량은 많은 기능을 담당하고 심지어 인간의 행위 패턴을 예측하여 그에 따른 대응 전략까지도 수립할 수 있다고 한다. 이것을 장악한 주체가 누구인가에 따라서 핵폭탄의 위력을 능가하는 폭발력을 드러낼 수도 있다. 따라서 앎의 진지성은 바로 실천을 담보하고, 특히 필연적으로 도덕윤리적 실천으로 향해야 할 것이다. 다음으로, 인간본성에 대한 성선적인 믿음을 견지(堅持)하자. 유가(儒家) 사상은 맹자의 성선설(性善說)을 인간성의 토대로 갖고 있다. 주자와 양명도 다르지 않다. 만약 성악(性惡)적 측면이 존재한다고 하더라도 '격물치지'를 제대로 추구한다면 惡을 제어하기에 충분할 것이며, 이에 더하여 후천적인 배움의 과정을 통해서 善을 더욱 공고히 할 수 있을 것이다. 배움의 내용은 텍스트 내에서만 존재하는 죽은 것이 아니라, 텍스트 외에서 활동하는 살아있는 것이라야만 한다. 최근 반인륜적이고 끔찍한 사건사고들이 대중매체를 통해서 보도되고 있다. 부모가 미성숙한 아동을 학대·살해하거나, 자식이 부모를 학대하는 경우가 자주 등장한다. 이런 행동은 짐승보다 못한 행동들이다. 모든 인간은 천리인 性을 내재하고 있다. 이 본성이 잘 유지되고 발현될 수 있도록 외현에 이끌린 우리의 감각적 문화를 향내적(向內的)으로 전환시켜야 한다. 그래서 하늘이 부여한 性의 순선(純善)함을 믿으며, 시시때때로 사색과 성찰을 통하여 인욕과 사욕의 적치(積

置)됨을 제거하여야 한다. 끝으로, 학이종신(學而終身)을 실천하자. 주자와 양명은 생을 마감하는 순간까지도 배움에 대한 탐구의 끈을 놓지 않았다. 특히 양명은 임종 시에도 마음탐구를 통한 밝고 환한 마음을 강조하였다. 이는 제자들에게 경사(經師)가 아닌 인사(人師)였음을 보여 준다. 현시대를 살아가는 우리는 대학을 끝으로 배움을 소홀히 하는 경향이 있다고 한다. 이는 바쁜 사회생활과 업무 스트레스가 원인이기도 하지만, 그보다는 배움에 대한 열의가 대학생 이후 점차 사라져 가고 있기 때문이다.

이 장에서 살펴본 내용들의 한계점도 존재한다. 몇 가지를 제시하면서 본고를 갈음하고자 한다. 첫째, 주자-양명의 시대적 · 사회적 상황을 고려치 않았다. 사상가의 사상은 그가 살았던 당대의 시대적 사회적 상황으로부터 자유로울 수 없다. 사상가의 고민의 출발은 당대 사회의 모순을 토대로 한 것이기 때문이다. 성리학은 도가(道家)와 불가(佛家) 사상의 틈바구니에서 사상적 투쟁을 하면서 성립하였다. 따라서 제(諸) 사상들과의 대립 및 관계를 고려한 연구를 하였다면 보다 나은 질적 완성을 담보할 수 있었을 것이다. 둘째, 두 사상가의 사상 체계를 거시적 관점에서 접근을 시도하지 못했다. 오히려 곧장 텍스트 진입을 시도하다 보니 큰 틀을 제대로 구성하지 못했다는 점을 발견하였다. 1차 자료를 통한 생동감을 추구하고자 한 시도였으나 이 장을 마치는 시점에서 살펴보니 체계상의 한계가 많아 보인다.

참고문헌

『論語集註』

『大學 · 中庸集註』

『孟子集註』

『與猶堂全書』

『禮記』

『王陽明全集』

『朱子語類』

『退溪先生文集』

『退溪全書』

김순임(1995). 王陽明의 知行合一說 연구. 원광대학교불교사상연구원. 정신개벽.

김유혁(1989). 李退溪의 人間像. 청탑서림.

염호택(2010). 王陽明의 知行合一에 관한 연구. 양명학 제26호.

왕양명/정인재, 한정길 역주(2001). 전습록. 청계.

유명종(2002). 왕양명과 양명학. 청계.

이인철(2003). 退溪의『言行錄』을 통해서 본 教師像, 경북대학교 석사학위논문.

이인철(2008). 退溪의 作聖的 人間觀과 그 教育的 含意 -『聖學十圖』를 中心으로-. 경북대학교 박사학위논문.

陳來/전병욱 역(2003). 양명철학. 서울: 예문서원.

장기근(2003). 退溪의 人間像-居敬窮理의 君子像을 중심으로. 한국의 청소년 문화 제4집. 한국청소년문학회.

장성모(1993). 新儒學의 道德教育 理論. 도덕교육연구 5. 한국도덕교육학회.

최재목(2003). 내 마음이 등불이다. 서울: 이학사.

한국사상연구회(2003). 조선유학의【개념】들. 서울: 예문서원.

한병철(2014). 시간의 향기. 서울: 문학과지성사.

황갑연(2015). 양명의 주자철학 비판의 適否에 관한 고찰. 범한철학 79집. 범한철학회.

제8장 성리학의 교육이론

이상익 (부산교육대학교)

Ⅰ. 들어가는 말

Ⅱ. 성리학의 인간관과 가치관

1. 인간의 본래성과 두 제약
2. 종심소욕불유구(從心所欲不踰矩)와 바람직한 삶의 길

Ⅲ. 성리학의 교육이론

1. 교육의 목표: 心과 理의 합일
2. 교육의 과제: 치심(治心)과 궁리(窮理)

Ⅳ. 맺는 말

Ⅰ. 들어가는 말

‘교육’이란 특정한 목표를 지니고 피교육자를 지도하여 특정한 인간형을 창출하는 것이다.[1] 교육은 동서고금 모든 문명사회에서 실행되어 왔다. 개인적 차원에서 보자면, 개인은 교육을 통해 자신에 대한 통제력, 즉 자율능력을 기르고, 사회 규범을 습득함으로써 사회의 일원으로 성장하며, 기존 지식의 습득과 자기 재능의 계발을 통하여 자아를 실현하고, 그것을 통해 생존을 도모하는 것이다. 사회적 차원에서 보자면, 사회는 교육을 통해서 그 사회의 가치관을 사회의 구성원에게 내면화시키기도 하고, 또 교육된 구성원의 창조적 노력에 의해 사회가 다른 모습으로 변화하기도 한다.

이 장에서는 ‘성리학(性理學)의 교육이론’에 대해 그 대강(大綱)을 제시해 보고자 한다. ‘성리학의 교육이론’에 대해서는 그동안 많은 학자들의 논의가 있었고, 그리하여 일정한 성과를 이룩한 것이 사실이다. 특히 이홍우의 『性理學의 교육이론(부록: 산찬 성리학)』 및 그 문하(門下) 성경재(誠敬齋) 회원들의 연구성과는 두드러진 것이라 하겠다. 그러나 논자는 그들과 소견(所見)을 달리하는 점이 많다.

몇 가지 예를 들자면, 첫째는 인간의 본성이 ‘후천적(後天的)인 것’인가 하는 점이다. 이홍우는 유교에서 말하는 인간의 본성은 사회의 관례(慣例)나 교육(教育)을 통해 형성된 것이요, 이러한 맥락에서 ‘인간의 본성’은 ‘인간이 태어날 때 이미 갖추고 있는 성질’을 뜻하는 것이

1) 이홍우는 교육이란 근본적으로 ‘마음을 형성하고 가다듬는 일, 즉 심성(心性)을 함양하는 일’이라고 설명한 바 있다(李烘雨, 『성리학의 교육이론(부록: 산찬 성리학)』, 〈머리말〉 x쪽). 필자가 말하는 ‘특정한 인간형의 창출’ 역시 ‘심성을 함양하는 일’을 핵심으로 삼는다.

아니라 '인간이 본래 갖추어야 할 성질'을 뜻한다고 주장한다.[2] 그러나 필자는 유교에서 말하는 '인간의 본성'은 선천적인 것이요, 또 유교에서는 이 본성을 실현하는 것을 교육의 목표로 삼았다고 본다.[3]

둘째는 '喜怒哀樂之未發'의 '中'이 '천하가 따라야 할 궁극적 표준'인가 하는 점이다. 『중용』에서는 '中也者 天下之大本'이라 했는데, 이홍우는 '天下之大本'을 '천하가 따라야 할 궁극적 표준'으로 풀이한 것이다.[4] 이홍우는 "中은 性과 완전히 동일하다."[5]는 관점에서 '中'을 '표준'으로 해석하는 것 같다. 그러나 필자는 '中'은 '不偏不倚 無過不及'으로서, 장차 중절(中節)하게 발할 수 있는 '밑바탕'이라는 뜻으로 본다.[6]

셋째는 사단(四端)은 '미발(未發)'인가 하는 점이다. 주자는 사단을 '이발(已發)의 감정'으로 간주했는데, 이에 대해 이홍우는 "四端이 情이라는 주희의 말은 四端의 개념에 비추어 도저히 받아들여질 수 없다. … 四端은 그것으로 예시되는 '표현되기 이전의 표준', 즉 '未發의 표준'을 가리킨다고 보아야 한다."고 주장한다. 주자가 사단을 '이발

---

2) 李烘雨,「人間本性論」,『교육의 동양적 전통』1, 50-53, 67쪽.

3) 이홍우는『中庸章句』제1장과 그에 관한 程明道의 所論 등을 자신의 논거로 제시하나, 이 典據들에 대한 이홍우의 해석은 여러 모로 납득할 수 없다. 보다 근원적으로, 필자는 이홍우에게 '인간의 본성이 慣例나 教育의 소산이라면, 어찌하여 그러한 慣例나 教育이 성립하게 되었나?'를 숙고해 볼 것을 권한다. 필자는 '인간의 본성이 본래 그렇기 때문에 그런 慣例가 성립한 것이요, 그 慣例에 따라 教育이 이루어지는 것'이라고 본다.

4) 李烘雨,『성리학의 교육이론(부록: 산찬 성리학)』, 19쪽.

5) 李烘雨,『성리학의 교육이론(부록: 산찬 성리학)』, 21쪽.

6) 程子는 '中은 性의 體段을 설명한 것'일 뿐이니, '中이 곧 性은 아니다'라고 말한 바 있다. 같은 맥락에서 朱子도 '未發의 中'은 "이미 '心體가 流行하는 곳'에 나아가 살핀 것이니, 그러므로 곧바로 '性'이라 말하면 잘못"이라고 설명한 바 있다.(『朱子大全』卷67 頁13, 〈未發已發說〉: 中卽性也 此語極未安 中也者 所以狀性之體段 如天圓地方 … 爲喜怒哀樂之未發當此之時 卽是心體流行 寂然不動之處 而天命之性體段具焉 以其無過不及不偏不倚 故謂之中 然已是就心體流行處見 故直謂之性則不可). 주지하듯이, 〈未發已發說〉은 朱子의 中和新說을 대표하는 핵심 문건이다.

(已發)의 감정'으로 간주한 것은 사덕(四德, 仁義禮智)은 '미발(未發)의 본성'이라는 인식과 짝을 이루는 것이다. 필자는 이홍우의 '四端은 未發의 표준'이라는 주장 자체를 배격할 생각은 없다. 다만 이홍우처럼 주장하면, 그것은 '이홍우의 철학 체계'가 될 수는 있어도 '주자의 철학 체계', 즉 '성리학의 철학 체계'는 될 수는 없다고 본다.

보다 근본적으로, 이른바 '산찬(刪撰)'의 문제다. 이홍우는 이른바 〈산찬 성리학〉을 펴내면서 성리학의 주요 논설들에 대해 자신의 입장에서 산찬하였다. 이홍우는 "'잘라내는' 작업은 성리학을 하나의 '정합된' 사상체계로 정립하는 데에 필요하다."[7]는 관점에서 산찬을 가한 것이다. 그런데 그 결과 그의 말대로 "성리학을 상당한 정도로 깊이 이해하는 사람의 눈에는 朱熹나 그 밖의 성리학자들의 발언 중에서 여기에 산찬된 내용에 어긋나는 것을 쉽게 찾아낼 수 있을 것"[8]이라 한다면, 그것은 더 이상 '정자·주자의 성리학'이 아니라 '이홍우의 성리학'이 되는 것이다. 그리하여 이 장에서는 이홍우와 달리 '정자·주자의 성리학'을 바탕으로 성리학의 교육이론을 다시 구성해 보고자 하는 것이다.

정자·주자의 성리학은 물론 공자·맹자의 유학을 계승한 것이다. 그런데 공·맹의 유학이 형이상학적 체계를 구축하는 것보다는 윤리적·정치적 사안들에 대한 실천적 지침을 제시하는 데 주력한 것과는 달리, 정·주의 성리학은 공·맹의 실천적 지침을 계승하는 데 그치지 않고 공·맹의 유학을 형이상학적 체계로 뒷받침하는 데도 심혈을 기울였다. 이처럼 정·주의 성리학이 '형이상학적 체계'의 구축에 심혈을 기울인 것은 주지하듯이 불교의 영향 때문이다. 송대(宋代)의 유

7) 李烘雨, 『성리학의 교육이론(부록: 산찬 성리학)』, 99쪽.
8) 李烘雨, 『성리학의 교육이론(부록: 산찬 성리학)』, 99쪽.

학자들이 당시 사상계를 주도하던 불교를 극복하기 위해서는 '불교의 형이상학 체계'에 상응하는 '유교의 형이상학적 체계'를 제시할 필요가 있었다. 그 결과 등장한 것이 '이기심성론(理氣心性論)'의 체계이거니와, 이를 보통 '성리학(性理學)'이라고 부르는 것이다.[9)]

성리학은 '성즉리(性卽理)'를 제1명제로 삼는 학문이다. '성즉리'란 '인간의 본성은 곧 천리(天理)'라는 것, 다시 말해 '인간의 본성'은 '자연의 이법(理法)'과 궤를 같이 한다는 뜻이다. 성리학은 '인간의 본성을 실현하며 살자'는 학문이요, 달리 말해 '자연의 이법에 따라 살자'는 학문이다. '성선(性善)'을 설파한 맹자의 가르침에 따라, 성리학에서도 '사람은 누구나 착한 본성을 지니고 태어났다'고 본다. 그런데 많은 사람들이 실제로는 착하게 살지 못하고(않고) 있다. 그렇다면 그 까닭은 무엇인가?

성리학에서는 이를 '마음의 문제'로 설명한다. 사람은 누구나 仁義禮智의 본성을 지니고 태어났지만, 우리의 마음에 이런저런 하자가 있어서 타고난 본성을 제대로 발휘하지 못한다는 것이다. 따라서 '마음을 올바로 다스려서 착한 본성을 제대로 발휘할 수 있도록 하자'는 것이 성리학의 학문적 목표였던바, 이는 그대로 '교육이론'이기도 한 것이다.[10)]

---

9) 性理學의 형이상학적 체계와 그 의미에 대해서는 拙著, 『朱子學의 길』 참조.

10) 여기서 알 수 있듯이, 성리학에서는 '마음[心]'과 '본성[性]'을 엄밀히 구분한다. 성리학에서는 '본성은 形而上者로서 理에 속하고(性卽理), 마음은 形而下者로서 氣에 속한다[心卽氣]'고 설명한다. 이는 여러 함의를 지니는데, 그 요점은 다음과 같다. 첫째, 본성은 모든 사람에게 보편적인 것이나, 마음은 사람마다 다르다. 둘째, 본성은 善하나, 마음에는 善·惡(淸·濁·粹·駁)이 섞여 있다. 셋째, 본성은 불변적인 것이나, 마음은 가변적인 것이다. 넷째, 본성은 스스로 발현할 수 없으나, 마음은 스스로 발현할 수 있다. 요컨대, 본성은 순선하나 스스로 발현할 수 없으므로, 마음의 작용을 통해서만 발현할 수 있다는 것이므로, 이를 성리학에서는 '심통성정(心統性情)'이라는 명제로 설명했다. 그런데 마음

이러한 맥락에서, 본고에서는 성리학을 교육이론이라는 관점에서 재구성해 보고, 그 의의를 논의해 보고자 한다.

II. 성리학의 인간관과 가치관

1. 인간의 본래성과 두 제약

유학에서는 인간이 본래 '착한 본성'과 '밝은 마음'을 지니고 태어났다고 본다. 『맹자』의 성선설(性善說)과 『대학』의 명덕설(明德說)이 그것이다. 그런데 사람들은 대부분 착한 본성과 밝은 마음을 제대로 발휘하지 못한다. 그러면 그 까닭은 무엇인가? 성리학에서는 착한 본성과 밝은 마음 등 인간의 참된 본래성을 제약하는 요소를 둘로 설명한다. '기품(氣稟)의 구애(拘碍)'와 '욕망의 가림'이 그것이다. 성리학의 이러한 입장은 주자의 〈대학장구서(大學章句序)〉, '명덕(明德)'에 대한 주석, '천명지위성(天命之謂性)'에 대한 주석 등을 통해 살필 수 있다. 먼저 주자의 〈대학장구서〉를 살펴보자.

> 하늘이 백성을 내시면서 이미 仁義禮智의 본성을 부여했지만, 그러나 사람마다 타고난 기질(氣質)이 간혹 가지런할 수 없었다. 그러므로 모두가 仁義禮智의의 본성을 지니고 있음을 알고서 온전히 실현할 수는 없었다. 그리하여 백성들 가운데 총명예지하여 능히 자신의 본성을 온전히 실현할 수 있는 사람이 있으면, 하늘은 반드시 그를 명(命)하여 수많은 백성의 군사(君師)가 되어

에는 淸·濁·粹·駁이 섞여 있어서, 淸粹한 마음은 본성을 온전히 구현하나, 濁駁한 마음은 본성을 온전히 구현하지 못하므로, 따라서 濁駁한 마음을 淸粹한 마음으로 변화시켜야 한다는 것이다.

> 백성들을 다스리고 교육함으로써 백성이 자신의 본성을 회복하게 하였다. 이것이 복희 · 신농 · 황제 · 요 · 순 등이 하늘을 계승하여 인도(人道)의 표준을 세운[繼天立極] 까닭이요, 사도(司徒)와 전악(典樂)의 관직을 설치하게 된 까닭이다.[11)]

이 인용문의 요점은 다음의 세 가지로 정리할 수 있다. 첫째, 사람은 누구나 仁義禮智의 착한 본성을 지니고 태어났다. 둘째, 그런데 사람마다 타고난 기질이 일정하지 않아, 본성을 실현하는 데 편차가 생긴다. 셋째, 그리하여 하늘이 총명한 사람을 군사(君師)로 임명하여 백성을 다스리고 가르치게 하여, 백성이 仁義禮智의 본성을 회복할 수 있게 하였다. 이에 따르면, 교육이란 '기질의 제약을 극복하여 착한 본성을 회복하게 하는 것'이다.

한편 『대학』의 첫머리에서는 "대학의 道는 '명덕을 밝힘[明明德]'에 있고, '백성을 새롭게 함[新民]'에 있고, '지극한 善에 머묾[止於至善]'에 있다."고 했는데, 주자는 이에 대해 다음과 같이 주석하였다.

> '명덕(明德)'이란 사람이 하늘로부터 얻은 것으로서, 허령불매(虛靈不昧)하여 모든 이치를 갖추고 온갖 일에 응하는 것이다. 다만 기품(氣稟)에 구애되거나 인욕(人欲)에 가려지게 된다면 밝은 덕이 때때로 어둡게 되지만, 그러나 그 본체의 밝음은 일찍이 끊인 적이 없다. 그러므로 배우는 사람들은 마땅히 그 명덕이 발현되는 것을 계기로 하여 더욱 완전히 밝혀서 그 처음의 상태를 회복하여야 한다. '新'이란 '옛것을 고침'을 말하니, 이미 자신의 명덕을 밝혔으면 또 마땅히 남에게까지 미루어나가 그로 하여금 또한 옛날에 물들었던 더러움을 제거하도록 하는 것이다. '止'란 '반드시 이에 이르러 옮겨가지 않는다'

---

11) 朱子, 〈大學章句序〉: 蓋自天降生民 則旣莫不與之以仁義禮智之性矣 然其氣質之稟 或不能齊 是以 不能皆有以知其性之所有而全之也 一有聰明睿智能盡其性者 出於其間 則天必命之 以爲億兆之君師 使之治而敎之 以復其性 此伏羲神農黃帝堯舜所以繼天立極 而司徒之職 典樂之官 所由設也.

> 는 뜻이요, '至善'은 '사리(事理)의 당연한 극치'이니, '명덕을 밝힘'과 '백성을 새롭게 함'을 모두 至善의 경지에 그쳐서 옮기지 않는다는 말로서, 반드시 '천리(天理)의 극치'를 다하고 조금이라도 '인욕(人欲)의 사사로움'이 없게 하는 것이다.[12]

명덕(明德)이란 사람이 본래 타고난 '밝은 마음'을 말한다. 사람의 '밝은 마음' 속에는 '세상살이에 필요한 온갖 이치' 또는 '仁義禮智의 본성'이 갖추어져 있는바, 이를 바탕으로 우리는 세상만사에 적절하게 대응할 수 있는 것이다.[13] 그런데 이 명덕을 제약하는 두 요소가 있으니 기품과 인욕이 그것이다. 이러한 맥락에서, '명덕을 밝힌다'는 것은 바로 기품의 구애와 인욕의 가림을 제거함으로써 '본래의 명덕을 회복하는 것'이다.

『대학』에서는 '명명덕(明明德)' 다음에 '신민(新民)'을 거론했는데, 이는 자신의 명덕을 밝힌 다음에는 '남들도 각자 명덕을 밝힐 수 있도록 하라'는 말이었다. 그다음엔 '지어지선(止於至善)'을 거론했는데, 이는 명명덕과 신민을 지극하게 한 다음 여기서 벗어나지 않도록 하라는 말이었다. 주자는 '止於至善'을 '천리의 극치를 다하고 조금이라도 인욕의 사사로움이 없게 하는 것'으로 풀이했다. 요컨대, 주자는 『대학』의 삼강령(三綱領)을 '인욕을 막고 천리를 보존함[遏人欲 存天理]'으로 귀결시킨 것이다.

또한 『중용』의 첫머리에서는 "하늘이 부여한 것을 性이라 하고, 性

12) 『大學章句』 經1章, 朱子註: 明德者 人之所得乎天 而虛靈不昧 以具衆理而應萬事者也 但爲氣稟所拘 人欲所蔽 則有時而昏 然其本體之明 則有未嘗息者 故學者當因其所發而遂明之 以復其初也 新者 革其舊之謂也 言旣自明其明德 又當推以及人 使之亦有以去其舊染之汚也 止者 必至於是而不遷之意 至善 事理當然之極也 言明明德新民 皆當止於至善之地而不遷 蓋必其有以盡夫天理之極 而無一毫人欲之私也

13) 이를 성리학에서는 '心統性情'이라는 명제로 설명한다.

을 따르는 것을 道라 하고, 道로써 닦음을 敎라 한다[天命之謂性 率性之謂道 修道之謂敎].”고 했는데, 주자는 이에 대해 다음과 같이 주석하였다.

> 命은 令과 같다. 性은 곧 理이다. 하늘이 음양오행(陰陽五行)으로 만물을 화생(化生)함에, 氣로써 형체를 만들고 또한 理를 부여했으니, 명령한 것과 같다. 이에 사람과 사물이 태어날 때 각각 그 얻은 바의 理로써 건순오상(健順五常)의 덕을 삼으니, 이른바 性이다. 率은 循의 뜻이요, 道는 路와 같다. 사람과 사물이 각각 그 性의 自然을 따르면 그 일상생활을 하는 사이에 각각 '마땅히 다녀야 할 길[當行之路]'이 있으니, 이것이 이른바 道다. 修는 品節(등급을 지어 나눔)함이다. 性과 道는 (모든 사람이) 비록 같으나 氣稟은 (사람마다) 간혹 다르니, 그러므로 지나치거나 모자라는 차이가 없을 수 없다. 성인(聖人)이 사람과 사물이 마땅히 행해야 할 것을 인하여 品節하여 천하에 法이 되게 하셨다. 이것을 敎라 하는바, 예악(禮樂)과 형정(刑政) 등이 그것이다.[14)]

'하늘이 부여한 것을 性이라 한다'는 말은 '본성이란 자연적으로 타고난 것이다' 또는 '본성이란 타고난 그대로[自然]를 말한다'는 뜻이다. 이러한 맥락에서 '본성'과 '자연'은 같은 의미로 볼 수 있는바, 그러므로 앞의 인용문에도 '性의 自然'이라 말한 것이다.[15)] 주자는 “하늘이 만물을 화생할 때, 氣로써 형체를 만들고 또한 理를 부여했다.”고 했는데, 氣란 음양오행(陰陽五行)을 말하고, 理란 건순오상(健順五常)을 말한다. 성리학에서는 만물은 '理와 氣의 결합'으로 이루어진다고 설

14) 『中庸章句』 1, 朱子註: 命 猶令也 性 卽理也 天以陰陽五行 化生萬物 氣以成形 而理亦賦焉 猶命令也 於是 人物之生 因各得其所賦之理 以爲健順五常之德 所謂性也 率 循也 道 猶路也 人物各循其性之自然 則其日用事物之間 莫不各有當行之路 是則所謂道也 修 品節之也 性道雖同 而氣稟或異 故不能無過不及之差 聖人 因人物之所當行者而品節之 以爲法於天下 則謂之敎 禮樂刑政之屬 是也

15) 영어의 'nature'도 '본성'을 뜻하기도 하고 '자연'을 뜻하기도 한다.

명하는데, 氣는 만물의 형체가 되고 理는 만물의 본성이 되는 것이다.

주자는 '道'를 '마땅히 다녀야 할 길[當行之路]'로 풀이했다. 그렇다면 '性을 따르는 것을 道라 한다'는 말은 '만물은 각자 자신의 본성에 따라 살아야 한다'는 뜻이 된다. 우리는 자신이 가야 할 길을 궁금해 할 수 있는데, 성리학에서는 '仁義禮智의 본성을 따라가라'고 말하는 것이다. 이는 달리 말하면 '우리 인간은 자신의 본성을 발휘하며 살아야 한다'는 뜻이다. '인간의 본성에 따르는 삶'이 바로 '사람다운 삶'이요, '인간의 본성을 발휘하는 사람'이 바로 '사람다운 사람'이라는 것이 성리학의 지론이다.

문제는 사람들이 자신의 본성을 제대로 발휘하지 못하는 경우가 많다는 점이다. 앞의 인용문에서는 그 까닭을 '기품(氣稟)'에서 찾았다. 타고난 기질은 사람마다 다른바, 맑고 깨끗한 기질을 타고난 사람은 자신의 본성을 제대로 발휘하고, 흐리고 더러운 기질을 타고난 사람은 자신의 본성을 제대로 발휘하지 못한다는 것이다. 이러한 문제를 해결하고자 하는 것이 바로 '교육'일 것이다. 『중용』에서는 "道로써 닦음을 敎라 한다."[16][修道之謂敎]고 했다. 주자의 풀이에 입각하면, 교육이란 '사람이 마땅히 행해야 할 도리'에 입각하여 '인격을 마름질함'으로써 특정한 인간형을 창출하는 것이다.

이상에서 『중용』의 첫 문장에 대한 주자의 풀이를 살펴보았거니와, 주자는 앞의 인용문에 이어서 다음과 같이 말한다.

---

16) 사람들은 '修道之謂敎'의 '修道'를 대개 '道를 닦음'으로 풀이하는데, 이는 성리학적 해석이 아니다. 주자는 '修道之謂敎'를 "聖人이 사람과 사물이 마땅히 행해야 할 것을 인하여 品節하여 天下에 法이 되게 하셨으니, 이것을 敎라 한다[聖人 因人物之所當行者而品節之 以爲法於天下 則謂之敎]."고 풀이했거니와, 이에 입각하면 '修道'란 '道로써 (인격을) 닦는 것'이다.

> 대개 사람들은 자기에게 性이 있음은 알면서도 그것이 하늘에서 나온 것임은 알지 못하고, 일에는 道가 있음은 알면서도 그것이 性에서 연유함은 알지 못하며, 성인(聖人)의 가르침이 있음은 알면서도 그것이 나에게 고유한 것에 말미암아 마름질한 것임은 알지 못한다. 그러므로 자사(子思)께서 여기에서 제일 먼저 이를 밝힌 것이다. 동자(董子, 董仲舒)가 '道의 큰 근원이 하늘에서 나왔다'고 말씀한 것도 또한 이 뜻이다.[17)]

이 인용문에 의하면, 사람은 누구나 仁義禮智의 본성을 타고나는 것이요, 이 본성으로부터 사람이 마땅히 실천해야 할 도리가 정립되는 것인바, 이 도리로써 인격을 마름질하는 것이 교육인 것이다. 그렇다면 교육이란 결국 '사람들이 자신의 본성을 완전히 발휘할 수 있도록 각자의 인격을 마름질하는 것'이라 하겠다.

이상에서 성리학에서 말하는 '인간의 본래성과 두 제약'에 대해 살펴보았다. 인간은 본래 仁義禮智라는 '착한 본성'과 명덕이라는 '밝은 마음'을 지니고 태어났다. 그런데 '기품의 구애'와 '욕망의 가림'으로 인해 착한 본성과 밝은 마음이 방해를 받는다. 이 문제를 해결하는 것이 교육의 과제라 하겠는바, 이제 '기품의 구애'와 '욕망의 가림'에 대해 좀 더 자세히 살펴보기로 하자.

기품(氣稟)이란 '타고난 기질(氣質)'을 말하고, 기질이란 '마음의 재질(材質)'을 말한다. 성리학에서는 마음을 '氣'로 보는바, 마음은 氣 가운데 '깨끗하고 밝은 것[精爽]'으로 이루어진 것이다. 그런데 氣의 '깨끗하고 밝은 것' 중에도 또한 '청탁수박(淸濁粹駁)'의 차이가 있다는 것이다. 이를 좀 더 분석적으로 말하면, 氣에는 청 · 탁(淸濁, 맑음과 흐림)

17)『中庸章句』1, 朱子註: 蓋人 知己之有性 而不知其出於天 知事之有道 而不知其由於性 知聖人之有教 而不知其因吾之所固有者裁之也 故子思於此 首發明之 而董子所謂道之大原出於天 亦此意也

이 있고, 質에는 수・박(粹駁, 깨끗함과 더러움)이 있다. 氣가 엉긴 것이 質이고, 質이 흩어진 것이 氣로서, 양자는 본질적으로 하나다. 그런데 氣는 '앎[知]'과 관계되고, 質은 '실천[行]'과 관계된다. 예컨대, 율곡은 다음과 같이 말한다.

> 氣가 맑고 質이 깨끗한 사람은 노력하지 않아도 知와 行에 모두 능하니, 더 바랄 것이 없다. 氣는 맑은데 質이 더러운 사람은 知에는 능하나 行에는 능하지 못하니, 만약 궁행(躬行)에 힘써서 반드시 참되게 하고 반드시 독실하게 한다면, 行을 세울 수 있어서 유약(柔弱)한 자도 강해진다. 質은 깨끗한데 氣가 흐린 사람은 行은 능하나 知에는 능하지 못하니, 만약 묻고 배우는데 힘써서 반드시 참되게 하고 반드시 정밀하게 한다면, 知가 통달할 수 있어서 어리석은 자도 밝아진다.[18)]

이처럼 성리학에서는 '知와 行'을 '氣와 質'의 문제로 인식하고, 보통 사람도 흐리고 더러운 기질을 맑고 깨끗하게 변화시킴으로써, '知와 行을 합일시키는 군자(君子)'가 될 수 있다고 보았다.

'氣稟의 구애'가 선천적인 제약이라 한다면, '욕망의 가림'은 후천적 제약이다.[19)] 우리는 흔히 '욕망에 눈이 먼 사람'이라는 말을 하는데, 욕망에 눈이 먼 것이 바로 '욕망의 가림'이다. 욕망에 눈이 멀면 판단력을 잃어 온갖 과오를 범하게 된다. 예컨대, 『예기』에서는 다음과 같이 말한다.

> 사물이 이름에 지각(知覺)이 알게 되니, 그런 다음에 호오(好惡)가 형성된

---

18)『栗谷全書』卷21 頁13: 氣淸而質粹者 知行不勉而能 無以尙矣 氣淸而質駁者 能知而不能行 若勉於躬行 必誠必篤 則行可立而柔者强矣 質粹而氣濁者 能行而不能知 若勉於問學 必誠必精 則知可達而愚者明矣

19)『大學章句大全』經1章, 新安吳氏 小註: 氣稟拘之 有生之初 物欲蔽之 有生之後

> 다. 안으로는 호오가 절제되지 않고 밖으로는 지각이 유혹하여, 자신을 반성하지 못하면, 천리(天理)가 소멸된다. 무릇 사물이 사람을 감동시키는 것은 끝이 없는데, 사람의 호오가 절제됨이 없다면, 이것은 사물이 이름에 사람이 사물로 변화하는 것이다. 사람이 사물로 변화한다는 것은 천리를 소멸하고 인욕을 끝없이 추구하는 것이다. 이에 패역(悖逆) · 속임 · 거짓의 마음이 있게 되고, 음란하고 혼란스러운 일들이 있게 된다. 그리하여 강자는 약자를 협박하고, 다수는 소수에게 횡포를 부리며, 지식이 있는 자는 어리석은 자를 속이고, 용기 있는 자는 겁 많은 자를 괴롭힌다. 질병에 걸려도 돌보지 않고, 늙은이 · 어린이 · 고아 · 홀아비들은 마땅한 처우를 얻지 못한다. 이것은 대란(大亂)의 길이다. 그러므로 선왕(先王)은 예악(禮樂)을 제정하였다.[20]

이 인용문에서는 먼저 마음의 지각작용을 통해 사물에 대한 호오의 감정과 욕망이 형성되는 과정을 설명했다. 마음의 작용은 단순히 대상 사물을 지각하는 것으로 그치지 않고, 그에 대한 호오의 감정과 욕망을 산출하게 된다는 것이다. 문제는 호오의 감정이나 욕망은 결코 스스로 절제되지 않는다는 점이다. 그리하여 이 인용문에서는 '사물이 사람을 감동시키는 것은 끝이 없는데, 사람의 호오가 절제됨이 없다면, 이것은 사물이 이름에 사람이 사물로 변화하는 것'이라고 말한 것이다.

맹자는 "눈과 귀는 생각하는 기능이 없어서, 사물에 가려지게 된다. 사물과 사물이 교제하면 서로 끌어당길 뿐이다."[21]라고 하였다. 눈과 귀는 사유 기능이 없는바, 맹자는 사유 기능이 없는 눈과 귀는 하나의 사물과 같다고 보았다. '사물과 사물이 교제한다'는 것은 눈으로 어

---

20)『禮記』〈樂記〉: 物至知知 然後好惡形焉 好惡無節於內 知誘於外 不能反躬 天理滅矣 夫物之感人無窮 而人之好惡無節 則是物至而人化物也 人化物也者 滅天理而窮人欲者也 於是有悖逆詐僞之心 有淫泆作亂之事 是故強者脅弱 衆者暴寡 知者詐愚 勇者苦怯 疾病不養 老幼孤獨不得其所 此大亂之道也 是故先王之制禮樂

21)『孟子』告子上 15: 耳目之官 不思而蔽於物 物交物 則引之而已矣

여쁜 사물을 보고 귀로 아름다운 소리를 듣는 것 등을 말한다. 마음의 생각하는 기능이 뒷받침되지 않는다면, 이런 경우 눈은 어여쁜 사물에 끌려가고, 귀는 아름다운 소리에 끌려간다. 앞의 인용문에서는 이를 '사물이 이름에 사람이 사물로 변화하는 것'이라 표현했다.

사람이 사물로 변화한 결과, 천리를 소멸하고 인욕을 끝없이 추구하게 된다. 그리하여 패역(悖逆)과 거짓으로 속이는 마음이 생기게 되고, 음란하고 혼란스러운 일들이 벌어져, 마침내 큰 혼란에 빠지게 되는 것이다.

이상에서 성리학에서 파악하는 인간의 본래성과 두 제약에 대해 살펴보았다. 인간은 착한 본성과 밝은 마음을 지니고 태어났음에도 불구하고, 탁박한 기질과 지나친 욕망으로 인해 종종 사람다운 삶의 길을 저버리고 잘못된 길로 빠지고 만다. 바로 여기에서 성리학의 교육에 대한 문제의식이 싹트고, 교육의 방향이 설정되는 것이다.

2. 종심소욕불유구(從心所欲不踰矩)와 바람직한 삶의 길

공자는 자신의 인생을 회고하면서 "70세에 이르러서는 마음이 원하는 대로 따라 해도 법도를 넘지 않았다[從心所欲不踰矩]."고 말씀한 바 있다. 자유로운 삶, 자기 마음대로 살고 싶은 것은 모든 사람의 소원일 것이다. 문제는 자기 마음대로 자유롭게 살다보면 법도에 어긋나 온갖 폐단을 야기할 수 있다는 점이다. 그러므로 동서고금 모든 사회에서는 일정한 규범을 만들어 '자유로운 삶, 마음대로 사는 삶'을 통제하는 것이다.

앞에서 살폈듯이, 유교에서는 '인간은 본성에 따라 살아야 한다'고 주장하면서 '마음대로 사는 삶, 자유로운 삶'에 대해서는 일정한 제한을 가한다. 우리는 자신의 마음대로 살아서는 안 되고, 본성에 따라 살아야 한다는 것이다. 여기에서 '본성'과 '마음'의 구별이 중요하게 부각되는 것이다.

성리학에서 말하는 '사람의 본성'이란 모든 사람이 공유하는 보편적 요소로서 맹자가 말한 '仁義禮智의 본성'을 지칭한다.[22] 유교에서는 이 본성에 따라 사는 것이 사람의 도리라고 말한다[率性之謂道]. 그러나 '사람의 마음'은 사람마다 제각각이라는 것이 성리학의 지론이다. 성리학에서는 이를 '형이상자(形而上者)와 형이하자(形而下者)'라는 맥락에서 설명한다.

형이상자는 변함이 없는 것인바, 본성은 형이상자이므로 모든 사람의 본성이 변함없이 같은 것이다. 반면에 형이하자는 변하는 것인바, 마음은 형이하자이므로 수시로 변하여, 나의 마음과 남의 마음이 같지 않고, 나의 마음도 어제의 마음과 오늘의 마음이 다른 것이다. 또한 청탁수박(淸濁粹駁)이라는 마음의 재질에 따라 각자의 마음은 다양한 양상을 표출한다. 더군다나 우리의 마음은 도덕적 본성만 담고 있는 것이 아니라 본능적 욕망도 담고 있어서, 때로는 도심(道心, 良心)으로 드러나고 때로는 인심(人心, 欲心)으로 드러난다. 이러한 맥락에서 성리학에서는 '마음'은 도덕의 준거가 될 수 없고, 오로지 '본성'만이 도덕의 준거가 될 수 있다고 본다.[23]

---

22) 앞에서 사람의 본성을 '健順五常'으로 설명한 바 있는데, 氣를 '陰陽五行'으로 구체화시켜 말할 때에는 理도 '健順五常'이라고 구체화시켜 말하는 것이다. 陰陽과 五行이 별개가 아니듯이 健順과 五常도 별개가 아니다. 또한 仁 · 義 · 禮 · 智에 信을 추가한 것이 五常인바, 유교에서 인간의 본성을 말할 때엔 仁義禮智라 말하기도 하고 五常이라고 말하기도 한다.

23) 그렇다면 공자가 말씀한 '從心所欲不踰矩'란 무엇인가? 공자는 "70세에 이르러서야 마음이 원하는 대로 따라 해도 법도를 넘지 않았다."고 했다. 따라서 '마음이 원하는 대로 따라 해도 법도를 넘지 않은 것'은 '70년 동안 마음을 다스린 결과'라 할 수 있다.

성리학의 대전제는 '인간의 본성은 곧 천리'라는 것인바, 본성을 도덕의 준거로 삼는다는 것은 곧 천리를 도덕의 준거로 삼는다는 말이다. 주자는 이를 '계천입극(繼天立極)'이라 했다.[24] 이처럼 성리학의 기본 입장은 '인간은 자신의 마음대로 살아서는 안 되고, 반드시 천리에 따라 살아야 한다'는 것이다.

천리, 즉 '자연의 이법'에 따르는 삶은 분명 '올바른 삶'이지만, 천리만 강조하면 인간의 자유의지는 무시되고, 따라서 살맛이 부족하게 된다. 그리하여 성리학에서는 한편으로는 천리를 강조하면서도 다른 한편으로는 각자의 마음(자유의지)을 존중하여, "천리에 따르면서도 동시에 사람들의 마음에 부합하게 한다[順天理 合人心]."는 규범 원칙을 모색하게 되었다.[25] 주자는 다음과 같이 말한다.

> 유교는 개벽 이래로 이제(二帝) 삼왕(三王)이 천리를 계술(繼述)하고 인심을 따랐으니, 세상을 다스리고 백성을 가르친 두터운 法과 떳떳한 禮의 道는 후세의 성현이 마침내 글로 지어 입언(立言)하여 후세에 보여 주었다.[26]

> 하늘이 뭇 백성을 내실 때, 사물이 있으면 법칙이 있었습니다. 따라서 온갖 사물과 여러 일에는 모두 각각 '마땅히 머물러야 할 곳'이 있는 것입니다. 다만 처한 지위가 다르면 '머물러야 할 善'도 다른 것입니다. 그러므로 남의 군주가 되면 그 마땅히 머물러야 할 곳이 仁에 있고, 남의 신하가 되면 그 마땅히 머물러야 할 곳이 敬에 있으며, 남의 자식이 되면 그 마땅히 머물러야 할 곳이 孝에 있고, 남의 부모가 되면 그 마땅히 머물러야 할 곳이 慈에 있으며, 나라 사람들

---

24) '繼天立極'이란 '天理를 繼承하여 人極(인간의 규범적 표준)을 정립한다'는 말이다.

25) 유학에서 말하는 '인심(人心)'은 맥락에 따라 서로 다른 의미를 지닌다. 도심(道心)과 대비해서 말할 때의 인심(人心)은 '육체적 욕망을 추구하는 욕심'을 뜻하나, 그 밖의 경우에는 말 그대로 '사람들의 마음'을 뜻한다.

26)『朱子語類』卷125(中華書局本 2993쪽): 儒敎自開闢以來 二帝三王 述天理 順人心 治世敎民 厚典庸禮之道 後世聖賢遂著書立言 以示後世

> 과 사귈 때에는 그 마땅히 머물러야 할 곳이 信에 있는 것입니다. 이것은 모두 '천리와 인륜의 극치요, 인심의 그만둘 수 없음에서 나온 것'입니다. 문왕(文王)이 천하에 모범이 되고 후세에 전해질 수 있었던 까닭 또한 여기에 있으니, 조금도 덧보탤 것이 없습니다. 다만 중인(衆人)은 기품(氣稟)과 물욕(物欲)으로 인해 어둡게 되어, 늘 거경(居敬)할 수 없기에 그 머무를 곳을 잃는 것입니다. … 그러나 君이 仁하는 까닭, 臣이 敬하는 까닭, 子가 孝하는 까닭, 父가 慈하는 까닭, 붕우가 信하는 까닭은 모두 '인심(人心)과 천명(天命)의 자연'이니, 사람이 억지로 할 수 있는 것이 아닙니다.[27)]

앞의 첫 번째 인용문에서는 '성왕(聖王)이 세상을 다스리고 백성을 가르친 법도'는 '천리를 계술하고 인심을 따른 것'이라 설명했고, 두 번째 인용문에서는 '우리가 마땅히 실천해야 할 인륜'을 '인심과 천명의 자연'으로 설명했다. 이처럼 성리학의 규범 이론은 '천리와 인심'을 두 축으로 삼는다. 그런데 '천리를 따름'은 규범의 정당성을 보장하는 요소이고, '인심과 부합함'은 규범에 대한 만인의 자발적 복종을 유도하는 요소다. 어떠한 규범이 객관적으로도 정당하고 자신의 주관적 의지와도 합치된다고 여겨질 때, 사람들은 흔쾌히 그에 복종하게 된다.

성리학의 규범 이론은 천리와 인심을 동시에 강조하지만, 규범의 정당성을 담보하는 궁극적 요소는 천리에 있다. 주자는 '인심'에 대해서는 그 '동기의 순수성'을 충분히 인정한다 하더라도 그것이 곧 '정당성'을 보장하는 것은 아니라고 보았다. 다시 말해, 우리의 '주관적 선

---

27) 『朱子大全』 卷15 頁15-16, 〈經筵講義〉: 蓋天生烝民 有物有則 是以 萬物庶事 莫不各有當止之所 但所居之位不同 則所止之善不一 故爲人君則其所當止者在於仁 爲人臣則其所當止者在於敬 爲人子則其所當止者在於孝 爲人父則其所當止者在於慈 與國人交則其所當止者在於信 是皆天理人倫之極致 發於人心之不容已者 而文王之所以爲法於天下 可傳於後世者 亦不能加毫末於是焉 但衆人類爲氣稟物欲之所昏 故不能常敬而失其所止 … 然君之所以仁 臣之所以敬 子之所以孝 父之所以慈 朋友之所以信 皆人心天命之自然 非人之所能爲也

의지(善意志)'만으로 '정당성'이 확보되는 것이 아니라는 뜻이다. 주자는 다음과 같이 말한다.

> 만약 천리가 밝혀지지 않아 준칙으로 삼을 바가 없는데, 자질구레하게 오직 '본래의 의도를 탐구하는 것[原情]'에 힘쓴다면, 이것은 '情에 따라 法을 폐기하고, 惡을 풀어줌으로써 간사(奸邪)를 열어주는 것'이 아니겠는가? 양주(楊朱)는 義를 배운 사람인데 위아(爲我)에 치우쳤고, 묵적(墨翟)은 仁을 배운 사람인데 겸애(兼愛)로 흘렀으니, 본래 그들이 마음먹은 것에는 어찌 간사함이 있었겠는가? 모두 善으로 여겨 그렇게 했던 것인데, 다만 본원에 있어서 털끝만한 오차가 조금 있었던 것이다. 그리하여 맹자는 그 禍를 미루어 '무부(無父)·무군(無君)으로서 금수에 빠지는 것'이라 말씀하시고, 비판하여 물리치신 것이다.[28)]

주자에 의하면, 양주는 義를 배운 사람이요 묵적은 仁을 배운 사람으로서, 그들이 '위아'나 '겸애'를 주창한 본래 의도에는 간사함이 없었다. 그러나 천리를 준칙으로 삼지 않았기 때문에 그들의 선의지는 결국 '아비를 무시함과 임금을 무시함'으로 전락하게 되었다. 그리하여 주자는 '주관적인 선의지'만으로는 불가(不可)하다고 보고, 반드시 '객관적 천리'를 준칙으로 삼아야 한다고 강조했다.

이상에서 살핀 것처럼, 주자는 '천리와 인심이 자연스럽게 합치되는 지점'에서 규범을 정립해야 한다고 보았다. 다시 말해, 천리나 인심 어느 하나만으로는 바람직한 규범이 성립할 수 없다는 것이다. 이처럼 주자는 천리와 인심을 동시에 고려할 것을 강조했지만, 그러나 정당성을 담보하는 준거는 천리에 있는 것이요, 따라서 궁극적으로

---

28)『朱子大全』卷30 頁13, 〈答汪尙書〉: 若天理不明 無所準則 而屑屑焉惟原情之爲務 則無乃循情廢法 而縱惡以啓姦乎 楊朱學爲義者也 而偏於爲我 墨翟學爲仁者也 而流於兼愛 本其設心 豈有邪哉 皆以善而爲之耳 特於本原之際 微有毫釐之差 是以 孟子推言其禍 以爲無父無君而陷於禽獸 辭而闢之

중요한 것은 천리였다.[29)]

이를 다시 공자의 '종심소욕불유구(從心所欲不踰矩)'로 설명하면, '마음이 원하는 대로 삶'과 '법도를 넘지 않음' 가운데 궁극적으로 중요한 것은 '법도를 넘지 않음'이라는 말이다. '마음이 원하는 대로' 자유롭게 살았는데 그 결과 '법도에 어긋나고 말았다'면, 이는 하등 고상할 것이 없는 평범한 사람들의 이야기로 그치는 것이다. '마음이 원하는 대로' 자유롭게 살았는데도 그 결과가 '법도에 어긋나지 않았다'고 해야만 우리가 사표(師表)로 삼을 수 있는 교훈적인 이야기가 되는 것이다. 그런데 '70세가 되어서야'라는 말이 상징하듯이, 이는 오랜 기간의 수행(修行)이나 교육을 통해서 도달할 수 있는 경지다. 이제 '인심(人心, 우리의 마음, 자유의지)'과 '천리(天理, 자연의 理法, 우리의 본성)'를 합치시킨다는 관점에서 성리학의 교육이론을 살펴보기로 하자.

III. 성리학의 교육이론

1. 교육의 목표: 心과 理의 합일

'종심소욕불유구(從心所欲不踰矩)'를 유교적 인격의 궁극적 이상이라 한다면, 유교의 교육이론은 '마음과 법도', 즉 '心과 理'의 문제로 초점이 모아지게 마련이다. 이러한 맥락에서, 성리학의 교육목표는 한마디로 '心과 理의 합일'이라고 표현할 수 있다. 사실 거경궁리(居敬窮理)로 요약되는 주자의 공부론(工夫論)은 궁극적으로 '心과 理의 합일'

29) 성리학의 규범이론에 대한 보다 자세한 논의는 拙著, 『朱子學의 길』 제6장 〈繼天立極論의 실천적 의미〉 참조.

을 추구하는 것이었다.

여기서 우선 유의해야 할 것은 '心과 理의 합일'을 추구하는 것은 '心이 곧 理'라는 주장과는 판이(判異)하다는 점이다. '心이 곧 理'라고 규정한다면, 그 다음엔 '心과 理를 합일시킨다'는 주장을 할 수가 없는 것이다. 요컨대, '心과 理를 합일시킨다'는 것은 '心과 理는 본래 별개'라는 전제에서 출발하는 것이다. 주자는 心과 理를 본래는 별개라고 규정하고, 공부를 통해 양자를 합일시켜야 한다고 주장하는 것이다. 주자는 '심즉리(心卽理)'라는 주장이야말로 결과적으로는 '心과 理를 괴리시키는 것'이라고 보았다. 주자는 유교의 입장과 불교의 입장을 대비하여 다음과 같이 말한 바 있다.

> 우리[儒學]는 心과 理를 하나로 만들고 있는데[以心與理爲一], 저들[釋氏]은 心과 理를 둘로 만들고 있다[以心與理爲二]. 이는 본래 이렇게 의도한 바가 아니요, 곧 소견처(所見處)가 서로 다르기 때문이다. 저들은 '心은 공허하여 理가 없다'고 보나, 우리는 '心은 비록 공허하나 만물을 모두 갖추고 있다'고 본다. 저들이 비록 '心과 理는 하나다[心與理一]'라고 주장하지만, '기품(氣稟)과 물욕(物欲)의 사사로움'을 살피지 않으니, 또한 견해가 참되지 못하여 이러한 병이 생기는 것이다. 이것이 『대학』에서 '격물(格物)'을 귀하게 여기는 까닭이다.[30)]

이 인용문을 정리하면 다음과 같다. 불교는 心이 곧 理라는 전제에서 출발하지만, 기품과 물욕의 사사로움을 살피지 않음으로써, 결과적으로 心과 理를 괴리시킨다. 그러나 유교는 心과 理는 본래 별개라는 전제에서 출발하여, '기품의 구애'와 '물욕의 사사로움'을 다스림으

30) 『朱子大全』 卷56 頁48, 〈答鄭子上〉: 吾以心與理爲一 彼以心與理爲二 亦非固欲如此 乃是其所見處不同 彼見得心空而無理 此見得心雖空而萬物咸備也 雖說心與理一 而不察乎氣稟物欲之私 亦是見得不眞 故有此病 此大學所以貴格物也

로써, 心과 理를 합치시키는 것이다.

'心이 곧 理'라는 명제의 실천적인 의미는 '내 마음이 곧 진리의 표준'이라는 것이다. 내 마음이 곧 진리의 표준이라면, 내 마음에는 전적인 자유(自由)가 허용되어야 할 것이요, 어떠한 검속(檢束)도 불필요할 것이다. 그리하여 모든 검속을 거부하는 가운데, 기품과 물욕의 사사로움이 개입하여, 내 마음은 창광자자(猖狂自恣)를 연출하게 되는 것이다.[31] 창광자자는 분명 진리와는 상반될 것이다. 따라서 주자는 심즉리학(心卽理學)이 결과적으로는 '心과 理를 괴리시킨다(心과 理를 둘로 만든다)'고 본 것이다.

앞의 인용문에서 짐작할 수 있듯이, 주자가 추구하는 '心과 理의 합일'이란 기품과 물욕을 다스려 '心을 理에 맞추는 것'이다. 이를 위해서는 理가 무엇인지를 탐구하는 공부[格物致知, 窮理]도 필요하고, 기품의 구애와 물욕의 가림을 다스리는 공부[誠意正心, 居敬]도 필요하다. 요컨대, '心과 理를 합일시키는 학문'이란 궁리(窮理)를 통해 理를 알아내고 거경(居敬)을 통해 마음을 밝고 맑게 순화시켜, 마음을 理에 합치되도록 길들이는 것이다.[32] 주자는 거경궁리(居敬窮理)의 공부가 오래 누적되면 자연스럽게 心과 理가 합일되는 경지에 이른다고 보았다.

31) 心卽理를 주장한 陸王學이 猖狂自恣에 빠진 것도 정확히 이러한 맥락이었다. 예컨대, 陽明左派로 지칭되는 王畿는 聖 · 凡을 막론하고 '현재의 良知가 그 자체 완전하게 이루어진 것'이라고 보았는데, 이것이 그의 '現成良知論'이다. 現成良知論에 입각하면, 聖 · 凡의 구별도 무의미해지고, 工夫의 필요성도 부정되며, 오로지 '자신의 良知'만을 믿으면 되는 것이다. 이러한 맥락에서 心卽理學은 결국 猖狂自恣에 빠진 것인바, 李卓吾는 그 극치를 보여준 것이다.

32) 성리학에서 理는 不變者로 전제된 이상, 理를 心에 맞게 변화시킬 수는 없는 것이다. 따라서 '心과 理를 합치시킨다'는 것은 '心을 理에 맞게 순화시키는 것'이다. '心을 理에 맞게 순화시킨다'는 것은 心이 항상 理와 부합되는 방향으로 작용하도록 길들이는 것이다.

주자는 성인(聖人)을 '心과 理가 합일된 인격'으로 설명한다.[33] '그 밖의 학자들'은 心과 理의 합일을 추구하나 아직 미숙한 상태라면, '聖人'이란 心과 理가 완전하게 합일된 상태라는 것이다.[34] 『중용』에서 聖人은 "노력하지 않아도 법도에 맞고, 생각하지 않아도 깨달아서, 조용히 道에 적중한다."고 했듯이, 心과 理가 '완전하게' 합일된 상태에서는 의도적인 노력이 없이도 心은 항상 저절로 理에 부합하게 된다. 공자의 '종심소욕불유구(從心所欲不踰矩)'나 맹자의 '대이화지지위성[大而化之之謂聖]'은 이러한 경지를 표현한 것이었다. 공자의 '종심소욕불유구'에 대해, 주자는 다음과 같이 주석하였다.

> (마음에) 하나의 흠도 없고 모든 理에 밝아지면, 일상생활에서 본심(本心)이 밝아지고 그에 따라 의욕(意欲)하는 바도 모두 지극한 理가 된다. 대개 心은 體요, 欲은 用인데, 體는 道에 맞고 用은 義에 맞아, 몸소 하는 말과 행동이 곧 법도(法度)가 되는 것이다.[35]

주자는 理를 투철하게 알면 마음이 밝아지고, 마음이 밝아지면 따라서 그 의욕하는 바가 모두 理에 부합하게 된다고 설명하였다. 요컨대, 理를 깨달으면 마음이 밝아지고, 밝아진 마음은 다시 理를 따르는 것이다. 그 결과 '종심소욕불유구'에 이르게 되는데, 이는 '心과 理', 즉 '자신과 진리'가 하나가 된 경지를 말하는 것이다. 한편, 맹자의 '대이

---

33) 『朱子語類』 卷8(145쪽): 聖人與理爲一 是恰好 其他以心處這理 却是未熟

34) 이는 『중용』에서 '聖人'과 '그 밖의 사람'을 구분한 것과 상응한다. '聖人'은 노력하지 않아도 맞고, 생각하지 않아도 얻어서 조용히 道에 적중하나, '그 밖의 사람들'에게는 擇善固執의 노력이 필요하다는 것이다(『中庸章句』 제20장: 誠者 天之道也 誠之者 人之道也 誠者 不勉而中 不思而得 從容中道 聖人也 誠之者 擇善而固執之者也).

35) 『論語集註』 爲政 4, 朱子註: 胡氏曰 … 至於一疵不存 萬理明盡之後 則其日用之間 本心瑩然 隨所意欲 莫非至理 蓋心卽體 欲卽用 體卽道 用卽義 聲爲律而身爲度矣

화지(大而化之)'에 대해 정자와 주자는 다음과 같이 주석하였다.

'大而化之'란 진리와 자기가 하나가 된 것이다. 아직 化하지 못했을 때는 사람이 자[尺]로 물건을 재는 것과 같아서 오히려 오차를 면할 수 없다. 化에 이르러서는 자기가 곧 자이고 자가 곧 자기인 것이다.[36)]

위대하면서도 化하지 못하면 그 위대함은 아직 방체(方體)와 형적(形迹)을 떠날 수 없다. 반드시 그 덕의 융성함이 날로 더욱 융성해지고 仁의 성숙함이 날로 더욱 성숙해야만, 지난날의 위대함이 바야흐로 봄에 얼음이 녹듯이 혼연히 자취가 사라지게 된다. 그리하여 천지(天地)와 덕이 부합하게 되고, 일월(日月)과 밝음이 부합하게 되며, 사시(四時)와 질서가 부합하게 되고, 귀신(鬼神)과 길흉이 부합하게 되니, 이러한 경지가 이른바 성인(聖人)인 것이다.[37)]

'大而化之'를 정자는 '진리와 자기가 하나가 된 것'으로 풀이하였고, 주자는 '위대함의 자취마저 흔적이 남지 않도록 융화시킨 것'으로 풀이하였다. 요컨대 성인(聖人)이란 '진리와 자기가 구별될 수 없을 정도로 완전하게 융화된 것'이라는 말이다. 이처럼 성인은 心과 理가 완전히 융합된 인격이기 때문에, 성인은 의도적으로 노력하지 않아도 저절로 道에 부합된다. 천지와 덕이 부합되고, 일월과 밝음이 부합되고, 사시와 질서가 부합되고, 귀신과 길흉이 부합된다는 것은 성인의 삶이 道와 하나가 된 구체적 결과들이다. 이러한 경지에 이른 사람을 『주역』에서는 '대인(大人)'이라 하고, "하늘은 대인을 어기지 않고, 대

36)『孟子集註大全』盡心下 25, 程子小註: 大而化之 只是理與己一 其未化者 如人操尺度量物用之尙不免有差 至於化 則己便是尺度 尺度便是己

37)『孟子集註大全』盡心下 25, 朱子小註: 大而不化 則其大者未能離乎方體形迹之間 必其德之盛者日益盛 仁之熟者日益熟 則向之所謂大者 方且春融凍解 混然無迹 而與天地合德 日月合明 四時合序 鬼神合吉凶矣 是則所謂聖人者也

인은 하늘을 받든다."[38]고 설명하였다. 이러한 맥락에서, 유교가 추구하는 '천인합일(天人合一)'의 경지 역시 '心과 理의 합일'을 통해 도달되는 것이다.

2. 교육의 과제: 치심(治心)과 궁리(窮理)

성리학의 교육 목표를 '心과 理의 합일'로 규정한다면, 성리학에서 理는 '변하지 않는 것[不變者]'으로 전제된 이상, 理를 心에 맞게 변화시킬 수는 없는 것이요, 따라서 心을 理에 맞게 순화시키는 수밖에 없다. 心을 理에 맞게 순화시키기 위해서는 두 가지 노력이 필요하다. 첫째는 마음을 밝고 깨끗하고 바른 상태로 만드는 것인바, 『대학』에서는 이를 '명덕을 밝힘[明明德]' 또는 '뜻을 참되게 하고 마음을 바르게 함[誠意正心]'이라 했다. 둘째는 理가 무엇인지 탐구하는 것인바, 『대학』에서는 이를 '사물을 탐구하여 앎을 이룸[格物致知]'이라 했다.

먼저, '마음을 밝고 깨끗하고 바른 상태로 만드는 것'에 대해 논해 보자. 유교에서는 이를 '마음을 다스림[治心]'이라 한다. 유교의 경전 곳곳에서는 '마음을 다스리는 방법'을 다양하게 제시한 바 있다. 예컨대, 『서경』의 '진실로 그 중용을 잡음[允執厥中]', 『주역』의 '敬으로 마음을 곧게 하고 義로 행실을 바르게 함[敬以直內 義以方外]', 『예기』의 '樂으로 마음을 다스리고 禮로 몸을 다스림[致樂以治心 致禮以治躬]'과 '人欲을 막고 天理를 보존함[遏人欲 存天理]', 『대학』의 '뜻을 참되게 하고 마음을 바르게 함[誠意正心]'과 '홀로 있을 때 삼감[愼獨]', 『논어』의 '자기를 이기고 禮를 회복함[克己復禮]', 『맹자』의 '氣를 기

---

38) 『周易』 乾卦 〈文言〉: 夫大人者 與天地合其德 與日月合其明 與四時合其序 與鬼神合其吉凶 先天而天弗違 後天而奉天時 天且弗違 而況於人乎 況於鬼神乎

름[養氣]'과 '마음을 보존하고 본성을 기름[存心養性]', 『중용』의 '삼가고 두려워 함[戒愼恐懼]'과 '홀로 있을 때 삼감[愼獨]' 및 '참되려고 노력함[誠之]'과 '善을 택하여 굳게 지킴[擇善固執]' 등이 그것이다. 이 밖에도 유교에서 제시하는 '마음을 다스리는 방법'은 수두룩하다. 그런데 성리학에서는 '마음을 다스리는 방법'을 두 계통으로 요약한다. 『대학』의 '명덕을 밝힘[明明德]'에 대한 주자의 주석에서 이미 살펴보았듯이 '기품(氣稟)의 구애'를 다스리는 것과 '물욕(物欲)의 가림'을 다스리는 것이 그것이다.

'기품의 구애'란 타고난 '기질의 탁박(濁駁)함'으로 인한 구애라 했다. 앞에서 언급했듯이, 성리학에서는 우리의 기질(氣質)을 '氣의 맑고 흐림[淸·濁]'과 '質의 깨끗하고 더러움[粹·駁]'으로 분류한다. '氣의 맑고 흐림'은 앎[知]의 능력과 관계된 것으로서, 氣가 맑은 사람은 앎이 뛰어나고, 氣가 흐린 사람은 앎이 부족하다. '質의 깨끗하고 더러움'은 실천[行]의 능력과 관계된 것으로, 質이 깨끗한 사람은 행실이 뛰어나고 質이 더러운 사람은 행실이 부족하다.

'기품의 구애'를 다스리기 위해서는 흐리고 더러운 기질을 맑고 깨끗한 기질로 바꾸어야 한다. 『중용』의 '참되려고 노력함[誠之]'과 '善을 골라 굳게 지킴[擇善固執]'은 바로 기질을 변화시키는 방법을 논한 것이다. 『중용』에서는 '참되려고 노력함[誠之]'과 '善을 골라 굳게 지킴[擇善固執]'의 방법을 다음과 같이 설명한다.

> 널리 배우고[博學之], 자세히 묻고[審問之], 신중히 생각하고[愼思之], 밝게 분변하고[明辨之], 독실히 실천한다[篤行之]. 배우지 않을지언정 배운다면 능하지 못한 것을 남겨두지 않고, 묻지 않을지언정 묻는다면 모르는 것을 남겨두지 않으며, 생각하지 않을지언정 생각한다면 얻지 못함을 남겨두지 않고,

> 분변하지 않을지언정 분변한다면 밝지 못한 것을 남겨두지 않으며, 행하지 않을지언정 행한다면 독실하지 않음을 남겨두지 않는다. 다른 사람이 한 번에 능하게 된다면 나는 백 번을 노력하고, 다른 사람이 열 번에 능하게 된다면 나는 천 번을 노력한다. 과연 이러한 방법에 능하게 된다면, 비록 어리석더라도 반드시 밝게 되며, 비록 유약하더라도 반드시 강하게 된다.[39]

앞의 내용에 대하여 여대림(呂大臨)은 다음과 같이 주해하였다.

> 군자가 학문을 하는 이유는 능히 기질을 변화시키려는 것뿐이다. … 아름답지 못한 기질을 지니고서 변화시켜 아름답게 하려면 백배의 노력을 기울이지 않고서는 이룰 수 없다. 이제 거칠고 지리멸렬한 학문으로, 혹은 노력하기도 하고 혹은 그만두기도 하면서, 아름답지 못한 기질을 변화시키려고 하다가, 변화시킬 수 없음에 이르러서는 "타고난 기질이 아름답지 못하니, 학문을 통해 변화시킬 수 있는 것이 아니다."라고 말한다. 이는 자포자기(自暴自棄)에 과감한 것으로, 매우 어질지 못한 것이다.[40]

성리학에서는 『중용』의 지론에 따라 '어둡고 유약한 기질'을 '밝고 강한 기질'로, '흐리고 더러운 기질'을 '맑고 깨끗한 기질'로 변화시킬 수 있다고 보았다. 물론 그것은 쉬운 것이 아니어서, '백배의 노력'이 필요한 것이다. 이러한 맥락에서 『중용』에서는 기질을 변화시킬 수 있는 원동력으로서 '참되려고 노력함[誠之]', 즉 '진실무망(眞實無妄)한 마음'을 요청했던 것이다.[41]

---

39) 『中庸章句』 제20장: 博學之 審問之 愼思之 明辨之 篤行之 有弗學 學之 弗能 不措也 有弗問 問之 弗知 弗措也 有弗思 思之 弗得 弗措也 有弗辨 辨之 弗明 弗措也 有弗行 行之 弗篤 弗措也 人一能之 己百之 人十能之 己千之 果能此道矣 雖愚必明 雖柔必强

40) 『中庸章句』 제20장, 朱子註: 呂氏曰 君子所以學者 爲能變化氣質而已 … 夫以不美之質 求變而美 非百倍其功 不足以致之 今以鹵莽滅裂之學 或作或輟 以變其不美之質 及不能變 則曰天質不美 非學所能變 是果於自棄 其爲不仁 甚矣

41) 『대학』에서는 '誠意'를 '스스로를 속이지 않음[毋自欺]'으로 설명하면서 '나쁜 냄새를 싫어

'물욕(物欲)의 가림'을 다스리기 위해서는 한편으로는 스스로 자신의 욕망을 줄이고자 노력하고,[42] 다른 한편으로는 자신이 유혹될 수 있는 대상들을 멀리 해야 한다. 『논어』의 '극기복례(克己復禮)'는 이를 말한 것이다.

> 안연이 仁에 대해 묻자, 공자가 말씀하시길, "자기를 이기고 禮로 돌아가는 것이 仁이다. 하루 동안 자기를 이기고 禮로 돌아가면 천하가 仁으로 돌아올 것이다. 仁을 실천함은 자기로부터 말미암으니, 남으로부터 말미암겠는가?" 안연이 말하기를, "청컨대 그 조목을 묻겠습니다." 공자가 말씀하시길, "禮가 아니면 보지 말며, 禮가 아니면 듣지 말며, 禮가 아니면 말하지 말며, 禮가 아니면 움직이지 말라." 안연이 말하기를, "제가 비록 민첩하지 못하나, 청컨대 이 말씀을 일삼겠습니다."[43]

'견물생심(見物生心)'이라 하듯이, 어떤 사물을 보지 않았을 때에는 마음이 편안하다가도, 한 번 보면 욕망이 일게 된다. 그리하여 공자는 극기복례의 방법으로 '禮에 어긋나는 것은 보지 말라'고 권했다. 이를 정자(程子)는 〈시잠(視箴)〉에서 "物欲이 앞에서 가리면 마음이 옮기어 가니, 외면을 제어하여 그 안을 편안하게 하는 것[蔽交於前 其中則遷 制之於外 以安其內]"이라고 설명한 바 있다. 이러한 이치는 '듣고, 말

하듯, 예쁜 여자를 좋아하듯[如惡惡臭 如好好色]'하라고 했다. '나쁜 냄새를 싫어하고, 예쁜 여자를 좋아함'에 있어서는 누구나 表裏가 一致할 것인바, 이렇게 하는 것이 바로 誠意라는 것이다. 요컨대, 氣質을 변화시키기 위해서는 이처럼 진실한 자세로 백배의 노력을 가해야만 한다는 것이다.

42) 맹자는 "마음을 기르는 가장 좋은 방법은 욕망을 적게 하는 것[養心莫善於寡欲]"(『孟子』 盡心下 35)이라 설파한 바 있다.

43) 『論語』 顔淵 1: 顔淵問仁 子曰 克己復禮爲仁 一日克己復禮 天下歸仁焉 爲仁由己 而由人乎哉 顔淵曰 請問其目 子曰 非禮勿視 非禮勿聽 非禮勿言 非禮勿動 顔淵曰 回雖不敏 請事斯語矣

하고, 행동함'에 있어서도 물론 마찬가지다.[44)]

『대학』의 '성의정심(誠意正心)'이나 『중용』의 '계신공구(戒愼恐懼)' 및 '신독(愼獨)' 역시 물욕을 다스려 마음을 순화하기 위한 공부다. 주자는 '계신공구'와 '신독'에 대해 다음과 같이 체계적으로 명료하게 설명한 바 있다.

> '경계하고 두려워함[戒愼恐懼]'이란 아직 희로애락이 발하기 전에 함양(涵養)하는 것이요(이때는 고요하여 움직임이 없으니, 다만 涵養 공부를 할 수 있을 뿐이다. 涵養이란 天理를 보존하려는 것이다), '신독(愼獨)'이란 희로애락이 이미 발한 다음에 성찰(省察)하는 것이다(이때에 조금이라도 방심한다면 人欲으로 흐르게 된다. 義와 利를 판별함은 모두 이때에 달려 있다. 省察이란 人欲을 막으려는 것이다).[45)]

이 인용문에 의하면, '계신공구'란 희로애락의 감정이 발하기 전[未發時]의 공부로서 천리(天理, 本性)를 보존하려는 것이며, '신독'이란 희로애락의 감정이 발할 때[已發時]의 공부로서 인욕(人欲)을 막으려는 것이다. '천리를 보존함'은 '자신의 본성을 잘 함양함'과 같은 뜻인 바, 그리하여 앞의 인용문에서는 '계신공구'와 '함양'을 같은 뜻으로 설명했다. 또 '인욕을 막음'은 막 발동하는 자신의 감정이 천리에 속하는

---

44) '보고, 들음'은 우리의 자아가 대상 사물을 인식(수용)하는 과정이요, '말하고, 행동함'은 우리가 자아를 대상의 사물에 전개하는 과정이다. 대상 사물을 인식하는 과정에서는 '사물의 유혹'에 빠지는 것을 경계해야 하나, 자아를 대상의 사물에 전개하는 과정에서는 자신의 경박한 기질이나 그릇된 품행을 제어해야 한다. 이렇게 본다면『논어』의 '극기복례'와 '사물'은 '물욕의 극복'뿐만 아니라 '기질의 개선'과도 관계된 것이라 할 수 있다.

45)『朱子大全』卷53 頁23, 〈答胡季隨〉: 戒懼者 所以涵養於喜怒哀樂未發之前 (當此之時 寂然不動 只下得涵養功夫 涵養者 所以存天理也) 愼獨者 所以省察於喜怒哀樂已發之後 (當此之時 一毫放過 則流於欲矣 判別義利 全在此時 省察者 所以遏人欲也) 이 말은 胡季隨가 자기의 同學 潘友恭의 견해를 소개한 것으로, 이에 대해 주자는 "이 설명이 매우 훌륭하다."고 답한 바 있다.

지 인욕에 속하는지 성찰함으로부터 시작되거니와, 그리하여 앞의 인용문에서는 '신독'과 '성찰'을 같은 뜻으로 설명했다. 이러한 맥락에서, 『중용』의 '계신공구와 신독'을 주자학에서는 '함양과 성찰'로 이해하고, '미발시(未發時)의 함양'과 '이발시(已發時)의 성찰'을 마음 공부의 두 축으로 삼았던 것이다. 한편, 성리학자들은 마음을 다스리는 공부를 각종 '잠(箴)'으로 설명한 바 있는데, 정자의 〈사물잠(四勿箴)〉이나 범준(范浚)의 〈심잠(心箴)〉은 그 대표적인 예다. 그 가운데 〈심잠〉을 소개하면 다음과 같다.

茫茫堪輿　아득하고 아득한 천지는
俯仰無垠　굽어보고 우러러봄에 끝이 없도다.
人於其間　사람은 그 사이에
眇然有身　조그마한 몸을 두고 있도다.

是身之微　이 몸의 작음은
太倉稊米　큰 창고의 한 톨 쌀과 같은바
參爲三才　천지와 더불어 삼재(三才)가 됨은
曰惟心爾　오직 마음이 있기 때문이네.

往古來今　옛날이나 지금이나
孰無此心　누구인들 이 마음이 없었던가?
心爲形役　마음이 몸에 부림을 당하여
乃獸乃禽　마침내 금수처럼 되고 마네.
惟口耳目　오직 입과 귀와 눈과
手足動靜　손과 발의 움직임이
投間抵隙　빈틈을 파고들어
爲厥心病　마음을 병들게 하네.

一心之微　미약한 하나의 마음을

衆欲攻之　여러 욕망들이 공격하니
其與存者　그 보존된 것이
嗚呼幾希　아, 거의 드물구나.

君子存誠　군자는 성(誠)을 보존하여
克念克敬　능히 생각하고 능히 공경하니
天君泰然　마음이 태연하게 되어
百體從令　몸이 그 명령에 따르게 되네.

이제 '理에 대한 탐구'에 대해 논해 보자. 유교에서는 이를 '궁리(窮理)'라 하는바, 『대학』의 '격물치지(格物致知)'는 궁리의 방법을 제시한 것이다. 그런데 『대학』의 '격물치지'는 그 조목만 보일 뿐 구체적인 내용은 망실되어 알 수 없다. 주자는 '격물치지'를 '사물에 나아가 이치를 탐구함[卽物窮理]'으로 해석하고, '경전(經典)과 사서(史書)에 대한 독서'를 통해서 이치를 효과적으로 탐구할 수 있다고 보았다. 이처럼 주자는 '독서'를 '궁리의 요령'으로 제시하면서, 다음과 같이 말한다.

> 독서를 싫어하는 자는 독서를 게을리하여 이루는 바가 없습니다만, 독서를 좋아하는 자 또한 '많음을 탐내고 넓음을 힘씀'을 면치 못합니다. 그리하여 종종 그 단서(端緖)를 열지도 못했는데 성급하게 그 종국(終局)을 탐구하고자 하며, 이것도 탐구하지 못했는데 뜻은 홀연히 이미 저것에 가 있는 것입니다. 그리하여 비록 종일토록 부지런히 힘쓰고 쉬지 못하더라도 마음이 바쁘고, 항상 달아나고 쫓기는 듯해서 조용히 함영(涵泳)하는 즐거움이 없는 것입니다. 이것이 어찌 깊이 믿어 자득(自得)하고 오래도록 싫어하지 않아서, 저 독서를 게을리하여 이루는 바가 없는 자들과 다르게 될 수 있는 것이겠습니까? 공자의 "빠르게 이루고자 하면 도달하지 못한다."는 말씀과 맹자의 "재빠르게 전진한 자는 빠르게 후퇴한다."는 말씀은 바로 이것을 지적한 것입니다. 진실로 이것을 거울삼아 반성할 수 있다면, 마음이 한곳에 침잠하여 오래도록 옮겨가지 않을 것이요, 읽는 책도 문장의 뜻이 연결되고 맥락이 관통하게 됩니다. 그러

면 자연스럽게 점점 젖어들어, 心과 理가 융회(融會)되어, 善을 권장함은 깊어지고 惡을 경계함은 간절해질 것입니다.[46)]

주자는 독서에 있어서 '많음을 탐내고 넓음을 힘씀'을 경계하였다. 주자에 의하면, 중요한 것은 '많이 읽고 넓게 읽는 것'이 아니라 '중요한 몇 권의 책을 단계에 따라 정밀하게 읽는 것'이다. 널리 많은 책을 읽는 데 목표를 두면 마음만 바쁘고 혼란할 뿐 자득함이 없으나, 중요한 몇 권의 책을 순서에 따라 정밀하게 읽으면 그 내용을 완전하게 소화할 수 있어서 마침내 '心과 理가 융회된다'는 것이다. '心과 理가 융회된다'는 표현은 '心과 理가 혼연하게 일치된다'는 표현과 상통하는 것으로, 주자는 공부의 궁극적 경지를 이렇게 설명한 것이다.

이상에서 교육의 과제로서 '마음을 다스림'과 '이치를 탐구함'에 대해 살펴보았다. 마음을 다스림에 있어서는 『중용』의 기질변화론과 『논어』의 극기복례론이 핵심을 이루고, 이치를 탐구함에 있어서는 『대학』의 격물치지론이 핵심을 이룬다. 성리학에서는 이 모든 공부론을 '거경궁리(居敬窮理)'라는 하나의 명제로 통합하였다. 거경(居敬)[47)]

46)『朱子大全』卷14 頁15, 〈行宮便殿奏箚二〉: 若夫讀書 則其不好之者 固怠忽間斷 而無所成矣 其好之者 又不免乎貪多而務廣 往往未啓其端 而遽已欲探其終 未究乎此而忽已志在乎彼 是以 雖復終日勤勞 不得休息 而意緖悤悤 常若有所奔趨迫逐 而無從容涵泳之樂 是又安能深信自得 常久不厭 以異於彼之怠忽間斷而無所成者哉 孔子所謂欲速則不達 孟子所謂進銳者退速 正謂此也 誠能鑑此 而有以反之 則心潛於一 久而不移 而所讀之書 文意接連 血脈通貫 自然漸漬浹洽 心與理會 而善之爲勸者深 惡之爲戒者切矣

47) 성리학에서는 敬을 主一無適·整齊嚴肅·常惺惺·畏敬 등으로 설명하였다. '主一無適'이란 마음을 한곳에 집중하여 다른 곳으로 달아남이 없게 하는 것이다. 예컨대 글씨를 쓸 때에는 글씨 쓰는 것에만 마음을 집중하여, 다른 것을 생각하지 않는 것이다. '整齊嚴肅'이란 몸가짐을 단정하고 엄숙하게 하는 것이다. 몸가짐을 단정하고 엄숙하게 하면 마음이 統一되어 奸邪함이 끼어들지 못한다. '常惺惺'은 마음을 늘 깨인 상태로 유지하는 것이다. 마음을 늘 깨인 상태로 유지해야만 理를 밝게 살피고 따를 수 있다. '畏敬'은 머리 위로는 鬼神과 부모님·선생님이 계신 듯이, 발 아래로는 깊은 연못과 얇은 얼음이

은 '마음에 관한 공부'에 속하고, 궁리(窮理)는 '理에 관한 공부'에 속함은 물론이다. 그런데 거경과 궁리를 '서로 없을 수 없는[相互不可缺] 관계'로 규정하는 것이 주자학의 특징이다. 주자는 다음과 같이 말한다.

> 학자의 공부는 오직 거경(居敬)과 궁리(窮理)에 있다. 이 둘은 서로 발하는 것이니, 궁리에 능하면 거경 공부가 날로 진보하고, 거경에 능하면 궁리 공부가 날로 정밀해진다. 사람의 두 발에 비유하자면 왼발이 나가면 오른발은 멈추고 오른발이 나가면 왼발은 멈추는 것과 같으며, 또 공중에 하나의 사물을 매달아 놓은 것에 비유하자면 오른쪽을 누르면 왼쪽이 올라가고 왼쪽을 누르면 오른쪽이 올라가는 것과 같다. 사실 이 둘은 하나일 뿐이다.[48)]

거경은 주관적인 마음을 대상으로 삼고 궁리는 객관적인 이법을 대상으로 삼으니, 거경과 궁리가 '서로 성격이 다른 것'임은 부정할 수 없다. 그러나 거경이 뒷받침되면 궁리가 더욱 정밀해지고, 궁리가 뒷받침되면 거경이 더욱 심화된다는 점에서는 거경과 궁리는 '밀접한 하나'인 것이다. 그리하여 주자는 "거경과 궁리는 비록 '두 가지 단서'이지만, 사실은 '하나의 근본'이다."[49)]라고도 말하고, "거경은 궁리의 근본이다. 그런데 궁리가 밝아지면 또 마음을 기르는 데 도움이 된다."[50)]고도 말한다. 이처럼 거경과 궁리가 서로 밀접한 관계로서 '수레의 두 바퀴, 새의 두 날개'와 같다면, 분명 양자를 겸비해야 하는 것

있는 듯이 늘 두려움과 긴장을 늦추지 않는 것이다. 『心經附註』에서는 주자학에서의 敬의 여러 의미들을 설명하고, '畏敬'이 '敬의 원래 뜻'에 가장 가깝다고 설명하였다(『心經附註』 卷1 頁17).

48) 『朱子語類』 卷9(150쪽): 學者工夫 唯在居敬窮理二事 此二事互相發 能窮理則居敬工夫日益進 能居敬則窮理工夫日益密 譬如人之兩足 左足行則右足止 右足行則左足止 又如一物懸空中 右抑則左昂 左抑則右昂 其實只是一事

49) 『朱子語類』 卷9(150쪽): 主敬窮理 雖二端 其實一本

50) 『朱子語類』 卷9(150쪽): 持敬是窮理之本 窮得理明 又是養心之助

이다. 그런데 이단(異端)들은 혹은 거경을 무시하고 혹은 궁리를 외면함으로써 갖가지 폐단을 낳았다는 것이 주자의 지론이었다.

Ⅳ. 맺는 말

'성리학'은 '인간의 착한 본성을 깨닫고 그것을 실현하면서 살자'는 학문, 또는 '자연의 이법(理法)에 따라 살자'는 학문이다. 사람은 누구나 착한 본성을 지니고 있음에도 불구하고, 대부분의 사람들은 자신의 본성대로 살지 못하고(않고) 있다. 성리학에서는 그 까닭을 '마음'에서 찾는다. 우리의 마음에는 이런저런 하자가 있기 때문에, 본성을 실현하는 데 장애가 생긴다는 것이다. 이러한 맥락에서, 성리학에서는 '마음[心]'과 '본성[性]'을 엄밀히 구분하고,[51] 교육의 초점을 '마음을 다스림'에 두게 된 것이다.

요컨대, 성리학은 우리의 삶에서 추구해야 할 목표나 가치의 표준은 '본성'에 있지만, 그것을 실현하는 주체는 '마음'이라는 관점에서 교육이론을 정립한 것이다. 성리학적 교육이론의 결론은 우리의 마음을 다스려서 우리의 본성 또는 자연의 이법과 합치하게 만들자는 것이었다. 성리학자들은 이러한 관점에서 소학(小學) 교육과 대학(大學) 교육을 논의하기도 하고, 인문(人文) 교육과 기능(技能) 교육을 논의하기도 했다. 그렇다면 이러한 성리학의 교육이론은 어떤 의미가 있는 것인

51) 성리학에서 마음과 본성을 엄밀히 구분하는 것은 禪佛教의 卽心卽佛論을 비판하기 위한 것이기도 했다. 禪佛教의 卽心卽佛論은 '마음이 곧 진리의 표준'이라는 의미를 담고 있는바, 이러한 주장은 자칫 '猖狂自恣'를 초래할 수 있다. 그리하여 성리학에서는 "마음은 진리의 표준이 될 수 없고, 오직 본성만이 진리의 표준이 될 수 있다."고 주장하는 것이다.

가? 필자는 그것을 다음과 같이 정리하고자 한다.

첫째, 성리학의 교육이론은 '객관적인 이치의 탐구'와 '주관적인 마음의 순화'를 병행해야 한다는 것을 깨우쳐준다. 『대학』의 말로 표현하면, 교육은 격물치지(格物致知)와 성의정심(誠意正心)을 병행해야 한다는 것이다. 격물치지에 치우치면 이치를 잘 탐구할 수는 있어도 그 이치를 선용하기는 어렵고, 성의정심에 치우치면 마음은 착하게 될 수 있지만 객관적 이치에 어두워 오류를 범할 수 있다. 그러므로 우리의 교육은 이치의 탐구와 마음의 순화를 조화롭게 병행해야 한다. 성리학에서는 이를 '거경궁리(居敬窮理)'라 하였다.

둘째, 성리학의 교육이론은 '본성[理]이 표준'이라는 이상성(理想性)과 '현실의 善 · 惡은 마음[氣]의 주체적 역량에 달려 있다'는 현실성(現實性)을 동시에 담보하고 있다. 따라서 영원한 이상이나 표준은 '본성'에 있는 것이지만, 그것을 현실에서 구체화하는 역량과 책임은 우리 스스로의 의지와 노력에 달려 있는 것이다. 주자는 공자의 "사람이 道를 넓히는 것이요, 道가 사람을 넓히는 것이 아니다[人能弘道 非道弘人]."라는 말을 이러한 맥락에서 이해하였다.

셋째, 성리학의 '본성'과 '마음'을 동시에 통찰하라는 주장은 우리의 '이상적 목표'와 '현실적 조건'을 동시에 통찰하라는 가르침이기도 하다. '이상적 목표'만을 강조하면 공허(空虛)에 빠지고, '현실적 조건만'을 강조하면 속물주의(俗物主義)에 빠진다. 성리학의 입장은 '이상적인 목표도 현실적인 조건의 제약을 받는다'는 것이며, '현실적 조건은 이상적 목표를 지향하는 방향으로 개선되어야 한다'는 것이다. 따라서 이상적 목표에 대한 탐구와 현실적 조건의 개선은 항상 병행되어야 할 과제인 것이다.

넷째, 성리학에서는 현실을 주도하는 것은 마음[氣]임을 인정하면서도, 인간은 '자신의 마음'에 입각해 살 것이 아니라, '본성[理]'에 입각해 살아야 한다는 것을 분명히 하였다. 주자가 '육상산(陸象山)의 심즉리설(心卽理說)'을 극력 비판한 중요한 이유 가운데 하나는, '심즉리'는 '心의 자용(自用)'을 조장하여 '창광자자(猖狂自恣)'로 흐를 가능성이 크다는 것이었다. 심즉리가 자칫하면 창광자자로 흐르게 된다는 것은 양명학(陽明學) 좌파의 경우를 통해 역사적으로 확인된 바 있다. 오늘날 '개인의 자유의지'만 강조할 뿐 '자연의 이법'을 외면하는 자유주의 이론가들은 이 점을 경계해야 할 것이다.

참고문헌

『四書集註大全』
『周易傳義大全』
『禮記集說大全』
『書傳大全』
『纂圖互註周禮』
『二程全書』
『朱子大全』
『朱子語類』
『豫章文集』
『心經附註』
『小學集註』
『童蒙先習』

김인(2003). 인간의 본성과 교육. 誠敬齋.
박종덕(2010). 중용의 교육이론. 경기: 교육과학사.
이상익(2007). 朱子學의 길. 서울: 심산.
李烘雨(2014). 성리학의 교육이론. 경기: 교육과학사.
李烘雨, 柳漢九 編(2005). 교육의 동양적 전통 1. 誠敬齋.
李烘雨, 朴在文 編(2005). 교육의 동양적 전통 2. 誠敬齋.

제9장 성리학과 현대 교육

박종천 (고려대학교)

Ⅰ. 현대 교육의 문제점과 과제
   1. 앎과 삶의 분리와 열린 교육의 실패
   2. 지식의 축적에서 지혜의 체화로

Ⅱ. 교육의 신비와 성리학의 영성적 접근
   1. 교육의 신비와 이기론(理氣論)
   2. 교육의 목적: 천인합일(天人合一)과 성기성물(成己成物)
   3. 함양(涵養)과 확충(擴充)의 체화적 교육 방식
   4. 경(敬): 심신 주재의 성리학적 영성과 주체성
   5. 예(禮): 영성의 문화적 환류 체계

Ⅲ. 교육과정의 구조와 참여 방법
   1. 보편적 본성과 개별적 현실의 중층구조
   2. 학(學)과 사(思), 존덕성(尊德性)과 도문학(道問學)

Ⅳ. 성리학의 현대 교육적 재구성

Ⅰ. 현대 교육의 문제점과 과제

1. 앎과 삶의 분리와 열린 교육의 실패

교육은 인간이 자아와 세계를 알고 그 앎에 근거하여 자아와 세계를 변화시키는 실천을 추동한다. 따라서 자아와 세계에 대한 적절한 이해를 확장하지 못하거나 자아와 세계에 대한 바람직한 변화를 초래하지 못한다면 제대로 된 교육이라고 할 수 없다. 이해와 변화가 없는 교육은 열매 없는 나무와도 같다. 이해와 변화는 교육의 열매인 것이다.

교육에서 이해와 변화, 인식과 실천은 상호 긴밀하게 연결되어 있다. 따라서 온전한 이해가 없이는 자아와 세계를 변화시키는 실천을 기대할 수 없으며, 자아와 세계를 변화시킬 수 없다면 온전한 이해가 아니다. 깊은 이해와 인식이 적절한 행위와 실천을 이끌어 내기도 하고, 적절한 행위와 실천이 깊은 이해와 인식을 심화시키기도 한다. 그러므로 교육에서 이해와 행위, 인식과 실천은 별개의 영역이 아니라 상호 삼투적인 유기적 관계를 맺고 있다고 할 수 있다.

이렇듯 유기적 관계를 맺고 있는 앎과 삶은 인식과 실천, 존재와 당위를 분리하는 현대 교육의 이원론적 사고에 의해 분리된 채 전개되어 왔다. 당위에서 독립한 존재를 추구하는 이론적 앎은 가치중립적이지만, 실천적 당위를 지향하는 실제적 삶은 가치지향적이다. 가치연관 여부를 경계로 앎과 삶은 분리되었으며, 현대 교육은 이러한 이분법적 분리에 근거한 교육을 시행하고 있다.

교육은 이론적 앎에 근거하여 삶을 바람직한 방향으로 변화시키는 실천이다. 그런데 삶을 변화시키는 것은 가치의 영역에 속한다. 가치중립적인 앎이 가치지향적인 삶을 온전하게 변화시킬 수 있을까? 앎과 삶을 분리시키고 교육을 앎에 국한시킨다면 앎과 삶은 통합될 수 없고 이론은 실제의 바람직한 변화를 추동하지 못한다. 실제의 바람직한 변화를 일으킬 수 없는 이론은 교육의 방향성을 상실하게 되고, 실제에서 동떨어진 이론은 교육의 효과를 담보하지 못한다.

이론과 실제의 이분법적 분리는 교육에 참여하는 교사와 학생의 주체성을 충분히 배려하지 못하거나 교육을 통해 계승되는 사회적 전통을 소홀히 하는 문제점을 초래하기도 했다. 교육 참여 주체는 이론적 인식의 주체일 뿐만 아니라 실제적 실천의 주체일 수밖에 없으며, 그 주체들이 소속된 공동체가 공유하는 가치를 통해 구성되고 계승되며 변화하는 사회적 전통을 교육을 통해 전달하고 계승하기도 하고 재구성하며 변화시키기도 한다. 그러나 이론과 실제가 분리된 교육은 더 이상 교사와 학생이 사회적 실재(social reality)에 참여하여 전통을 습득하고 계승하거나 재구성하고 변화시키는 과정이 되지 못한다.[1)]

실제로 현대 교육은 사회적 전통을 자유로운 생각을 억압하는 질곡으로 생각하면서 개인의 창의성을 열렬히 강조하고 역설했다. 예컨대, 1980년대부터 1990년대까지 유행했던 '열린 교육'은 현대 교육이 지닌 가능성과 한계를 극명하게 드러냈다. 열린 교육은 기존의 제도권 교육이 획일적이고 규격화된 전통 답습형 교육의 문제점을 노출시키자 그것을 비판하면서 개방적이고 비판적이며 창의적인 인간 교육을 표방했다. 열린 교육에 의하면, 사회적 전통의 계승을 강조하는 전

---

1) 유재봉은 현대 교육이론 논쟁에 대한 검토를 통해 오코너(D. J. O'Connor)의 이론지향적 모형, 허스트(P. H. Hirst)의 실제지향적 모형, 랑포드(G. Langford)의 실제적 활동 모형 등이 지닌 이론과 실제의 이분법적 한계를 극복하기 위해서 양자의 통합을 가능하게 하는 사회적 실제 모형을 제안한 바 있다(유재봉, 2000).

통교육은 개방적이고 창의적인 개인의 능력을 전통이라는 이름으로 억압하는 구속일 뿐이었다. 따라서 열린 교육은 과거의 지식이나 전통적 교과로부터 벗어나서 지성과 감성이 조화된 전인적 인간을 지향하고 단일한 가치나 이념보다는 다양성을 존중하며 자유와 취향, 공존과 협동을 강조한다는 점에서 낭만주의적 이념을 추구했다.

그러나 열린 교육은 실패했다. 열린 교육은 결코 수단이나 도구로 환원될 수 없는 인간을 교육목적으로 삼았던 낭만주의적 이념을 지향하였으나, 이러한 방향성과는 달리 구체적인 수단으로 다양성의 교육방법과 절차를 도입하였다. 그리하여 실제로는 낭만주의적 이념과 상반되는 도구주의적 사고에 따라 교육의 효율성을 강조하였다. 결과적으로 낭만주의적 교육의 이념과 도구주의적 교육방법론이 상호 모순관계를 형성하는 역설적인 상황에 처하게 되었다(장성모, 2000: 123-131).

현대 교육이 추구하는 가치중립적 앎은 개인이 사회적 전통에 무조건 순응하는 것이 아니라 전통에 대한 성찰적인 인식을 하도록 비평적 거리를 확보한다는 점에서 일정하게 공헌했다. 그러나 현대 교육은 앎과 삶을 유기적으로 통합할 수밖에 없는 개인의 가치 지향적 실천을 배제하고 공동체가 공유하는 가치의 역사적 전승인 사회적 전통을 충분히 고려하지 못한다는 점에서 한계를 드러내고 있다.

현대 교육이 표방하는 가치중립성은 과학적이고 역사적인 사실의 영역을 존중하고 과도한 가치 과잉의 문제를 견제함으로써 문화적 다양성과 문화 상대주의적 인식을 수용하는 면에서 기여했다. 그러나 앎의 측면에서 중시된 사실성, 다양성 및 상대성을 어떤 관점에서 수용하고 평가하며 삶에 적용할 것인가 하는 것은 사실의 영역을 넘어서는 가치와 의미의 영역에 속한다. 따라서 교육의 내용은 사실적 지식의 전달과 습득에 국한되지 않으며 가치와 의미와 연관하여 지식을 평가하고 재구성하며 실천하는 과정을 포함하게 된다. 요컨대, 온전한 교육을 위해서 분리된 앎과 삶은 재통합되어야 한다.

2. 지식의 축적에서 지혜의 체화로

삶과 분리된 지식은 특정한 목적을 달성하기 위한 효과적인 도구가 되고, 도구적 지식을 전달하고 습득하는 교육은 특정한 목적 달성을 위한 수단적 과정이 된다. 이러한 도구주의적 교육관은 가치중립적 지식의 전달과 습득을 강조하면서 구체적인 교과 교육의 장에서 벗어나서 추상적 수준에서 다양하게 설계된 교육 절차와 과정 등을 체계적으로 도입하는 과학적 모델을 지향한다.

과학적 모델에 따라 지식 축적적 교육을 추구하는 현대 교육은 특정한 전문 영역으로 분절화된 교과 내용을 익히는 전문지식의 전달과 습득의 과정이 되었다. 과학은 가치중립적인 과학의 실험 혹은 논리적인 추론과정을 통해 체계적으로 지식들을 축적하려고 한다. 지식의 축적은 인식의 대상을 물리적으로 환원(reduction)하는 방법을 통해 이루어진다. 최근 크게 주목받고 있는 지식의 통섭(統攝, consilience) 역시 인간의 사회문화적 현상을 심리 현상으로 환원하고, 그것을 다시 생물학과 물리학의 과학적 현상으로 환원한다는 점에서 과학적 환원주의(reductionism)의 양상을 보이고 있다(Wilson, 1998 참조).

환원주의에 입각한 지식 축적적 교육 모델은 가치지향적 교육을 가치중립적 과학으로 환원하려는 경향이 있다. 그러나 이러한 접근 방식은 당위와 의미의 문제를 존재와 사실의 문제로 환원시키는 환원주의의 오류를 드러낸다. 또한 교육에서 가치와 의미의 영역을 배제함에 따라 결국 실천적 주체의 변화는 불가능해지고 만다.

그러나 구체적인 인간을 적절하게 이해하고 바람직한 방향으로 변화시키려고 하는 교육은 결코 가치중립적 지식으로 환원되거나 추상적인 과학의 영역으로 축소될 수 없는 것이다. 인간은 감정과 의지에 따라 다양한 반응을 하는 존재이지, 정확한 계산 결과에 따라 늘 동일한 반응을 반복하는 기계나 컴퓨터가 아니기 때문이다. 교육은 결코 기계적 반응을 전제로 하는 목적 달성의 수단이나 도구가 아니다.

과학도 그 자체로는 교육이 될 수 없다. 과학은 인간의 지식을 확장시키지만 가치를 배제하기 때문에, 가치를 지향하는 교육과는 달리 과학을 통해 확장된 지식을 무엇을 위해 어떤 방식으로 쓸 것인가 하는 문제를 다루지 않는다. 과학은 가치중립적인 합리적 탐구의 방법론으로 기능하지만, 인간이 추구하는 가치와 통합될 때 비로소 삶과 통합된 앎의 증진과 더불어 그 앎을 제대로 다룰 줄 아는 인간의 성숙이라는 교육의 목적을 달성할 수 있다.

가치중립적인 과학은 인식의 대상인 '사물에 대한 지식(know-what, knowledge)'을 축적하는 학문인 반면, 가치 지향적인 교육은 인식의 주체인 '인간이 지식을 다루는 지혜(know-how, wisdom)'를 체화(體化, embodiment)하는 과정이다(Varela, 1999). 교육의 대상과 주체가 분리된 축적 모델에 비해 양자가 유기적으로 연관된 체화 모델은 지식의 크기가 커질수록 지식을 다루는 삶의 성숙도도 높아진다. 요컨대, 바람직한 교육은 대상 사물을 객관적으로 인식하는 지식의 축적이 아니라 자발적으로 체득(體得)하고 주체적으로 체현(體現)하는 지혜의 체화과정인 것이다.

교육을 대상적 지식의 축적으로 규정하는 관점에서 벗어나서 주체적 지혜의 체화로 이해하는 관점으로 전환하면, 교육은 교육 대상이 되는 특정한 지식과 기술을 전달하고 습득하는 과정에 그치지 않고 교육 참여 주체의 심층적 변화를 전제로 하는 지혜의 체득과 체현을 통해 세계 변화에 이르는 총체적인 이해와 실천의 과정이 될 수 있다. 이러한 과정은 교육 주체와 독립적인 객관적 대상 지식을 전달하는 교육 모델이 아니라 앎과 삶, 대상과 주체가 상호 삼투하여 상승작용(synergy)을 일으키는 종교적 체험 혹은 예술적 과정에 견줄 수 있다(장성모, 2000: 136-137 참조).

도구주의적 교육관의 문제점을 극복하는 체화의 교육 모델은 교육을 외재적 목적의 성취 수단으로 보는 외재적 교육목적을 비판하고 내재적 교육목적을 강조한다. 내재적 교육목적은 교육 바깥에서 주어진 외재적 목적의 달성이 아니라 교육활동 내부의 가치 판단 기준을 주목하면서 교육의 궁극적 목적으로서 형이상학적 실재에 의한 정당화를 통해 이룰 수 있다(김정래, 2015; 이홍우, 2000a; 이홍우, 이환기, 김광민 편, 2000; 장성모, 2000 등 참조).

이러한 접근은 인식과 실천의 이분법적 분리와 도구주의적 교육관을 극복할 수 있는 이론적 실마리를 잘 보여 준다. 이러한 대안적 교육 모델에 동의하는 학자들은 '세계의 중층구조' 혹은 '마음의 중층구조'에 따라 '교육의 중층구조'를 주장한다(이홍우, 이환기, 김광민 편, 2000 참조). 세계는 초월적인 궁극적 실재(ultimate reality)와 경험적인 일상 세계의 중층적 구조로 이루어져 있으며, 마음[心]은 본체적인 본성[性]과 더불어 현상적인 마음[情]으로 구성되어 있다. 교육 역시 이러한 두 가지 차원에 대응하는 방식으로 전개될 때 온전하게 실현될 수 있다. 교육의 내재적 목적은 바로 경험적 일상을 넘어서는 궁극적 실재에서 비롯되며, 본성이 마음으로 전개될 때 구현된다.

전통시대에는 일상적 경험으로 환원되거나 국한될 수 없는 형이상학적 실재 혹은 궁극적 실재가 경이로운 신비의 차원으로서 일상적 경험세계를 이해하고 구성하는 '성스러운 덮개(sacred canopy)'였으나, 현대의 세속화된 사회에서는 인식과 실천의 토대이자 사회의 궁극적 공감대로서의 역할을 제한당하거나 거세당하고 있다(Berger, 1969 참조). 이에 따라 서구의 현대성은 궁극적 실재에 대한 느낌을 상실하였으며, 교육의 주체와 대상, 인식과 실천, 이론과 실제를 묶어 주었던 근간은 무너지게 되었다.

이렇듯 교육의 내재적 목적인 상층의 궁극적 실재가 사라지자 하층의 경험적 일상은 교육의 외재적 목적을 성취하는 수단으로 교육의 함의를 축소시켰다. 교육을 외재적 목적을 성취하기 위한 수단으로 보게 되면, 이론과 실제는 괴리되고, 교육 참여 주체와 그들이 속한 사회적 실제는 교육이론으로부터 유리된다. 이에 따라 교육은 사회적 효용성이나 물질적 보상의 기능적 측면에 대한 관심으로 전락하며, 교육받는 사람은 교육목적과 교육활동의 가치를 수단-목적 관계로 파악하게 된다. 예컨대, 매슬로(A. H. Maslow, 1908~1970)의 기능주의적 관점에 의하면, 자아실현의 욕구가 결핍의 만족 혹은 초월을 지향한다면, 교육의 목적은 기능의 종결 상태를 의미하게 된다(김정래, 2014). 그러나 욕구 충족 기능의 종결이 교육의 목적이 될 수는 없다. 따라서 온전한 자기실현(self-realization)은 그러한 외재적 목적에 따른 교육의 기능이 아니라 내재적 목적에 의한 교육의 구조를 파악할 때 가능하다(김정래, 2014: 55-56).

요컨대, 현대 교육은 인식과 실천의 이분법적 분리와 도구주의적 교육관의 문제점을 극복하기 위해서 세계의 중층구조 및 마음의 중층구조와 연계된 교육의 중층구조를 기반으로 내재적 교육목적을 실현시키는 대안적 교육이론을 제시하고 있다.

이 장에서는 성리학이 제시하는 세계와 마음의 중층구조를 설명하고, 그에 따르는 교육의 중층구조를 논의할 것이다. 이를 위해 세계의 본체와 현상에 대응하는 이기론(理氣論)과 본성과 현상에 대응하는 마음의 심통성정론(心統性情論) 및 지속적인 함양공부(涵養工夫)와 격물치지(格物致知)를 통한 확충과 체화의 교육론을 살펴볼 것이다. 먼저, 교육의 신비적 차원에 대한 성리학의 영성(spirituality)적 접근을 살펴볼 것이다. 또한 본성이 곧 이치라는 '성즉리(性卽理)'의 이론적 측면에서 세계의 중층구조는 마음의 중층구조를 거쳐 교육의 중층구조로 연결되며, 실천적 측면에서는 예(禮)의 체득(體得)과 체현(體現)을 통해 개별자의 일상적 경험세계를 보편자의 궁극적 실재로 승화시킴으로써 개별자적 한계에 유폐되지 않고 보편적 차원에서 공부하고 실천하는 신비의 참여가 가능하다는 점을 논증할 것이다. 이러한 논의는 대안적인 교육이론과 실제 교육의 가능성을 확장시키는 데 일정하게 기여할 것으로 기대된다.

II. 교육의 신비와 성리학의 영성적 접근

1. 교육의 신비와 이기론(理氣論)

교육은 일상적 경험세계에서 인간이 자기 자신과 자기를 둘러싼 세계를 인식하고 변화시키는 활동이다. 그런데 그러한 인식과 실천의 근거는 일상적 경험세계에 내재하는 동시에 그것을 초월해야 한다. 교육은 가시적이고 경험적인 교과 지식의 세계를 살아가면서도 그 구체적이고 한정적인 경험의 한계를 넘어서서 초월적이고 보편적인 실재의 세계로 나아가게 한다.

교육을 통해 도달하는 실재의 초월적이고 보편적인 차원을 '궁극적 실재(ultimate reality)'라고 한다.[2] 그리스도교 신학에서 하느님의 형상(Imago Dei)이나 성령(Holy Spirit)을 언급하면서 신의 초월성과 신성의 내재성을 동시에 거론한다거나, 불교에서 윤회(輪廻, Saṃsāra)의 속박에 묶인 식(識, vijnana-skandha)에 그치지 않고 깨달음(涅槃, Nirvana)의 잠재적 가능성으로서 불성(佛性, buddha-dhatu) 혹은 여래장(如來藏, tathagatagarbha)을 역설한 것 등은 모두 그러한 의식의 반영이다. 초월성과 내재성은 일견 상호 모순되는 것처럼 보이지만, 양자의 역설적 공존이야말로 궁극적 실재와 일상적 경험세계의 연결의 핵심 관건이다.

내재가 없는 초월은 보편적인 궁극적 실재가 있어도 개별적인 경험적 일상세계와 무관하므로 개별자가 보편적인 궁극적 실재에 다가갈 수가 없게 되고, 초월이 없는 내재는 개별적인 경험적 일상세계만 존재하므로 개별자가 다가갈 보편적인 궁극적 실재가 없게 된다. 양자 모두 일상적 경험세계에서 궁극적 실재로 나아가서 개별자가 보편자

---

2) 20세기 최대의 기독교 신학자 틸리히(Paul Tillich, 1886~1965)에 의하면, '궁극적 실재'(ultimate reality)는 개별적인 일상적 경험세계를 포괄하면서도 그것을 초월하는 종교적 관심, 즉,'궁극적 관심(ultimate concern)'의 대상으로서, 바람직한 삶의 근본이자 모델이다. '궁극적 관심'은 틸리히가 제안했던 개념을 종교학자 바흐(Joachim Wach, 1898~1955)가 적극 수용하면서 특정 종교전통을 넘어서는 포괄적인 '종교' 정의로서 널리 인정받았다. 바흐는 이 개념이 그보다 앞서 종교심리학자 제임스(William James, 1842~1910)가 『종교 경험의 다양성(*The Varieties of Religious Experience*)』(1902)에서 "인간의 의식 안에 있는 실재에 대한 깊고 총체적인 느낌"으로 설명한 바 있는 '종교 경험'(religious experience)과 일맥상통하는 것이라는 점을 지적하기도 했다. 이 개념이 불교를 비롯한 몇몇 종교에는 적용될 수 없다는 비판도 있지만, 불교학자 라훌라(Walpola Sri Rahula, 1907~1997)가 『붓다의 가르침(*What the Buddha Taught*)』(1959)에서 이 개념을 사용한 뒤로는 종교적 관심의 대상을 지칭하는 용어로 그 보편성을 인정받았다(박종천, 2008: 17-18, 특히 주석 1); 안양규, 2005; Proudfoot, 1985 등 참조).

에 다가가는 자기실현이 불가능한 것이다. 따라서 경험적 내재와 선험적 초월의 역설적 공존은 개별자의 경험적 한계를 열어 보편자의 궁극적 실재로 나아가서 경험적 일상을 궁극적 실재로 변화시키면서 개별자를 보편자와 일치시키는 '교육의 신비(mystery of education)'를 위해 필수불가결한 조건이다.

교육의 신비적 차원에 대해서 이홍우는 "교육은 신적인 상태를 실현하려는 인간적 노력을 가리킨다."(2000b: 38)고 설명했다. 이러한 신비적 차원은 종교나 예술에서 잘 나타난다(장성모, 2000). 여기서 신적인 상태로 표현되는 신비는 경험적 일상세계에서 언어와 논리 및 경험을 넘어선 차원을 말하며, 보편적인 궁극적 실재와 합일하는 신비체험을 통해 일상적 경험세계에 현현한다. 교육은 개별자의 한계를 넘어서서 보편자와 합일하는 신비를 목적으로 지향한다. 여기서 유의할 대목은 신비는 초월자의 내재와 내재자의 초월 또는 보편자의 개별화와 개별자의 보편화의 양 차원의 흐름이 개념상 분명하게 구분이 되지만 실제로 분리되지 않는다는 점이다.

성리학에서는 이를 '이기불상잡(理氣不相雜)'과 '이기불상리(理氣不相離)'의 논리로 표현했다. 우리는 일상적으로 다양한 氣의 현실을 살고 있지만, 그러한 현상에는 늘 본체인 理가 깃들어 있다. 본체인 理는 현상인 氣를 통해 다양한 형태로 현실에서 나타나기 때문에 양자는 서로 떼려야 뗄 수 없는 관계가 된다. 氣가 없으면 理는 드러날 수 없다. 그러나 理는 늘 氣라는 구체적이고 개별적인 현상을 통해 나타나기 때문에 그 초월적이고 보편적인 본체가 제한된 양상으로 나타난다. 따라서 제한된 양상으로 나타나는 氣를 곧바로 理로 등치시킬 수 없다. 理는 氣를 통해 현실 속에서 드러나지만 氣를 理로 혼동해서는 안 되는 것이다.

성리학의 교육은 '이기불상잡'에 따라 현실적 현상[氣]으로부터 이상적 본체[理]를 분명하게 구분하여 교육의 내재적 목적을 바르게 설정하고, '이기불상리'에 따라 본체가 현상을 통해 실현되는 양상을 체화함으로써 교육의 효과를 실현하는 것이다. 요컨대, 성리학은 氣의 현실을 살면서도 理의 이상을 체득하고 체현하는 것이다.

2. 교육의 목적: 천인합일(天人合一)과 성기성물(成己成物)

보편적인 형이상학적 실재[形而上; 道]로서 理는 만물의 생성변화의 근거로서 개별적인 일상적 경험세계[形而下; 器]에서 다양한 양상[氣]으로 현현한다. 성리학에서는 초월적인 형이상학적 실재인 理가 인간의 본성인 性으로 인간의 마음[心] 안에 내재한다고 보았다. 따라서 '성즉리(性卽理)', 곧 인간 안에 내재한 性이 바로 보편자인 리라는 성리학의 명제는 개별자에게 내재한 보편자의 선언인 것이다.

인간은 구체적이고 개별적인 한계를 갖고 있지만, 그것을 넘어서는 초월적이고 보편적인 가능성을 본래부터 지니고 있다. 궁극적 실재와 경험적 현실은 理와 氣의 구별로 나타나지만, 본체적 총체성과 현상적 다양성은 분리되지 않는다. 그것을 세계의 차원에서 보면 '리일분수(理一分殊)'요, 인간 마음의 차원에서 보면 '성즉리'인 것이다. 구체적인 현실에서는 현상적으로 다양하지만 본성의 차원에서 보편적이고 궁극적인 실재를 확인할 수 있기 때문에, 교육은 현상적 한계를 넘어서서 마음에 내재된 궁극적 실재인 본성을 구현하는 것이다.

성리학에서는 이 과정을 『중용』에 대한 주석을 통해 명료하게 설명했다(이홍우, 2000a 참조).

『중용』 1장의 '천명지위성(天命之謂性)'이나 21장의 '자성명위지성

(自誠明謂之性)' 등의 명제가 초월자의 내재와 보편자의 개별화 과정을 나타낸다면, 『중용』 1장의 '솔성지위도(率性之謂道)' '수도지위교(修道之謂敎)'는 21장의 '자명성위지교(自明誠謂之敎)'와 더불어 내재자의 초월과 개별자의 보편화 과정을 드러낸다.

『중용』 1장에 의하면, 性은 초월적 보편자인 하늘[天] 또는 理가 내재적 개별자인 인간의 마음[心]에 부여한 본성이다. 이러한 본성을 따르는 것이 道이며, 도를 닦아서 본성을 지속적으로 체화하는 것이 바로 교육[敎]이다.

『중용』 21장에 따르면, 性이 하늘이 드러내는 진실무망(眞實無妄)한 誠으로부터 바람직한 이상을 확인하고 실현시키는 明에 이르는 과정이라면, 敎는 인간의 明으로부터 하늘의 誠에 이르는 과정이다. 誠이 보편적인 하늘의 도[天之道]인 반면, 明은 인간의 인식과 실천이다. 인간은 하늘의 道를 통해 무지의 어리석음과 개별적인 한계를 벗어날 수 있으며, 인간의 道의 차원에서 밝은 깨달음으로 善을 택하여 굳게 지키는 과정을 통해 하늘의 道에 나아갈 수 있다.

하늘의 이치와 인간의 본성, 보편적인 궁극적 실재와 일상적인 경험세계 사이를 연결하는 이 두 가지 과정은 상호 유기적으로 연계되어 있다. 『중용』 21장의 '성즉명의(誠則明矣)' '명즉성의(明則誠矣)'는 보편적 초월자의 개별적 내재인 性과 개별적 내재자의 보편적 초월인 敎가 상호 연결된 선험적인 논리적 인과와 경험적인 유기적 연쇄를 압축적으로 보여 준다. 이러한 인과와 연쇄를 통해서 인간은 점차 성실한 하늘의 도리를 닮은 인식과 실천을 하게 되고, 그에 따라 하늘을 닮은 성인(聖人)으로 성숙하게 된다. 이것이 바로 '천인합일(天人合一)'의 교육적 이상이다.

성리학의 맥락에서 교육의 신비는 천인합일이다. 천인합일의 방법은 하늘의 이치를 본받아 본성의 자기실현을 이루는 것이다. 이러한 천일합일의 이상을 이기론과 심성론의 구도에서 정식화하는 것이 성리학의 특징이다. 거대 문명권을 형성한 대부분의 종교나 사상들이 대부분 그렇듯이, 천일합인은 초월성과 내재성의 역설적 공존과 함께 개별자가 보편자인 궁극적 실재와 직접적이고 내면적인 일치의 경험을 한다는 점에서 일종의 신비주의(mysticism)라고 할 수 있다(박종천, 2008; 陳來, 1988; Ching, 1983; 2003 참조). 이러한 신비는 초월적 차원에서 경험세계로 일회적으로 현현하는 것이 아니라 일상적 차원에서 교육을 통해 지속적으로 참여함으로써 질적 성숙을 거쳐 융(C. G, Jung, 1875~1961)이 말하는 '개성화(Individuation)'의 자기실현으로 바람직한 자기 변화를 이루고 세계의 생성 변화에 참여하는 양상으로 확대될 수 있다.

실제로 성리학에서도 이러한 자기변화는 자신의 변화에만 국한되지 않고 천지만물의 생성화육에도 참여하는 효과를 초래한다. 『중용』 1장에 의하면, 군자는 신독(愼獨)을 하며 본체인 미발(未發)의 중(中)을 큰 근본으로 삼고 현상인 이발(已發)의 화(和)를 천하의 보편적 도리로 삼는데, 하늘이 내린 본성과 그것이 발현된 정(情)이 체용(體用)으로서 온전하게 구현되면, 천지가 거기에서 제자리를 잡고 만물이 거기에서 화육된다.[3] 이것이 바로 일상적 인간이 하늘이 부여한 본성의 자기실현을 통해 보편적인 궁극적 실재와 합일하는 '천인합일'의 과정이다. 이러한 과정은 개별적 인간을 넘어서서 천지와 만물의 세계적 혹은 우주적 차원으로 확장되어 효과를 드러내므로, 자기를 완성하고 남도 완성시키는 '성기성물(成己成物)'의 과정이기도 한 것이다.

3) 『中庸』 1장. "喜怒哀樂之未發, 謂之中. 發而皆中節, 謂之和. 中也者, 天下之大本也. 和也者, 天下之達道也. 致中和, 天地位焉, 萬物育焉."

3. 함양(涵養)과 확충(擴充)의 체화적 교육 방식

성리학에서는 세계를 理와 氣의 중층구조로 파악하고, 그러한 세계의 중층구조에 대응하여 마음[心]이 性과 情을 겸하여 주재한다는 마음의 중층구조를 강조한다. 이러한 개념쌍들은 각각 개념적으로 구분되지만 실제로는 결코 분리할 수 없다. 유교에서는 궁극적 실재(ultimate reality)로서 보편적인 性과 구체적 일상으로서 현상적인 情을 모두 마음[心]의 영역에 포괄하고 있다. 그러나 성리학에서 마음은 주재하는 주체적 위상을 지니고 있으며, 체용론적 관점에서 性과 情은 각각 體와 用, 미발과 이발로 구별된다. 미발과 이발, 인식과 실천, 수기(修己)와 치인(治人)은 구별되지만 분리될 수 없는 유기적 연관성을 갖고 있다.

성리학은 이러한 논리적 토대 위에서 본체[體]와 작용[用]을 구별하되 분리하지 않는 사유를 통해 통합적인 심성론을 전개했다. 성리학은 구체적이고 개별적인 마음에서 궁극적이고 보편적인 본성을 찾았으며, 그러한 본성의 차원에서 심신을 아우르는 통합적 본성 함양의 가능성을 정립했다. 특히 성리학에서 마음[心]은 개별적인 실천 주체로서 심통성정(心統性情)의 통전적 구조를 갖고 있다. 마음은 보편적 본성[性]과 개별적 현실[情]을 겸하고 있을 뿐만 아니라 주재한다. 주희(朱熹, 1130~1200)는 다음과 같이 말했다.

> 성(性)은 심(心)의 체(體)이고, 정(情)은 심의 용(用)이다. (『朱子語類』 119: 7)
>
> 인의예지(仁義禮智)는 성(性)이고 체(體)이며, 측은(惻隱), 수오(羞惡), 사손(辭遜), 시비(是非)는 정(情)이고 용(用)이다. 성정을 통섭하고 체용을 포괄하는 것이 심(心)이다.(『朱子大全』「答方賓王」)

미발(未發)과 이발(已發)도 체용(體用) 관계로 설정된다. 또한 마음은 미발시 '적연부동(寂然不動)'하고 이발시 '감이수통(感而遂通)'하는 것이다(『朱子語類』 5: 59). 마음의 동정(動靜)은 이발과 미발에 대응한다. 미발의 본체는 마음에 내재한 이치인 혼연한 性으로서 선험적인 마음의 자연스런 본래 상태인 미발의 중(中)이며, 의식적인 인식의 주체인 마음과 분리되지 않는다. 따라서 본성은 흔히 '허령불매(虛靈不昧)'와 '도의전구(道義全具)'로 설명되듯이, 궁극적 실재가 내재한 마음의 본체로서 현상적인 마음과 분리되지 않으며, 대상화되지 않는 본성은 치우침 없이 밝고 모든 현상에 맞게 적절한 의리를 갖추고 있다. 성은 하늘이 부여한 마음의 본체이고(『朱子語類』 28: 84), 마음은 그러한 미발의 性과 이발의 情을 포괄함으로써 성정을 통섭하고 체용을 겸하는 것이다.

성리학은 미발인 정시(靜時)에 심성(心性)을 주재존양(主宰存養)하고 이발인 동시(動時)에 성찰(省察), 함영재배(涵泳栽培), 격물치지(格物致知)함으로써 미발과 이발, 정시와 동시를 아우르며 함양하는 공부를 제시했다(이상돈, 2010: 4, 5장 참조). 여기서 미발과 이발 모두 함양(涵養)으로 설명할 수 있다는 점은 특히 주목할 만하다.

미발시에 마음이 어둡거나 어지럽게 되지 않도록 일깨우고 경계함으로써 계신공구(戒愼恐懼)하여 마음을 보존하고 본성을 기르는 것이 본체를 함양하고 천리 혹은 도의를 보존하는 존천리(存天理)이자 미발의 중(中)을 이루는 치중(致中)의 공부라면(『朱子大全』 「答余正叔」; 『中庸或問』), 이발시에 상황에 따라 적절하게 천리를 드러내는 것은 성찰하고 신독(愼獨)하여 욕망을 막는 알인욕(遏人慾)이자 이발의 화를 이루는 치화(致和)의 공부다(『朱子語類』 62: 95).

주희는 미발시 마음의 보존을 통해 본성을 기를 수 있다는 미발함양설을 제시했다. 본성은 완전하고 순선한 것이기 때문에 불완전한 것을 수정·보완·변화시킬 필요가 없으며, 그저 온전하게 드러나도록 하면 된다(『朱子語類』 30: 54). 그러나 완전하고 순선한 본성이 온전하게 드러나도록 하는 것은 사람마다 정도와 양상의 차이가 난다. 따라서 자연스럽게 완전하고 순선한 본성에 따라 본성을 제대로 실현하면 되는데, 그 방법이 바로 마음을 잘 보존하여 마음이 본성을 주재하도록 함으로써 본성을 기르는 존심양성(存心養性)인 것이다(『朱子大全』 「答張敬夫問目」; 『朱子語類』 60: 37, 58).

한편, 이발시에도 함양의 논리가 관철된다(이상돈, 2010 참조). 이발시 성찰공부인 기질변화(氣質變化)는 기질의 물리적 속성이나 심리적 성격을 변화시키는 것이 아니라 기질의 상태에 따라 물욕의 영향을 받지 않고 理 혹은 본성의 실현이 잘 되도록 존심(存心)하는 방식이다. 온전하게 본성을 실현하기 위해서는 평상시에 이치를 체득하고 체화하는 노력을 지속해야 한다. 주희는 이를 '함영재배'의 논리로 설명했다. 이발 성찰을 요하는 기질의 변화는 구체적인 속성을 완전히 변경하는 것이 아니라 체득한 理의 실현을 잘 체현하는 상태의 숙련화를 뜻한다.

격물치지도 외부의 理를 인식하거나 과학적으로 지식을 축적하는 것이 아니며, 물에서 유영하거나 식물을 재배하듯이 마음속에 내재한 理를 통해 이미 아는 것을 체득하여 확충하는 것이다. 주희는 이를 인식의 넓이 혹은 범위가 아니라 깊이 혹은 숙련도로 보았다. 또한 인식에는 깊은 앎과 얕은 앎이 있으며 참된 앎과 소략한 앎이 있다고 설명했다.(『朱子語類』 28: 28, 34: 188) 앎은 본래 전혀 모르는 것을 완전히 새롭게 아는 창조적 인식이 아니라 내면의 본성에 갖추어진 잠재적 이치를 숙련시키는 점진적인 과정이다.

성리학은 약지(略知) 혹은 천지(淺知)에서 진지(眞知) 혹은 심지(深知)로 인식을 순숙(純熟)하게 확장하고, 일상생활에서 이루어지는 독서뿐만 아니라 쇄소응대(灑掃應對)와 육예(六藝)의 일상적 소학(小學) 공부에서도 실천을 심화시키고 확충하는 교육을 추구했다.

요컨대, 성리학은 미발과 이발, 정시와 동시 공부뿐만 아니라 본체와 현상, 인식과 실천에서 모두 확장과 체화의 모델을 지향했다고 할 수 있다. 이러한 양상은 이기론과 심통성정론으로 대표되는 세계와 마음의 중층구조에 대응하는 지속적인 함양, 확충, 체화의 교육 모델이라고 할 수 있다.

4. 경(敬): 심신 주재의 성리학적 영성과 주체성

교육의 신비는 일상적 경험세계를 넘어서는 초월적 차원이 개재하므로 일반적인 합리적 접근이나 경험적 접근만으로는 접근의 한계가 있게 마련이다. 따라서 경험적 차원과 초월적 차원을 유기적으로 포괄하는 총체적 차원의 영성적 접근이 필요하다. 영성(spirituality)이란 이성과 감성 등을 포괄하는 한편, 경험적 차원과 초월적 차원을 유기적으로 연계하는 장(場)을 주재하는 것이다. 영성은 그리스도교, 불교 등 특정한 교단 혹은 제도로 구축된 개별 종교 전통들의 종교성(religiosity)을 넘어선다(Baker, 2008 참조). 그것은 이성과 감성의 일상적이고 경험적인 마음의 제 영역, 기능, 구조를 초월적이고 보편적인 차원에서 새롭게 재구성하는 힘이다.

서구에서는 전통적으로 '종교(religion)'라는 말이 영성을 표현해 왔다. 칼뱅(Jean Calvin, 1509~1564)의 『기독교강요(*Institutio Christianae Religionis*)』에서 '기독교'를 영역하면 '기독교적 종교(Christian Religion)'

로 표기하듯이, 종교라는 말은 그리스도교, 불교 등 제도 혹은 축적적 전통으로서의 종교들을 지칭하지 않으며, 궁극적 실재(ultimate reality)를 대하는 '경건성(piety)'을 뜻한다(W. C. Smith, 1963 참조). 고대 로마 종교에서도 종교는 초월적 신과 일상적 인간 관계의 표준이었을 뿐만 아니라 일상적 인간 상호 관계에서도 표준이었다. 따라서 종교는 초월적이고 보편적인 차원이 일상적이고 개별적인 차원으로 확대되어 일상을 성화시키는 것이다.

성리학에서 경건성 혹은 종교에 대응하는 단어는 '경(敬)'의 마음가짐 혹은 그 실천으로서 '예(禮)'다. 敬은 미발의 중(中)과 이발의 화(和) 또는 동정(動靜)을 아우르는 일상적인 경험세계에서 개별자인 교육 참여 주체가 보편적이고 초월적인 궁극적 실재를 지향하는 실천적 태도이자 자세다. 다만 일상의 경험적 차원을 배제하지 않고 거기에서 독립적인 초월적 차원을 설정하지 않는다는 점에서 敬은 일상적이고 경험적인 신비주의라고 할 수 있다.

이러한 敬의 주재(主宰)와 禮의 실천은 교육과정에 참여하는 인식과 실천의 능동적인 주체를 형성한다. 이는 제임스(William James, 1842~1910)가 신비주의의 기준으로 제시했던 언표 불가능성, 직관적 인식 가능성, 일시성, 수동성 중에서 일시성과 수동성을 지속성과 능동성 혹은 주체성으로 재구성하면 상당히 유사한 면모가 있다. 신비주의와 잇닿아 있는 영성적 접근은 논리적 추론이나 합리적 분석이 아니라 직관적 인식을 통해 사적 욕망인 자아(ego), 곧 사욕(私慾)에 의해 가려지고 오도된 주체성을 회복하는 것이다.

흔히 '주일무적(主一無適)' '상성성(常惺惺)' '정제엄숙(整齊嚴肅)' 등으로 표현되듯이, 敬은 일종의 명상과 비슷한 '몰입'의 특성을 보여 주는데, 미발과 이발, 동(動)과 정(靜)을 아우르면서 일상에서 지속하는 공부라는 점이 매우 중요하다. 한 가지 유의할 대목은 미발의 중(中)이 신비주의적 명상인가 하는 점이다. 미발은 일체의 의식이 멈추거나 혼미한 상태가 아니다. 다만 의식이 특정한 대상을 지향하고 있지 않을 뿐이다. 성리학에서는 미발을 '지각불매(知覺不昧)'와 '사려미맹(思慮未萌)'으로 규정하고 있는데, 이는 의식적인 사려의 작용이 아직 작동하기 전이지만 지각은 어둡지 않고 밝은 상태다. 이발이 마음의 지향 대상이 있는 반면, 미발은 마음의 지향 대상이 없다. 마음의 지향 대상이 없다는 것은 개별적 사욕으로 인해 보편적 본성이 가리지 않은 채 밝게 현현한다는 점에서 신비주의와 일정하게 통한다.

敬은 개별적 기질에서 비롯되는 사적 인욕(人慾)으로 분산된 마음과 몸을 집중하고 몰입하여 보편적인 천리(天理)의 공적 의리(義理)로 나아가는 공부다. 주희에 의하면, 특정한 시간과 공간을 구별하여 마련하여 진행하는 특수한 미발 함양이 별도로 있는 것이 아니라 평소 장경함양(莊敬涵養)하는 공부를 지속적으로 유지하면 미발의 중(中)은 본체(本體)가 본래 저절로 그런 것이어서 일부러 찾으려고 애쓰지 않아도 되며 경의 태도로 굳게 지켜서 기상(氣象)을 늘 지켜서 잃지 않도록 하면 이로부터 발하는 情은 반드시 중절(中節)하게 된다.[4]

미발의 중(中)이든지, 이발의 화(和)든지, 敬은 장중하고 경건한 태도로 본성을 지속적으로 함양하고 보존하며 기르는 공부로서, 인식과 실천의 대상과 환경인 세계에 대해서 적절한 반응을 할 수 있도록 마음을 주재하는 것이다. 따라서 일상생활을 초월적 지평으로 승화시키도록 마음을 경건하게 주재한다는 점에서 敬은 분명히 성리학적 영성이라고 할 수 있다.

---

4) 『朱熹集』 卷 67, 3383, 3526 참조. 又云: "存養於未發之前則可求; 中於未發之前則不可." 又云: "未發更怎生求? 只平日涵養便是, 涵養久則喜怒哀樂發而中節."

그런데 더욱 중요한 대목은 영성인 敬의 주재가 마음에만 국한되지 않고 몸에 새겨진다는 것이다. 敬은 의식의 집중과 통일을 넘어서서 선한 마음가짐과 몸가짐을 아우른다. 주희는 호상학자(湖湘學者)들의 행동에 대해 함양이 없다고 개탄한 적이 있다(홍성민, 2007). 그리하여 평소에 용모와 말투를 신중하고 올바르게 유지하고 의례를 행하듯 의관을 반듯하게 하며 행동거지를 방만하지 않도록 단속하는 몸가짐을 강조하면서 지속적인 함양을 주장했다. 경건한 마음을 지니면 단정한 몸자세가 나오듯이, 반듯한 몸가짐에는 경건한 마음 자세가 수반되기 마련이다.

敬은 하늘이 부여한 본성[性]을 잘 함양하여 상황에 대한 적절한 반응[情]으로 나타나도록 하는 과정에서 마음의 체(體)와 용(用), 미발과 이발을 아우르는 일상적 경험세계를 하늘을 대하듯 하는 계신공구와 신독의 공부를 아우르면서 경건한 마음가짐과 몸가짐을 통해 理와 본성에 맞는 심신의 토대를 다지는 것이다. 요컨대, 경의 주재는 심신(心身)의 통합적 환류 체계를 형성한다.

5. 예(禮): 영성의 문화적 환류 체계

敬은 禮의 인지-실천 체계가 최적화되어 작동하는 상태로서, 우주의 理가 인간의 본성[性]과 공명하면서 이루어진 체득(體得)과 체현(體現)의 결과를 보여 준다(유권종, 2003). 본성은 敬의 주재를 거쳐 몸을 통해 다양한 상황에 맞는 禮의 적절한 표현양식으로 구현된다. 禮는 의례에서 파생되어 일상적인 삶의 영역에서 사람과 사람이 맺는 관계를 일정한 규범에 의해 정형화하고, 나아가서는 그러한 규범에 의해 운영되는 사회제도로 전개되므로, 종교적 '의례(ritual)', 윤리적 '실천

(practice)', 사회적 '제도(institution)' 등을 포괄하는 문화체계로 확장된다(이하 禮에 대한 설명은 박종천, 2008: 59-66에 따름).

유교가 '종교적'인 것은 삶의 의미와 가치를 확인하는 근본인 궁극적 실재(ultimate reality)로서의 하늘[天/上帝]과 하늘이 생성하고 유지하는 세계에 대한 담론이 있고, 그러한 담론을 만든 성인(聖人)과 성인의 말씀이 담긴 경전(經典)이 존재하기 때문이다. 하늘에 대한 믿음은 제사를 통해 의례화되고, 일상생활에서 인간들이 맺는 인륜(人倫)의 규범적 관계에서 이상적인 행동규범을 제공하며, 그것을 실천하면 인의(仁義)라는 덕(德)이 실현된다. 맹자(孟子)에 의하면, 禮는 그러한 덕이 적절하게 정형화[節文]된 것이다. 성리학에서는 이러한 德을 선천적으로 내재된 본성으로 보기 때문에, 德을 구현하는 교육은 본성의 실현 과정이 된다.

이렇게 정형화된 덕은 예의(禮義)의 인지체계와 합례(合禮)적 행위 능력으로 인륜 실천을 위한 내면적 자원이 되는 한편, 개인의 심신 수양을 위한 의절(儀節)로서 내면을 절제하는 몸의 자세와 동작을 통해 체화된다. 「사물잠(四勿箴)」이나 구용(九容), 구사(九思) 등의 원칙이 바로 유교 전통에서 의절의 절제를 통해 내면을 바로잡는 대표적인 사례다. 이렇게 체화된 의절은 일련의 체계를 이루면서 성인(聖人)의 '제례작악(制禮作樂)', 곧 '제도화(institutionalization)'를 거쳐 '예악형정(禮樂刑政)'이라고 불리는 예법(禮法) 혹은 예제(禮制)가 된다.

이러한 설명은 禮가 초월적 존재와 관련된 의례, 심신(心身)의 수양과 인륜의 도덕적 실천, 나아가 제도로서 공동체를 유지하는 체계로 기능하고 있음을 보여 준다. 먼저, 내면에 형성되는 예의(禮義)의 인지체계와 합례적 행위 능력은 실천(practice)을 거쳐 사회 환경에 형성되는 의절(儀節)을 통해 신체화(embodiment)되고 풍속(風俗)으로 외면화

(externalization)되며 예제(禮制) 혹은 예법(禮法)으로 제도화된다. 거꾸로 예제와 예법의 제도는 그 원칙이 현실화된 풍속을 통해 사람들에게 영향을 미치고, 그 영향 아래 이루어지는 구체적인 의절의 실행은 다시금 예의의 인지체계와 합례적 행위 능력으로 내면화(internalization)된다. 이러한 내면화는 개인이 사회에 적응한다는 측면에서 사회화(socialization)라고 표현할 수도 있다(Berger & Luckmann, 1966 참조). 이 과정 중에 사회의 외재적 질서 체계인 예 질서에 상응하는 내면적 예의의 인지 체계와 합례적 행위 능력이 확충되어 간다(유권종, 강혜원, 김경호, 장숙필, 박충식, 최상진, 2009 참조).

誠과 敬은 내면에서 예의의 인지 체계가 최적화되어 합례적 행위 능력이 제대로 작동하는 상태로서 긍정적 환류작용을 초래하고, 그에 따라 마음과 몸, 사고와 행동, 개인과 사회가 모두 성숙하는 흐름을 만든다. '敬으로써 내면을 바르게 하고, 義로써 외면을 반듯하게 한다'거나 '내면이 진실[誠]하면, 바깥에 드러난다. 그러므로 군자는 반드시 그 홀로 있음을 삼간다'는 표현은 모두 그러한 상태를 잘 보여 준다.[5] 이러한 환류체계 속에 개인의 행동은 '제도화(institutionalization)'와 '정당화(legitimation)' 과정을 거치면서 객관적 실재로서의 사회를 구성하고, 그러한 사회적 구조 가운데 객관적으로 규정되는 역할을 학습하는 '사회화' 과정을 통해 주관적 실재로서의 사회를 경험하면서 '정체성(identity)'을 형성하게 된다(Berger & Luckmann, 1966: 2, 3장).

요컨대, 성리학은 일상적 경험세계를 궁극적 실재로 승화시키기 위해서 誠과 敬을 통해서 하늘의 이치와 인간의 마음을 합일시킬 뿐만 아니라 예를 통해서 마음 → 몸 → 사회로 유기적으로 확장함으로써

5)『周易』「坤卦」〈文言傳〉. "君子敬以直內, 義以方外. 敬義立, 而德不孤."; 『大學』, "誠於中, 形於外. 故君子必愼其獨也."

'천인합일'과 '성기성물'의 교육 목적을 마음을 넘어서 몸과 사회에서 외면화하여 실천적으로 구현하고, 다시 그 작용을 내면화함으로써 역동적으로 구성되는 교육의 환류체계를 구성하게 된다.

Ⅲ. 교육과정의 구조와 참여 방법

1. 보편적 본성과 개별적 현실의 중층구조

성리학은 영성(spirituality)의 측면에서 근대적 의미의 학문 혹은 교육을 넘어서 있다. 현대 신유학자(新儒學者)인 뚜웨이밍(杜维明, 1940~)은 그것을 '인간의 궁극적 자기변화(ultimate self-transformation)'로 설명하면서 우주 질서와 연계하는 '인간우주적 비전(anthropocosmic vision)'으로 유교 인본주의의 생태학적 해석을 제시한 바 있다(Tu, 1989: 94-97; Tu, 2001: 243-264 참조).

그 핵심 내용은 우주의 생성과 변화에 인간이 공조할 수 있다는 것이다. 그리고 그 과정에서 인간의 적극적이고 능동적인 주체성이 요청된다. 이러한 사상은 "사람은 도를 넓힐 수 있으나, 도는 사람을 넓힐 수 없다."라고 한 공자(孔子, BC 551~BC 479)의 언명에서 이미 나타났다. 성리학은 하늘이 부여한 본성이 아니라 인간이 인식하고 실천하는 마음의 차원에서 창조적 주체성을 다음과 같이 정립했다.

> 사람밖에는 도가 없고 도밖에는 사람이 없다. 인심(人心)에는 지각이 있으나 도체(道體)에는 유위(有爲)가 없기 때문에, 사람은 그 도를 확대할 수 있지만 도는 그 사람을 확대할 수 없는 것이다. 장자: 마음이 본성을 다할 수 있는

> 것이 '사람은 도를 넓힐 수 있으나'이고, 본성이 그 마음을 검속할 줄 모르는 것이 '도는 사람을 넓힐 수 없다'이다.[6)]

마음은 본성을 다 실현시킬 수 있지만, 본성은 그 마음을 검속할 줄 모른다. 무위(無爲)의 도체(道體)와 달리 사람의 마음은 敬을 통해서 性과 情, 미발과 이발을 통합적으로 주재할 수 있다. 그 결과 자기변화는 물론이고, 理의 궁극적 실재 차원에서 일어나는 만물의 생성 변화에 참여하게 된다.

그런데 교육 참여의 주체인 마음은 어떻게 궁극적 실재 차원의 생성 변화에 참여하게 되는가? 이를 해명하기 위해서는 다시 세계와 마음의 중층구조와 연계된 교육의 중층구조를 살펴볼 필요가 있다. 중층구조론은 대체로 교육의 기능이 아니라 구조에 주목할 것을 주문한다. 일반적으로 교육을 특정한 목적을 달성하기 위한 수단으로 설정할 경우, 그 목적 달성이 이루어지면 교육은 끝나게 되는 반면, 중층구조론에서는 교육이 지속적으로 반복된다. 교육은 입문부터 시작해서 달인의 경지에 이르기까지 마치 나선형 상승구조처럼 교육의 지속적인 반복 중에 수준의 향상이 이루어지는 과정인데, 범인(凡人)이나 성인(聖人), 초보자나 숙련자 모두 교육을 통해 보편적이고 초월적인 理를 접하여 자기의 이해와 기술이 실존적 현실 경험의 한계를 넘어서는 천인합일의 성장을 목적으로 교육과 학습이 이루어진다. 이에 따라 현실적 수준은 상이하지만 본질적으로는 동일한 교육 경험이 진행된다(김정래, 2015 참조).

6) 朱子, 『論語集註』. "子曰: '人能弘道, 非道弘人.' 弘, 廓而大之也. 人外無道, 道外無人. 然人心有覺, 而道體無爲; 故人能大其道, 道不能大其人也. 張子曰: '心能盡性, 人能弘道也; 性不知檢其心, 非道弘人也.'"

그러므로 특정한 교육과정과 관련하여 시작과 완성이 일직선상의 발전적 구도가 아니라 본체[體]와 현상[用]의 중층적 구조가 교육의 전 과정에서 구조적으로 반복되며 지속된다. 이처럼 역동적이고 지속적인 구조는 성리학에만 국한된 것이 아니다. 이러한 중층구조는 성리학뿐만 아니라 대승불교의 세계관과 수행론에서도 발견된다. 실제로 『대승기신론(大乘起信論)』에서는 진여문(眞如門)과 생멸문(生滅門)이 한 마음이라는 일심이문(一心二門)의 중층구조를 보여 줄 뿐만 아니라, 본질적으로는 모든 중생이 깨달은 부처이지만 현실적으로는 궁극적 실재로 자기변화를 하지 못한 채 일상적 경험세계에 속한 중생이므로 본질적 본각(本覺)과 현실적 불각(不覺)의 모순적 상황 속에서 깨달음을 향한 철저한 믿음과 수행을 단행하는 수행자의 시각(始覺)이 일어난다는 점을 명료하게 드러내었다(김광민, 2005a; 박성배, 2002; 이홍우, 2000 등 참조). 서양의 그리스도교도 궁극적인 신의 은총 차원에서는 본질적으로 구원받은 의인이지만 현실적으로는 여전히 죄인인 실존 사이에서 신앙인의 회심과 실천이 가능해지는 역동적 구조를 지니고 있다. 이렇듯 궁극적 실재와 경험적 현실 사이에서 깨달음 혹은 교육이 빚어내는 역동적 구조는 주목할 만하다.

마찬가지로 성리학에서도 천리(天理)의 궁극적 실재가 내재화된 본성과 개별적 기질과 욕망의 한계에 휘둘리는 현실적 인정(人情) 사이에서 일상적 경험세계를 초월할 수 있는 궁극적 실재를 향한 교육적 동기가 작동한다. 그리고 그것은 끊임없이 진지한 확장과 체화의 공부를 통해 점진적으로 질적 성숙을 하다가 어느 순간 '활연관통'하여 개별적 차원을 넘어서서 보편적 차원을 체득하고 체현하는 단계로 접어들게 된다. 이는 마치 태권도를 익히는 사람이 초보자나 숙련자나 늘 같은 동작을 연마하지만 완성도와 숙련도에서 차이가 나듯이, 성리학이 보여 주는 확장과 체화의 교육은 공부와 수양이 진행될수록 마음과 몸에 젖어드는 본성의 실현 양상을 잘 보여 준다. 보편적인 궁극적 실재에 대한 인식과 실천이 체득과 체현으로 무르익으면, 궁극적인 자기실현을 방해하던 사욕으로 인해 구속되었던 교육 참여자가 주체성을 갖고 개별적 경험의 한계를 넘어서게 되고, 마침내 활연관통하여 보편적이고 초월적인 경지에서 자유로워진다. 우리는 교육을 통해 보편적 인식과 주체적 실천을 지속적으로 체화함으로써 나날이 더욱 자유로워진다.

2. 학(學)과 사(思), 존덕성(尊德性)과 도문학(道問學)

성리학에서 교육 참여의 방법은 학(學)과 사(思), 존덕성(尊德性)과 도문학(道問學)의 균형과 병행으로 이루어진다. 교육을 특정한 욕구의 실현 수단으로 보는 도구주의적 관점을 벗어나면, 교육의 내재적 목적으로서 궁극적 실재에 의해 교육의 동기화 혹은 정당화가 이루어질 수 있다. 따라서 교육의 외재적 목적을 설정하는 문제점을 극복하기 위해서 많은 교육철학자들이 선험적 정당화 모델을 따랐다.

물론 교과교육의 선험적 정당화는 세계와 마음의 중층구조를 충분히 반영하지 못하여 경험적 정당화와 충분히 차별화되지 못한다는 한계를 지적받기도 한다(구리나, 2011; 김광민, 2005b). 그러나 최근에는 그 한계를 극복하기 위해서 이론을 넘어서서 실제로 교과를 가르치고 배우는 교육의 실천적 활동을 통해 궁극적 실재가 드러난다는 점을 의식하여 교과활동의 내재적 정당화 혹은 메타프락시스(metapraxis)적 관점이 새롭게 부각되고 있다(김광민, 2007; 김정래, 2015).

성리학적 관점에서 보면, 마음과 세계에 대한 인식과 실천, 보편적인 궁극적 실재와 개별적인 일상적 경험세계는 구분은 되지만 분리할 수 없으며, 교육 참여의 관점에서도 그런 부분은 충분히 고려되어야 한다. 중요한 것은 교수와 학습, 學과 思, 존덕성과 도문학 등이 상호 성장의 시너지(synergy) 효과를 일으키며 궁극적 실재와 일상적 경험세계를 지속적으로 합일시킨다는 점이다.

첫째, 교수와 학습은 서로 북돋아 주는 '교학상장(敎學相長)'의 관계를 갖는다. 성리학에서 교육은 교사는 가르치고 학생은 배우는 일방적 지식 전수의 과정이 아니다. 배우는 학습이 체득(體得)의 과정이라면, 가르치는 교수는 체현(體現)의 과정이 되어야 한다. 한유(韓愈, 768~824)에 의하면, 스승은 궁극적 실재인 理 또는 道를 학생보다 앞서 터득했고, 그것을 전달하고 학업을 전수하며 학생의 의혹을 풀어 주는 사람이다.[7] 단순한 지식 전달자 혹은 기술 계승자가 아닌 것이다.

그런데 道와 학업을 전수하려면 가르침에 앞서 본인이 먼저 체득해야 한다. 주희는 『논어집주』 제일 앞머리에 있는 '학습(學習)'에 대해서 설명하면서, 배움[學]이란 '본받는다[效]'는 뜻임을 밝히고, 사람의 본성은 모두 선하지만 깨달음에서는 앞서기도 하고 뒤처지기도 해서, 앞서 깨달은 선각자를 후배들이 본받아야 한다고 주장했다(『論語集註』 卷 1; 박청미, 2014). 따라서 스승은 학생이 본받을 만한 모델이 되어야 한다. 스승의 체현을 본받은 제자는 다시 그것을 체득하는 과정이 필요하다. 따라서 교육은 단순한 지식 전달이 아니라 理를 체득하고 그것을 다시 상황에 맞는 적절한 禮로 구현해야 한다(황금중, 2014; 박종덕, 1996 참조).

둘째, 교육의 실제과정에서는 學과 思가 균형 있게 병행되어야 한

---

7) 『古文眞寶』 「師說」. "古之學者必有師. 師者, 所以傳道授業解惑也."

다. 공자는 "배우기만 하고 생각하지 않으면 얻음이 없고, 생각하기만 하고 배우지 않으면 위태롭다."[8]고 했다. 이에 대한 주석에서 주희는 "마음에서 찾지 않으므로 어두워서 얻음이 없고, 그 일을 익히지 않으므로 위태로워서 편안하지 않은 것이다."[9]라고 했다. 배우기만 하고 마음으로 반성적 성찰을 하지 못할 경우에는 하늘에서 부여한 性을 통해 誠을 포착하여 明으로 나아가는 사유가 이루어지지 않기 때문에 어두운 인식에 이르게 된다. 반대로 생각만 하고 배우지 않을 때에는 옛 모범을 체득하지 않기 때문에 가시적인 표준도 없고 그에 따라 일도 익숙하지 않은 관계로 위태롭고 불안한 것이다. 따라서 경전과 문물제도를 포함해서 객관화된 옛것을 부지런히 학습하여 체득하는 것이 중요하며, 무턱대고 체득하는 것이 아니라 자연에 표준으로 나타나거나 선각자가 보여 준 모범을 본받아서 체득해야 본받을 가시적 모범 혹은 표준이 있어서 위태롭거나 불안하지 않게 된다. 교육은 '온고지신(溫故知新)'의 과정인 것이다.

실제로 공자는 "내가 하루 내내 밥을 먹지 않고 밤새도록 잠을 자지 않은 채 생각해 본 적이 있었는데, 유익함이 없어서 배우는 것만 못했다."[10]고 말한 적이 있다. 이는 객관적 서적과 문물제도로 전승되는 교육의 전통을 학습을 통해 체득하는 것이 중요하다는 뜻이다. 그러나 학은 사와 불가결의 관계에 있다. 배우는 과정과 사유를 통해 주체적으로 소화하는 과정은 병행되어야 한다. 실제로 정이(程頤, 1033~1107)는 "박학(博學), 심문(審問), 신사(愼思), 명변(明辨), 독행(篤行) 이

8) 『論語』「爲政」. "學而不思則罔, 思而不學則殆."
9) 『論語集注』. "不求諸心, 故昏而無得. 不習其事, 故危而不安."
10) 『論語』「衛靈公」. 子曰: "學而不思則罔, 思而不學則殆."

다섯 가지 중에 하나라도 빼놓으면 배움이 아니다."[11]라고 말했다. 널리 배우고 자세하게 물으며 신중하게 생각하고 분명하게 분별하며 철저하게 실천하는 다섯 가지가 배움을 구성한다는 뜻이다. 여기에는 자세하고 묻고 신중하게 생각하며 분명하게 판단하는 등의 주체적 사유작용이 들어있다. 게다가 철저한 실천을 의미하는 독행까지 포함된 것을 보면, 배우는 '學'은 분석하고 사유하는 '思'와 더불어 행동하는 실천까지 포함되어 있는 유기적이고 체계적인 체득과 체현의 과정이라고 할 수 있다. 따라서 학과 사는 유기적으로 연계되어 있으며, "학(學)은 역동적 사태의 객관적 측면이고 사(思)는 역동적 사태의 주관적 측면"(유한구, 1999)이라고 말할 수 있는 것이다.

셋째, 존덕성과 도문학의 균형 있는 병행이 교육 활동의 핵심적 방법 중 하나다. 『중용』 27장에서는 존심(存心)하여 도체(道體)를 지극하게 이루는 것을 '존덕성'이라 했고, 치지(致知)하여 도체의 세밀한 것을 다하는 것을 '도문학'이라 했다. 이는 다른 말로 거경(居敬)과 궁리(窮理)의 병행이기도 하다. 존덕성 혹은 거경이 도체의 큰 근본을 극대화하는 반면, 도문학 혹은 궁리는 도체를 세밀하게 파악하는 차이가 있다.

궁리는 격물(格物)과 치지(致知)로부터 비롯된다. 인식의 대상 세계를 파악하여 지식으로 구성하는 것이 격물치지인 것이다. 그러나 격물 이후에 치지가 오는 것이 아니다. 격물과 치지는 시간적 선후관계나 논리적 인과관계가 아니다. 오히려 하나의 활동의 다른 측면이다. 주희는 "격물과 치지는 하나의 일일 뿐이니, 오늘 격물하고 내일 치지하는 것이 아니다. 격물은 理로 말한 것이고 치지는 心으로 말한 것이

---

11) 『論語集註』. 程子曰: "博學 · 審問 · 愼思 · 明辨 · 篤行五者, 廢其一, 非學也."

다."[12]라고 설명했다. 앞 문장에서는 격물과 치지의 시간적 선후 관계를 부정했고, 뒷 문장에서는 동일한 활동을 理와 心의 차원에서 설명한 것이다. 격물과 치지는 별개의 일이 아니라 하나의 활동의 상이한 측면인데, 격물은 공부의 객관적 측면이고 치지는 그 주관적 측면을 말한다(박은주, 1999: 280). 심지어 격물에서 치지로도 가능하고 치지에서 격물로도 가능하다(박은주, 1999: 280~281). 앞서 다른 개념들이 그랬듯이, 양자는 상호 유기적으로 연계된 것이다.

요컨대, 성리학은 교육과 학습, 전통의 수용과 주체적 반성, 덕성 교육과 궁리 교육을 병행하면서 시너지를 일으키는 교육 참여에서 교수자와 학습자, 전통의 전승과 주체의 창의성을 조화시킨다. 그러한 조화는 교육의 신비와 교육과정의 중층구조를 체화된 교육을 통해 적절하게 구현함으로써 이루어진다. 성리학은 주체와 무관한 대상적 지식의 축적이 아니라 주체적 지혜의 체화 교육 방식을 통해서 인식과 실천, 주체와 이치가 이분법적으로 분리되는 상황을 극복하고 보편적 이치와 실천적 주체를 통합적으로 이해한다. 본성의 구현과 기질의 변화는 우리 밖에 외재한 객관적 이치를 특정한 상황 속에서 처음으로 인식하는 것이 아니라 우리 안에 내재한 보편적 이치를 체득하고 체화하여 점차 인식과 실천의 완성에 이르게 된다. 이러한 과정을 통해 우리는 개별적 일상의 한계를 넘어서서 보편적 이치를 구현할 수 있다.

---

12)『朱子語類』120: 91. "致知 · 格物, 只是一事. 非是今日格物, 明日又致知. 格物以理言, 致知以心言."

Ⅳ. 성리학의 현대 교육적 재구성

지금까지 성리학이 지닌 세계/마음의 중층구조에 입각하여 교육의 중층구조를 구성한 논의를 교육의 신비에 대한 영성적 접근으로 확장시켜 논의해 보았다. 이러한 접근은 성리학이 지닌 성격에 충실할 뿐만 아니라 현대 교육이 지니고 있는 이분법적 사유와 도구주의적 관점 및 그와 연계된 외재적 교육목적의 문제점을 극복할 수 있는 가능성을 선보이고 있다.

실제로 성리학은 초월적이고 궁극적인 실재를 개별적이고 현상적인 차원에서 체득하고 체화하는 과정을 통해 점진적이고 지속적으로 확충하고 완성하는 교육을 제시함으로써 존재와 당위, 인식과 실천, 보편적 이치와 실천적 주체가 일치하는 총체적 교육의 가능성을 분명하게 보여 주었다. 이는 지식 축적 방식을 중심으로 하는 과학적 모델의 현대 교육이 지닌 약점을 확실하게 보완해 준다.

한편, 치밀하게 세분화된 현대 교육의 교과들은 각각 전문적이고 자율적인 영역을 확보하고 있지만, 그 때문에 각 전문 지식들 간의 관계를 총괄하고 조율하는 포괄적 인식과 총체적 실천이 불가능하게 되었다. 성리학이 보여 준 지혜의 체화 모델은 분과화된 지식의 축적 모델을 총괄하고 조율하는 포괄적 인식과 총체적 실천의 근거가 될 수 있다. 전통적으로 동아시아 유교 문명에서는 특수한 영역의 전문적인 지식과 기술들을 소도(小道)의 영역에 두었으며, 성리학은 그렇게 특수한 영역에서 한정된 지식들을 보편적 차원에서 해석하고 가치와 의미의 차원까지 유기적으로 연결시켜 이해함으로써 포괄적 인식과 총체적 실천의 가능성을 확보했다(김영식, 2009, 2013; 박종천, 2016 참조).

이렇듯 성리학은 대상적 지식의 축적에서 주체적 지혜의 체화로 이행할 수 있는 가능성을 통해 현대 교육의 새로운 활로를 열어 주고 있다. 그러나 성리학을 현대 교육으로 적절하게 재구성하기 위해서는 몇 가지 유의할 점이 있다.

먼저, 성리학은 '도덕형이상학' 혹은 '우주인간론적 비전'이라는 평가가 잘 보여 주듯이, 실천적 윤리학과 형이상학의 연결 혹은 우주론과 인간론의 결합이다. 성리학은 본래 선진(先秦) 유교로부터 비롯된 전통이 불교 혹은 도교의 형이상학 혹은 우주론과 결합하면서 빚어진 새로운 학문적 재구성이다. 예컨대, 성리학의 이기론(理氣論)은 유교적 관점에서 불교의 이사(理事)관과 도교의 기론(氣論)을 결합하여 형이상학적으로 새롭게 재구성한 것이다. 따라서 새로운 종교 혹은 사상과의 만남을 통해 비로소 보편적인 교육의 신비에 대한 새로운 영성적 접근이 가능해졌다는 점을 유념할 필요가 있다.

이러한 양상은 유대교와 헬레니즘을 결합한 그리스도교나 도교와 결합한 불교 등에서도 찾아볼 수 있다. 이질적이고 상이한 요인들의 결합이 보편성을 향한 새로운 접근의 풍부한 가능성을 열어 준 것이다. 이런 맥락에서 성리학은 현대의 새로운 학문이나 서구의 이질적인 사상과의 만남을 통해 새로운 가능성을 열어줄 여지가 있으며, 그에 따라 새로운 확장 혹은 재구성도 가능하다.

다음으로, 성리학을 통해 교육 영역이나 범위의 확대 문제를 생각해 볼 수 있다. 현재 교육의 내용을 구성하고 있는 교과들은 인문학, 사회과학, 자연과학, 공학, 의학 등 각각 독자적인 영역을 구축하고 그 영역에서만 통용되는 많은 원리들을 구성하고 있다. 이러한 지식들을 기본적으로 보편적인 궁극적 실재인 理와 그 현상적 구현 양상인 氣의 관계 안으로 끌어들여서 재구성할 수 있을까? 반대로 이기론을 비롯한 성리학의 이론적 · 실천적 구상들은 현대의 분과화된 각 영역의 학문 발전 혹은 교육활동에 어떤 기여를 할 수 있겠는가?

이런 물음에 대한 구체적인 답변이 있을 때 성리학은 현대 교육에 구체적으로 기여할 수 있을 것이다. 예컨대, 문학, 예술, 기술 또는 체육 교과 등을 생각해 보면, 입문자와 숙련자의 현상적인 차이에도 불구하고 이치 혹은 본성이라는 보편적인 차원에서 동일한 교육이 지속적으로 반복되는 과정 중에 성장하는 교육 효과를 확인할 수 있다. 특히 체득과 체현으로 특징지워진 성리학의 지혜는 주체의 마음과 몸이 배제된 지식과는 다르다. 지혜는 주체를 고려하지 않은 채 인식의 과정에서 무시하여 배제하거나 인식 주체와 인식 객체 사이의 인식론적 거리를 전제하는 현대적 지식이 아니다. 오히려 주체적 체화를 통해 궁극적 실재를 향해 나아가는 교육의 신비를 교육의 목적으로 고려함으로써 우리는 주체와 객체의 거리를 없애는 '천인합일'과 더불어 마음 → 몸 → 사회 → 우주로 확장되는 '성기성물'의 과제를 지속적으로 구현할 수 있으며, 경험적 일상에서 궁극적 실재를 체화하는 과정으로 교육을 새롭게 재구성할 수 있다.

그러나 이러한 확장 가능성에도 불구하고, 성리학에는 검토해 볼 문제점들도 있다. 성리학의 역사에서는 흔히 벽이단론(闢異端論)과 짝을 이루어 전개되었던 정통론(正統論, orthodoxy)과 더불어, 정통행(正統行, orthopraxis)의 권위 주장이 정치적 권력작용을 통해 음사(淫祀)와 비례(非禮)로 규정된 타자적 사유와 실천을 억제하고 탄압했던 일이 비일비재하다.

물론 이는 성리학만의 문제가 아니다. 양상과 정도의 차이만 있을 뿐, 궁극적 실재를 지향하는 거의 모든 종교나 사상이 지닌 독단론(dogmatism)의 문제점이기도 한 것이다. 독단론의 문제점은 보편적이고 초월적인 궁극적 실재를 개별적이고 일상적이며 상대적인 역사적 의견 혹은 주장 및 실천들을 절대시하면서 결과적으로 궁극적 실재를 특정한 현상적 차원에 국한하여 역사적으로 실체화함으로써 심각한 역설(逆說)을 낳았다. 따라서 궁극적 실재에 대한 교육적 추구와 그에 대한 정형화되고 규범화된 역사적 전통은 갈등을 빚을 수밖에 없게 된다(박종천, 2016 참조).

더구나 다원주의 시대를 맞고 있다는 점을 고려해 볼 때, 불가지론이나 상대주의로 전락하지 않으면서도 보편적인 궁극적 실재에 대한 영성적 접근이 현실적으로 가능한 토대를 마련하는 것이 중요하다. 이를 위해서는 기존의 교육 전통을 재강화하는 신정통주의적 접근이나 기존 전통의 권위와 가능성을 깡그리 무시한 채 개인의 자유와 취향만을 권장하는 상대주의 혹은 자유주의적 접근을 지양하는 제3의 접근이 보완될 필요가 있다.

전통적으로 형이상학적 실재 혹은 궁극적 실재로 믿음과 인식의 토대가 되어 왔던 신(Deus), 로고스(Logos), 이데아(Idea), 理 등을 인간이 궁극적 실재를 상상하며 요청하거나 구성한 구성적 실재로 가정하고, 그 궁극적 관심의 구성 방식과 양상을 존중하되, 그러한 구성적 실재가 믿음이든, 인식이든, 직관이든, 실천이든, 경험적 현실을 재구성하는 방식을 경험적 현실 속에서 궁극적 실재를 지향하는 주체적 교육 활동의 근간으로 재구성하면 어떨까? 그렇게 되면 우리는 다양한 사상적 맥락과 문화적 배경을 갖춘 채 수많은 이름과 차별적 함의를 담고 있는 궁극적 실재들을 중층구조의 관점에서 경험적 현실을 바람직한 자기변화와 세계변화의 장으로 재구성할 수 있는 구성적 실재들로 재설정할 수 있을 것이다.

또한 궁극적 실재로부터 시작하여 경험적 현실에 이르는 흐름은 이론적으로 전제하고 존중하되, 경험적 현실로부터 궁극적 실재에 이르는 과정을 방법론적으로 재구성하는 접근도 가능하다. 중층구조론에 입각한 영성적 접근이 보여 주는 것처럼, 이러한 접근은 다양한 문화전통에서 각기 다른 이름으로 소개되어 온 인류의 지혜들이 교육적 차원에서 상호 소통하는 가능성을 열어 줄 수 있다. 적어도 인류가 교육의 중층구조라는 구조적 패턴을 전제한 채 교육의 역사를 전개했다는 설명은 가능할 것이다.

그리고 그렇게 전제된 이론적 구도와 연관하여 보편적인 지구촌 윤리를 구상할 수 있을 것이다. 다른 위대한 종교와 사상이 그렇듯이, 성리학은 體와 用, 理와 氣 중 어떤 것을 주관심사로 삼느냐에 따라서 다양한 이론과 실천의 양상을 선보일 만한 가능성을 품고 있다. 따라서 성리학이 지배하던 전통시대에 강조되어 왔던 體와 理를 일방적으로 강조하는 풍토에서 벗어나서 다양한 전문 분과로 분화된 현대사회의 교과 상황을 고려하여 用와 氣로부터 시작하여 體와 理에 이르는 귀납적 방식을 고민할 필요가 있다.

물론 성리학이 전개된 구체적인 역사적 맥락과 사회적 상황을 생각해 보면, 교육적 이념의 사회적 존재구속성의 문제를 가볍게 넘길 수는 없을 것이다. 예컨대, 성리학이 정당화했던 남성 가부장 중심적 사회문화는 현대사회에서 더 이상 지속가능하지 않다. 남성도 육아와 가사를 고민해야 하는 시대를 맞아 성리학은 기존의 삼강오륜의 인륜을 어떻게 재구성할 것인가 하는 문제를 교육적 관점에서 고민해야 한다.

그러나 그러한 고민이 손쉬운 이론 간 접합으로 연결되어서는 안 된다. 우리는 근대 동아시아에서 전개되었던 중체서용(中體西用), 동도서기(東道西器), 화혼양재(和魂洋才) 등의 한계를 충분히 반성적으로 성찰할 만한 시점에 와 있다. 정신과 물질, 도덕가치와 과학기술의 이분법을 전제한 채 양자를 접합했던 동양과 서양은 그리 행복한 만남을 빚어 내지 못했다. 중요한 것은 중층구조의 체계 정합성을 유지하면서도 궁극적 실재와 경험적 현실의 중층구조와 이론과 실천의 유기적 연계 속에서 우리가 처한 다양한 문제들을 해결할 만한 현실적합성을 얼마만큼 잘 구현할 수 있는가 하는 점이다. 다양한 경험적 맥락으로부터 궁극적 실재에 새롭게 다가갈 수 있는 다양한 통로를 구상하는 것은 현대 교육의 새로운 도전 과제라고 할 수 있다.

참고문헌

『古文眞寶』
『論語集註』
『朱子大全』
『朱子語類』
『中庸』
『大學』

구리나(2011). 교과의 선험적 정당화: 지식의 형식과 삶의 형식. 도덕교육연구 22(2), 293-314.
김광민(2005a). 불교 수행이론에 비추어 본 교과의 의미. 도덕교육연구 16(2), 43-64.
김광민(2005b). 교과교육의 정당화: 중층구조의 관점. 도덕교육연구 17(1), 107-131.
김광민(2007). 교과의 내재적 정당화: 메타프락시스적 관점. 도덕교육연구 19(1), 87-110.
김영식(2009). 인문학과 과학–과학기술 시대 인문학의 반성과 과제. 경기: 돌베개.
김영식(2013). 유가 전통과 과학. 서울: 예문서원.
김정래(2014). 교육목적으로서 '자기실현'의 재음미: 매슬로우의 이론을 단초로 한 논의. 教育哲學硏究 36(2), 49-70.
김정래(2015). 세 가지 측면에서 본 교육목적 논의–수단-목적, 인과, 방편-. 教育哲學硏究 37(2), 47-72.
박성배(2002). 깨침과 깨달음. 윤원철 역. 서울: 예문서원.
박은주(1999). 格物致知論의 道德教育的 含意. 도덕교육연구 11, 269-289.
박종덕(1996). 禮의 具現體로서의 教師. 도덕교육연구 8, 143-155.
박종천(2008). 다산 정약용의 의례이론. 성남: 신구문화사.
박종천(2016). 조선 후기 유교적 벽이단론의 스펙트럼. 종교연구 76(3), 1-25.
박청미(2014). 유학의 배움 개념, 본받음 도학의 범주에서 이루어진 탐구. 교육철학 54, 83-105.

안양규(2005). 궁극적 실재(Ultimate Reality)로서의 열반. **종교연구** 40, 71-94.

유권종(2003). 退溪의 禮교육과 인격형성의 원리. **유교사상연구** 18, 33-65.

유권종, 강혜원, 김경호, 장숙필, 박충식, 최상진(2009). **유교적 마음모델과 예교육**. 한국학술정보.

유재봉(2000). 현대 교육이론에 관한 논쟁 검토. **한국교육사학** 22(1), 137-150.

유한구(1999). 열린 교육의 두 측면: 學과 思. **도덕교육연구** 11, 31-54.

이상돈(2010). 주희의 수양론-未發涵養工夫를 중심으로-. 서울대학교 대학원 박사학위논문.

이홍우(2000a). **性理學의 敎育理論**. 서울: 誠敬齋.

이홍우(2000b). 마음의 신비와 교육의 신비. **마음과 교과 -열린교육의 이론적 쟁점-**. 서울: 誠敬齋.

이홍우, 이환기, 김광민 편(2000). **마음과 교과-열린교육의 이론적 쟁점-**. 서울: 誠敬齋.

장성모(2000). 열린교육의 두 차원: 종교와 예술. **마음과 교과-열린교육의 이론적 쟁점-**. 서울: 誠敬齋.

황금중(2014). **학學이란 무엇인가**. 경기: 글항아리.

홍성민(2007). 朱子 哲學에서 未發 涵養의 문제-中和 論辯 시기를 중심으로-. **철학연구** 104, 289-314.

홍성민(2008). 주자철학에서 기질변화설의 의미. **동양철학** 30, 275-297.

홍성민(2013). 주자 수양론에서 감정 주체와 감정 적합성의 의미: 正心에 대한 해석을 중심으로. **중국학연구** 63, 319-341.

홍성민(2014). 朱子의 도덕감정론에서 中節의 문제. **인문과학연구** 40, 551-573.

陳來(1988). 神秘主義與儒學傳統. **文化: 中國與世界** 5. 香港: 三聯書店.

Baker, D. (2008). *Korean Spirituality*. Honolulu: University of Hawaii Press.

Berger, P. L. (1969). *The Sacred Canopy: Elements of a Sociological Theory of Religion*. New York: Anchor Books.

Berger, P. L., & Luckmann, T. (1966). *The Social Construction of Reality*. New York: Doubleday.

Ching, J. (1983). "The Mirror Symbol Revisited: Confucian and Taoist Mysticism".

Mysticism and Religious Traditions. Oxford: Oxford University Press.

Ching, J. (2003). "What is Confucian Spirituality?" *Confucian Spirituality*, vol. 1. New York: The Crossroad Publishing Company.

Tu, W. (1989). *Centrality and Commonality: An Essay on Confucian Religiousness.* New York: State University of New York Press.

Tu, W. (2001). "The Ecological Turn in New Confucian Humanism: Implications for China and the World". *Daedalus*, No. 130, 243-264.

Tucker, M. E. (2003). "Introduction". *Confucian Spirituality*, Vol. 1. New York: The Crossroad Publishing Company.

Proudfoot, W. (1985). *Religious Experience*. Berkeley, CA: University of California Press.

Smith, W. C. (1963). *The Meaning and End of Religion: A New Approach to the Religious Traditions of Mankind.* New York: Macmillan.

Varela, F. J. (1999). *Ethical Know-How: Action, Wisdom and Cognition*. Stanford, CA: Stanford University Press.

Wilson, E. O. (1998). *Consilience: The Unity of Knowledge*. New York: A. A. Knopf.

찾아보기

인명

내용

ㅂ

ㅅ

ㅊ

자 소개(가나다 순)

낙진(金洛眞)

려대학교 철학과(문학사) 및 동 대학원(철학박사)
려대학교, 서울교육대학교 강사
) 진주교육대학교 교수

서: 의리의 윤리와 한국의 유교문화
서: 원전으로 읽는 여헌학-여헌 선역집(공역)

정래(金正來)

울대학교 사범대학 교육학과(문학사) 및 동 대학원(교육학석사)
국 University of Keele 교육철학(철학박사)
국교육개발원 연구위원
) 부산교육대학교 교수, 한국교육철학회장

서: 민주시민교육비판, 진보의 굴레를 넘어서, 고혹 평준화 해부, 아동권리향연, 교육과 지식(공저)
서: 지식의 조건(쉐플러), 암묵적 영역(폴라니), 교육과 개인(코헨), 초등교육문제론(디어든), 아동의 자유와 민주주의(챔벌린), 교육목적론(린지)

종천(朴鍾天)

울대학교 종교학과(문학사) 및 동 대학원 종교학과(철학박사)
국국학진흥원 책임연구위원 및 고전국역실장
북대학교 우암연구소 전임연구원
) 고려대학교 민족문화연구원 교수

서: 조선시대 예교담론과 예제질서, 조선 후기 사족과 예교질서, 일기를 통해 본 조선후기 사회사-계암일록을 중심으로-, 예, 3천년 동양을 지배하다, 다산 정약용의 의례이론, 서울의 제사: 감사와 기원의 몸짓
서: 성호 이익의 심경질서(공역), 다산 정약용의 풍수집의, 청대 만주족의 샤먼 제사-제사전서무인송념전록 역주(공역), 역주 국조전례고, 역주 시경강의(공역)

창호(申昌鎬)

려대학교 사범대학 교육학과(문학사)
국학중앙연구원 한국학대학원 철학전공(문학석사)
려대학교 대학원 교육학과(교육학박사)
희대학교 교수, 한국교육철학학회장
) 고려대학교 교육학과 교수

저서: 함양과 체찰, 유교의 교육학 체계, 한글논어, 한글맹자, 수기, 유가 교육철학의 핵심, 대학, 교의 지도자 교육철학
역서: 진시황평전, 공자평전, 노자평전

이상익(李相益)

성균관대학교 유학대학 한국철학과(문학사) 및 동 대학원 동양철학과(철학박사)
육군사관학교 철학과 교수, 영산대학교 교양학부 교수
(현) 부산교육대학교 윤리교육과 교수

저서: 歷史哲學과 易學思想, 畿湖性理學 硏究, 朱子學의 길, 嶺南性理學硏究, 본성과 본능: 서양 性論史의 재조명
역서: 四七新編(李瀷), 庸學辨疑(趙彦儒)

이인철(李仁哲)

경북대학교 인문대학 철학과(문학사) 및 동 대학원 교육학과(교육학박사)
경북보건대학 교수, 동국대학교 경주캠퍼스 전임연구원
(현) 대구교육대학교, 부산교육대학교 강사

논문: • 퇴계의 이단배척과 교육적 함의, 교육공간으로서 도산서당과 인성교육
• 퇴계의 자녀교육론, 퇴계고종기(考終記)의 교육적 함의

장윤수(張閏洙)

경북대학교 인문대학 철학과(문학사) 및 동 대학원 철학과(철학박사)
신라대학교 철학과 교수
(현) 대구교육대학교 교수, 중국서북대학 인문학원 객좌교수

저서: 정주철학원론, 경북북부지역의 성리학
역서: 정몽(장재), 횡거역설(장재), 사변록(박세당)

황금중(黃金重)

연세대학교 교육과학대학 교육학과(문학사) 및 동 대학원 교육학과(교육학박사)
한국교육사학회장
(현) 연세대학교 교육학과 교수

저서: 학이란 무엇인가, 한국의 문화전통과 배려의 윤리(공저)
역서: 대학공의 · 대학강의 · 소학지언 · 심경밀험(정약용)(공역)

교육과 성리학

2017년 5월 25일 1판 1쇄 인쇄
2017년 6월 10일 1판 1쇄 발행

지은이 • 김낙진 · 김정래 · 박종천 · 신창호 · 이상익 · 이인철 · 장윤수 · 황금중
펴낸이 • 김진환
펴낸곳 • (주) 학지사
04031 서울특별시 마포구 양화로 15길 20 마인드월드빌딩
대표전화 • 02)330-5114 팩스 • 02)324-2345
등록번호 • 제313-2006-000265호

홈페이지 • http://www.hakjisa.co.kr
페이스북 • https://www.facebook.com/hakjisabook

ISBN 978-89-997-1258-6 93370

정가 20,000원

이 도서의 국립중앙도서관 출판시도서목록(CIP)은 서지정보유통지원시스템 홈페이지(http://seoji.nl.go.kr)와 국가자료공동목록시스템(http://www.nl.go.kr/kolisnet)에서 이용하실 수 있습니다.
(CIP 제어번호: CIP2017011211)